Siegfried Tornow

Abendland und Morgenland im Spiegel ihrer Sprachen
Ein kulturhistorischer Vergleich

Siegfried Tornow

Abendland und Morgenland im Spiegel ihrer Sprachen

Ein kulturhistorischer Vergleich

2009
Harrassowitz Verlag · Wiesbaden

Bibliografische Information der Deutschen Nationalbibliothek
Die Deutsche Nationalbibliothek verzeichnet diese Publikation in der Deutschen Nationalbibliografie; detaillierte bibliografische Daten sind im Internet über http://dnb.d-nb.de abrufbar.

Bibliographic information published by the Deutsche Nationalbibliothek
The Deutsche Nationalbibliothek lists this publication in the Deutsche Nationalbibliografie; detailed bibliographic data are available in the internet at http://dnb.d-nb.de.

Informationen zum Verlagsprogramm finden Sie unter
http://www.harrassowitz-verlag.de

Gedruckt auf alterungsbeständigem Papier.
Druck und Verarbeitung: Hubert & Co., Göttingen
Printed in Germany

ISBN 978-3-447-05912-1

Inhalt

VORBEMERKUNG

Mein Dank gilt Wolf-Dietrich Fromm, Potsdam, der mich in die Geheimnisse und Tücken des Arabischen eingeführt hat, Johannes Faensen, Berlin, für die Hilfe bei der Formatierung und dem Register, Nadja Wrede, Heidelberg, und Klaus Buchenau, Berlin, für die Durchsicht des Dokuments und wertvolle Hinweise.

UMSCHRIFT DER ORIENTALISCHEN SPRACHEN

'alif arab. pers. wie dt. Ver'ein, am Wortanfang unbezeichnet
bā' arab. pers. wie frz. *b*ain
pā' pers. wie frz. *p*ain
tā' arab. pers. wie frz. *t*on
thā' arab. wie engl. *th*ing, pers. wie engl. *s*ing
ǧīm arab. pers. wie dt. *Dsch*ungel
čīm pers. wie dt. Pei*tsch*e
ḥā' arab. Fauchlaut, pers. wie dt. *H*aus
chā' arab. pers. wie dt. a*ch*
dāl arab. pers. wie frz. *d*on
dhāl arab. wie engl. *th*at, pers. wie engl. *z*ed
rā' arab. pers. wie ital. *r*a*r*o
zā' arab. pers. wie dt. rei*s*en
žā' pers. wie frz. *j*eu
sīn arab. pers. wie dt. rei*ß*en
šīn arab. pers. wie dt. ra*sch*eln
ṣād arab. wie russ. *s*yn, pers. wie dt. rei*ß*en
ḍād arab. wie russ. *d*ynja, pers. wie dt. rei*s*en
ṭā' arab. wie russ. *t*ykva, pers. wie frz. *t*on
ẓā' arab. wie russ. *z*yb', pers. wie dt. rei*s*en
'ain arab. Knarrlaut, pers. wie dt. Ver'ein
ghain arab. pers. wie berliner. sa*g*en
fā' arab. pers. wie dt. *f*ein
qāf arab. pers. wie dt. *K*unde
kāf arab. pers. wie dt. *K*ind
gāf pers. wie frz. *g*are
lām arab. pers. wie dt. *l*ahm
mīm arab. pers. wie dt. *m*uss
nūn arab. pers. wie dt. *N*uss
hā' arab. pers. wie dt. *H*aus
wāw arab. wie engl. *w*ine, pers. wie dt. *W*ein
yā' arab. pers. wie dt. *j*a

Die *arabischen* Kurzvokale werden a, i und u geschrieben, die Langvokale ā, ī und ū. Die *persischen* Vokale schreibe ich in der alten Form, wie sie im Darī vorliegt, also e und ō neben ī und ū sowie i und u statt modernem e und o.

Die *osmanischen* Belege transliteriere ich entsprechend dem Arabischen und Persischen, die *türkischen* schreibe ich wie im heutigen Türkisch, aber ohne Auslautverhärtung, also *Mehmed* und nicht *Mehmet*. *Tatarisch* und *Azeri* transliteriere ich aus dem Kyrillischen.

Einleitung

Die Begriffspaare Abendland und Morgenland resp. Okzident und Orient sind kulturhistorisch definiert und decken sich nicht mit den geographischen Begriffen Europa, Afrika und Asien. Während Europa den ganzen Kontinent bis zur Linie Ural-Gebirge, Ural-Fluss und Kaukasus bezeichnet, verstehe ich unter Abendland das christliche Europa ohne das muslimische Hispanien, dafür aber mit Kleinasien, solange es byzantinisch war. Auch das bulgarische resp. tatarische Wolgagebiet zähle ich bis zur russischen Eroberung im 16. Jh. nicht zum Abendland.

Unter Morgenland verstehe ich das Europa benachbarte Nordafrika, Vorderasien und das westliche Mittelasien. Nordafrika umfasst Ägypten und den arabischen Westen, Vorderasien umfasst Kleinasien, den Iran bis zum Kaukasus, den Fruchtbaren Halbmond und die Arabische Halbinsel, das westliche Mittelasien umfasst Nordost-Iran, Afghanistan, Turkmenistan und Uzbekistan. Zum Morgenland gehörten von 700 bis 1500 sowohl Hispanien als auch das Wolgagebiet.

Kontaktzonen waren das Mittelmeer, das Schwarze und das Kaspische Meer, Hispanien, Sizilien, die Krim, Kaukasien und die untere Wolga. Eroberungen haben dazu geführt, dass es im Okzident muslimische Völker gibt wie die Tataren, Türken, Bosniaken und Albaner, und im Orient christliche wie die Armenier, Georgier, Chaldäer, Jakobiten, Maroniten und Kopten.

Abendland und Morgenland haben als kulturhistorische Begriffe einen Anfang, den ich um das Jahr 750 ansetze, den Wendepunkt der politischen Entwicklung im Mittelmeerraum. Die Expansion der Araber kommt zum Stillstand, *Karl Martell* hält sie 732 zwischen Tours und Poitiers auf, *Léon III. der Isaurier* (717–741) besiegt sie endgültig 740 bei Akroïnón in Phrygien. 750 wird der letzte Umayade ermordet und die Abbasiden übernehmen das Kalifat, ab 762 residieren sie im neu gegründeten Bagdad. Ihre Herrschaft erstreckt sich von Tunesien bis zum Indus, vom Jemen bis zum Kaukasus; den Umayaden verbleibt nur Hispanien.

In Europa trennt sich der lateinische Westen vom griechischen Osten. 395 war das Römische Reich geteilt worden, 476 das Weströmische Reich untergegangen, 496 hatte sich der Franke *Chlodwig I.* katholisch taufen lassen. 754 ergibt sich ein Tauschgeschäft zwischen Papst und Frankenherrscher: *Stephan II.* salbt illegitimerweise den Karolinger *Pippin III.* zum König, obwohl der Merowinger *Childerich* noch lebt, und verleiht ihm den Titel *Patricius Romanorum*; die zum Dank erfolgte Pippinsche Schenkung *Donatio Pippini* 754/756 bildet die Grundlage des Kirchenstaats.

Das Römische Reich lebt in verkleinerter und veränderter Form als Byzanz fort, *Herákleios* (610–641) ersetzte das Lateinische durch das Griechische. Unter Kaiser *Léon III.* kommt es zum Bilderstreit, erstmals exkommuniziert 731 ein Papst den Kaiser. Zur Strafe unterstellt dieser Unteritalien und das Illyricum dem Patriarchen von Konstantinopel und schafft so eine geschlossene griechische Reichskirche, deren Grenzen sich mit denen des Byzantinischen Reichs decken.

Westlich der griechisch-römischen Konfessionsgrenze verlief mitten durch Europa eine andere Kulturgrenze, die je nach Epoche und Funktion verschiedene Namen trägt, um 800 *Sachsenwall* als Ostgrenze des Frankenreichs, um 1500 *Elbgrenze* als Westgrenze der Leibeigenschaft und nach 1945 *Eiserner Vorhang*, der allerdings Griechenland zum Westen schlug. Das Gebiet zwischen der Konfessionsgrenze und der Elbgrenze – Kroatien, Ungarn, Böhmen, Polen und Livland – wird allgemein Ostmitteleuropa genannt. Dieses fasse ich aufgrund struktureller Gemeinsamkeiten – vor allem der Leibeigenschaft – mit dem orthodoxen Europa zu Osteuropa zusammen, ohne seine kulturellen Ähnlichkeiten mit Westeuropa zu übersehen, ich verwende also auch Ost- und Westeuropa nicht im geographischen, sondern im kulturhistorischen Sinne.

Die wichtigste Zäsur zwischen 750 und heute bedeutet der Zeitraum um 1500. Ohne Übertreibung kann man sagen, dass sich zwischen 1450 und 1550 Morgenland und Abendland grundlegend verändern. Mit der Einnahme Konstantinopels 1453 und Kairos 1517 vollendet sich das Osmanische Reich, das sowohl Byzanz als auch das Kalifat fortsetzt. Es repräsentiert einen islamischen Staat völlig neuen Typs, dem eine ungewöhnlich lange Lebensdauer beschieden sein wird. Nach 1501 machen die Safawiden die Zwölfer-Schia im Iran zur Staatsreligion und isolieren das Land von seinen sunnitischen Nachbarn. 1492 geht mit Granada der letzte Rest des islamischen Hispaniens an die Christen verloren.

Da nun sowohl Byzanz als auch ganz Südosteuropa osmanisch sind, bleiben nur noch zwei orthodoxe Staaten handlungsfähig, nämlich Litauen und Moskau, aus denen im 18. Jh. das Russische Reich wird. Im ganzen ostelbischen Europa wird um 1500 die Leibeigenschaft eingeführt. In Westeuropa verliert das Papsttum mit der Verstaatung und der Reformation seine Hegemonie, nach der Teilung der habsburgischen Lande 1522 und 1556 wird es auch keine kaiserliche Universalmonarchie mehr geben. An ihre Stelle tritt mit der Herausbildung der frühmodernen Flächenstaaten das Europa der Vaterländer, zu dem nun ganz Spanien und Portugal gehören. Nach der Entdeckung Amerikas 1492 wendet sich Westeuropa nach Übersee.

Aus der alten Trias Frankenreich, Byzanz und Kalifat ist um 1500 eine neue geworden: 1. das ständisch organisierte Europa der Vaterländer, 2a. Russland und 2b. das Osmanische Reich als Erben von Byzanz, autokratische, vorständische Zweiklassengesellschaften aus Grundherren und Leibeigenen bzw. aus *berâya* und *râya* (s. S. 153), 3. der theokratische Iran; für die Araber beginnt die 'Niedergangszeit' *'aṣr al-inḥiṭāṭ*.

Die Hauptprobleme eines historischen Vergleichs sind die Vergleichbarkeit und der Fortschritt. Bei der Gegenüberstellung von Abend- und Morgenland stehen sich ja nicht nur Christentum und Islam gegenüber sondern total verschiedene soziale Existenzweisen, im Extremfall Staatsbürgertum und Stammesbewusstsein mit zahlreichen historisch und regional begründeten Zwischenstufen. Im Kapitel 'Grundlagen' versuche ich dementsprechend, *kulturelle* und *strukturelle* Charakteristika gesondert zu betrachten.

Die kulturelle Ähnlichkeit zwischen Westeuropa und Byzanz resp. Russland einerseits und zwischen Kalifat, Osmanischem Reich und Iran andererseits darf nicht über die enormen strukturellen Unterschiede innerhalb der beiden Kulturräume hinwegtäuschen; der kulturelle Gegensatz zwischen Russland und dem Osmanischen Reich darf wiederum nicht ihre strukturellen Gemeinsamkeiten verdecken, die aus dem byzantinischen Erbe stammen und in der Folge durch die Reformen von oben verstärkt werden. Der Untertitel 'Über den Stillstand in der islamischen Welt' von Dan Diners 'Versiegelte Zeit' ist irreführend, weil er die dynamischen Türken, Tataren und Azeris einbezieht, die ja ein wichtiger Teil der islamischen Welt sind.

Ein für Westeuropa zentrales Strukturmerkmal sind die *produktiven Separationen* (Szücs 1990: 19 ff.) wie die von geistlicher und weltlicher Gewalt; sie sind aber nicht auf Westeuropa beschränkt. So kennen sowohl Byzanz als auch das Osmanische Reich, nicht aber die Araber das doppelte Recht (s. S. 29). Auch die für Westeuropa charakteristische frühe Konkurrenz von Sakral- und Literatursprache ist für die persische und osmanische, nicht aber für die byzantinische und arabische Kultur typisch. Andererseits ist eine unproduktive Separation, nämlich die von Freien und Sklaven, in Westeuropa aufgehoben, während sie im Orient und – in moderner Form als Leibeigenschaft – in Osteuropa weiterbesteht (s. S. 25).

Ein wichtiger Faktor ist die gegenseitige Beeinflussung. Allgemein bekannt ist die Orientalisierung Westeuropas über Hispanien, weniger die Okzidentalisierung des Orients über den Balkan und Russland, wo sich aus der muslimischen Konfessionsnationalität über den osmanischen Reichspatriotismus und die *natio turcica* die einzelnen Turk-Nationalismen herausbilden, die schließlich auch auf die Araber einwirken.

Es liegt nahe, die geglückte Herausbildung von etwas Neuem positiv zu bewerten, zum Beispiel die doppelte Wende (s. S. 164) von der Scholastik zum Humanismus und vom Humanismus zur Aufklärung. Doch gerade die Entwicklung des modernen europäischen Staates ist von so viel Negativem begleitet, dass sich Fortschritt hier nur als wertfreies Fortschreiten beschreiben lässt. Was bringt das staatliche Gewaltmonopol, wenn der Staat selber zum Verbrecher wird?

Abendland und Morgenland, Okzident und Orient, auch West- und Osteuropa sind viel benutzte und belastete Begriffe, gegen die vor allem *Edward W. Said* in 'Orientalism' und *Maria Todorova* in der 'Erfindung des Balkans. Europas bequemes Vorurteil' Stellung bezogen haben.

Mit ihnen verknüpft sich in der Tat manche Halbwahrheit, wie die vom vielbeschworenen Ursprung der abendländischen Kultur im alten Hellas. Das westeuropäische Bürgertum kommt aber nicht aus der Polis der Sklavenhalter, sondern aus der mittelalterlichen Stadt, selbst das Wort *Demokratie* ist im Westen erst 1370 beiläufig bei Nikolaus von Oresme im Vorwort zu einer Aristotelesübersetzung ins Französische belegt (LMA 6.1447).

Oder die Pseudoweisheit, dass die Europäer alles den Arabern verdanken. Dass diese im Mittelalter „durch ein Dreivierteljahrtausend das führende Kulturvolk der Erde waren und damit doppelt so lang blühten wie die Griechen, ja dass sie das Abendland unmittelbarer und vielfältiger beeinflusst haben als jene – wer weiß davon und wer spricht davon?" (Hunke 2005: 13). In Wirklichkeit betrug ihre Blütezeit knapp 400 Jahre, vom 'Haus der Weisheit' nach 800 bis Ibn Rušd vor 1200 (s. S. 85-86), zeitgleich mit dem Silbernen Zeitalter der Byzantiner.

Mit dieser Untersuchung möchte ich einen Beitrag leisten zum besseren Verständnis der kulturellen und strukturellen Entwicklung, die sich seit 750 in West und Ost vollzogen hat und zwar anhand der sprachlichen Verhältnisse. Sprache ist auch Spiegel der Gesellschaft, der Zustand der arabischen Gesellschaft bewirkt die immerwährende Gültigkeit des Hocharabischen, das Aufkommen der höfischen Gesellschaft in Westeuropa und im Iran führt zur Verschriftung der Volkssprachen, die Fürsten benötigen Kanzleisprachen, die Nationen erfinden ihre Nationalsprachen.

Wie schon in meinem Osteuropa-Handbuch (Tornow 2005) will ich auch hier nur die Schriftsprachen betrachten und zwar in ihren verschiedenen Zuständen als Sakral- und Kirchensprachen, Kanzlei- und Amtssprachen, Schul- und Muttersprachen, Volks- und Stammessprachen, National- und Weltsprachen usw. Gegenstand dieses Buches ist also die Entwicklung der Schriftsprachen des Okzidents im Vergleich zum Orient. Dabei interessieren mich vor allem 1. Funktion und Prestige von Sprachen in der Gesellschaft unter besonderer Berücksichtigung der Sakralsprachen; 2. die Verschriftung von Volkssprachen zu einem bestimmten Zeitpunkt und zu einem bestimmten Zweck und damit der Beginn der jeweiligen Literatur und 3. die sich in Übersetzungen und Entlehnungen niederschlagenden Sprachkontakte.

Der Kreis der betrachteten Sprachen ist zwar nicht klein, aber doch begrenzt. Es handelt sich anfangs um die sakralisierten Leitsprachen Griechisch, Latein, Hebräisch, Aramäisch und Arabisch, weiter um die Missionssprachen Gotisch und Kirchenslavisch. Im Hochmittelalter treten im Abendland die romanischen und germanischen Literatursprachen der höfischen Dichtung hinzu, denen im Morgenland das Persische entspricht. In der Neuzeit erweitert sich der Kreis um die slavischen und die Turksprachen.

Geographisch handelt es sich um ein kreisförmiges Gebiet mit einem Radius von 3.000 km, das vom Atlantik bis zum Syr-Darja, von Schottland bis zum Jemen reicht und dessen Mittelpunkt das alte Konstantinopel resp. das neue Istanbul bildet.

1. GRUNDLAGEN

1.1 DIE GEOPOLITISCHEN VERHÄLTNISSE

1.1.1 DAS RÖMISCHE REICH UND DIE LANDNAHMEN

Zwischen 400 und 900 wird das Römische Reich unablässig von anstürmenden Nomaden berannt. Während Westrom ihnen erliegt, steht Ostrom wie ein Fels in der Brandung. Es ist die Zeit der Völkerwanderungen und der Landnahmen der Germanen, der Araber, der Slaven und der Ungarn.

Die *germanische Völkerwanderung*, schon seit dem 3. Jh. v.C. im Gange, erreichte mit dem Einbruch der Hunnen in Südrussland 375 eine neue Heftigkeit, die mit der Einwanderung der Langobarden nach Italien 568 eine vorläufige Beruhigung erfuhr; sie fand zwischen 800 und 1100 mit den Zügen der Wikinger ihren Abschluss. Diese gründeten um 900 unter dem Namen Waräger den Russischen Staat und eroberten unter dem Namen Normannen die Normandie, von wo aus sie sich im 11. Jh. sowohl Unteritalien als auch England unterwarfen.

Die germanischen Reiche waren meist kurzlebig: die Goten setzten sich zuerst in Dakien fest, wo ein Teil von ihnen das Christentum annahm. Ihr arianischer Bischof *Wulfila* übersetzte die Bibel und machte das Gotische für kurze Zeit zur Sakralsprache. Die Westgoten zogen weiter nach Hispanien, die Ostgoten eroberten Italien, die Wandalen wanderten durch Gallien und Hispanien bis nach Nordwestafrika, die Franken blieben in Gallien und Germanien, sodass zwischen dem Ende des Weströmischen Reiches und den Rückeroberungen Justinians ganz West- und Mitteleuropa unter germanischer Herrschaft stand.

Kaiser *Justinian* zerstörte im 6. Jh. die Reiche der Wandalen und Ostgoten und stellte so bis auf Gallien und Hispanien das Römische Reich wieder her. Doch danach errichteten die Langobarden in Italien ein Königreich, das schließlich *Karl d. Gr.* 774 eroberte. Da die Araber sechzig Jahre zuvor das Westgotenreich in Hispanien zerstört hatten, blieb auf dem Kontinent nur das Reich der Franken als unabhängiger germanischer Staat bestehen. Diese hatten sich unter den Merowingern 425–750 endgültig zwischen Main und Pyrenäen niedergelassen und unter *Karl d. Gr.* ihr Reich im Osten bis an die Elbe, Saale, den Böhmerwald und die bairische Ostmark ausgedehnt.

Im 5. Jh. eroberten Angeln, Sachsen und Jüten das römische Britannien und errichteten dort sieben Königreiche, die erst unter *Egbert v. Wessex* (802–839) geeint wurden. 1066 wurde England von den Normannen erobert.

Die *arabische Landnahme* vollzog sich innerhalb einer sehr kurzen Zeitspanne, von 632 bis 732. Dromedarzüchtende Nomaden, Beduinen, traten auf und unterwarfen sich den größten Teil der asiatischen und alle afrikanischen Provinzen des Oströmischen Reichs, außerdem das westgotische Hispanien. Bei einem Raubzug über die Pyrenäen trafen die Araber das erste Mal auf die Franken. Es kam 732 zur Schlacht zwischen Tours und Poitiers, in der *Karl Martell* siegreich war. Gleichzeitig vertrieb Kaiser *Léon III.* sie 740 beim phrygischen Akroïnón definitiv aus Kleinasien.

Auch im Osten waren die Araber erfolgreich, 651 eroberten sie das riesige persische Sasanidenreich zwischen Tigris, Kaukasus, Amu-Darja und Indus, das seit 224 bestand und nun restlos im Kalifat aufging. Die arabischen Eroberungen waren bis auf Hispanien endgültig; auch wenn die Araber später von den Osmanen abgelöst wurden, wurden die alten christlichen Gebiete Ägypten, Africa, Palästina und Syrien bis auf Reste islamisiert.

Die *slavische Landnahme* fand 527–823 statt (Maier 1973: 139–142). Die Slaven hatten ihre Urheimat nordöstlich der Karpaten im Quellgebiet und am Oberlauf der Flüsse Weichsel, Dnjestr, Pripjet, Bug, Dnjepr. Und zwar östlich der sogenannten *Buchengrenze*, da sie die Buche nicht kannten und die Bezeichnung dafür von den Germanen entlehnten. Die Slaven breiteten sich grob gesagt in vier Richtungen aus:

1. Die Vorfahren der Lechen, d.h. der Polen, Elb- und Ostseeslaven zogen nach Westen bis zur Elbe, also bis an die Ostgrenze des Frankenreichs.

2. Die Vorfahren der Slovaken, Čechen und wahrscheinlich auch der Sorben einerseits, der Slovenen, Kroaten und Serben andererseits zogen nach Südwesten über den Jablunka-Pass nach Mähren, zum Plattensee und zur Save. Diese große Siedlungsbewegung wurde später durch die Ungarn gespalten.

3. Die Vorfahren der Bulgaren und Makedonier zogen nach Süden, die Flüsse Prut und Sereth entlang zur Donaumündung in die Moldau und Walachei bis hin zur Peloponnes.

4. Die Vorfahren der Russen endlich zogen nach Norden durch baltisches Gebiet bis hin zu den Finnen bzw. Finnougriern, d.h. bis zur Linie Reval–Sarátov (Décsy 1965: 219).

Am Ende dieser Völkerwanderungen ist die Welt um das Mittelmeer völlig verwandelt. Das ehemalige Römische Reich ist gedrittelt, jedes Drittel ist in der einen oder anderen Form um vormals 'barbarische' Gebiete erweitert: aus Westrom ist unter Einbeziehung der Germanen das Fränkische Reich geworden, aus Ostrom nach der Zähmung und kulturellen Integration der Slaven das Byzantinische Reich, aus 'Südrom' unter Einbeziehung des mittelpersischen Sasanidenreichs das Kalifat. Bald danach geschah die letzte Landnahme, als die Ungarn 896–907 die inzwischen slavisch besiedelte Pannonische Tiefebene einnahmen.

1.1.2 Ostrom – Byzanz

Byzanz setzt die Tradition des Römischen Reiches fort; es ist eine militärisch-theokratische Autokratie mit traditioneller städtischer Zivilisation und zentralisiertem bürokratischen Staatsaufbau (Szücs 1990: 21–22). Den entsprechenden Herrschertyp verkörpert Kaiser *Justinian I.* (527–565): „Eine der großen Ideen, die ihn mit der Gewalt einer Leidenschaft beherrschten, war die Idee von der unumschränkten Gewalt des Kaisers als Stellvertreter Gottes auf Erden, dem Kirche und Staat zugleich untertan seien“ (Maier 1968: 175). Seinen Titel ‘Selbstherrscher’ Αὐτοκράτωρ mit allen Ansprüchen übernahmen später die Moskauer Großfürsten als Самодéржец.

Byzanz umfasste um 750 noch Kleinasien, Griechenland, den Balkan bis zur Donau, die Krim, Dalmatien, Unteritalien und die Inseln des östlichen Mittelmeers. Die Bevölkerung war sesshaft, ethnisch überwiegend griechisch und konfessionell rein orthodox. Das Reich war mit der Themenverfassung sowohl militärisch als auch administrativ erneuert. Es verfügte über eine moderne Waffentechnik und die beste Flotte im Mittelmeer, seine Hauptstadt Konstantinopel wurde seit ihrer Gründung 330 bis zum 4. Kreuzzug 1204, mithin fast 900 Jahre, von keinem fremden Eroberer betreten. Die kaiserliche Residenzstadt hatte unter Justinian wohl eine halbe Million Einwohner, sie war Europas Schatzkammer und das Zentrum der Christenheit, durch die Bewahrung und Pflege des antiken griechischen Erbes war sie die Hauptstadt der Wissenschaft, Technik und Poesie, sozusagen die Kulturhauptstadt der damaligen Welt zwischen Atlantik und Indus.

Zwischen 550 und 800 berannten die Slaven das Oströmische Reich, belagerten mehrfach Konstantinopel und Saloniki. Mitte des 8. Jh. hatte eine Pestepidemie weite Landstriche Griechenlands entvölkert, die nunmehr von Slaven besiedelt wurden. Kaiser *Konstantin VII.* Πορφυρογέννητος (912–959) schreibt: „Das ganze Land wurde slavisiert und barbarisch“ (nach Maier 1973: 141). Die Situation änderte sich dann mit der dauernden Niederlassung der Slaven in ihren neuen Wohngebieten, mit der Gründung slavischer Staaten und der damit verbundenen Annahme des Christentums.

1.1.3 DAS FRANKENREICH

Ein ganz anderes Bild bot das Frankenreich. Hier war nach der Zerstörung des Weströmischen Reichs einerseits und den unablässigen merowingischen Familienfehden andererseits jede staatliche Gewalt beseitigt worden:

„In weniger als drei Jahrhunderten (vom 6. bis zum 8. Jahrh.) löste der Westen die beiden Staatsgebilde, in deren Spannungsfeld und kurzfristiger Parallelität er selbst entstanden war, fast bis zur Unkenntlichkeit auf. Die sakral begründete und auf der Gefolgschaft aufgebaute öffentliche Gewalt der germanischen *regna* zerfiel ebenso wie das institutionelle System des Imperiums und das römische öffentliche Recht. Aber nicht nur die ‘staatliche’ Sphäre löste sich auf, sondern auch die beiden ursprünglichen ‘gesellschaftlichen’ Rahmen zerbröckelten. Die germanischen Volksgebilde wurden ebenso zertrümmert wie die Rechtsgesellschaft der Überreste des römischen *populus*“ (Szűcs 1990: 25).

Aus diesem politischen Elend entstand das *Lehnswesen*, die für Westeuropa typische Form des Feudalismus. Nach der Auflösung der staatlichen Macht konnten nur mehr privatrechtliche Abhängigkeitsverhältnisse Ansehen oder Schutz gewähren, so wie sie in der spätrömischen *clientela* oder der germanischen *Gefolgschaft* angelegt waren und wie es sie auch anderswo gab. Neu war hier, dass die westliche Vasallität „fast restlos alle nach der gesellschaftlichen Erosion freien Gesellschaftselemente in ihr System eingliederte und darüberhinaus nicht neben oder unter den Staat, sondern sozusagen an die Stelle des Staates trat. In der Folge ersetzte sie so das 'Staats'gebilde durch 'gesellschaftliche' Beziehungen" (Szücs 1990: 27).

Andere individuelle Züge dieses Verhältnisses waren vor allem der *vertragliche* Charakter der Vasallität. Bei der Lehnszeremonie traten immer ein Mächtiger und ein Schwächerer in ein Verhältnis, ein *suzerain* und ein *vassal.* Zwar band die 'Treue' nur den Vasallen, doch auch der Herr ging Verpflichtungen ein, die er einhalten musste. Es war „eine Beziehung von Ungleichen im Zeichen vertraglicher Gegenseitigkeit, die die Partner bilateral verpflichtete" (Szücs 1990: 28).

Charakteristisch ist der körperliche Ausdruck dieses Verhältnisses. Während in der byzantinischen Proskynese προσκύνησις der Diener sich niederwarf, den Boden mit seiner Stirn berührte und ihn küsste, in Russland gar den Boden mit der Stirn 'schlug' (челобитье), bewahrte er beim Lehnseid die menschliche Würde. „Im Rahmen der westlichen Zeremonie des *homagium* [Huldigung] kniete sich der Vasall mit erhobenem Haupt nieder und legte seine gefalteten Hände in die seines Lehnsherrn. Zum Abschluss wurde das zustandegekommene Verhältnis durch einen Kuss besiegelt" (Szücs 1990: 28).

Das Frankenreich erstreckte sich von den Pyrenäen bis zur Elbe, von der Nordsee bis Rom. Seine Bevölkerung bestand aus alteingesessenen Romanen und Kelten und zugewanderten Germanen, die schon zur Sesshaftigkeit übergegangen waren. Um diesen fränkischen Kern gruppierte sich im Mittelalter ein Kranz westeuropäischer Königreiche, nämlich England, dann in Hispanien Portugal, Kastilien und Aragonien, weiter Unteritalien und in Skandinavien Dänemark, Norwegen und Schweden. Nach der Slaven- und Ungarnmission traten die ostmitteleuropäischen Reiche Kroatien, Ungarn, Böhmen und Polen hinzu.

Wenn auch *imperium* und *regna* einander bekriegten, fühlten sie sich doch eng verbunden und konnten nach außen als Einheit auftreten. Ihnen allen gemeinsam war der Ackerbau, das römisch-katholische Christentum, die lateinische Sakral- und Kanzleisprache, das mehr oder weniger konsequent übernommene Lehnswesen und die Hörigkeit. Es gab keine großen städtischen Agglomerationen, Zentrum der Kirche war die Papstresidenz Rom mit 30.000 Einwohnern, Kaiser und Könige zogen von Pfalz zu Pfalz, die Kaiserpfalz Aachen hatte im Spätmittelalter 10.000 Einwohner.

1.1.4 Das Kalifat

Der Prophet *Mohammed* aus der Sippe *Hāšim* des Stammes *Quraiš* wurde um 570 in Mekka geboren und musste auf Grund der feindseligen Haltung der anderen Sippen 622 nach Medina emigrieren: das ist die *hiğra* 'Loslösung', mit der die islamische

Zeitrechnung beginnt. Nach seinem Tode 632 gelang es seinen Nachfolgern, den vier 'rechtgeleiteten' Kalifen, sein Erbe zu retten und zu vergrößern. Sie gewannen 632–661 ganz Arabien, Syrien, Mesopotamien, Ägypten und das iranische Sasanidenreich; Residenz war Medina, später Kufa. Es war die Zeit der Eroberungen und der reichen Beute, die Zeit vor der Entzweiung von Schiiten und Sunniten, die Goldene Zeit des Islam.

Nach der Ermordung des letzten rechtgeleiteten Kalifen Ali 661, Vetter Mohammeds und Ehemann seiner Tochter Fatima, stellte sich die wichtigste Frage des politischen Islam, nämlich die der legitimen Nachfolge des Propheten. Für die *Schiiten* konnte das nur Ali und einer seiner Nachkommen sein, den *Sunniten* genügte jemand aus dem Stamme Quraiš, die *Chāriǧiten* 'Dissidenten' wollten den Würdigsten wählen ohne Rücksicht auf Abstammung und Geschlecht.

Die Sunniten setzten sich durch, 661 begründete ein Schwager Mohammeds aus der dem Propheten ursprünglich feindlich gesonnenen Sippe der *Umayaden* des Stammes Quraiš das nunmehr erbliche Kalifat und verlegte die Residenz nach Damaskus. Diese Dynastie herrschte 662–750 und erweiterte den muslimischen Machtbereich im Westen bis an die Pyrenäen, im Osten bis zum Syr-Darja und zum Indus, konnte aber im Norden Byzanz nicht besiegen.

750 unterliegt der letzte Umayadenkalif den *Abbasiden*. Diese führen ihre Herkunft auf *al-'Abbās*, einen Onkel des Propheten zurück und somit auf die quraišitische Sippe Hāšim. Mit dem abbasidischen Kalifat vollzog sich ein Umbruch in der islamischen Geschichte. Die Vorherrschaft der Araber wird abgelöst durch die Gleichstellung von Arabern und islamischen Fremden, meist Persern, die in die Führungsschicht aufsteigen. Dadurch müssen die Abbasiden auf die Streitigkeiten zwischen den arabischen Stämmen weniger Rücksicht nehmen als ihre Vorgänger, ihr Reich wird kosmopolitisch und mehr islamisch als arabisch. Mit Hilfe einer nichtarabischen Beamtenaristokratie, an ihrer Spitze die persischen Barmakiden, schaffen sie nach sasanidischem Vorbild ein durchorganisiertes zentralisiertes bürokratisches Staatswesen, schirmen sich von der Masse der Bevölkerung ab und entwickeln einen 'vorderasiatischen Despotismus' (AGI 2001: 31).

Das Abbasidische Kalifat bestand nominell von 750–1258 und umfasste anfangs fast die gesamte damalige islamische Welt, nämlich den Fruchtbaren Halbmond und die weitgehend wüste Arabische Halbinsel, weiter Ägypten und den arabischen Westen, den Iran bis zum Kaukasus und den westlichen Teil Mittelasiens. Außerdem bestand das umayadische Kalifat in Hispanien.

Diese Welt war neben Byzanz ein halbes Jahrtausend entscheidend beteiligt an der Aufnahme, Bewahrung, Weitergabe und Weiterentwicklung des antiken Erbes und an der Übernahme und Vermittlung indischen Kulturguts. Dabei ragen drei Regionen heraus:

1. die *zentrale* mit Mesopotamien, Syrien, Ägypten und Persien (West-Iran). Hier entfaltete sich die arabische Kultur und hier geschah die Aneignung der griechischen Philosophie und Naturwissenschaft.

2. die *östliche* mit Chorasan (Nordost-Iran, Turkmenistan, Nordwest-Afghanistan), Transoxanien und Chwārizm (Uzbekistan). Hauptsächlich hier entstand die persisch-islamische Kultur, hier vollzog sich der Kulturaustausch mit Indien und hier übernahmen die Türken den Islam.

3. die *westliche*, nämlich Hispanien. Dass *al-Andalus* in der muslimischen Erinnerung als Paradies fortlebt, lag vor allem daran, dass es auf Grund seiner günstigen geographischen Lage bis 1080 von den arabischen und berberischen Nomadenstürmen weitgehend verschont blieb. Hier ergab sich der für Westeuropa so wichtige arabisch-lateinische Kontakt.

Eine vierte, *südliche* Region, der Ḥiǧāz mit Mekka und Medina, die Wiege der arabischen Kultur, spielte dagegen damals wie heute nur eine marginale Rolle.

Unter den Abbasiden kann sich auch eine muslimische städtische Zivilisation entwickeln. In christlicher Umgebung und unbehelligt von arabischen Stammesfehden wird unweit der alten sasanidischen Hauptstadt Ktesiphon 762 die Residenz *Bagdad* am Tigris planmäßig angelegt. Ihr Name ist persisch und bedeutet 'Gottesgabe'. Sie war bis zur Gründung Kairos 969 das politische und kulturelle Zentrum der Muslime. Obwohl in Teilen immer wieder zerstört, soll sie zeitweise zwei Millionen Einwohner gehabt haben, bis die Mongolen sie 1258 dem Erdboden gleichmachten.

Die Bevölkerung der islamischen Welt war heterogen und äußerst vielfältig. Sie bestand anfangs aus Sesshaften – im Westen Romanen und Romanisierte, im Zentrum Ägypter, Aramäer, Juden, Griechen und Hellenisierte, im Osten Iraner – und arabischen, berberischen und später türkischen Nomaden, die in Teilen allmählich sesshaft wurden. Paradoxerweise arabisiert die xenophile Abbasidenherrschaft das islamische Reich mehr als die arabischen Eroberungen zuvor. „Das Arabische wird nun so sehr zur Sprache des Staates und der Gebildeten, dass etwa der große Gelehrte al-Bīrūnī (–1098) lieber in Arabisch geschmäht als in Persisch gerühmt werden will" (AGI 2001: 31).

1.2 Die ethnischen Verhältnisse

1.2.1 Stämme und Völker

Sowohl das Frankenreich als auch das Kalifat entstehen aus der Vereinigung von Teilen des Römischen Reichs mit vormals nichtrömischen Gebieten und führen zur Herrschaft vormals nomadisierender Stämme über eine sesshafte Bevölkerung. Dabei entstehen zwei fundamental verschiedene Gesellschaften.

Die vom Main bis zu den Pyrenäen herrschenden *Franken* unterwerfen sich zwischen 500 und 800 die anderen deutschen Stämme, zuerst die Alemannen, dann die Baiern und schließlich die Sachsen. Zusammen übernehmen sie die weströmische

Kultur, das römisch-katholische Christentum und die lateinische Schriftsprache; in Gallien und Italien assimilieren sie sich darüber hinaus an die alteingesessene romanische und keltische Bevölkerung. Zwischen Maas und Elbe bewahren sie zwar ihre Ethnizität, verlieren aber bald das Stammesbewusstsein und werden zu einem Volk, für das erstmals 786 die Fremdbezeichnung *theodisce* im Unterschied zu *latine* belegt ist. Zweihundert Jahre später erscheint um 1090 im Annolied *diutsch* als Eigenbezeichnung für Sprache und Volk. Danach werden die Begriffe *bairisch*, *alemannisch*, *fränkisch*, *sächsisch* zunehmend durch *deutsch* ersetzt (Eggers 1965: 8–10). In der mittelhochdeutschen Periode 1050–1350 ist „die deutsche Sprache in Wortschatz und Ausdrucksweisen schon weitgehend vereinheitlicht“ (Eggers 1965: 246).

Ähnlich lockern sich in ganz Europa mit der Landnahme die Stammesorganisationen, um früher oder später zu verschwinden, aus den Stämmen resp. Stammesverbänden werden Völker – selbst im weiten Russland, wo im 9. Jh. die nordgermanischen Waräger die slavischen Stämme unterworfen und das Kiever Reich gegründet hatten. Bis auf die Bezeichnung Rus', finn. Ruotsi 'Schweden' aus Róđsmenn 'Ruderer' (Vasmer 1955: 551) und andere Eigennamen verschwindet das nordische Element, es verschwinden aber auch die slavischen Stämme, von denen der wichtigste, die Poljanen, 944 das letzte Mal erwähnt wird: aus Eroberern und Eroberten wird das russische Volk (Trautmann 1948: 134).

Nachdem die ungarischen Reiternomaden 955 von Kaiser Otto I. auf dem Lechfeld entscheidend geschlagen wurden, löst sich unter Großfürst Géza (971–997) auch deren alte Stammesorganisation mehr oder weniger auf, hundert Jahre später wird sich niemand mehr an sie erinnern (Bogyay 1990: 18).

Die Gründe dafür liegen in der Dynamik der mittelalterlichen europäischen Agrarordnung. „Grundsätzlich lässt sich sagen, dass Grundherrschaftsverfassung und Stammesverfassung auf der Ebene der bäuerlichen Bevölkerung miteinander unvereinbar sind. Die ökonomische Rationalität grundherrschaftlich bestimmter Agrarverfassung lässt sich nicht mit der Dominanz verwandtschaftlicher Organisationsprinzipien in Einklang bringen. So ist es überall in Europa, wo sich grundherrschaftliche Ordnungen vom Typus Villikation und Hufenverfassung durchgesetzt haben, zu einer Überwindung von Stammesstrukturen gekommen. Das Fehlen solcher Ordnungen dürfte in vielen außereuropäischen Reichen dazu beigetragen haben, dass sich trotz starker zentralstaatlicher Einflussnahme auf lokaler Ebene abstammungsorientierte Sozialformen erhalten haben – etwa in China und im islamischen Raum“ (Mitterauer 2004: 66–67).

Die *Araber*, teils noch nomadisierende, teils schon sesshafte Stämme, unterwarfen sich von der Arabischen Halbinsel aus die alten Hochkulturen Mesopotamiens, Ägyptens und des Irans und zwangen ihnen nicht nur ihre Religion und ihre Sprache auf, sondern hielten auch an ihrer tribalen Gesellschaftsordnung fest. Der dabei aufkommende Widerspruch zwischen Stammesbewusstsein und städtischer Zivilisation ist so alt wie der Islam selbst.

Mit der *hiǧra*, der Emigration aus Mekka, verlässt der Prophet seinen angestammten Sippenverband und wird in Medina „von einem verfolgten Außenseiter zum mächtigen Führer einer immer größer werdenden neuen Gemeinschaft, deren Zusammenhalt nun – statt der bisher unter den arabischen Stämmen geltenden Verwandtschaftsbeziehungen und gelegentlichen Schwurgemeinschaften – durch das Bekenntnis zu dem einen Gott und durch die Loyalität gegenüber seinem Propheten garantiert wurde. Diese neue Gemeinschaft *umma*, die zu der überkommenen tribalen Gesellschaftsordnung in Konkurrenz trat [...], stand allen Stämmen und Clans offen und galt zudem, da sie auf Gott selbst zurückging, als unauflösbar" (Halm 2006: 25).

Prototyp der arabischen Stämme sind die Beduinen, reiterkriegerische Dromedar-Hirten, die mit den Arabern gleichgesetzt werden. Die reiterkriegerischen Ideale haben die Vorstellung von ihrer edlen Herkunft *aṣīl* bestimmt, Beduinen müssen sich durch Kampfesmut auszeichnen (LIW 2.206–8). „Der Islam erwies sich außerstande, diese Konzeption zu verdrängen, obwohl Muḥammad das *aṣīl*-Wertsystem heftig angefochten hat. Sicherlich führte er einen schweren Schlag gegen das traditionelle soziale Wertsystem der Araber, als er ein dem Gemeinschaftsgefühl, das sich auf die *aṣīl*-Vorstellung gründete, völlig entgegengesetztes förderte, das einzig und allein auf dem gemeinsamen Religionsbekenntnis basierte" (LIW 2.209).

Traditionell sind die Mitglieder eines Stammes miteinander verbunden durch *'aṣabīya* 'Stammesbewusstsein' von *'aṣaba* 'Verwandtschaft väterlicherseits' (s. S. 241). Stamm ist also Männersache, Reichtum des Stammes sind die Viehherden, um die der Mann sich kümmert und die der Sohn erbt. Um sicherzustellen, dass die Söhne auch tatsächlich die eigenen und somit die Erben der Herden sind, gehören die Frauen des Hauses in Abwesenheit der Männer in einen abgesonderten Bereich *ḥarīm*, der für andere Männer tabu ist. Die Herden der Beduinen bestanden vor allem in Dromedaren, daneben Schafen und Ziegen, selten Rindern. Da Schweine für eine nomadische oder halbnomadische Viehwirtschaft ungeeignet sind, galten sie als unrein.

„Außerhalb des Stammesbereichs herrscht grundsätzlich Kriegszustand oder allenfalls Waffenstillstand" (Paret 2005: 27), sowohl mit anderen Beduinen als auch mit Sesshaften. Es gilt nicht nur als erlaubt, sondern als ehrenhaft und lobenswert, einen anderen Stamm zu überfallen und auszurauben; ein solcher Beutezug heißt *ghazwa*, daher der deutsche Ausdruck *Razzia*: man erbeutet Weideland, versklavt die Einwohner und verteilt die bewegliche Habe. Das war aber auch in vorislamischer Zeit nicht uneingeschränkt möglich, in Innerarabien galt während der vier Monate des Jahres Friedenspflicht, in denen Karawanenreisen durchgeführt und Märkte abgehalten wurden. „In diesem Zusammenhang muss schließlich auch auf das Gesetz der Blutrache hingewiesen werden, da es wegen seiner Unerbittlichkeit von jeher abschreckend gewirkt hat" (Paret 2005: 28).

Der Islam hat die zwei Prinzipien *'aṣabīya* 'Stammesbewusstsein' zu *'aṣaba* 'Verwandtschaft väterlicherseits' und *umma* 'Volk, Gemeinde' zu *umm* 'Mutter' nicht harmonisieren können. Das liegt vor allem daran, dass der Koran Aspekte der beduinischen Lebensform duldet oder sogar gutheißt wie den bewaffneten Kampf (Sure 4.75–105 u.a.), die Blutrache (Sure 2.179), das Beutemachen (Sure 8.41, 59.7), die Sklaverei (Sure 16.75 u.a.) oder die Stellung der Frau (Sure 2.228, 2.282 u.a.). Alle diesbezüglichen Bestimmungen sind Teile der Scharia, die bis zum Jüngsten Gericht für die ganze Welt gilt.

Darüber hinaus sakralisiert der Islam tribale Sitten, so wird der bewaffnete Kampf zum Heiligen Kampf gegen die Ungläubigen *ǧihād* (Sure 4.76 u.a.) oder die edle Herkunft *aṣīl* wird auf die Abstammung vom Propheten übertragen, sodass sich ein neuer Stammesadel herausbildet. Dem entspricht die Wertschätzung der beduinischen Sprache: die Wüste war ja Heimat des klassischen Arabisch, zu seiner Aneignung musste sich ein ehrgeiziger Dichter eine gewisse Zeit unter den Beduinenstämmen aufhalten (LArW 957).

Gestützt wurde das Stammesbewusstsein im Islam aber vor allem durch die im Zusammenhang mit der Frage der Nachfolge des Propheten aufkommende Sektenbildung. Wenn die Schiiten für Ali und seine Nachkommen aus der Sippe Hāšim des Stammes Quraiš, die Sunniten für jeden Quraišiten und die Chāriǧiten für den jeweils Würdigsten ohne Rücksicht auf Abstammung und Geschlecht einstanden, dann bedeutet das ja nicht, dass man es mit drei Gruppen zu tun hat. Es gab bald über zwanzig chāriǧitische und eine unüberschaubare Menge von schiitischen Sekten, denen die einzelnen Stämme jeweils anhingen. Doch auch die Sunniten waren gegen Sektenbildung nicht gefeit, wie die im 12. Jh. im Maghreb entstehenden Almohaden (s. S. 24) und die im 18. Jh. auf der Arabischen Halbinsel aufkommenden Wahhābiten zeigen. So definieren sich die Stämme nicht nur durch die gemeinsame Abstammung resp. den Abstammungsmythos sondern auch durch die gemeinsame Glaubensrichtung.

Im Zuge erbitterter Sektenkämpfe resp. Stammesfehden konnte man nun den Gegner 'zum Ungläubigen machen' *kaffara*, dieser Vorgang heißt *takfīr* 'Bann'. Ungläubig *kāfir* sind ursprünglich die Heiden im Gegensatz zu den Juden, Christen und Muslimen. Dieser Begriff ließ sich aber erweitern, so bedeutete für die Chāriǧiten die Nichtbefolgung der koranischen Gebote die Aufgabe des Glaubens, d.h. den Unglauben *kufr* (LIW 1.204). Da es hier um Muslime ging, hatten die Beschuldigten ihr Leben verwirkt, denn auf den Abfall vom Glauben *irtidād* stand und steht die Todesstrafe. Toleranter als die Sekten waren die Rechtsschulen (s. S. 29), die aber auch ein wichtiges Unterscheidungsmerkmal darstellen: so können ihre Angehörigen aus rituellen Gründen nicht gemeinsam beten (Kreiser 2008: 109).

Tribale Lebensformen, ihre koranische Rechtfertigung und ihre religiöse Überhöhung im Sektenwesen waren für Nomaden wie für Sesshafte typisch und haben entscheidend zur Stagnation der arabischen Zivilisation beigetragen.

Ein anschauliches Beispiel für die Karriere einer solchen religiös-tribalen Bewegung (Krämer 2005: 143) liefern die Almohaden. Die *Maṣmūda*, ein berberischer Stammesverband sunnitischer Observanz, scharen sich um den Erwecker *Ibn Tūmart* (ca. 1080–1130), der sich nach einer Mekka-Wallfahrt 1121 zum Messias *mahdī* erklärt. Er vereinigt die Maṣmūda-Stämme zu einem religiösen Kampfbund und eröffnet den *ǧihād* gegen die herrschenden Almoraviden. Er wendet sich gegen deren anthropomorphe Gottesvorstellungen und nennt seine streng hierarchisch geordnete Gemeinschaft 'Bekenner der Einheit Gottes, Unitarier' *al-muwaḥḥidūn* > Almohaden. Sie erobern 1147 den Maghreb und Hispanien bis zum Tajo, predigen den reinen Glauben und eine fromme Lebensführung, verfolgen die übrigen Muslime, töten Christen und Juden resp. treiben sie nach Norden; sie führen Marokko und Andalusien zu kurzer wirtschaftlicher und kultureller Blüte, gehen nach 120 Jahren unter und machen den Weg frei für die endgültige Reconquista.

1.2.2 Freie und Sklaven

Da die Sklaverei meist exodulisch ist, d.h. versklavt werden Mitglieder anderer Stämme bzw. Völker, ist die Sklavenhaltung zuerst eine ethnische Frage, die allerdings große soziale Auswirkungen hat. Auch die Bezeichnungen für Sklaven sind oft fremd, so ist lat. *servus* etruskischer (Walde/Hofmann 1972: 527) oder griech. δοῦλος karisch-lydischer Herkunft (Frisk 1973: 412).

Die Sklaverei entstand, als man Kriegsgefangene nicht mehr tötete, sondern für sich arbeiten ließ, später auch durch Menschenraub. In der Antike wurde sie geradezu als natürliche Einrichtung angesehen und weder von Platon noch von Aristoteles in Frage gestellt. Mesopotamien und Ägypten, die griechische Polis und das Römische Reich gründeten ihre Wirtschaft auf Sklavenarbeit; auch die germanischen und arabischen Stämme kannten sie. Dabei war die Möglichkeit der Freilassung immer gegeben.

Engels hat die Sklaverei als sozialhistorische Sackgasse beschrieben: „Sklaverei, wo sie Hauptform der Produktion, macht die Arbeit zu sklavischer Tätigkeit, also entehrend für Freie. Damit [ist] der Ausweg aus einer solchen Produktionsweise verschlossen, während andrerseits die entwickeltere Produktion an der Sklaverei ihre Schranke findet und zu deren Beseitigung gedrängt wird. An diesem Widerspruch geht jede auf Sklaverei gegründete Produktion und die auf ihr gegründeten Gemeinwesen zugrunde" (MEW 20.585–586).

Die christliche Kirche schaffte die Sklaverei nicht ab. „In den frühen Christengemeinden, in denen die Sklaven wie überhaupt die unteren sozialen Schichten stark vertreten waren, spielten die Standesunterschiede keine entscheidende Rolle mehr; alle Gläubigen waren 'Diener Christi'. Die förmliche Abschaffung der Sklaverei wurde von der Kirche, abgesehen von einzelnen Kirchenvätern (Gregor v. Nazianz), nicht gefordert, doch galt die Freilassung eines Sklaven als gutes Werk" (LAW 2816).

Neu war allerdings die *Wertschätzung der Arbeit*, besonders in der Form des sozialen Dienstes, der Diakonie, nach dem Vorbild Christi, der „sich das Zeichen des Knechts, den Schurz, umband und den Aposteln die Füße wusch“ (Kawerau 1972: 117). In diesem Geiste wurde das alte, in Ägypten entstandene, vorwiegend meditativ ausgerichtete Mönchtum im Abendland umgestaltet: bezeichnend für die neue Einstellung zur Arbeit ist das benediktinische *ora et labora*.

In den christlichen Gebieten wurde eine Unterscheidung produktiv, die in der Form des *Kolonats* in der späten Kaiserzeit entstanden war: die Kolonen waren *persönlich frei*, *dinglich* aber *unfrei*, seit dem 4. Jh. meist erblich an die Scholle gebunden, von der sie Abgaben und Fronden zu entrichten hatten. Im Frankenreich wurden im Rahmen der zweigeteilten Grundherrschaft (Mitterauer 2004: 42 ff.) Kolonen und Sklaven einander angeglichen und beide letzten Endes in die Hörigkeit überführt. Die Hörigen waren durch die Schollenbindung dinglich unfrei, konnten aber nicht ohne die Scholle wie Sklaven verkauft werden. Kollektive Freilassungen als Akt der Barmherzigkeit trugen zum Verschwinden der Sklaverei in Europa bei (LMA 7. 1979).

Die widersprüchliche Formel ‘persönlich frei, dinglich aber unfrei’ drückt eines der zentralen Themen der gesamteuropäischen Sozialgeschichte des Mittelalters aus: die Auflösung des Widerspruchs führt, vereinfacht gesagt, in der frühen Neuzeit in Westeuropa zur persönlichen Freiheit, in Osteuropa aber zur Leibeigenschaft. Westlich der Elbgrenze wurde die mittelalterliche Grundherrschaft, die Fron aus Abgaben und Diensten, zunehmend durch Geldzahlungen ersetzt, die Bauern wurden eigenverantwortliche Landwirte. Östlich davon bildete sich dagegen die Gutsherrschaft heraus; der Arbeitskräftemangel, die ‘Leutenot’ zwang die Gutsherren, die Bauern an die Scholle zu binden. Um 1500 gelang es dem Adel sowohl in Ostmitteleuropa als auch im orthodoxen Europa, die Mobilität der Hörigen durch entsprechende Gesetze zuerst einzuschränken, später ganz aufzuheben.

Die Leibeigenschaft, d.h. die dingliche *und* persönliche Unfreiheit der Hörigen, war von der Sklaverei oft nicht zu trennen. Wenn es auch graduelle Unterschiede gab, galt sie bis ins 19. Jh. grundsätzlich in ganz Osteuropa und konstituierte es sozusagen. Das Fatale daran war nicht das Los der Bauern, das ja auch anderswo oft beklagenswert war, sondern die Entwertung der körperlichen Arbeit, wenn nicht der Arbeit überhaupt, ähnlich wie in den antiken Sklavenhaltergesellschaften.

„Der Islam hat bei seiner Entstehung die Institution der Sklaverei vorgefunden, sowohl in seinem Ursprungsland als auch in den Gebieten, die er in der Folgezeit eroberte. Im Koran erscheint die Sklaverei als selbstverständliche Einrichtung, für die jedoch wesentlich mildere Verhältnisse gefordert werden. Die zahlreichen einschlägigen Koranstellen bilden die Grundlage für das islamische Sklavenrecht“ (LIW 3. 110). Wichtigste islamische Neuerung ist das Verbot, einen Muslim zu versklaven; wenn allerdings ein Sklave Muslim wird, bleibt er Sklave.

Da Sklavenhaltung und Stammesbewusstsein sowohl ökonomisch als auch ideologisch einander bedingen – das Bestehen auf der edlen Abkunft *aṣīl* bedeutet ja auch, dass man kein Sklave ist – gab es keinen Grund, die Sklaverei abzuschaffen. Das geschah erst im 20. Jh., entweder auf Druck der Europäer oder weil die Sklavenhaltung unrentabel wurde, 1922 in Marokko, 1929 im Iraq und Iran, 1962 im Jemen und 1963 in Saudi-Arabien, wo bis dahin sogar Sklavenmärkte bestanden (Angenendt 2007: 228). Noch Ende des 19. Jh. gehörten an den Medresen von Buchara die Regeln der Sklavenhaltung ganz selbstverständlich zum Unterrichtsprogramm (Aini 1953: 207). Die Freilassung von Sklaven galt aber immer als gottgefällig.

Neben den Haus-Sklaven spielten in der Geschichte der islamischen Welt Garde-Sklaven eine entscheidende Rolle, seit sich Kalif *al-Mu'taṣim* im 9. Jh. mit türkischen Sklaven umgab. „Es gelang ihnen des öfteren, ihre Herren zu stürzen, selbst die Macht zu ergreifen und eigene Dynastien zu gründen oder zumindest die Politik zu bestimmen“ wie die Mamluken in Ägypten (LIW 3.111). Auch im Osmanischen Reich unterschied man zwischen den rechtlosen *esir*, die meist zu Dienstleistungszwecken verwendet wurden, und den *kul*, Militärsklaven, zu denen auch die Janitscharen (s. S. 152) gehörten: ihre Beziehung zu ihrem Herrn, dem Sultan, beruhte nicht auf einem Eigentums- sondern auf einem Dienstverhältnis (Matuz 1985: 109).

Im übertragenen Sinne gebraucht der Koran den Gegensatz zwischen Herr *rabb* und Sklave *'abd* auch zur Bezeichnung des Verhältnisses zwischen Gott und Mensch, worauf die gängigen männlichen Personennamen wie *'Abdallāh* 'Sklave Gottes', *'Abdal'azīz* 'Sklave des Gebieters' oder *'Abdarraḥmān* 'Sklave des Erbarmers' hinweisen (Maier 2001: 158). *Islām* bedeutet eben nicht 'Frieden', wie man manchmal hören kann, sondern 'Ergebung'.

Dieses Verhältnis wird in der mystischen Literatur transformiert zur Kennzeichnung von Liebendem und Geliebten; dabei werden die Rollen vertauscht: der liebende König *malik* wird zum Sklaven *mamlūk*, der geliebte Sklave zum Herrn. Das ist ein häufiges Thema des persischen Gasels (s. S. 113).

Während sich die Sklavenhaltung in Westeuropa überlebte, blieb der Sklavenhandel profitabel. Er erfuhr im 10. Jh. einen Aufschwung, als man im Zusammenhang mit der Missionierung Osteuropas mit slavischen heidnischen Sklaven quer durch den Kontinent handelte. Das wird sprachlich daran deutlich, dass der alte Sklavenname lat. *servus* > frz. *serf*, der nun einen Hörigen bezeichnete, durch einen neuen aus griech. σκλαβηνός 'Slave' ersetzt wurde. Da um diese Zeit die Westeuropäer begannen, sich im Mittelmeer gegen die Araber zu behaupten, versklavten sie auch muslimische Gefangene.

Wichtig wird der Sklavenhandel aber erst mit der Entdeckung Amerikas, sodass um 1500 in den europäischen Kolonien und in der islamischen Welt die Sklavenhaltung, in Osteuropa die Leibeigenschaft herrscht, nur Westeuropa kann beides entbehren.

1.3 Die rechtlichen Verhältnisse

1.3.1 Das römische Recht

Eine der großen Gemeinsamkeiten, die – vergleichbar nur mit dem Christentum – Ostrom und Westrom verbindet, ist die Tradierung des römischen Rechts; es wird aber im Mittelalter nur in Teilen Westeuropas rezipiert, in England und Ostmitteleuropa in Ansätzen, in Skandinavien und Russland gar nicht (LMA 7.1015).

„Nirgendwo anders als in der Einstellung zum Recht ist die Kontinuität zwischen Rom und Byzanz inniger. *Ius* und *fas* hatten der römischen Republik das Fundament gegeben, den Weltherrschaftsanspruch der aristokratischen Großmacht legitimiert und den Kaiserstaat von der Despotie orientalischer Prägung abgehoben. Der römischen Führungsschicht war die *ars boni et aequi* jederzeit standesgemäße Beschäftigung wie echte Berufung; den Bürgern sicherte sie Ordnung und sozialen Frieden. Unter den gleichen Aspekten der staatlichen Ordnung und der bürgerlichen Ruhe sahen die Byzantiner – sowohl Herrscher wie Untertanen – ihre Rechtsordnung, die nahtlos aus der römischen entstanden war und bis in die letzten Tage des Reiches, ja sogar über seinen Untergang hinaus, zu großen Teilen römisches Erbgut darstellte" (Hunger 1978: 2.343).

Von allergrößter Bedeutung für die Nachwelt war die Kodifikation des römischen Rechts 528-542 unter Kaiser *Justinian*, das 'Corpus iuris', seit dem 13. Jh. auch 'Corpus iuris civilis' genannt. Es besteht aus vier Teilen, die drei ersten sind in lateinischer Sprache abgefasst, der vierte hauptsächlich in griechischer.

1. Die 'Digesta' oder Πανδέκται, eine Sammlung der Rechtsgutachten und Falllösungen der römischen Juristen aus dem 1.–3. Jh. in 50 Büchern resp. 426 Titeln aus allen Rechtsgebieten.
2. Der 'Codex Justinianus' vereinigt rund 4.600 kaiserliche Erlasse seit *Hadrian* in 12 Büchern resp. 765 Titeln, wiederum aus allen Rechtsgebieten.
3. Die 'Institutiones', ein mit Gesetzeskraft ausgestattetes Lehrwerk in vier Büchern resp. 98 Titeln, eine Art Prüfungshandbuch für die auch damals schon den Rückhalt der Verwaltung bildenden Juristen.
4. Die 'Novellae' Νεαραί, 168 nach Abschluss der Kodifikation von Justinian erlassene Einzelgesetze.

Das 'Corpus iuris' verdrängte alle vorherigen Gesetze und blieb im Oströmischen Reich in Kraft, also auch in Italien, soweit es dazu gehörte. Eine in Konstantinopel kopierte Handschrift befand sich im 11. Jh. in Süditalien, gelangte dann nach Pisa und 1406 nach Florenz. Sie besteht aus fünf Bänden, Band 1–3 Digesta, Band 4 die ersten neun Bücher des Codex, Band 5 die übrigen drei, die Institutionen und die Novellen. Von diesem 'Codex Florentinus' stammen alle im Westen seit 1070 hergestellten Abschriften. Als man um 1100 an der Rechtsschule von Bologna begann, das Recht wissenschaftlich zu bearbeiten, machte man das 'Corpus iuris' zur Grundlage des Unterrichts.

1.3.2 Das kanonische Recht

Schon in der Spätantike entwickelt sich parallel zum weltlichen Recht das kirchliche, was sich in der Benennung 'Corpus iuris canonici' analog zu 'Corpus iuris civilis' zeigt; dabei versteht man unter *ius civile* nicht nur Zivilrecht, sondern auch öffentliches und Strafrecht. Das Mittelalter betonte die Einheit beider Rechte *iura*: 'Corpus iuris dividitur in ius canonicum et civile'.

Die Quellen des Kirchenrechts waren die Heilige Schrift des Alten und Neuen Testaments und die Überlieferung, wie sie sich in den Schriften der Väter findet.

Je mehr sich jedoch die Kirche als Körperschaft konstituierte, bildete sie ein eigenes Rechtsleben aus, das verbindliche Regelungen erforderte. Diese erfolgten zunächst auf Regionalsynoden, später auf den Ökumenischen Konzilen, deren Entscheidungen für die gesamte Kirche bindend wurden. Schon früh nannte man eine kirchenrechtliche Konzilentscheidung κανών *canon* im Unterschied zum kaiserlichen Gesetz νόμος *lex*.

Eine andere Rechtsquelle waren die Briefe und Erlasse der Kirchenväter, die sich in besonderem Maße mit rechtlichen Fragen befassten. Neben die konziliaren und patristischen Quellen traten die Kaisergesetze: „Einerseits wurden durch Kaisergesetz die Kanones mit allgemein verbindlicher Rechtskraft für den ganzen staatlichen Bereich ausgestattet. Andererseits anerkannte die Kirche die Kaisergesetze als kirchlich verbindlich für Fälle, in denen vom kanonischen Recht keine Vorsorge getroffen war, und zur Ergänzung der Kanones" (Beck 1959: 142).

Die älteste Kanonessammlung ist das 'Corpus canonum' aus dem 4. Jh., zusammengestellt vermutlich in Antiochia und zu Beginn des 5. Jh. ins Lateinische übersetzt – das griechische Original ist verschollen –, das die Väter auf dem Konzil von Chalkedon 451 als anerkannte Rechtssammlung zitieren.

Ab dem 6. Jh. gingen Ost und West getrennte Wege. In Antiochia systematisierte der Rechtsanwalt Σχολαστικός und spätere Patriarch *Johannes III.* von Konstantinopel (565–577) das kirchenrechtliche Material in seiner Συναγογὴ κανόνων ἐκκλησιαστικῶν (Sammlung der Kirchengesetze), die er in 50 τίτλοι (Kategorien) einteilte.

Von da an war es nur noch ein Schritt zu den sog. 'Nomokanones', Sammlungen, die sowohl Kirchen- als auch Kaiserrecht berücksichtigten, soweit sich letzteres mit Kirchensachen befasste. Die wichtigste Bearbeitung ist die von *Theódoros Béstes* Βέστης etwa um 1090, der die justinianeischen Texte sorgfältig wiedergibt, die griechischen in Originallänge, die lateinischen in resümierender Übersetzung. „Dieser Nomokanon ist der Norm-Nomokanon des byzantinischen Mittelalters, der von den großen Kanonisten des 12. Jh. zur Grundlage genommen wurde" (Beck 1959: 146).

Am Beginn des westlichen Kirchenrechts steht *Dionysius Exiguus* (500–550); er sammelte und übersetzte die *canones* der östlichen Konzilien und verband sie mit einer Sammlung von Dekretalen, 'litterae decretales', päpstlichen Antworten auf kirchliche Rechts- oder Disziplinfragen. Diese weit verbreitete Sammlung wurde mit anderen kirchenrechtlichen Texten kombiniert und zur 'Dionysio-Hadriana' erweitert, die Papst *Hadrian I.* Ostern 774 in Rom *Karl d. Gr.* widmete.

Am Ende dieser Sammlertätigkeit steht *Gratian*, dessen 'Concordia discordantium canonum' von 1140, später 'Decretum Gratiani' genannt, in fast 4.000 *capitula* alle erfassbaren kirchlichen Rechtsquellen vereinte und ordnete und so zum Ausgangspunkt der neuen Kanonistik an der Universität Bologna wurde. Erst im 13. Jh. taucht dann in Anlehnung an den Ausdruck 'Corpus iuris' aus römischer Zeit der Ausdruck 'Corpus iuris canonici' auf.

1.3.3 Das islamische Recht

Anders als im Okzident, wo weltliches und geistliches Recht miteinander und teilweise mit dem Gewohnheitsrecht konkurrieren und wo die Rechtsgrundlage für die Christen nicht etwa die Bibel, sondern das 'Corpus iuris' ist, schöpfen die islamischen Rechtsschulen das Recht *Scharia*, arab. *šarī'a* allein aus dem Koran und dem *ḥadīth*, den überlieferten Taten und Aussprüchen des Propheten und seiner Gefährten, und nur in Ausnahmefällen aus dem Gewohnheitsrecht.

Mitte des 8. Jh. hat sich die Interpretation der kanonischen Texte an einigen Schulen – arab. *madhhab* 'Verfahren, Bekenntnis' – konzentriert und diszipliniert. Die Möglichkeit der selbständigen Rechtsfindung *iǧtihād* 'Anstrengung' ist bei den Sunniten seither ausgeschlossen, es gilt *taqlīd* 'Nachahmung', d.h. die Entscheidung einer Rechtsschule wird übernommen. Bei den Schiiten ist *iǧtihād* bis heute möglich (s. S. 37).

Es gibt vier große sunnitische und eine schiitische Rechtsschule. Die sunnitischen sind die Ḥanafiten, die Mālikiten, die Šāfi'iten und die Ḥanbaliten, die schiitische die Ǧa'fariten nach dem sechsten Imam Ǧa'far aṣ-Ṣādiq. Sie sind regional unterschiedlich verbreitet und historisch unterschiedlich bedeutend; so war die ḥanafitische Schule die staatliche Rechtsschule der Abbasiden und der Osmanen, auch die Tataren folgten ihr. Moderne sunnitische Juristen nutzen in ihren Kommentaren die Lehren der verschiedenen Rechtsschulen (LIW 3.62–65).

Das Osmanische Reich übernahm von Byzanz das doppelte Recht; so wie im Römischen Reich nach der Christianisierung neben das kaiserliche Gesetz *lex* νόμος das Kirchenrecht *canon* κανών getreten war, wurde nun das religiöse, sich auf den Koran gründende Recht *Scharia* durch weltliche Sultansentscheidungen *kanun* ergänzt. Nach *Mehmed II.* entfaltete besonders *Süleyman I. Kanunî* 'der Gesetzgeber' eine umfangreiche legislatorische Tätigkeit; dies ist durchaus als produktive Separation zu werten. So „hatte der Sultan eine relativ große Freiheit, Institutionen und Verfahrensweisen je nach den Bedürfnissen der Situation durch Gesetz zu ändern. Hierin ist ein wesentlicher Faktor für das Weiterbestehen des Osmanischen Reiches durch all die Jahrhunderte des Niedergangs zu sehen“ (Grunebaum 1971: 97).

1.3.4 Das Gewohnheitsrecht

Neben dem römischen und dem kanonischen Recht resp. der Scharia galt in den verschiedenen Regionen Europas und des Orients das Gewohnheitsrecht, das im Mittelalter mancherorts aufgezeichnet wurde, aber seine Eigenschaft als ungeschriebenes Recht behielt. In Frankreich galten die je nach Provinz unterschiedlichen und veränderlichen 'Coutumes', bis *Karl VII.* 1454 verfügte, das mündliche Recht in den Volkssprachen des Nordens und Südens zu redigieren.

Das bedeutendste und älteste deutsche Rechtsbuch, der 'Sachsenspiegel', wurde 1224–25 von dem sächsischen Ritter *Eike von Repgow* nach einer lateinischen Vorlage in mittelniederdeutscher Sprache aufgezeichnet. Es gibt das damalige ungeschriebene, durch Gerichtsgebrauch überlieferte Gewohnheitsrecht des Sachsenlandes wieder.

Einen Versuch, Gewohnheitsrecht und römisches Recht zu harmonisieren, stellt das Gesetzbuch des serbischen Zaren *Stefan Dušan* 'Dušanov Zakonik' dar, das 1349 von einer Adelsversammlung in Skopje gebilligt wurde. Es versammelt 201 Artikel vorwiegend zum öffentlichen und Strafrecht und strebt an, das ererbte Volksrecht mit den byzantinischen Rechtsnormen zu verbinden (Hösch 1993: 71).

In England konnte sich das römische Recht *Civil Law* nicht gegen das gemeine Recht *Common Law* durchsetzen.

Nach Russland gelangte zwar der byzantinische Nomokanon unter der Bezeichnung 'Kórmčaja kníga' (Steuermannsbuch), doch nur als Kirchenrecht, für die weltlichen Belange galt die mündlich tradierte und 1016 erstmals verschriftete 'Rússkaja právda'. Dass es sich dabei um germanisches Recht handelt, sieht man an der Bevorzugung der Skandinavier gegenüber den Slaven (Trunte 1998: 167). Im frühmodernen Moskauer Staat wurde das Recht kodifiziert, das weltliche im 'Sudébnik' *Ivána III.* von 1497 und *Ivána IV.* von 1550, das kirchliche im 'Stoglàv' vom gleichen Jahr.

Auch im islamischen Bereich gibt es ein Gewohnheitsrecht arab. *'urf*, osm. *örf* 'Brauch', das bei nicht eindeutigen Bestimmungen der Scharia Anwendung finden konnte; es wurde bei den Osmanen teilweise kodifiziert (s. S. 154).

1.4 Weltliche und geistliche Gewalt

Fundamentale Unterschiede zwischen dem christlichen Abendland und dem islamischen Morgenland bestanden im Verhältnis von Staat und Religion.

Die Christen fanden einen Staat vor, in welchem die Kirche sich ihren Platz erobern musste. Eben zur Zeit Christi wurde der römische Polytheismus mit seinen italischen, griechischen und orientalischen Elementen vom Kaiserkult überformt. Seit 7 v.C. verehrte man den Genius des Augustus, später übernahm man Vorstellungen vom orientalischen Gottkönigtum. Die christlichen Kaiser verzichteten notgedrungen auf die kultische Verehrung, an ihre Stelle trat das Hofzeremoniell.

Im Unterschied dazu begründete Mohammed in Medina die *umma* als religiös-politische Einheit, die für die Schiiten mit Alis Tod zerfiel; von den Sunniten machten erst die Osmanen im 16. Jh. Ansätze, weltliche und geistliche Macht zu trennen.

1.4.1 In Byzanz

In Byzanz galt die Vorstellung, die der 'Entdecker der Chronologie' (Hunger 1978: 1.249), *Eusébios von Kaisáreia* (ca. 260–340) erstmals formuliert hatte. In seiner Ἱστορία ἐκκλησιαστική (Kirchengeschichte) deutete er die Weltgeschichte als Heilsgeschichte, sah im Römischen Reich des 'gottgeliebten und dreimalseligen' Kaisers Konstantin (LMA 4.106) das Land Kanaan, das Gott Abraham versprochen hatte. Nach ihm war dieses Reich eine irdische Imitation μίμησις des Reiches Gottes: der Kaiser war Stellvertreter Gottes sowohl der Kirche als auch allen christlichen Völkern gegenüber.

Kaiser Justinian I. hat in seinem 'Corpus iuris' das Verhätltnis von Staat und Kirche präzisiert. *Imperium* und *sacerdotium* sind gleicherweise Gaben Gottes, auf ihrem Gleichklang *consonantia* συμφωνία beruht das Wohlergehen der ganzen Menschheit. Kirche und Staat bilden eine Einheit, das *corpus politicum mysticum*. „Der Kaiser als *Vicarius Dei* wählte praktisch nicht nur den Patriarchen, er 'weihte' ihn auch kraft der 'göttlichen Gnade und der aus ihr sich gründenden Herrschaft'. Die Beispiele der staatlichen Oberhoheit über die Kirche ließen sich beliebig vermehren“ (Onasch 1962: 172).

Wie sehr die Kirche dem Staat selbst in theologischen Fragen untergeordnet war, zeigen die Ereignisse während des Bilderstreits (726–843). 730 forderte Kaiser *Léon III.* vom Patriarchen *Germanós* die Anerkennung eines bilderfeindlichen Edikts. Als dieser sich widersetzte, berief *Léon* den Kaiserlichen Rat σιλέντιον, der *Germanós* verurteilte und das Edikt bestätigte. Der Patriarch trat zurück und ein neuer wurde ernannt. „Jeder folgende Versuch, ein kirchliches Dogma zu ändern, orientierte sich an dieser Verfahrensweise: ein Patriarch, der eine solche Änderung befürwortete, wurde gewählt, und mit seiner Ermächtigung trat dann ein Kirchenkonzil zusammen, das die Änderung verkündete. Dass der Kaiser bei der Wahl der Patriarchen eine entscheidende Stimme besaß und auch bei den Konzilien den Vorsitz führte, erleichterte solche Abänderungen ganz beträchtlich“ (Maier 1973: 94).

Für ihr Entgegenkommen wurde die Kirche belohnt. Als während des Bilderstreits Papst *Gregor III.* den Kaiser 731 exkommuniziert, unterstellt dieser zur Strafe Unteritalien (Sizilien mit Syrakus, Kalabrien mit Reggio, Apulien mit Otranto) und das Illyricum, nämlich Griechenland mit Saloniki, Korinth und Kreta dem Patriarchen von Konstantinopel und schafft so eine geschlossene griechische Reichskirche, deren Grenzen sich mit denen des Byzantinischen Reichs decken.

Diese Abhängigkeit der Kirche vom Staat hat man im Westen schon früh erkannt: bereits 551 schrieben italische Bischöfe über ihre griechischen Amtsbrüder: „Was auch nur die Zeit und der Fürstenwille von ihnen begehrt, dem stimmen sie streitlos zu“ (nach Schubert 1976: 104); die Geschichte zeigt aber, dass es auch Ausnahmen von dieser Regel gab (s. S. 39). Das byzantinische Modell des Sakralstaats wurde von den orthodoxen Staaten Europas, besonders von Russland, übernommen.

1.4.2 Im Westen

Auch im Westen galt zwischen 400 und 800 die Autorität des Oströmischen Kaisers, nur dass er seine Macht hier kaum ausüben konnte. In den entstehenden germanischen Königreichen entwickelten sich christliche Stammeskirchen, die aber aus konfessionellen Gründen nicht zu Volkskirchen werden konnten; denn die germanischen Eroberer waren Arianer und standen somit in einem unüberbrückbaren Gegensatz sowohl zu den unterworfenen katholischen Romanen und Kelten als auch zum Kaiser in Byzanz. Den arianischen Klerus muss man sich als eine der Heeresorganisation eingegliederte, dem Stammeskönig unterworfene Militärgeistlichkeit denken, ihre Kirchen als Garnisonskirchen in den Soldatenquartieren (Schubert 1976: 26).

Die katholische Bevölkerung dagegen bildete eine Kirche ohne Staat. Das wurde von den Zeitgenossen natürlich als großer Mangel empfunden, sollte sich für die römische Kirche aber langfristig gerade als Vorteil erweisen. Sie hatte im Westen als einzige Institution aus der Antike überlebt, die ungeliebte arianische Obrigkeit konnte sie zwar drangsalieren, sich aber aus kirchenrechtlichen Gründen nicht in ihre inneren Angelegenheiten mischen. Und so wie die Gläubigen sich fest um ihre Bischöfe sammelten, scharten diese sich um den Bischof von Rom, der mit der Einheit der Kirche auch die alte Reichseinheit verkörperte. In den Zeiten größter politischer Unsicherheit hatte Papst *Leo d. Gr.* (440–461) ausgehend von Mt 16, 18 erstmals den Anspruch erhoben, als Bischof von Rom Stellvertreter des Apostels Petrus und dem gesamten Episkopat gegenüber weisungsbefugt zu sein. Einer seiner Nachfolger, *Gelasius I.* (492–496), formulierte unter ostgotischer, arianischer Herrschaft die *Zweigewaltenlehre*, nach der „den Priestern das höhere Gewicht zukomme, da sie vor Gottes Gericht auch für die Könige Rechenschaft zu geben hätten, während den Herrschern die höchste *dignitas* unter den Menschen zugebilligt wird“ (LMA 9. 720).

Unter den Germanen hatten einzig die Franken nicht das arianische sondern das katholische Christentum angenommen. *Chlodwig I.*, der bedeutendste Merowinger, ließ sich nach der Überlieferung 496 von Bischof *Remigius* von Reims taufen und machte so den Weg frei für eine Verschmelzung von Germanen, Romanen und Kelten im Frankenreich. Der Staat erkannte die auf der römischen Provinzialeinteilung ruhende kirchliche Organisation an und setzte in den Städten neben den Bischof seinen weltlichen Beamten, den Grafen (eig. ‘Schreiber’). Entsprechend der Bestimmung *Ecclesia vivit lege Romana* galten die alten die Kirche betreffenden Gesetze grundsätzlich fort. Darüber hinaus behielt die Kirche in allen inneren Angelegenheiten die volle Freiheit (Schubert 1976: 151–153).

Im 8. Jh. kam es dann zu dem historisch bedeutsamen Bündnis des fränkischen Königtums mit dem Papsttum. Der Karolinger *Pippin III.* (715–768) setzte den letzten Merowinger ab und ließ sich 751 zum König wählen. Dabei wurde er vom päpstlichen Legaten *Bonifatius*, drei Jahre später vom Papst *Stephan II.* (752–757) selbst gesalbt, nachdem er diesen 754 und 756 gegen die Langobarden unterstützt und durch die Pippinsche Schenkung den Kirchenstaat begründet hatte. Seine Vollendung erfuhr das Bündnis, als Papst *Leo III.* (795–816) *Pippins* Sohn *Karl den Großen* (747/768–814) an Weihnachten 800 in der Peterskirche in Rom zum Kaiser krönte. Byzanz waren gewissermaßen die Hände gebunden; denn dort regierte eine Frau, *Irene* (797–802). 812 erkannte der oströmische Kaiser *Michael I.* Karls Kaiserwürde an.

Der fränkische König und der Bischof von Rom waren aufeinander angewiesen und voneinander abhängig, doch beide behielten ihre Selbständigkeit, keiner war dem anderen unterworfen. Die so entstandene Beziehung zwischen Kaiser und Papst wurde im Mittelalter auf die katholischen Königreiche übertragen. Wie man auch immer das komplizierte Verhältnis von Staat und Kirche beschreiben mag, letzten Endes waren und blieben anders als in Byzanz weltliche und geistliche Gewalt geschieden und „diese Trennung der spirituellen und weltlichen, der ideologischen und politischen Sphären ist eine jener produktiven Separationen des Westens, ohne die weder die zukünftigen ‘Freiheiten’ und die grundsätzliche Emanzipation der ‘Gesellschaft’ noch die späteren Nationalstaaten, die Renaissance oder die Reformation vorstellbar sind“ (Szücs 1990: 26).

1.4.3 Im Islam

Im sunnitischen Kalifat bilden staatliche und religiöse Ordnung eine Einheit. So wie Mohammed in Medina vereinigt der Kalif *Chalīfat rasūl Allāh* ‘Nachfolger des Gesandten Gottes’ in seiner Person weltliche und geistliche Macht. Er nennt sich auch *Amīr al-mu'minīn* ‘Befehlshaber der Gläubigen’ und *Imām* ‘Oberster Leiter der islamischen Gemeinde’ (LIW 2.41). Die Abbasiden heben den religiösen Anspruch ihres Amts hervor, wie die Titel *Chalīfat Allāh* ‘Stellvertreter Gottes’ und *Ẓill Allāh fī l-arḍ* ‘Schatten Gottes auf Erden’ zeigen.

Sie bekämpten die islamischen Sekten, die die Einheit des Glaubens gefährden, und festigen die Grundlagen des Glaubens, unter ihnen wird die Sunna im *ḥadīth* festgehalten und die Rechtgläubigkeit in den Rechtsschulen fixiert. Andererseits trennen sie nach sasanidischem Vorbild in der Verwaltung religiöse, zivile und militärische Ressorts voneinander und setzen einen obersten Verwaltungsbeamten ein, den Minister *wazīr*, der direkt dem Kalifen untersteht.

Im 10. Jh. geht die politisch-militärische Macht der Abbasiden an die iranisch-schiitischen Buyiden (936–1058) über, die geistliche Macht wird durch das schiitische Gegenkalifat der Fatimiden in Ägypten (909–1171) und das sunnitische der Umayaden in Córdoba (928–1031) eingeschränkt. Bald galt es für erlaubt, „dass der Kalif jede seiner Funktionen an einen Sultan, Wesir, Richter usw. delegiert, solange er selbst durch Frömmigkeit und Erfüllung der religiösen Vorschriften der gesamten islamischen Gemeinde ein Beispiel gibt" (LIW 2.81).

Nach der Beseitigung des sunnitischen Abbasidenkalifats von Bagdad 1258 und des schiitischen Gegenkalifats der Fatimiden 1171 errichteten die Mamluken 1261 in Kairo ein sunnitisches 'Schattenkalifat', das aber außerhalb Ägyptens kaum Beachtung fand. Ab 1517 führten die osmanischen Sultane den Titel Kalif.

Erst im Osmanischen Reich kommt es zu einer zaghaften Trennung von weltlicher und geistlicher Gewalt. Nach dem Vorbild der christlichen Patriarchen und des jüdischen Oberrabbiners schuf man das Amt des *şeyhülislâm* für das Oberhaupt der muslimischen Gemeinschaft *millet.* Als Chef der *ilmiye* (s. S. 37) sollte er darüber wachen, dass Staatspraxis und islamisches Recht übereinstimmen.

Für die Schiiten war dagegen nach der Ermordung des letzten rechtgeleiteten Kalifen *Ali* 661, Vetter Mohammeds und Ehemann seiner Tochter Fatima, und seit der Schlacht bei Karbala 680, in der ein umayadischer Statthalter *Ḥusain* tötet, den jüngeren Sohn Alis und Enkel des Propheten, jede sunnitische Herrschaft illegitim.

Als Nachfolger Mohammeds, Alis und seiner Söhne Ḥasan und Ḥusain gelten ihnen vielmehr die von Ḥusain abstammenden *Imame*. Der siebte Imam *Ismāʿīl* (–760) ist der letzte für die Ismailiten, der zwölfte *Muḥammad al-Mahdī* (–940) der letzte für die sog. Zwölfer-Schiiten. Beide sind entrückt, für ihre Anhänger leben sie in der Verborgenheit, bis sie wiederkehren und das Reich Gottes auf Erden errichten. Die Schiiten sehen also seit dem 8. resp. 10. Jh. in jeder staatlichen Macht eine Anmaßung, für sie ist der Imam auch in seiner Abwesenheit „das einzige legitime Oberhaupt aller Muslime; daher ist er auch nach der heutigen Verfassung der Republik Iran deren eigentliches Staatsoberhaupt" (Halm 2005: 37).

1.5 Die Geistlichkeit

Wenn es auch im Islam keine Kirche gibt, so haben sich doch – besonders bei den Schiiten und im Osmanischen Reich – den kirchlichen vergleichbare Einrichtungen herausgebildet wie die *Ulema*, Theologen und Juristen, die dem Klerus ähneln, und die *Derwische*, deren Leben durchaus monastische Züge trägt.

1.5.1 Klerus und Mönchstum

In den christlichen Kirchen waren Klerus und Mönchstum zwei aus der Spätantike überkommene, ursprünglich deutlich voneinander geschiedene Institutionen. Sie erlebten im Mittelalter in ganz Europa ihre Blütezeit, doch während sie im Osten eher auseinanderstrebten, wuchsen sie im Westen zum geistlichen Stand zusammen, dessen Ansprüche die mittelalterliche Gesellschaft insgesamt neu strukturieren sollten.

Unter *Klerus* κλῆρος 'Los, Anteil' versteht man seit dem 3. Jh. die vom *Volk* λαός unterschiedene Personengattung, der durch Wahl und Weihe 'Anteil' am kirchlichen Amt und an geistlicher Vollmacht verliehen wird (LMA 5.1207); im Unterschied zu anderen Religionen ist das christliche Priestertum nicht erblich (Mitterauer 2004: 165). Schon früh bildet sich die Hierarchie heraus, zuerst in den drei Stufen Bischof, Priester, Diakon, im 3. Jh. wird die Zahl der Weihegrade auf sieben festgelegt; Frauen konnten höchstens Diakonissen werden. Entscheidungsträger sind die Bischöfe, die auf Landessynoden oder ökumenischen Konzilen theologische und kirchenrechtliche Beschlüsse fassen, die für alle Gläubigen bindend sind; auch das ist anderen Religionen wie dem Judentum und dem Islam fremd und hat zur relativen Einheitlichkeit der Kirche West- und Osteuropas zwischen dem Konzil von Chalkedon 451 und der Reformation 1517 geführt.

Von Anfang an wird das Verhältnis von Weihe und Ehe problematisiert. Ursprünglich konnten auch Verheiratete zu Klerikern geweiht werden, sie durften aber nach ihrer Verwitwung nicht erneut heiraten. Im Osten setzte sich seit dem 6. Jh. die Regelung durch, dass Bischöfe ehelos sein mussten und Priester zwar nach der Weihe nicht mehr heiraten durften, eine vor der Weihe geschlossene Ehe aber fortführen sollten bei Enthaltsamkeit an den Tagen des Altardienstes. Das führte langfristig dazu, dass sich der hohe Klerus aus dem Mönchstum rekrutierte, während sich der niedere durch seine Lebensführung kaum von den Bauern unterschied.

1.5.2 Der geistliche Stand im Westen

Im Westen wird der Ruf nach genereller Ehelosigkeit des Klerus schon früh laut: auf der Synode von Elvira in Hispanien wird 306 den verheirateten Klerikern erstmals verboten, nach der Weihe das eheliche Leben fortzuführen. Doch erst im 12. Jh. wird der *Zölibat* verpflichtend: Kleriker dürfen nicht heiraten resp. müssen in einer bestehenden Ehe enthaltsam leben; sie werden in dieser Hinsicht den Mönchen angeglichen.

Ein anderes Element der Monastisierung des Klerus kam durch die erstmals 535 im Frankenreich bezeugten *Kanoniker* auf, Kleriker, die das gemeinsame Chorgebet feiern, daher Chorherren, unter den drei Ordensgelübden stehen und geistliche Kommunitäten bilden. In Analogie zum Mönchstum entstand das Bedürfnis nach Abgrenzung durch eine Kanonikerregel, die 816 in den Aachener 'Institutiones' geschaffen wurde. Regularkanoniker organisierten sich in ganz Westeuropa, entwickelten eigenständige hierarchische Strukturen, Wahl-, Weihe und Lebensvorschriften und beriefen sich seit dem 11. Jh. auf das Augustinische Ideal des Lebens in der Gemeinschaft. Von nun an galt neben der *Vita monastica* eine *Vita canonica*.

Parallel zur Monastisierung des Klerus ging im Westen die Klerikalisierung des Mönchstums vor sich. Ein erster Schritt dazu war die Überwindung der spätantiken Unterscheidung von anachoretischem und koinobitischem Mönchstum im 9. Jh. zugunsten des koinobitischen in Ost und West. *Theódoros Studítes* (759–826) und *Benedikt von Aniane* (um 750–821) reformierten unabhängig voneinander das Mönchstum und machten das Koinobion nach strenger Regel unter einem Abt zum Typ des mittelalterlichen Klosters in ganz Europa. Das war nicht nur aus disziplinarischen, sondern auch aus wirtschaftlichen und kulturellen Gründen segensreich.

Eine weitere Etappe der zunehmenden Klerikalisierung des Mönchstums im Westen war seit 826 die Forderung nach der Priesterweihe für Äbte, die ursprünglich Laien waren. Darüber hinaus wurden seit der Karolingerzeit immer mehr Mönche ordiniert, damit sie pastorale Aufgaben übernehmen konnten.

Im Westen näherten sich also Kleriker und Mönche einander an und wuchsen zu einem Interessenverband zusammen, einem 'Stand' *ordo*. Dadurch wurde die ganze mittelalterliche Gesellschaft umstrukturiert, das primitive Oben-Unten-Schema *potentes* vs. *pauperes* wurde aufgebrochen, zu dem alten Gegensatz 'adeliger Herr vs. gemeiner Mann' trat nun ein anderer 'Klerus vs. Laien'. Die Kirche entwickelte – erstmalig belegt in einem Gutachten des angelsächsischen Abts *Aelfric* um 1000 – das *Dreiständeschema* von *oratores*, *bellatores* und *laboratores*, später polemisch auch Hirten, Hunde und Herde genannt (Eco 2004: 194); darin wies sie dem Adel an Stelle der Herrschaft in Staat und Kirche eine dienende, nämlich militärische Aufgabe zu. Dementsprechend grenzten sich die Ritter, d.h. die aus dem Kriegerstand hervorgegangenen armen Freien, gegenüber den Bauern ab und schlossen sich dem Adel an.

Ab 1100 bildete sich innerhalb der *laboratores* ein weiterer Gegensatz heraus, nämlich 'Bürger oder Stadtbewohner' vs. 'Bauer oder Landbewohner'. Dadurch wird das Dreiständeschema nicht angetastet, Bürger sind wie Bauern 'Herde' und das Stadtrecht modifiziert nur das umgebende Landrecht wie z. B. das Magdeburger Recht den Sachsenspiegel; die Bürger machen sich nun zu den Wortführern des 'Dritten Standes'. Mit ihrem Aufkommen vervollständigt sich die ständische Gesellschaft und aus dem spätmittelalterlichen Gefüge von Landesherr und Ständen geht der westeuropäische frühmoderne Flächenstaat mit den Ansätzen zur Gewaltenteilung hervor.

Während sich das Dreiständeschema auch in Ostmitteleuropa durchsetzte, fehlte im orthodoxen Europa die Grundvoraussetzung dafür, nämlich die Trennung der weltlichen und geistlichen Gewalt. Hier führten die politische Theologie und die Sakralisierung des Staates zur Verstaatlichung von Kirche und Klerus und zur Klerikalisierung des Kaisers, der die kirchlichen Rechte und Pflichten eines Diakons erhielt (Onasch 1962: 173), wohingegen sich die sozialkritischen Christen zur passiven, außerweltlichen Askese entschlossen, „sie gingen buchstäblich in die Wüste“ (Savramis 1971: 43). Dadurch gewann die Distanz zwischen Klerus und Mönchstum eine neue Dimension, die vorständische Ordnung der orthodoxen Gesellschaften aber blieb erhalten, die nur zwischen 'Oben', 'Unten' und 'Draußen' unterschied.

1.5.3 Ulema und Sufis

Der Islam kennt zwar weder Weihe noch Zölibat, dennoch haben sich dem Klerus und den Mönchen vergleichbare Personengruppen herausgebildet, nämlich Ulema, arab. *'ulamā'* 'Gelehrte' und Sufis, arab. *ṣūfī* 'Asketen'. Die Ulema garantieren als Theologen und Juristen die gottgewollte Ordnung des Islam; die meisten von ihnen als Richter *qāḍī*, Rechtsgutachter *muftī* oder Hochschullehrer *mudarris*, eine Minderheit scheut staatliche Ämter und wirkt als „glaubensstrenges Korrektiv zur Mehrheit" (LIW 3.156).

In der İlmiye *'ilmīye* des Osmanischen Reichs erreichten die sunnitischen Ulema ihren höchsten Grad an Organisation, Geschlossenheit und Macht (ebenda). Ihnen oblagen die Ressorts Religion, Recht und Erziehung im ganzen Reich, sie absolvierten eine dreistufige Laufbahn als Studenten, Dozenten und Richter mit dem Ehrentitel Mullah, arab. *mullā*. An ihrer Spitze stand der Mufti von Konstantinopel, der *şeyhülislâm*.

Als die Safawiden (1501–1722) die *Schia* im Iran zur Staatsreligion machten, wurden die schiitischen Ulema oder Mullahs straffer organisiert und es entstand eine Hierarchie mit einem *ṣadr* an der Spitze. In der Folge haben sie „die Aufgaben des Verborgenen Imams eine nach der anderen stellvertretend an sich gezogen. Dieser Prozess ist noch immer im Gange; die Islamische Revolution in Iran, die dazu geführt hat, dass die Ulema die Macht in einem Staat übernahmen, ist der vorläufige Höhepunkt dieser Entwicklung" (Halm 2005: 58).

Die Mullahs verfügen über große Einnahmen, neben der Armensteuer *zakāt* entrichten die Gläubigen den 'Fünft' *al-chums*, den sie zur Hälfte verwalten. Vor allem begründet sich ihr Einfluss auf dem Prinzip des *iǧtihād*, „der selbständigen Rechtsfindung aufgrund rationaler Erwägungen" (Halm 2005: 68). Der *iǧtihād* ist den Laien ausdrücklich untersagt und einer kleinen Zahl qualifizierter Spezialisten, den *muǧtahid* 'eifrig bemüht' oder *āyatullāh* 'Zeichen Gottes' vorbehalten. Zum *muǧtahid* wird man durch Kooptation, indem man von einem *muǧtahid* dazu erklärt wird. Durch dieses Verfahren bleibt die schiitische Theologie wandlungsfähig und flexibel (Halm 2005: 71).

Der Überlieferung nach habe der Prophet ausdrücklich gefordert: 'Duldet kein Mönchtum im Islam!' (Mitterauer 2004: 173) und auch den Zölibat mehrfach scharf verurteilt. So hat sich zwar im mittelalterlichen Islam kein Klosterwesen im christlichen oder buddhistischen Sinne entwickelt, wohl aber asketische Bewegungen mit sehr eigenständigen Sozialformen, für die auch der Begriff Orden gebraucht wird.

Die Asketen werden nach ihrem aus Wolle, arab. *ṣūf*, bestehenden Gewand *ṣūfī* genannt. Wie auch Asketen anderer Religionen streben sie nach Armut – der Arme heißt arab. *faqīr*, pers. *darwīš* –, nach Fasten und Gebet über die gebotene Zeit hinaus; der Zölibat bleibt allerdings die Ausnahme. Das grundlegende Organisationsprinzip bildet die Beziehung zwischen Meister, arab. *šaich*, pers. *pīr*, und Jünger *murīd*, die auf absolutem Gehorsam beruht (Mitterauer 2004: 174).

Vom 12. Jh. an bilden sich Sufi-Orden *ṭarīqa*, deren Anhänger unterschiedlich stark engagiert sind. Der innere, zahlenmäßig sehr beschränkte Kreis lebt koinobitisch, besitzlos und dem Scheich zu unbedingter Gefolgschaft verpflichtet. Der äußere Kreis entspricht in etwa den Dritten Orden der gleichzeitig entstehenden Franziskaner und Dominikaner. „Diese Derwische führen durchaus ein privates Leben und kommen lediglich zu religiösen Übungen jeweils kürzer oder länger ins Kloster. Ein dritter Kreis, die 'Sympathisierer', macht den größten Teil der Gesamtanhängerschaft aus“ (LIW 1.137).

1.6 Gewalt und Toleranz

„Jede der drei abrahamitischen Religionen verstand sich selbst als endgültig und lehnte darum die jeweils jüngeren Versionen ab [...] Das hatte zur Folge, dass das Judentum sowohl Christentum wie Islam ablehnte. Das Christentum lehnte den jüngeren Islam ab, musste aber das Judentum, dem es entstammte, teilweise anerkennen. Der Islam nahm sowohl Alt- wie Neutestamentliches in sich auf und musste von daher sowohl Judentum wie Christentum wenigstens partiell anerkennen“ (Angenendt 2007: 102).

Muslime waren im christlichen Europa nicht geduldet, sie mussten entweder konvertieren oder emigrieren. Einzig die Tataren im Großfürstentum Moskau durften ihre Religion ausüben, wurden aber oft zur Taufe gedrängt. Ihre Lage verbesserte sich erst im 18. Jh.

1.6.1 Die Ostkirche

Das Christentum tritt an als Religion der Gewaltlosigkeit. In der Bergpredigt (Mt 5–7) verlangt Jesus von seinen Jüngern Friedfertigkeit und Feindesliebe. Die Ausbreitung des Christentums ging gewaltlos vor sich, die Gewalt ging von den Heiden aus: bis zur konstantinischen Wende 313 wurden die Christen verfolgt und nicht selten getötet. Auf dem ersten Ökumenischen Konzil in Nikaia 325 trugen noch manche Bischöfe „die Wundmale unseres Herrn Jesu an ihrem Leibe“ (nach Jedin 1960: 17).

Im christlichen Römischen Reich führten kirchliche Missionsarbeit und antipagane kaiserliche Gesetzgebung zum Verschwinden des Heidentums, bis Kaiser *Justinian I.* 529 die Akademie von Athen schloss. Neue Konflikte boten die Auseinandersetzungen innerhalb der christlichen Kirche zwischen Mono- und Diphysiten nach dem Konzil von Chalkedon 451. Die ägyptische und die syrische Kirche akzeptierten nicht den von Kaiser und Papst getragenen trinitarisch-christologischen Kompromiss, außerdem wehrten sie sich gegen die Zurückstufung der Patriarchen von Alexandria und Antiochia hinter Konstantinopel, das Neue Rom.

Die diphysitische sog. melkitische – nach aramäisch *malkā* 'König' – Amtskirche war griechisch, die monophysitischen Dissidenten waren einheimisch, der Streit wurde teilweise erbittert, doch meist unblutig geführt, er erschütterte das oströmische Reich und führte zur Entfremdung der orientalischen Provinzen. Es handelte sich aber weder um einen militärisch geführten Bürgerkrieg noch um eine mittelalterliche Ketzerverfolgung, sondern um punktuelle Widersetzlichkeiten der einheimischen Bevölkerung, des Klerus und besonders der Mönche, und ihre Abstrafung, Enteignung oder Verbannung durch die kaiserlichen Behörden. Wiederholt versuchte die Reichskirche, durch theologisches Entgegenkommen den Konflikt zu entschärfen, was wiederum den Papst auf den Plan rief. Gleichzeitig bildeten sich die monophysitischen Landeskirchen heraus, die Mitte des 7. Jh. wohl oder übel die byzantinische Obrigkeit gegen die arabische eintauschen mussten.

Durch den Verlust der orientalischen Provinzen wird aus Ostrom Byzanz, ein immer noch mächtiges griechisch-orthodoxes Reich, zu dessen ethnischer und religiöser Geschlossenheit es weithin keine Parallele gab. Nach der siegreichen Schlacht von Akroïnón 740 konnte es sich der Araber zu Lande und zur See erwehren, bis es 1071 bei Mantzikert den Türken unterlag. Diesen Jahrhunderte dauernden Krieg gegen die Muslime zu sakralisieren, hat sich die griechische Kirche aber geweigert. „Als Kaiser *Niképhoros Phokás* die im Kampf um Kreta [961] gefallenen Helden als Martyrer verehrt wissen wollte, wandte sich *Polýeuktos*, der Patriarch, dagegen, weil nach kanonischem Recht auf drei Jahre exkommuniziert war, wer im Kriege Blut vergossen hatte" (Beck 1959: 274).

Auch ihren größten Missionserfolg, die Christianisierung der östlichen Slaven und der Rumänen, erreichten die Byzantiner mit friedlichen Mitteln.

1.6.2 Die Westkirche

Für die römische Kirche war auch nach der konstantinischen Wende die Leidenszeit nicht beendet, stand sie doch in Italien, dem südlichen Gallien und Hispanien unter der Herrschaft der arianischen Goten und Langobarden, von der sie endgültig erst die Franken im 8. Jh. erlösten.

Geradezu als historische Zäsur empfanden die Zeitgenossen die Einnahme und Plünderung Roms 410 durch die Westgoten unter Alarich. „Hieronymus verglich die Katastrophe mit der Zerstörung Jerusalems durch Babylon und mit der Eroberung Trojas durch die Griechen. Allerdings waren die Invasoren ja selbst auch Christen – wenn auch arianische Häretiker – und hatten die sakralen Orte Roms durchaus respektiert und verschont. Die meisten Stimmen wurden denn auch aus den Reihen der Heiden laut, die Roms Fall als Racheakt der alten römischen Götter bezeichneten, deren Kulte von den Christen verdrängt und schließlich verboten worden waren oder als Folge der christlichen Ideologie, welche mit der Feindesliebe und dem Gebot, nach einer Ohrfeige auch die andere Wange hinzuhalten, eine defätistische Haltung empfehle" (Fuhrer 2004: 137).

Unter dem Eindruck dieser Katastrophe wendet sich *Augustinus* (354–430) gegen die seit *Eusébios von Kaisáreias* (s. S. 31) 'Kirchengeschichte' gängige Deutung der Weltgeschichte als Heilsgeschichte. In seiner 413–426 entstandenen 'Civitas Dei' (Gottesstaat) entwickelt er das Konzept des gerechten Krieges *bellum iustum* (Kap. 2,17) in einer feindlichen Umwelt. „Damit ein Krieg gerecht ist, muss er aus einem gerechten Grund *causa iusta*, mit dem Willen zum Frieden *intentio recta* und auf Befehl der rechten Autorität *legitima auctoritas* geführt werden" (LThK 6.476).

In dem Maße wie sich die römische Kirche aus ihrer Wehrlosigkeit befreien kann, wird sie selber wehrhaft, ab der Jahrtausendwende militant und zwar sowohl gegenüber Muslimen als auch Heiden und Ketzern. Dabei gerät sie schließlich in Konflikt mit dem Staat.

Die erfolgreiche Germanenmission geht friedlich vor sich. 597 hatte Papst *Gregor I.* Missionare an den Hof von Canterbury entsandt, was zur Einrichtung eines neuen Erzbistums vorerst für die Grafschaft Kent führte. In der Folge entstand eine eng an Rom gebundene angelsächsische Kirche, die bald in einen Gegensatz zu der mit Rom nur locker verbundenen irischen geriet. Auf der Synode von Whitby unweit York 664 entschied man sich 'gegen Columban für Petrus' und orientierte sich in Liturgie, Riten und Kalender am römischen Vorbild.

Nun missionierten die Angelsachsen ihrerseits auf dem Kontinent. „Von *Wilfried*, der 664 in Whitby die Entscheidung zugunsten der römischen Observanz herbeigeführt und später bei den Friesen missioniert hatte, führt eine direkte Entwicklungslinie über *Willibrord* (gest. 739) zu *Winfried-Bonifatius* (gest. 754), dem großen Reformer der fränkischen Reichskirche" (Mitterauer 2004: 183). Dieser schuf 739 in Baiern ein kirchliches Verwaltungssystem mit den Bistümern Regensburg, Freising, Passau und Salzburg, das 798 zum Erzbistum erhoben wurde.

Vor diesem friedlichen Hintergrund muss man das sog. 'Verdener Blutgericht' von 782, in dem auf Befehl *Karls d. Gr.* 4.500 heidnische Sachsen enthauptet wurden, als Ausnahme ansehen; auch kann man diese Strafaktion nicht ohne weiteres der Kirche anlasten.

Die Slavenmission ging von Baiern aus, in Mähren traf sie auf byzantinische Konkurrenz. Die Vertreter der römischen Kirche beschuldigten die Griechen der Häresie, 870 wurde Erzbischof *Method* auf dem Reichstag von Regensburg verurteilt und gefangengesetzt, 873 ließ ihn Papst *Johannes VIII.* befreien mit der Auflage, von der slavischen Liturgie zu lassen. 885 starb er in seinem Bischofssitz in Velehrad an der March, nach seinem Tode wurden die slavischen Missionare vertrieben, teils sogar als Sklaven verkauft.

In der Folge wurden die westlichen Slaven bis auf die Wenden friedlich missioniert und in die römische Kirche eingegliedert.

Die Feinde der Franken schlechthin waren die Araber, ganz allgemein *Sarazenen* genannt. Sie hatten der römischen Kirche wichtige Gebiete entrissen, Nordafrika mit Hunderten von Bistümern und fast ganz Hispanien, wo sich erst auf dem III. Landeskonzil von Toledo 589 die Arianer den Katholiken angeschlossen hatten. Zwar war im 8. Jh. die muslimische Expansion auf dem Festland zum Stillstand gekommen, doch verlagerte sie sich im 9. Jh. auf das westliche Mittelmeer. Seither war kein nennenswerter Handelsverkehr außerhalb der byzantinischen Küsten mehr möglich, von Marseille nach Rom kam man nicht mehr zur See, sondern musste sich über die Alpenpässe quälen. Der arabische Historiker *Ibn Chaldūn* (s. S. 240) beschrieb die damalige Lage mit dem Satz: „Die Christen können nicht eine Planke auf dem Meer schwimmen lassen" (nach Pirenne 1963: 141).

Ein Pfahl im Fleisch des Frankenreichs war *Fraxinetum*, das heutige La Garde-Freinet, ein 888 eingenommener arabischer Stützpunkt nahe Saint-Tropez, von wo aus die Piraten ihre Razzien durchführten. Ihre bevorzugten Ziele waren die Küsten Liguriens und der Provence bis in die Täler der Westalpen. 972 wurde es durch ein burgundisch-provenzalisches Heer mit Hilfe einer byzantinischen Flottenblockade erobert (LMA 4.882). Die Verhältnisse besserten sich im 11. Jh. dank den aufstrebenden Seerepubliken, zuerst Pisa, dann Genua und Venedig; mussten die ersten Kreuzzüge noch über den Landweg ausweichen, konnten die späteren den Seeweg nehmen.

Die zunehmende Aufrüstung der römischen Kirche ist nicht nur im Kampf gegen die Muslime begründet, sie wird auch durch ihr neues Verhältnis zum Adel bestimmt. Um das Jahr 1000 nimmt die Kirche den Adel in die Pflicht, indem sie die Anschauung von der funktionalen Dreiteilung der Gesellschaft verbreitet und dem Adel an Stelle der Herrschaft in Staat und Kirche eine dienende, nämlich militärische Aufgabe zuweist.

Ursprünglich durften, um ihr privates Recht durchzusetzen, Ritter, nicht aber Bauern, Bürger, Kleriker, Juden und Frauen, zum Mittel der *Fehde* greifen. Die zunehmenden Fehden des rivalisierenden Adels zogen nicht nur die umliegende Bevölkerung, sondern auch die Kirche in starke Mitleidenschaft. Deshalb versuchte sie in der *Gottesfriedensbewegung*, Adel und Kriegerschaft mit den Mitteln eidlicher Verpflichtung, mit Fahnen und Reliquien, Schwertsegen, Krieger- (Ritter-) Weihe u.a. zur Einschränkung ihrer Fehden zu bewegen und drängte sie, die Rolle des Schutzes der Kirche und aller Schutzbedürftigen zu übernehmen. Damit war der Anfang der Verchristlichung der *militia* gemacht (LMA 7.868–9).

Die Kirche übertrug den alten Begriff der *militia Christi*, der ursprünglich auf die Apostel, später auf die Mönche angewandt wurde, nun auf die tatsächlichen Krieger. Dazu pervertierte man eine Paulusstelle vom Spirituellen ins Militärische: „Deshalb ergreift die Waffenrüstung Gottes, damit ihr an dem bösen Tag Widerstand leisten und alles überwinden und das Feld behalten könnt. So steht nun fest, umgürtet an euren Lenden mit Wahrheit und angetan mit dem Panzer der Gerechtigkeit und an den Beinen gestiefelt, bereit einzutreten für das Evangelium des Friedens. Vor allen Dingen aber ergreift den Schild des Glaubens, mit dem ihr auslöschen könnt alle feurigen Pfeile des Bösen, und nehmt den Helm des Heils und das Schwert des Geistes, welches ist das Wort Gottes“ (Epheser 6,13–17).

Durch die Militarisierung der Papstkirche wird der Heilige Krieg möglich, „der durch muslimischen Einfluss langsam in die christliche Welt eingedrungen ist, und der in einem Satz *Urbans II.* Gestalt gewinnt, den dieser bei seinem Aufruf zum ersten Kreuzzug (1095) formuliert hat: ‘Wer bei dieser Unternehmung aus Liebe zu Gott und zu seinen Mitmenschen sein Leben verliert, darf gewiss sein, dass ihm seine Sünden vergeben werden und dass er am ewigen Leben teilhaben wird, dank dem allgütigen Mitleid unseres Herrn’“ (Vernet 1984: 299).

Die Parallele ist in der Tat unübersehbar, denn nur der Papst = *imām* kann zum Kreuzzug = *ǧihād* gegen die ungläubigen Feinde aufrufen, wer dabei stirbt, erlangt das ewige Leben = kommt direkt ins Paradies. Die Kreuzzüge wurden sowohl gegen Muslime als auch gegen Heiden gleichzeitig in drei Regionen geführt und dauerten etwa zweihundert Jahre, in Hispanien bis 1251, im Heiligen Land bis 1270 und an der Ostsee (Wendland, Preußen und Livland) bis 1283. Seinen reinsten Ausdruck fand der *miles christianus* in den geistlichen Ritterorden, die karitative Aufgaben mit dem Pilgerschutz und dem militärischen Kampf gegen Glaubensfeinde verbanden; neben das weltlich-höfische trat das mönchisch-asketische Rittertum.

In diesen Zusammenhang gehört auch die Ketzerverfolgung. Im ersten Jahrtausend wurde ein einziger Häretiker hingerichtet, nämlich der 385 am Kaiserhof zu Trier wegen Magie verurteilte Asket *Priscillian* aus Hispanien. Sowohl Papst *Siricus* als auch *Martin von Tours* und *Ambrosius von Mailand*, die beide sogar zweimal nach Trier eilten, protestierten und kündigten den am Prozess beteiligten Bischöfen die *communio* auf (Angenendt 2007: 250).

Die nach *Priscillian* nächste Hinrichtung wurde 1022/23 von *Robert dem Frommen* auf einer Bischofssynode zu Orléans angeordnet. Das war die erste sicher bezeugte mittelalterliche Ketzerverbrennung des Abendlandes (Angenendt 2007: 252). Mit dem 12. Jh. nimmt die Verurteilung und Tötung von Häretikern zu und zwar von Staats wegen. Hier sehen wir „eine Entwicklung am Werk, die dazu führt, dass die Autorität nicht mehr lediglich reagiert, sondern eine initiative Rolle übernimmt, und ebendiese neue Qualität bezeichnet einen entscheidenden Punkt im Übergang von der segmentierten, dezentralen Gesellschaft zur zentralisierten, oder, um es laxer auszudrücken, von der Stammesgesellschaft zum Staat“ (Moore 2001: 247). Im Zuge dieser Verstaatung erließ 1164 König *Heinrich II.* von England mit den Konstitutionen von Clarendon „die erste Verfügung eines weltlichen Gesetzgebers im Kampf gegen die Häresie seit der Antike“ (Moore 2001: 249).

Das Nebeneinander von weltlicher und geistlicher Gewalt erwies sich im Kampf gegen die inneren Feinde als untauglich, es wurde in der Folge in ganz Westeuropa beseitigt durch die Monopolisierung der legitimen Gewalt beim frühmodernen Staat und die Entmachtung der Papstkirche, blieb aber vermittelt über die Stände im Prinzip der Gewaltenteilung erhalten.

Der Zusammenhang von frühmoderner Staatlichkeit und religiöser Intoleranz wird am Beispiel Spaniens Ende des 15. Jh. deutlich. Die Katholischen Könige ließen drastische Reformmaßnahmen im kirchlichen Bereich durchführen, die fünf verschiedene Komplexe umfassten: 1. die Errichtung der staatlich kontrollierten Inquisition; 2. die Reform des Welt- und Ordensklerus, Hebung seines Bildungsstandes auch dank der neuen Universität von Alcalá de Henares; 3. die Vertreibung der Juden; 4. die Zwangsbekehrung der Mauren und 5. die Durchsetzung des Staatskirchentums mit der direkten Oberhoheit über die Ritterorden und dem Vorschlagerecht bei der Ernennung der Bischöfe (Bernecker/Pietschmann 2000: 55).

Offensichtlich wollte der Staat mit allen Mitteln die religiöse Homogenität seiner Untertanen erzwingen. „Religion war zu einem Herrschaftsinstrument geworden, mit dessen Hilfe es möglich war, die Massen in Botmäßigkeit zu halten. In moderne Terminologie übersetzt könnte man sagen, dass die ideologische Homogenität zum Grundprinzip des heraufziehenden absoluten Staates wurde, der sich durch den Schutz und die Förderung der Religion eine sakrale Rechtfertigung schuf" (Bernecker/Pietschmann 2000: 63).

1.6.3 Der Islam

Der Islam tritt an als Religion der Wehrhaftigkeit. Im Namen Gottes und des Propheten erobern die Araber in kurzer Zeit (630–730) die Welt zwischen dem Atlantik und dem Indus. Das kriegerische Element entspricht den Idealen der Beduinen und wird im Koran gerechtfertigt, so in Sure 2.191: „Und tötet sie (d.h. die heidnischen Gegner), wo (immer) ihr sie zu fassen bekommt, und vertreibt sie, von wo sie euch vertrieben haben! Der Versuch (Gläubige zum Abfall vom Islam) zu verführen ist schlimmer als Töten" (Paret 2004: 30).

Fortan zerfällt die Ökumene in zwei Teile, *dār-ul ḥarb* das 'Gebiet des Krieges' und *dār-ul islām* das 'Gebiet der Ergebung'. Der im Namen Gottes vom Propheten oder seinem Nachfolger erklärte Krieg gegen die ungläubigen Feinde *ǧihād* wird allgemein als 'Heiliger Krieg' übersetzt, wer dabei stirbt, kommt direkt ins Paradies, so Sure 9.111: „Gott hat den Gläubigen ihre Person und ihr Vermögen dafür abgekauft, dass sie das Paradies haben sollen. Nun müssen sie um Gottes willen kämpfen und dabei töten oder/und (selber) den Tod erleiden" (Paret 2004: 143).

Der *ǧihād* dient der Ausbreitung des islamischen Staates, nicht der Verbreitung der Religion. Denn hier gilt „In der Religion gibt es keinen Zwang" (Sure 2.256) und „Wenn dein Herr wollte, würden die, die auf der Erde sind, alle zusammen gläubig werden. Willst du nun die Menschen dazu zwingen, dass sie glauben?" (Sure 10.99). Eine Zwangsbekehrung war auch kaum vorstellbar bei einer Bevölkerung, die zu 90% schon einer Religion anhing. Heiden waren ja eigentlich nur die Araber selbst, die meisten Berber, andere Bergstämme, die bislang jeder Missionierung widerstanden hatten, und neu ankommende Nomaden.

Die Anhänger der schon bestehenden Religionen, Juden und Christen, später auch Parsen wurden zu 'Schriftbesitzern' *ahl-al kitāb* erklärt, sie galten als 'Schützlinge' *ahl-adh dhimma* und genossen gegen Zahlung der Kopfsteuer *ǧizya* begrenzte Kultfreiheit. Politisch waren sie Bürger zweiter Klasse und von jeglicher Teilnahme an der Regierung ausgeschlossen, rechtlich waren sie in vieler Hinsicht gegenüber den Muslimen benachteiligt, finanziell waren sie durch die zusätzliche Kopfsteuer stärker belastet als die Muslime und verarmten zunehmend (LIW 1.124).

Vertreter der Schützlinge gegenüber der muslimischen Obrigkeit waren ihre religiösen Führer, der jüdische Exilarch *ra's-al ǧālūt*, der nestorianische Katholikos, die melkitischen und monophysitischen Patriarchen. Die parsische Hierarchie, die *maǧūs,* bestand dagegen nicht fort (Halm 2006: 52). Die Araber profitierten von den religiösen Spannungen in den von ihnen eroberten Reichen; in den ehemals sasanidischen Provinzen spielten sie die Parsen gegen die Nestorianer aus, in den ehemals byzantinischen die Melkiten gegen die Monophysiten, überall die Juden gegen Christen und Parsen.

So bestand die Bevölkerung des Kalifats und der anderen islamischen Staaten anfangs aus wenigen Muslimen, vielen Schützlingen und einer schwer bestimmbaren und schwankenden Menge von Ungläubigen, d.h. Heiden und vom Islam Abgefallenen oder durch *takfīr* (s. S. 23) zu Ungläubigen Erklärten. Da heute außer dem Libanon alle arabischen Staaten, der Iran und die Türkei zu 90% muslimisch sind, hat seither eine fast vollständige Islamisierung stattgefunden. Dieser Prozess verlief in den einzelnen Regionen unterschiedlich schnell, oft in Schüben, und meist gewaltfrei, wenn man die Deklassierung der Nichtmuslime nicht an sich als Gewalt ansieht; Ungläubige wurden allerdings immer bekämpft.

Muslime waren ursprünglich nur Araber. Dazu traten bald die *mawālī* < arab. *maulā* 'Klienten', meist Perser oder Berber, die als Freie oder freigelassene Sklaven zum Islam übertraten und dabei formell in einen arabischen Stamm aufgenommen wurden (LIW 2.158); sie wurden schon in der Abbasidenzeit formal den Arabern gleichgestellt. Schützlinge konnten aus steuerlichen Gründen nicht individuell zum Islam konvertieren, da die Gemeinden kollektiv besteuert wurden. Im Iran traten die *dihqāne*, die grundbesitzende Oberschicht, aus ökonomischen Gründen fast geschlossen zum Islam über und zogen die Bauern mit sich. In Ägypten dagegen blieb die Bevölkerung bis ins 14. oder 15. Jh. überwiegend christlich (Halm 2006: 54).

Dass sich Christen auch unter islamischer Herrschaft entfalten konnten, zeigt die Missionstätigkeit der nestorianischen Kirche in Zentralasien, der Mongolei und China: sie zählte auf ihrem Höhepunkt im 13. Jh. vor dem Mongolensturm 27 Metropolien und 200 Bistümer (LIW 1.126).

Die Gründe für die massenhafte Bekehrung zum Islam waren vielfältig. „Natürlich hatte die einheimische Bevölkerung der eroberten Länder den Wunsch, sich der herrschenden Schicht mehr und mehr zu assimilieren, aber derselbe Wunsch hat die Christen des Abendlandes nie dazu geführt, ihren noch jungen Glauben für den der Germanen aufzugeben; im Gegenteil, die Sieger nahmen ihre Religion an. In Wahrheit war der Islam, obschon in seinen Anfängen steckend, geistig ebenso alt wie das Christentum oder das Judentum – wenn nicht für die Gelehrten, so doch für die Masse der Gläubigen; ja, auf diese übte er durch die Kraft seiner einfachen und geschlossenen Lehre eine besondere Anziehung aus“ (Cahen 1968: 43).

1.6.4 Die Lage der Juden

„Im Römischen Imperium besaßen die Juden als erste und einzige die Sonderstellung der Erlaubten Religion: die freie Religionsausübung sowohl im Jerusalemer Tempel wie reichsweit in den Synagogen, dazu die Arbeitsruhe am Sabbat und die Befreiung vom Militärdienst – zusammengenommen ein im Reich beispielloses Privileg“ (Angenendt 2007: 103). Nach dem Jüdischen Krieg 66–70 zerstörten die Römer den Jerusalemer Tempel, nach dem Bar-Kochba-Aufstand 132–135 flohen viele Juden; damit begann eigentlich die Zeit der Diaspora.

Doch die Juden in Palästina behielten ihre autonome Führung aus *Nassi* ‘Ethnarch’ und *Sanhedrin* < griech. συνέδριον ‘Hoher Rat’; sie bildete die höchste religiöse, judikative und legislative Autorität im Lande. Das Amt des Nassi bestand von 70 bis 429 und wurde von Nachkommen des *Hillel* bekleidet, der seine Abkunft von König David herleitete; der Sanhedrin fungierte bis zur arabischen Eroberung. Sitz beider Einrichtungen war seit dem 3. Jh. Tiberias in Galiläa. Unter Kaiser *Theodosius II.* verschlechterte sich die Lage der Heiden, Juden und Häretiker, vor 429 wurde auf Druck der Kirche das Ethnarchat abgeschafft. „Nach der Inbesitznahme des Landes durch die Araber verbesserten sich die Lebensbedingungen des jüdischen Gemeinwesens in Palästina, verglichen mit den Zuständen unter dem byzantinischen Regime; aber das palästinische Judentum war fortan nicht mehr das Führungszentrum der jüdischen Welt“ (Ben-Sasson 1992: 446).

Ein zweites Zentrum der Judenheit hatte sich um 150 außerhalb des Römischen Reichs in Babylonien, d.h. im südlichen Mesopotamien herausgebildet. Dort unterstanden sie einem Exilarchen *Resch Galuta,* auch ein beim Hause Davids erbliches Amt. Er residierte u.a. in Sura und Nehardea gegenüber von Ktesiphon-Seleukia, der Hauptstadt des Sasanidenreichs. Ende des 5. und Ende des 6. Jh. kam es unter dem Einfluss fanatischer Magier zu Judenverfolgungen. Die Juden Babyloniens empfanden „das Vordringen der Araber als Befreiung von der beschwerlichen und wechselvollen Herrschaft der persischen Könige. Sie kamen den Eroberern zu Hilfe und hießen sie willkommen“ (Ben-Sasson 1992: 469).

Nun lebte fast das gesamte jüdische Volk in den zwischen 632 und 732 von den Arabern eroberten Gebieten; mehr als 90% der Juden – vor allem die von Babylonien, Palästina, Ägypten und Persien – befanden sich innerhalb eines einzigen Reiches, überall konnten die zwangsgetauften Juden zum alten Glauben zurückkehren

(Ben-Sasson 1992: 483). Die höchste von den muslimischen Herrschern akzeptierte jüdische Autorität war der Exilarch, der bald seinen Sitz in der neugegründeten Hauptstadt Bagdad nahm.

Die Lage der Juden war unter islamischer Herrschaft leichter als unter christlicher, wo sie die einzige religiöse Minderheit bildeten, waren sie doch als 'Schützlinge' zusammen mit den Christen und Parsen meist zahlreicher als die Muslime. Dennoch, sie galten als Menschen zweiter Klasse und waren einer Reihe entwürdigender Bestimmungen unterworfen: sie mussten den gelben Judenfleck tragen, den Vorläufer des Judensterns, durften nicht auf Pferden reiten, mussten die Kopfsteuer entrichten usw.

Erklärungsbedürftig bleibt die Tatsache, dass im 10. Jh. wenigstens neun Zehntel aller Juden in islamischen Ländern und wahrscheinlich weniger als ein Zehntel im christlichen Europa lebten, während am Anfang des 20. Jh. das Verhältnis umgekehrt war (LIW 2. 69). Eine mögliche Erklärung liegt in der theologischen, organisatorischen und rituellen Verwandtschaft von Islam und Judentum, die den Juden einen Übertritt zum Islam erleichterte. Warum aber zeigt sich diese Affinität nicht auch sprachlich, warum sprechen die hispanischen Juden nicht Judenarabisch sondern Judenspanisch?

Jedenfalls gab es eine stetige Wanderungsbewegung der Juden nach Norden und später nach Osten. In Hispanien geraten im Zuge der Reconquista die einen unter christliche Herrschaft, andere fliehen vor den Verfolgungen der Berberstämme nach Norden. 1290 werden die Juden aus England, 1306, 1322 und endgültig 1395 aus Frankreich ausgewiesen, während sie im Römisch-deutschen Reich dank der politischen Zersplitterung überleben. Hier erklärt sie 1236 Kaiser *Friedrich II.* zu *servi nostri et servi camerae nostrae* 'Kammerknechten'. Nach den Pogromen zur Zeit der Pest können sich aber größere Gemeinden nur in Böhmen halten, die meisten folgen der Einladung des polnischen Königs *Kasimir III.* (1333–1370) und lassen sich in Polen und Litauen nieder.

1492, im Jahre der Rückeroberung Granadas durch die Christen, werden alle Juden aufgefordert, innerhalb von vier Monaten Spanien zu verlassen. Die einen ziehen nach Marokko und weiter ins Osmanische Reich, die anderen nach Portugal, Oberitalien und in die Hafenstädte um die Nordsee. Von nun an ist die Judenheit in drei Gruppen geteilt: die orientalischen in Mesopotamien, im Jemen, dem Kaukasus, Persien und Zentralasien; die 'spanischen' Sefarden in Marokko, dem Osmanischen Reich, Oberitalien und Nordwesteuropa; die 'deutschen' Aschkenasen in Böhmen, Polen und Litauen. Bis zum Ende des 19. Jh. ändern sich die Proportionen, die Zahl der orientalischen Juden verringert sich auf knapp 10%, die der Sefarden stagniert bei gut 10%, die der Aschkenasen erhöht sich auf etwa 80%.

Die Lage der Juden war da erträglich, wo sie nicht die einzigen Andersgläubigen waren. Das lässt sich zu verschiedenen Zeiten in Hispanien beobachten, wo sie zuerst vom arianisch-katholischen und später vom muslimisch-christlichen Gegensatz profitierten. Als sich auf dem III. Konzil von Toledo 589 die Arianer den Katholiken anschlossen, wollten die westgotischen Könige die religiöse Einheit des Landes vollenden und stellten die Juden vor die Alternative Taufe oder Exil. Diese begrüßten nach 711 die Araber als Befreier.

Als Schützlinge unter muslimischer Herrschaft erleben sie eine für jüdische Verhältnisse ungestörte kulturelle und ökonomische Blütezeit, bis im 11. Jh. religiöse Eiferer aus Nordafrika dem friedlichen Zusammenleben ein Ende bereiten. Die Almoraviden (1086–1147) und besonders die Almohaden (1147–1269) verfolgen alle Andersgläubigen und bewirken, dass die Juden im christlichen Norden Zuflucht suchen. Nur wenige Juden aus dem muslimischen Hispanien wie *Moses Maimonides* fliehen nach Süden (Ben-Sasson 1992: 574).

Unter christlicher Herrschaft hatte sich die Lage der Juden im 10. Jh. gebessert, sie beteiligten sich sogar Ende des 11. Jh. und im 12. Jh. an der Reconquista (Ben-Sasson 1992: 573). Sie hatten ein relativ gutes Leben, bis 1391 – von Sevilla ausgehend – schlimme Verfolgungen begannen, die bis 1492 andauerten. Als sich 1492 die Einheit Spaniens vollendete, wurden alle Juden aufgefordert, sich taufen zu lassen oder zu emigrieren; Portugal zog 1496 nach.

In locker organisierten Gesellschaften blieben die Juden oft unbehelligt, gefährlich waren hier – abgesehen von jeder Art Unfrieden – im islamischen Bereich religiös-tribale Auseinandersetzungen, im christlichen der unkontrollierte 'Volkszorn' mit den traurigen Höhepunkten des ersten Kreuzzugs 1096 und der Pest 1348. Verhältnismäßig gut erging es den Juden in vormodernen Staaten wie der Adelsrepublik Polen-Litauen und dem Osmanischen Reich, die beide polyethnisch und multireligiös waren und deren heterogene Gesellschaften Platz boten für eine gewisse Autonomie.

In den frühmodernen Staaten Westeuropas aber war das Streben nach Homogenität der Bevölkerung geradezu ein Ausweis ihrer Modernität, hier wurden die Juden generell vertrieben, 1290 aus England, 1395 aus Frankreich, 1492 aus Spanien, 1496 aus Portugal; im politisch zersplitterten Deutschland und Italien fehlte die dafür notwendige Zentralgewalt. Als die westeuropäischen Staaten gefestigt waren, konnten sie eine gewisse Heterogenität aushalten und besonders nach der Reformation religiöse Toleranz zulassen. Nach dem 1532 in Nürnberg und 1555 in Augsburg geschlossenen Religionsfrieden zwischen Katholiken und Protestanten wurde in den reformierten Niederlanden auch den Juden erlaubt, offen nach ihrem eigenen Glauben zu leben. Seit 1591 oder 1602 gab es in Amsterdam eine Gemeinde bekennender Juden (Ben-Sasson 1992: 780); damit begann die jüdische Emanzipationsbewegung der Neuzeit.

2. Die Sakralsprachen

2.1 Die Leitsprachen

Von den um das Mittelmeer gesprochenen Sprachen heben sich die Reichssprachen heraus, das Lateinische für das Römische Reich und später für die Germanenreiche, das Griechische für das Byzantinische Reich und das Arabische für das Kalifat. Daneben spielt das Aramäische, die Reichssprache des alten Perserreichs und Verkehrssprache in Mesopotamien, Syrien und Palästina, eine zentrale Rolle für die Juden und die syrischen Christen sowie als Kontaktsprache für die Araber. Schließlich wird das Hebräische überall gebraucht als Sakralsprache der Juden.

Bedeutsam ist die Tatsache, dass Aramäisch, Hebräisch und Arabisch als westsemitische Sprachen viel enger miteinander verwandt sind als die indoeuropäischen Sprachen Griechisch und Latein.

2.1.1 Griechisch

Die Geschichte des Griechischen lässt sich grob in fünf große Zeiträume unterteilen:

1. frühgriechisch (Mykene) 1500 v.C.–1200 v.C.
2. altgriechisch (Athen) 875 v.C.–338 v.C.
3. hellenistisch (Alexandria) 338 v.C.–400 n.C.
4. byzantinisch (Konstantinopel) 400 n.C.–1453 n.C.
5. neugriechisch (Venedig–Konstantinopel–Athen) 1453 n.C.–heute.

1. frühgriechisch: Die erste Phase der Entwicklung ist seit dem 15. Jh. v.C. im Mykenischen fassbar. Die Griechen müssen aus einem nördlichen Binnenland eingewandert sein; denn die Ausdrücke für das Seewesen wie ϑάλασσα 'Meer' und κυβερνᾶν 'steuern' sind fast durchweg vorgriechisch und erst in der neuen Heimat entlehnt (Brandenstein 1954: 9). Die Einwanderung geschah in zwei großen historisch nachweisbaren Wellen, die erste wird für die mittlere Bronzezeit um 2000 v.C. angesetzt und brachte die Sprecher der 1. ionisch-attischen, 2. arkadisch-kyprischen und 3. äolischen Dialekte. Die indoeuropäischen Griechen wurden nun mit der minoischen Kultur bekannt, die sich vor allem auf Kreta, sichtbar in Knossos Κνωσός, entwickelt hatte. Die Träger dieser Kultur sind insofern unbekannt, als wir ihre Sprache nicht lesen können, die auf Tausenden von Tontafeln in der sog. Linearschrift A erhalten ist. Die Griechen eigneten sich diese Kultur an, wie wir aus den Ausgrabungen in Mykene Μυκήνη auf der Peloponnes wissen. Die dort gefundenen Tontafeln sind in der sog. Linearschrift B abgefasst, die der Engländer *Michael Ventris* 1952 eindeutig als Griechisch identifiziert hat.

Das erschlossene mykenische Griechisch ist fast 500 Jahre älter als Homer und dementsprechend altertümlich. So sind die indoeuropäischen Labiovelare noch erhalten, z.B. -qe, später -τε 'und', qo-u-ko-ro, später βουκόλος 'Kuhhirt'. Von allen späteren Dialekten passt am ehesten das Arkadisch-Kyprische zum Mykenischen.

Die erhaltenen Texte sind kaufmännische Eintragungen. Da die Linear nicht für das Griechische geschaffen wurde, gibt sie die Sprache nur unvollkommen wieder und somit ist die Deutung der Texte problematisch. Ein großer Teil aller Wörter sind Personennamen, z.B. A-re-ku-tu-ru-wo E-te-wo-ke-re-we-i-jo Αλεκτρυών ΕτεϜοκλέϜης 'Alektryon, Sohn des Eteokles' (LAW 2034–5). Es ist fraglich, ob die Schrift auch für literarische Zwecke verwendet wurde. Der Gebrauch der mykenischen Schrift verschwand mit dem Untergang der mykenischen Herrschaft, die Griechen der klassischen Zeit hatten davon keine Kenntnis, für sie begann ihre kulturelle Tradition mit Homer.

Um die Mitte des 12. Jh. v.C. wurde die Welt des östlichen Mittelmeers durch die Ägäische oder Seevölkerwanderung erschüttert, die mykenischen Staaten mit ihrer Hochkultur brachen zusammen und in einer zweiten Einwanderungswelle kamen neue, vergleichsweise primitive griechische Stämme aus dem Nordwesten, die Dorier. Von dieser Zeit handeln *Homer*s Epen (LAW 1145–6).

2. *altgriechisch*: Diese Periode beginnt mit der Übernahme eines neuen *Alphabets* von den Semiten; die Kunst des Schreibens war ja den Griechen verlorengegangen. Charakteristisch für das Altgriechische sind die ausgeprägten Dialektunterschiede, z.B. erscheint ie. *qwctuores 'vier' als hom. πίσυρες, lesb.-äol. πέσσυρες, böot. πέτταρες, ion. τέσσερες, att. τέτταρες, dor. τέτορες (Brandenstein 1954: 10). Die Dialekte lassen sich schematisch folgendermaßen gruppieren:

vordorisch				*gemeindorisch*	
ionisch-attisch		zentralgriech.		nordwestgriech.	dorisch
ionisch	attisch	äolisch	arkadisch-kyprisch		

Eine sprachliche Eigentümlichkeit der altgriechischen Literatur lag darin, dass jeder literarischen Gattung ein bestimmter Dialekt zukam. *Homers Epen* sind in ionisiertem Äolisch verfasst. Dafür spricht die Tatsache, dass die äolischen Formen der homerischen Sprache mit dem Vers des Epos, dem Hexameter, eng verwachsen sind, die ionischen dagegen nicht (Hoffmann/Debrunner 1953: 67). Das Homerische war aber von Anfang an eine Kunstsprache, die keiner irgendwo gebrauchten Mundart genau entsprach.

Die *Elegie* war gleich dem Jambus eine originelle Schöpfung der Ionier. Sie verband den Pentameter mit dem Hexameter zum Distichon, den ionischen Dialekt mit dem epischen. Das von der Flöte oder Leier begleitete *Kunstlied*, genannt μέλος, wurde zuerst im äolischen Dialekt auf der Insel Lesbos gepflegt, wie die reichen und guterhaltenen Fragmente des *Alkaios* und der *Sappho* zeigen. *Anakreon* dichtete seine μέλη im ionischen Dialekt seiner Heimat Teos, *Korinna* aus Tanagra im böotischen. Das *Chorlied*, das man zu den feierlichen Reigen sang, ist vom dorischen Adel in Sparta und Korinth, in Argos und Theben künstlerisch ausgebildet worden. Die vornehmsten Vertreter sind *Alkman* und besonders *Pindar*. Die *Tragödien* des *Aischylos, Sophokles* und *Euripides* und die *Komödie* des *Aristophanes* sind vor allem attisch.

Eine nennenswerte *Prosaliteratur* hat sich nur im ionischen Milet und in Athen entwickelt. Ionisch schrieben der Historiker *Herodot*, die Philosophen *Heraklit* und *Demokrit*, der Mediziner *Hippokrates*. Die Sprache der klassischen Prosa Athens, die um 425–422 mit der kleinen, *Xenophon* zugeschriebenen Flugschrift 'Die Verfassung der Athener' 'Αϑηναίων πολιτεία einsetzt, wuchs aus dem rein *attischen* Dialekt heraus. In ihm schrieben dann die Historiker *Thukydides* und *Xenophon*, die Rhetoren wie *Demosthenes*, die Philosophen wie *Platon* und die Sophisten aus der sokratischen Schule.

Diese attische Prosasprache, die man bald als mustergültig empfand, wurde zur griechischen Verkehrs- und Bildungssprache, aus der wiederum die *Koiné* Κοινή hervorging. Politisch hing diese Entwicklung mit der Gründung des ersten *Attischen Seebunds* (478–404) zusammen, in dem Athen den Oberbefehl ausübte. Eine einschneidende Maßnahme war die einheitliche Übertragung aller für den Bund wichtigen Gerichtsangelegenheiten nach Athen seit 446 v.C. Die Regierungszeit des *Perikles* (443–429) bildete den Höhepunkt der Machtentfaltung und Kulturleistung Athens. Der endgültige Erfolg der Sprache Athens war paradoxerweise mit der Schlacht von Chaironeia 338 v.C entschieden, als Griechenland die Selbständigkeit an Makedonien verlor.

3. hellenistisch: Diese Periode zerfällt in zwei Abschnitte, den makedonischen und den römischen. Die *Makedonier* waren keine Griechen, ihre Sprache war kein griechischer Dialekt, sondern eine wohl dem Griechischen nahestehende indoeuropäische Sprache, von der wir aber keinen Satz und keine grammatische Form haben. Die makedonischen Herrscher gaben sich dennoch für Hellenen aus und führten ihre Dynastie auf Herakles zurück. König *Archelaos* (413–400) zog den Dichter *Euripides* und den Maler *Zeuxis* an seinen Hof und richtete Spiele nach griechischer Art ein. König *Philipp* (359–336) machte das Attische seiner literarischen Bedeutung wegen zur Kanzleisprache. Zum Lehrer für seinen Sohn und Erben *Alexander d. Gr.* (356–323 v.C.) berief er 342–339 den attischen Denker *Aristoteles.*

Mit den Eroberungen *Alexanders* wurde dem Griechischen ein „geradezu märchenhaftes Glück" zuteil (Meillet 1920: 255), es wurde *Weltsprache* und breitete sich in Makedonien, Kleinasien, Syrien und Ägypten aus, vom Nil bis zum Indus war es von nun an bis zum Siegeszug der Araber tausend Jahre lang allgemeines Verständigungsmittel, in den Großstädten Alexandria, Pergamon und Antiochia entfaltete sich griechisches Geistesleben. Dabei traten die attischen Sprachmerkmale zu Gunsten ionischer zurück, denn die kleinasiatischen Ionier entwickelten sich zu Pionieren des Hellenismus: „So ist denn die κοινή schließlich das in erster Linie von Ioniern oder auch von anderen Griechen angenommene und gelernte, für Fremde aller Art zur stammverbindenden Verkehrssprache gewordene Attisch" (Meillet 1920: 256).

Nach dem Zerfall des Alexanderreichs blieb das Griechische Kanzleisprache in den Diadochenstaaten. Größte griechische Stadt und Zentrum der hellenistischen

Kultur war Alexandria in Ägypten, die 331 von *Alexander d. Gr.* gegründete Hauptstadt des Ptolemäerreichs. *Ptolemaíos II. Philádelphos* (285–246) gründete dort die bedeutendste Bibliothek der Antike (s. S. 80). Den dort tätigen Bibliothekaren verdanken wir vor allem kritische Ausgaben, auf die im Allgemeinen die uns überlieferten Texte zurückgehen.

Im zweiten, *römischen* Abschnitt der hellenistischen Periode, seit Christi Geburt, ist das östliche Mittelmeer zwar unter römischer Herrschaft, an der Geltung der griechischen Sprache ändert sich aber nichts: es ist die Leitsprache der östlichen Reichshälfte und die erste Bildungssprache der Römer. Der wichtigste Text dieser Zeit ist das auf griechisch abgefasste bzw. in Stücken aus dem Aramäischen ins Griechische übersetzte *Neue Testament.* Dadurch wird das Griechische nun auch noch zur Sakralsprache des Christentums.

Obwohl das Neue Testament inhaltlich für den Aufbruch in ein neues Zeitalter stand, galt es sprachlich als epigonal wie das hellenistische Griechisch überhaupt. Dieses war nach Meinung der Zeitgenossen auf Grund seiner weiten Verbreitung und Verwendung durch Nichtgriechen verderbt. Dem entsprach auch die Ablehnung des Asianismus, einer in Kleinasien gepflegten manierierten und schwülstigen Rhetorik. Ihm stellte sich der *Attizismus* entgegen, eine Bewegung zugunsten der Nachahmung μίμησις der Sprache und des Stils der attischen Klassiker *Platon, Xenophon, Lysias, Demosthenes.* Der Ausdruck erscheint erstmals bei *Cicero*, der den Attizismus förderte wie alle gebildeten Römer, so z. B. auch der Hof Kaiser *Hadrians.*

Der Attizismus, der in der Folge die Griechen nie mehr loslassen wird, ist sozusagen die Protorenaissance, der um 800 in Byzanz die makedonische, im Frankenreich die karolingische, im Kalifat die abbasidische und schließlich ab 1350 die ‘eigentliche’ Renaissance folgen werden. Eine ihrer Konsequenzen ist die Abkehr der christlichen Autoren von der Primitivität des Frühchristentums, dessen sprachlicher Ausdruck die Koiné κοινή war.

4. byzantinisch: Der Beginn der byzantinischen Periode ist eben im 4. Jh. anzusetzen mit der Hinwendung Ostroms zur hellenistisch-christlichen Welt. Einige Daten dazu wären die Einweihung von Konstantinopel 330, die Taufe *Konstantins d. Gr.* auf dem Sterbebett 337, die Erhebung des Christentums zur Staatsreligion 391 bzw. die Reichsteilung 395 unter Kaiser *Theodosius I.* Doch sowohl Christianisierung als auch Gräzisierung geschahen nicht von heute auf morgen. Erst *Justinian* schloss im Jahre 529 die Akademie von Athen, die letzte heidnische Hochschule: der Kampf um die Jugenderziehung war entschieden. Und erst im 7. Jh. wurde unter *Herákleios* (610– 641) endgültig aus Ostrom Byzanz: er ersetzte das Latein als Verwaltungs- und Heeressprache durch das Griechische, gräzisierte die staatlichen Titel und nannte sich als Erster nicht mehr *Imperator Augustus* sondern nahm den alten griechischen Königstitel *Basileus* an. So begann das griechische Mittelalter; es endete mit der ἅλωσις, der Eroberung Konstantinopels durch die Osmanen 1453.

Das Griechische war Sakralsprache, darin war das Neue Testament abgefasst und die Liturgien, die Hymnen, die Viten, alle theologische Literatur. Es war seit Kaiser *Herákleios* im 7. Jh. alleinige Amtssprache, Sprache der kirchlichen und weltlichen Gesetze und der Belletristik. Kurz – es erfüllte alle Funktionen, die eine Sprache im Mittelalter überhaupt erfüllen konnte oder mit anderen Worten: was man zu jener Zeit nicht auf Griechisch sagen konnte, konnte man überhaupt nicht sagen.

Wie gesagt, galt als Ideal nicht etwa das Griechische des Neuen Testaments sondern das der attischen Literatur des 5. Jh. v.C. Seither waren aber 1200 Jahre vergangen und die Sprache hatte sich sehr verändert. Das trifft besonders für die *Phonetik* zu. Das Altgriechische hatte einen dezentralen musikalischen Akzent mit drei Tönen (hoch, tief und steigend-fallend), es unterschied Kurz- und Langvokale und bei den Langvokalen offene und geschlossene e und o, insgesamt sechs Kürzen und acht Längen, außerdem Lang- und Kurzdiphthonge. Um 800 hatte das Griechische dagegen einen zentralisierenden, expiratorischen Akzent, der Quantitätsunterschied war beseitigt, die Diphthonge waren monophthongiert. Im Konsonantismus hatte eine regelrechte Lautverschiebung stattgefunden.

Da die altgriechischen Akzent- und Vokalzeichen nicht mehr mit der byzantinischen Aussprache übereinstimmten, man aber an der alten Schreibung festhielt, konnte man ohne besondere Schulung nicht mehr wissen, ob /i/ ι, ει oder η zu schreiben war bzw. /y/ υ, οι oder υι, und so entstand eine neue Kunst, die *Orthographie*. Der Verlust von Prosodie und Vokalquantität wirkte sich natürlich auf die *Metrik* und damit auf die Poesie aus. In einem langen Prozess wurde der traditionsreiche quantitierende Vers durch den akzentuierenden ersetzt, an die Stelle der Silbenmessung trat die Silbenzählung. Das spielte eine besondere Rolle bei der liturgischen Dichtung. Auch in der *Morphologie* hatten gewisse Vereinfachungen stattgefunden, seltene Flexionstypen wurden aufgegeben, so die Verba auf -μι. Verloren gingen der Dual und der Dativ, die Präpositionen verlangten nur mehr den Akkusativ. Von den Tempora wurden Futur und Perfekt immer seltener, bei den Modi starb der Optativ aus.

Das gilt allerdings nur für die gesprochene Volkssprache, die nur selten auch geschrieben wurde, die byzantinische Buchsprache verwendete dagegen weiterhin all diese Formen und Kategorien; denn am Ideal des Attizismus hielt man fest, sodass sich beide Varietäten immer mehr voneinander entfernten. Sie existierten nebeneinander her, da sie in unterschiedlichen Sphären verwendet wurden, sodass sie sich nicht überschnitten. Den Sprechern war aber nicht bewusst, dass es sich dabei um zwei zwar eng verwandte aber doch verschiedene Sprachen handelte, ein Idealfall von *Diglossie*.

Durch die erstrebte und gewöhnlich erreichte Einheitlichkeit der Sprache erscheinen die meisten byzantinischen Texte wie aus einem Guss: orthographisch, morphologisch, syntaktisch und oft auch lexikalisch. So hat man sich angewöhnt, für die Periodisierung der byzantinischen Textgeschichte äußere Ereignisse heranzuziehen und als Einschnitte die beiden Zeitabschnitte zu nehmen, in denen die byzantinische Kultur überhaupt fast vernichtet wurde, nämlich die Krise des Ikonoklasmus (717–775 und 813–842) und das Lateinische Kaiserreich (1204–61). Daraus ergibt sich eine *Dreiteilung* der byzantinischen Kulturgeschichte:

1. die frühbyzantinische Epoche 400–800 mit den herausragenden Kaisergestalten *Justinian* und *Herákleios*, die in der dunklen Zeit des Bildersturms endet, das 'Goldene Zeitalter'.

2. die mittelbyzantinische Epoche 800–1200 unter den Dynastien der Makedonen und Komnenen, die mit der makedonischen Renaissance beginnt und im Chaos des 4. Kreuzzugs endet, das 'Silberne Zeitalter'.

3. die spätbyzantinische Epoche 1204–1453 unter den Palaiologen, in der das Reich politisch und militärisch nur noch überlebt, die kulturell aber eine fruchtbare Auseinandersetzung mit dem Westen zeitigt.

5. neugriechisch: Schon vorher war das Neugriechische entstanden, spätestens mit der Einnahme Konstantinopels und der Besetzung weiter griechischer Gebiete durch die Kreuzfahrer 1204 auch in schriftlicher Form. Unter fränkischer Herrschaft wurden fortan auf der Peloponnes, Zypern, Kreta und den Ionischen Inseln volkssprachliche Texte verfasst, die dem Attizismus nicht mehr verpflichtet waren. Langsam bildet sich eine Balkansprache heraus, die aus dem klassischen Griechisch kommt und einerseits so weit davon entfernt ist wie das Rumänische vom Latein oder das Bulgarische vom Kirchenslavischen, andererseits aber eng damit verbunden bleibt. Allerdings wurde diese Volkssprache δημοτική erst 1976 von Parlament und Regierung zur Nationalsprache erhoben und ihre antike Orthographie erst 1982 so vereinfacht, dass sie überhaupt für den Schulunterricht taugte.

2.1.2 Latein

Die Geschichte des Lateinischen lässt sich in fünf große Zeiträume unterteilen:

1. Altlatein 240–100 v.C.
2. klassisches Latein 100 v.C.–120 n.C.
3. Spätlatein als Literatursprache vs. Vulgärlatein als Volkssprache 120–500
4. Mittellatein 500–1350.
5. Neulatein ab 1350.

1. Altlatein: Dialektale Grundlage ist die Sprache Latiums und seiner Hauptstadt Rom, die sich mit den römischen Eroberungen zuerst in Italien, dann im ganzen westlichen Mittelmeerraum ausbreitet. Die ersten Texte zeigen eine schlichte parataktische Syntax; gebräuchlich war der altitalische *versus saturnius*, der wohl akzentuierend, silbenzählend gebaut war. Am Anfang der römischen Literatur standen Livius Andronicus und Quintus Ennius, beide aus dem griechischen Unteritalien.

Livius Andronicus (285–204 v.C.) aus Tarent, „die erste fassbare, klar umrissene Persönlichkeit der römischen Literaturgeschichte" (LAW 1756), war als Kriegsgefangener Erzieher im Hause eines vornehmen Römers. Nach seiner Freilassung unterrichtete er in einer eigenen Schule römische Kinder in Latein und Griechisch; um ein Schulbuch zu haben, übersetzte er *Homer*s Odyssee fast wörtlich in lateinische saturnische Verse; diese Übersetzung gelangte aber nicht ins Mittelalter. Er führte auch als Erster griechische Tragödien und Komödien in lateinischer Übertragung auf; sein Prozessionslied für einen Mädchenchor war der erste lyrische Text. Mit ihm ist die Ausrichtung der lateinischen Dichtung nach der griechischen ein für alle Mal vorgezeichnet.

Auch *Quintus Ennius* (239–169 v.C.) wurde in seinen Werken zu einem der erfolgreichsten Vermittler griechischer Kultur für die Römer. Sein Hauptwerk, die 'Annales' (Jahrbücher), stellte die römische Geschichte von *Aeneas* an dar, epochemachend vor allem durch die Form, indem statt des altertümlichen Saturniers der daktylische Hexameter erstmals in Rom angewandt und eine künstlerische lateinische Literatursprache geschaffen wurde; das Werk blieb bis zum Erscheinen von *Vergil*s Aeneis (20 v.C.) das 'Nationalepos' der Römer. *Ennius* führte nicht nur das quantifizierende Vermaß ein, sondern auch die Doppelschreibung der langen Konsonanten wie in *esse, vellet*. Er verfasste die grammatischen Schriften 'De litteris syllabisque' und 'De metris'.

Hauptquelle der gesprochenen Sprache sind die Komödien des *Plautus* (250–184), von denen 21 erhalten sind, sämtlich Bearbeitungen von griechischen Stücken der sogenannten Neuen Komödie. Nach der gleichen Vorlage, doch stilisiert und verfeinert, sind die sechs Lustspiele des *Terenz* (195–159) verfasst.

2. *Klassisches Latein*: Hier trennt man noch die 'goldene' Latinität 100 v.C.–14 n.C. von der 'silbernen' 14–120 n.C. „In der klassischen Schriftsprache setzt sich die Linie fort, die mit dem Auftreten der römischen Literatur überhaupt begonnen hat: der Sprachstil wird auf der einen Seite unter dem immer stärker werdenden Einfluss des Griechischen theoretisch und praktisch immer schärfer in feste grammatisch-stilistisch-metrische Formen eingespannt: 'Der Klassizismus der römischen Literatur ist das Produkt ihrer innigen Verbindung mit der hellenischen'. Damit entfernt sich die Hochsprache zugleich immer weiter von der Volkssprache. Auf der anderen Seite haftet der klassischen Sprache, deren eigentliche Vertreter *M. Tullius Cicero* (106–43 v.C.) und *C. Iulius Caesar* (100–44 v.C.) sind, ein ausgesprochener Purismus an, der sich insbesondere in der Auswahl der Wörter betätigt. Nicht mit Unrecht hat man daher [...] die Bestrebungen dieser klassischen Schriftsteller verglichen mit denen der Attizisten, die sich die Wiederherstellung der attischen Sprache in ihrer alten Reinheit zur Aufgabe gesetzt hatten, und an ihre Pedanterie erinnert das oft zitierte Wort des großen *Caesar*, dass man ein neues und ungewöhnliches Wort wie eine Klippe meiden müsse" (Stolz/Debrunner/Schmidt 1966: 93).

Der goldenen Latinität, die nach Kaiser *Augustus* (63 v.C.–14 n.C.) auch augusteische Zeit genannt wird, gehören die großen Autoren *Vergil* (70–19 v.C.), *Horaz* (65–8 v.C.), *Titus Livius* (59 v.C.–17 n.C.) und *Ovid* (43 v.C.–17 n.C.) an.

3. Spätlatein: Unter dieser Bezeichnung fasst man zwei Perioden der lateinischen Sprachgeschichte zusammen: die *archaisierende* 120–200, in der die Autoren an das Latein vor *Cicero* anknüpften und altertümliche Wörter und Redensarten verwendeten, die für die Sprachgeschichte von großem Interesse sind, und die *spätantike* 200–500, in der Heidentum und Christentum konkurrierten. Die christlichen Schriftsteller erleichterten der volkstümlichen Redeweise den Eintritt in die Schriftsprache, sie wandten sich ja vornehmlich an das niedere Volk, aus dem damals die Mehrzahl der Bekenner des neuen Glaubens stammte. Dennoch deckte sich diese nachklassische Literatursprache immer weniger mit der Volkssprache, dem sogenannten *Vulgärlatein*, aus dem schließlich die romanischen Sprachen hervorgingen.

4. Mittellatein: Während das Vulgärlatein in die romanischen Sprachen übergeht, „lebt die spätantike Schriftsprache, das Spätlatein, noch ein volles Jahrtausend über das Ende des Römischen Reiches hinaus im sogenannten *Mittellatein* fort. Es entfaltet in diesem Zeitraum neues Leben und einen Reichtum, den die lateinische Sprache nie zuvor besessen hat, es wird zum bevorzugten Träger des geistigen Lebens der westlichen Christenheit, zur Muttersprache der abendländischen Welt. Dass das Latein weiterleben und diese einmalige Bedeutung für unsere geistige Welt gewinnen konnte, ist das Verdienst der Kirche, die das Latein zu ihrer Sprache gemacht hatte“ (LAW 1684–5).

Anders als in Byzanz war Lesen und Schreiben in Westeuropa Sache der Kirche: *clerici* und *litterati*, *laici* und *illiterati* waren synonym (LMA 3.2198). In dem Maße wie die römische Kirche hier missionierte, verbreitete sie auch das Lateinische. Nicht nur die romanischen Völker, sondern auch die Kelten und Germanen eigneten es sich an; das hing u.a. mit der engen Bindung an Rom sowohl der fränkischen als auch der angelsächsischen Kirche zusammen. Anders als die Arianer haben die Katholiken wohl nie erwogen, das Gotische zur Sakralsprache, zu einem ‘Kirchengermanisch’, auszubauen. Die deutschen Missionare brachten schließlich das Latein nach Ostmitteleuropa zu den westlichen Slaven und Ungarn.

Bald war es niemandes Muttersprache mehr; nach dem Aussterben des Vulgärlateins erfolgte die Vermittlung nicht mehr primär durch die Familie sondern sekundär durch die Schule mit großen regionalen Unterschieden je nach Muttersprache der Lehrer und Schüler. Andererseits geschah alle Alphabetisierung auf Latein, die Volkssprachen wurden nicht unterrichtet. Das unter diesen Umständen erworbene Latein war also die Sprache der Gebildeten d.h. der Kleriker, es war Sakralsprache, Buchsprache und durch den antiken Bezug Sprache des Rechts und der Wissenschaft, mit anderen Worten die Schriftsprache schlechthin.

Das Latein des Mittelalters lässt sich in drei Perioden, die frühe, die karolingische und die scholastische, unterteilen (LAW 1685–9):

4.1. das *frühe* Mittellatein 500–750 hatte die Verbindung mit der lebenden Volkssprache noch nicht verloren. Dadurch war es in den romanischen Ländern

Vulgarisierungs- und Regionalisierungstendenzen ausgesetzt, besonders da wo die Bildung verfiel (z.B. Merowingerlatein). Doch die zentralisierenden Kräfte waren stärker, da die sprachlichen Vorbilder zumindest im kirchlichen Bereich gleich blieben: die Bibel, die Liturgie, die Rechtstexte, die Kirchenväter. An heidnisch-antiken Texten wurden an den Schulen allerdings nur Grammatiken und vielleicht *Vergil* gelesen. Um das Lateinische wieder zu vereinheitlichen, musste man vor allem den Bildungsstand heben.

4.2. *karolingisch* 750–1050. Das geschah unter *Karl d. Gr.*, der ja den größten Teil der romanischen Welt vereint hatte. Unter *Alkuin* aus York (730–804), Leiter der königlichen Hofschule, wurde in der sog. karolingischen Renaissance das Lateinische von volkssprachlichen, vulgärlateinischen Elementen gereinigt und nach dem kultivierten Spätlatein der Kirchenväter ausgerichtet, mithin nach *Augustinus* und *Gregor d. Gr.*, nicht nach *Cicero* und *Caesar*, und so für den Gebrauch innerhalb des Gesamtreichs so gut es ging normiert.

Die königlichen Erlasse galten der Hebung der Bildung und der Vereinheitlichung der Erziehung in den Klöstern und an den Bischofssitzen, wo es Schulen und Bibliotheken gab, und zwar zuerst dem Elementarunterricht und besonders der Grammatik. Beim Studium der profanen antiken Texte unterschied man anders als später nicht zwischen klassischen und nachklassischen Schriftstellern. Das karolingische Mittellatein war die Grundlage der mittelalterlichen Schriftsprache Westeuropas; in dieser Gestalt kam es auch nach Ostmitteleuropa.

4.3. *scholastisch* 1050–1350. Die Sprache der scholastischen Wissenschaft des Hochmittelalters wurde als Sprache des Schulbetriebs auch mündlich verwendet. Bei allem Respekt vor der Tradition bediente man sich besonders in der Theologie und Philosophie immer mehr der dialektischen Methode. Der Horizont der Westeuropäer weitete sich durch neue Übersetzungen aus dem Griechischen und Arabischen; auf diese Weise übernommene Fremdwörter wurden teilweise durch Neubildungen ersetzt. Zu dieser Zeit entwickelte das Lateinische seinen größten Reichtum.

Am Ende des Mittelalters wurde es von den Volkssprachen zurückgedrängt, doch erst als die Humanisten „in engherziger Beschränkung die klassische Latinität zur allein gültigen Sprachform erhoben, [...] versetzten sie dem bis zuletzt lebendig gebliebenen Mittellatein selbst den Todesstoß. Er traf eine Sprache, die befähigt war, alles auszusagen; eine Sprache aber auch, die hergegeben hatte, wessen eine Sprache fähig ist“ (LAW 1689).

Gegenüber dem klassischen Latein hatte sich die *Aussprache* des Mittellateinischen beträchtlich verändert, was aber in der Schrift nicht sichtbar wurde. Der Quantitätsunterschied der Vokale fiel weg, der Druckakzent führte zu einer neuen Vokallängung in betonter Silbe und zum Vokalschwund in unbetonter. Das hatte Auswirkungen auf die Metrik: der quantitierende Vers, die Silbenmessung musste wie im byzantinischen Griechisch dem akzentuierenden, der Silbenzählung weichen.

In der *Lexik* ging das nachklassische Latein neue Wege. Hatte *Caesar* noch empfohlen, neue Wörter zu meiden, wird in der Spätantike der christliche Wortschatz zum guten Teil aus dem Griechischen entlehnt wie *ecclesia, presbyter, monasterium* usw., im Frühmittelalter das feudalistische Vokabular teilweise aus dem Fränkischen wie *feudum, allodium, burgum, warantus* usw., selten aus dem Keltischen wie *vassus* oder *vasallus*. In der scholastischen Periode werden durch Analogie mit Hilfe der Wortbildung, vor allem durch Suffigierung, so viele lexikalische Neuerungen geschaffen, dass sie den Charakter des Lateins verändern. „Das Wesentliche an diesem sprachschöpferischen Vorgang ist, dass die im Latein angelegten Bildungsmöglichkeiten gleichsam freigegeben werden; es kommt nicht mehr darauf an, ob ein Wort früher schon gebraucht war oder nicht, das Wort ist legitim, wenn es korrekt gebildet ist" (LAW 1688).

Das Lateinische war in Westeuropa nicht nur die *Schrift*sprache schlechthin, es wurde darüber hinaus weithin auch *mündlich* gebraucht, beim Gottesdienst, im Schulunterricht, vor Gericht, als internationales Verständigungsmittel bei Studenten, Kaufleuten, Kreuzfahrern oder Pilgern. Bekannt ist die Redensart 'mit seinem Latein am Ende sein'; sie bezieht sich auf eine der wichtigsten Wallfahrten im mittelalterlichen Westeuropa, die nach Santiago de Compostela. Die von überall herkommenden Jakobswege führten durch Frankreich und erreichten Hispanien im Baskenland; und da war man mit seinem Latein am Ende.

5. *Neulatein*: Das Bestreben der Humanisten, angefangen mit Petrarca, wieder die Sprache der 'goldenen' Latinität zu schreiben, führte das neulateinische Zeitalter herauf, in dem die lateinische Sprache von nachklassischen Veränderungen gereinigt wurde; doch büßte sie dabei durch starre Festlegung auf die Norm einer fernen Vergangenheit die Möglichkeit weiterer Entwicklung und Anpassung ein und wurde zur 'toten' Sprache (s. S. 118).

2.1.3 Aramäisch

Die große Verkehrssprache östlich des Griechischen war das Aramäische, das ursprünglich in Syrien gesprochen wurde und bei den Christen auch Syrisch heißt. Es wurde zu verschiedenen Zeiten sowohl von Persern, Juden, Christen und Arabern verwendet und war als interkulturelle und interreligiöse Kontaktsprache zwischen dem 9. Jh. v.C. und dem 10. Jh. n.C. von eminenter Bedeutung. Dementsprechend tritt es uns in verschiedenen Ausformungen entgegen.

1. *Reichsaramäisch*: Ab dem 9. Jh. v.C. wuchs der Anteil der Aramäer an der Bevölkerung des Assyrischen Reiches. „Die aramäische Sprache mit ihrer einfachen Grammatik und leicht erlernbaren alphabetischen Schrift wurde mehr und mehr auch von den Nichtaramäern innerhalb des Assyrischen Reiches und über seine Grenzen hinaus verwendet" (Segert 1986: 40). Im Neubabylonischen Reich setzt sich dieser Prozess fort und als die Achämeniden um 550 v.C. die babylonische Verwaltung

samt den aramäischen Schreibern übernehmen, machen sie das Aramäische zur Kanzleisprache des Perserreichs, das sich von der Ägäis bis zum Indus, vom Kaspischen Meer bis Oberägypten erstreckt (Segert 1986: 41). Diese Position hält es – wenn auch in Konkurrenz zum Griechischen – zur Zeit der Seleukiden bis etwa 150 v.C. Auch danach bleibt das Aramäische Lingua franca in Mesopotamien, Syrien und Palästina.

2. *Jüdisch-aramäisch*: Seit dem Babylonischen Exil im 6. Jh. v.C. benutzten die Juden im Perserreich das Aramäische, das um 200 n.C. auch in Palästina an Stelle des Hebräischen ihre allgemeine Umgangssprache wird. Sie verbindet die Heimat mit der Diaspora und die Schuloberhäupter halten daran zumindest für den internen Gebrauch noch Jahrhunderte fest, bis das Aramäische ab dem 10. Jh. schlagartig zugunsten des Arabischen verschwindet (Stemberger 1977: 105). Sie verwenden es in Teilen der Bibel, in Bibelübersetzungen und im Talmud, vor allem übernehmen sie die aramäische Schrift, die als hebräische Quadratschrift noch heute in Gebrauch ist.

Die ältesten Texte sind die aramäisch geschriebenen Teile der biblischen Bücher Esra (4. Jh. v.C.) und Daniel (2. Jh. v.C.). Sie sind vokalisiert und von großem Interesse für die aramäische Philologie. Jünger sind die *Targumim*, die für den liturgischen Gebrauch in der Synagoge bestimmten aramäischen Übersetzungen der zuerst im Exil, nach 200 n.C. auch in der Heimat unverständlichen hebräischen Texte. „Um den Unterschied zwischen dem geoffenbarten Bibeltext und der Übersetzung als einem menschlichen Werk zu betonen, mussten Vorleser und Übersetzer zwei verschiedene Personen sein; auch durfte der Übersetzer den aramäischen Text nicht lesen, sondern musste ihn frei vortragen, während der Vorleser aus der Schriftrolle lesen musste, auch wenn er seine Lesung auswendig konnte“ (Stemberger 1977: 80–81).

Zweisprachig ist der *Talmud* ‘Lehre’. Er besteht aus der hebräischen *Mischna* ‘Wiederholung’, der im 2. Jh. n.C. entstandenen Aufzeichnung des bis dahin mündlich überlieferten jüdischen Religionsgesetzes, und der aramäischen *Gemara* ‘das Erlernte, Vollendete’, dem dazugehörenden und darauf aufbauenden Kommentar. Er liegt in zwei Fassungen vor, dem palästinischen Talmud aus dem 5. Jh. und dem dreifach umfangreicheren und rechtlich verbindlichen babylonischen Talmud, der um 600 n.C. fertig gestellt wurde.

3. *Christlich-aramäisch* oder *Syrisch*: Aus der Sprache Jesu, von der aber im Neuen Testament nur ein Satz überliefert ist (Mk 15, 34), hat sich die syrische Sakralsprache entwickelt. Das syrische Christentum ist konfessionell zersplittert, nämlich in die monophysitischen Jakobiten, die monotheletischen Maroniten und die Nestorianer; allen gemeinsam ist die hoch angesehene syrische Bibelübersetzung *Peschitta* ‘die Einfache’ aus dem 5. Jh. Dabei geht das Alte Testament auf eine hebräische Vorlage unter Berücksichtigung jüdischer und judenchristlicher *Targumim* zurück, das Neue Testament ist aus dem Griechischen übersetzt. Das Syrische wird mit einer eigenen Schrift in drei Varianten geschrieben.

Zentrum der syrischen Kultur war in Abgrenzung zum eher griechischen Antiochia die Stadt Edessa, heute Urfa. An der sog. 'Schule der Perser' wirkte *Ephräm der Syrer* (306–373). Er hat die syrische Literatur in Form und Inhalt geprägt, verfasste Bibelkommentare, metrische Reden und didaktische Hymnen und gilt als der größte Dichter der Väterzeit (LThK 3.709). Er und sein Landsmann, der aus Emesa, heute Homs, stammende byzantinische Hymnendichter *Romanos der Melode* (485–562) waren die großen Dichtertheologen der Spätantike. Die Schönheit ihrer Hymnographie erwächst „aus der Verbindung des Lobpreises Gottes in präzisen theologischen Aussagen mit einem hohen Maß an rhetorischem Schmuck" (Trunte 1998: 187).

Die syrische Kultur wird im 9. Jh. eine entscheidende Rolle bei der Vermittlung des antiken Erbes an die Araber spielen (s. S. 85).

4. *Arabisch-aramäisch* oder *Nabatäisch*: Die Nabatäer *al-Anbāṭ* sind ein arabischer Stammesverband, der sich im 4. Jh. v.C. im heutigen Jordanien niedergelassen hatte. Im 2. Jh. v.C. errichteten sie ein Reich mit dem Zentrum Petra, das 106 n.C. von den Römern zerstört wurde. Erhalten sind Steininschriften in aramäischer Sprache und Schrift mit arabischen Eigennamen, einzelnen Worten und Redewendungen; mit der Zeit nehmen die arabischen Elemente zu.

Die arabische Schrift stammt von der nabatäischen Variante der aramäischen Schrift ab. Wahrscheinlich wurden auch viele aramäische Lehnwörter im Arabischen über das Nabatäische vermittelt.

2.1.4 Arabisch

Die Geschichte des Arabischen lässt sich in drei große Zeiträume unterteilen:

1. Frühes Arabisch bis 400 n.C.
2. Klassisches Arabisch 400–1800
3. Modernes Arabisch ab 1800

1. *Frühes Arabisch*: Die ältesten Zeugnisse sind Eigennamen in assyrischen Quellen, in nabatäisch-aramäischen Inschriften und Papyri, in palmyrenisch-aramäischen und vereinzelt in altsyrischen Inschriften. Am umfangreichsten sind die arabischen Namen in den nabataischen Quellen. „Neben den arabischen Namen sind durch Interferenz der Muttersprache Arabisch auch lexikalische und syntaktische Arabismen in die nabatäischen Inschriften eingedrungen, und zwar im Laufe der Zeit immer stärker. Die späteste Inschrift in nabatäisch-aramäischer Schrift vom Jahre 328 n.C., von *an-Namāra*, ist schon ganz in arabischer Sprache gehalten" (LIW 1.49).

2. *Klassisches Arabisch*: Das sog. Hocharabische *al-'arabīya al-fuṣḥā* war sprachliche Norm schon in vorislamischer Zeit und ist es heute noch, ähnlich dem klassischen Griechisch, das vom 5. Jh. v.C. bis ins 20. Jh. galt; *fuṣḥā* heißt 'rein', 'verständlich' und, auf den Sprecher bezogen, 'beredt'. Auf Grund der bedeutenden syntaktischen und lexikalischen Veränderungen und vor allem der völlig neuen Textsorten sollte man aber die Zeit nach 1800 als modernes Arabisch gesondert betrachten. Der verbleibende Zeitraum lässt sich in drei Epochen unterteilen, die frühe Blütezeit, die Ausbauphase und die lange Spätphase.

2.1 *Beduinisch-koranische Blütezeit* 400–750: „Im 5. Jh. erscheint [...] mit einem Schlag das klassische Arabisch als bereits voll ausgebildete Literatursprache einer reichen beduinischen Dichtung [...] Diese klassische arabische Sprache *al-'arabīya* war die verbindliche Hochsprache der vorislamischen Zeit, deren sich der Dichter *šā'ir*, Redner *chaṭīb* und Wahrsager *kāhin* des Stammes bei feierlichen Anlässen bedienten, die dem täglichen Gebrauch entzogen war und die als Literatursprache keineswegs jedermann von vornherein zu Gebote stand" (LIW 1.50).

Aus dieser Zeit stammen folgende grundsätzlich mündlich überlieferte Texte:

1. die altarabische, d.h. vor- und frühislamische Dichtung, abgefasst in Oden *qaṣīda*, den ersten Dokumenten arabischer Poesie. Eine Ode besteht aus drei Teilen: „Sie beginnt mit einem Erinnerungsgedicht *nasīb*, in dem der Dichter die Trennung von der Geliebten beklagt; daran schließt sich die Schilderung eines gefahrvollen Rittes durch die Wüste und die Beschreibung des Reitkamels an, worauf ein dritter Teil mit dem eigentlichen Anliegen folgt, sei es Selbstlob, die Auseinandersetzung mit dem Gegner, wozu der Spott gehört, oder das Lob einer anderen Person" (LIW 2.89);
2. der Koran *al-qur'ān*, den man nicht liest, sondern rezitiert, den der *ḥāfiẓ* 'Bewahrende' auswendig kann;
3. sprachliches Kulturgut der Stämme, d.h. Sprichwörter, Anekdoten, Heldenerzählungen, Kampfberichte;
4. Teile der frühislamischen Tradition, Berichte über Handlungen oder Aussprüche des Propheten *ḥadīth* und die Mohammed-Biographie von *Ibn Isḥāq* (–768), der älteste arabische Prosatext (Fischer 1982: 38).

Der religiöse Nimbus und die Ursprünglichkeit dieser Sprache, die sich der Nachahmung späterer Generationen entzog, sowie ihr grammatischer und lexikalischer Reichtum führten zu der noch heute geltenden Meinung, dass dem Arabischen keine andere Sprache gleichkomme. Darüber hinaus „bewahrte die Wüste ihr Prestige als Heimat des klassischen Arabisch, sodass ein Aufenthalt unter den Beduinenstämmen nahezu obligat für jeden auf Geltung bedachten Dichter und Philologen wurde" (LArW 957).

2.2 *Ausbauphase* 750–1000: Mit den Eroberungen hatte sich das Arabische gewaltig ausgedehnt und die anderen Sprachen überlagert oder sogar verdrängt, in Syrien und im Iraq das Aramäische, im Iran das Pahlawī, in Ägypten das Koptische, im Maghreb die Berbersprachen und in Hispanien das Romanische. Seine Verbreitung wurde durch den Islam gefördert, zu dessen Prinzipien gehörte, dass der Koran als wortwörtliche Offenbarung nicht übersetzt werden durfte.

Schon der Umayade *'Abdalmalik* (685–705) führte an Stelle des Griechischen im Westen und des Pahlawī im Iran das Arabische als Sprache der Verwaltung ein. Anfang des 9. Jh. begann man, die wissenschaftlichen Werke der Antike zu übersetzen. „Mit der griechisch-aramäischen Terminologie, die nun in Form von Fremdwörtern oder Lehnübersetzungen das Arabische bereicherte, wurde das klassische Arabisch aus einer Sprache der Dichtung zu einer Sprache der Wissenschaft, in der die kompliziertesten Sachverhalte adäquat ausgedrückt werden konnten“ (LIW 1.51).

Da schon das beduinische Arabisch eine Kunstsprache war und sich außerdem die gesprochene Alltagsprache mit jeder Generation von der Hochsprache entfernte und da schließlich auch die nichtarabischen Muslime die Sprache des Korans möglichst exakt erlernen sollten, entstand bald das Bedürfnis nach Hilfsmitteln für den korrekten Sprachgebrauch. Im 8. Jh. gab es zwei grammatische Schulen, die von Baṣra und die von Kufa, die später beide in der von Bagdad aufgingen.

In Baṣra verfasste *al-Chalīl ibn Aḥmad* (718–791) das erste Lexikon des Gesamtwortschatzes ‘Kitāb al-‘ain’. Seine Buchstabenfolge ist nicht die arabische, sondern merkwürdigerweise die indische von den Kehl- zu den Lippenlauten und beginnend mit dem Laryngal *'ain*. Von ihm stammt wahrscheinlich die noch heute gültige Anordnung nach Wurzelkonsonaten oder Radikalen (LIW 2.127). Der sprachliche Standard, an dem sich Araber wie Nichtaraber orientierten, ist in der Grammatik ‘Kitāb’ seines Schülers, des Persers *Sībawaih* (–793) festgelegt. Sie beschreibt in 574 Kapiteln das beduinisch-koranische Arabisch und enthält die Grundelemente einer genuin arabischen Grammatiktheorie.

2.3 *Spätphase* 1000–1800: Die in den heutigen Dialekten fassbare Volkssprache beginnt, sich zunehmend von der Hochsprache zu entfernen, sodass ein Diglossieverhältnis entsteht. Diese Volkssprache ist als solche nicht beschreibbar, da sie nach Epochen und Regionen variiert. „Im Geschäftsverkehr, im Privatbrief, in Erzählungen und Gedichten, die für ein literarisch nicht gebildetes Publikum gedacht waren, in den Abhandlungen von Ärzten und Naturwissenschaftlern sowie in Handbüchern, die für den Praktiker, z.B. den Marktaufseher bestimmt waren, kurz auf allen Gebieten, die außerhalb der Bildungsideale der muslimischen Gelehrten standen, gibt es in großer Zahl Texte, deren Sprache mehr oder weniger umgangssprachliche Züge trägt“ (Fischer 1982: 90). Neben diese informellen Texte sind auch die christlicher und jüdischer Autoren zu stellen, die der klassisch-islamischen Bildungstradition nicht verpflichtet waren.

Für die muslimischen Schriftgelehrten, Sekretäre und Literaten gilt die zunehmend mühevolle Aneignung der Hochsprache allein schon als Verdienst. Je mehr sich deren Funktion auf den sakralen Bereich einengt, desto pedantischer achten sie auf ihre Reinheit und betrachten Abweichungen von der klassischen Norm geradezu als Sakrileg.

Nach 1000 wird das Persische auf Kosten des Arabischen Literatursprache im Iran und Mittelasien, bei den Türken und Indern, d.h. für die meisten Muslime ist Arabisch nur mehr Sakral- und Wissenschaftssprache. Die Mehrsprachigkeit verleiht den Kulturen der nichtarabischen Muslime eine Beweglichkeit und Geschmeidigkeit, die den Arabern fehlt; sie gibt ihnen vor allem die Möglichkeit, Sakrales und Profanes sprachlich zu trennen. Nach 1500 drängt überdies in fast allen arabischen Ländern die osmanische Kanzleisprache das Arabische vollends auf den Bereich des Kultus, der Poesie und der Gelehrsamkeit zurück (Wild 1982: 51).

Das Festhalten an der beduinisch-koranischen Sprache ist Ausdruck für das Fortleben der tribal-sektiererischen Existenzform der Araber, beide bedingen einander und beide sind sakral konnotiert. Sie bewirken die Wiederkehr des ewig Gleichen in ebendem Zeitraum, in dem in Westeuropa unter leidenschaftlichen kulturellen und sprachlichen Kämpfen Scholastik, Humanismus und Aufklärung einander ablösen und den Weg in die Moderne ebnen.

3. *Modernes Arabisch*: Bestimmten Textsorten, theologischen, gelehrten oder poetischen, ist auch heute nicht unbedingt anzusehen, aus welchem Jahrhundert sie stammen. Andererseits haben sich seit 1800 ausgehend vom Westen so bedeutende außersprachliche Veränderungen ergeben, dass sie sich auch auf die arabische Hochsprache ausgewirkt haben.

Es beginnt mit einem Paukenschlag, Napoleons ägyptischer Expedition 1798–1801. Nach Abzug der Franzosen gelang es 1805 *Mehmed Ali* (1769–1849), einem Offizier albanischer Herkunft aus Kavála, osmanischer Statthalter in Ägypten zu werden, für das Land eine gewisse Autonomie zu erwirken und eine Dynastie zu installieren, die bis 1952 regieren sollte. Er führte eine Reihe von Reformen durch und begründete mit eiserner Hand den ersten modernen arabischen Staat, in dem sich nun europäisches Gedankengut und westliche Kenntnisse verbreiteten.

1822 wurde in Bulāq, einem Vorort Kairos, eine streng observierte *Druckerei* eingerichtet, knapp hundert Jahre nach der ersten osmanischen und 370 Jahre nach der Erfindung des Buchdrucks mit beweglichen Lettern. Nun werden hocharabische Texte massenhaft reproduziert und gelesen, in einer Sprache, die man bisher nur vom 'Hörensagen' kannte. 1828 erscheint in Kairo die erste, anfangs halb arabisch, halb osmanische Zeitung 'al-Waqā'i' al-miṣrīya' (Die ägyptischen Ereignisse). Sie wurde 1842 zu einer rein arabischen Zeitung unter der Redaktion von *Rifā'a aṭ-Ṭahṭāwī* (s. S. 63).

„Im 20. Jh. weitet die technische Entwicklung mit Rundfunk, Film und Fernsehen den Bereich des gesprochenen, aber nicht-dialektalen Arabisch bedeutend aus. Die Technik verbreitet die gesprochene, der hocharabischen Norm entsprechende Sprachäußerung intensiv und kontinuierlich und erschließt dadurch dem Hocharabischen Bereiche, in denen bislang der Dialekt herrschte [...] Die Druckindustrie, neue Kommunikationsmedien und neue literarische Kunstformen, wie Drama, Roman, Novelle, Kurzgeschichte und der größte Teil der modernen arabischen Poesie, sind schließlich undenkbar ohne westliche Vorbilder“ (Wild 1982: 51).

Die im 19. Jh. in Ägypten und im Libanon einsetzende arabische ‘Renaissance’ *nahḍa* bedeutete vor allem eine Auseinandersetzung mit dem Westen und eine damit zusammenhängende Aktualisierung der Hochsprache. *Mehmed Ali* holte Ausbilder aus Frankreich, Italien und England und schickte Studienkommissionen nach Italien und Frankreich.

Zu einem der Exponenten der Reformbestrebungen wurde *Rifāʿa aṭ-Ṭahṭāwī* (1801–73) aus Ṭahṭā in Mittelägypten, Absolvent der islamischen *al-Azhar* Universität in Kairo. Er begleitete 1826–31 als Imam die erste Delegation von 44 Studenten nach Frankreich, lernte Französisch, übersetzte die französische Verfassung von 1830 und verfasste einen Reisebericht, der bis zum Ersten Weltkrieg Pflichtlektüre für ägyptische Beamte war. Darin beschreibt er „all die Kultur- und Bildungseinrichtungen, die er in Frankreich sah – Museen, Bibliotheken, Labors, Zeitungen, Theater – als vorbildlich und unbedingt nachahmenswert“ (Walther 2004: 276). Nach seiner Rückkehr wurde er Direktor der 1837 neu gegründeten Sprachenschule zur Ausbildung von Übersetzern.

„Immer mehr Bücher wurden aus europäischen Sprachen ins Arabische übersetzt. Arabische Schriftsteller, Journalisten und Dichter emigrierten und schrieben in der Emigration Werke auf Arabisch, die zu Hause Schule machten. So trat neben die dem Arabischen von alters her eigene Interferenz Hochsprache – Umgangssprache eine zweite: die Interferenz zwischen dem Hocharabischen und den europäischen Sprachen, die die intellektuelle Elite sprach und schrieb, vornehmlich Englisch und Französisch“ (Wild 1982: 52).

Diese Situation hat sich durch den europäischen Kolonialismus verfestigt und zu dem Nebeneinander von hochsprachlich-volkssprachlicher Diglossie einerseits und arabisch-englisch/französischer Zweisprachigkeit andererseits geführt.

Das moderne Hocharabisch unterscheidet sich von der klassischen Sprache vor allem in lexikalischer Hinsicht. Für viele Sachen wurde der fremde Ausdruck mitübernommen wie *utubīs* oder *bāṣ* ‘Autobus’, manche Lexeme strukturell integriert wie *film*, pl. *aflām* oder *bank*, pl. *bunuk*. Die meisten Lehnwörter sind Neubildungen nach europäischem Muster in arabischem Gewand, Lehnübersetzungen, Lehnbedeutungen von Erbwörtern, Lehnschöpfungen.

Dem Arabischen fehlt allerdings die Möglichkeit der westeuropäischen Volkssprachen seit dem Humanismus, das Lexikon durch die Aufnahme lateinischer und griechischer Buchwörter zu bereichern: es ist ja seine eigene Buchsprache. Differenzierungen wie dt. *tierisch*, *animalisch*, *zoologisch*, die eine Entsakralisierung der klassischen Sprachen reflektieren, sind im Arabischen nicht möglich, das muss alles *ḥayawānī* leisten (Wild 1982: 56).

Der Sprachpflege dienen die Sprachakademien von Damaskus (gegr. 1919), Kairo (1932) und Bagdad (1947) und das von der Arabischen Liga in Rabat eingerichtete 'Ständige Büro zur Koordinierung der Arabisierung im arabischen Vaterland' (LIW 1.29). Ihre Aufgabe ist es, die arabische Hochsprache über alle politischen Grenzen hinweg rein zu halten; ein sinnvolles Programm zur Überwindung der Diglossie haben sie nicht erstellen können (Diem 2006: 138). Mit ihrer Hochsprache bewahren die Araber ein Erbteil ihrer ehemaligen glanzvollen Hochkultur; sie kompensiert darüber hinaus ihre bislang ausgebliebene politische Einheit (Diner 2005: 138).

2.1.5 Hebräisch

Die Geschichte des Hebräischen lässt sich in drei große Zeiträume unterteilen, markiert durch sein Verklingen als gesprochene Sprache und seine Wiederbelebung durch den Zionismus:

1. Althebräisch 900 v.C.– 200 n.C.
2. Mittelhebräisch 200–1880
3. Neuhebräisch ab 1880

1. *Althebräisch*: In diesem langen Zeitraum wird das Hebräische sowohl geschrieben als auch gesprochen. Je nach dem Charakter der Texte lässt er sich in zwei Epochen unterteilen, Bibel- und Mischnahebräisch.

1.1 *Bibelhebräisch* bis zur Zerstörung des zweiten Tempels 70 n.C. Die hebräische Bibel umfasst in den drei Sektionen *tōrā* 'Gesetz', *nebī'īm* 'Propheten' und *ketūbīm* 'Schriften' 39 Bücher. Die Tora, griech. πεντάτευχος βίβλος 'das Buch aus fünf Schriftrollen', besteht aus *Genesis* 'Entstehung', *Exodus* 'Auszug', *Leviticus* 'Levitisches Gesetz', *Numeri* 'Zählungen', *Deuteronomium* 'Zweites Gesetz'. Die *Propheten* werden unterteilt in die frühen – Josua, Richter, Samuel und Könige – und die späten, nämlich die drei großen Jesaja, Jeremia und Ezechiel, und die zwölf kleinen, weiter der dem prophetisch inspirierten Daniel zugeschriebene Psalter. Die *Schriften* sind die übrigen Bücher. Die Tora entstand zwischen 900 und 400 v.C., die Propheten zwischen 800 und 500 v.C., die übrigen Schriften zwischen dem 4. und 3. Jh. v.C. Den Juden gilt nur die Tora als absolut verbindlich, nur sie wird im Gottesdienst in einem Zyklus gelesen, aus den Propheten dazu Auswahlperikopen, aus den Schriften überhaupt nicht (LThK 2.366).

Etwas umfangreicher als der jüdische Kanon ist die *Septuaginta* (s. S. 80), die griechische Übersetzung aus dem 3. Jh. v.C., das Alte Testament der Christen. Als die Reformatoren den hebräischen Text neu übersetzten, ließen sie die vermeintlich griechischen Zusätze als apokryph weg. Doch fand man 1896 in der Genizah (Abstellraum) der Synagoge von *al-Fusṭāṭ* (Alt-Kairo) und 1947 in den Höhlen von *Qumrān* am Toten Meer unter den hebräischen und aramäischen Texten auch Fragmente dieser sog. Apokryphen.

1.2 *Mischnahebräisch* 70–200. Mit der Niederschlagung des jüdischen Aufstands und der Einnahme Jerusalems durch Titus 70 n.C. verlieren die Juden die letzten Reste politischer Selbständigkeit, ihnen bleibt nur ihre autonome Führung, der Ethnarch und der Hohe Rat in Palästina, der Exilarch in Babylonien. Mit der Zerstörung des zweiten Tempels endet auch der jüdische Opfergottesdienst, die Juden werden ein Volk des Buchs. Aus der Vielzahl jüdischer Gruppen des 1. Jh. überleben nur die Pharisäer, die Schriftgelehrten, die schon früher gelernt hatten, „auch ohne den Tempel zu leben und jüdische Eigenart von politischer Unabhängigkeit zu trennen“ (Stemberger 1977: 66). Sie stützen sich auf das einfache Volk, mit dem sie in den Synagogen, die im Exil an die Stelle des Tempels treten, und in den Schulen Kontakt haben; aus ihnen geht die rabbinische Bewegung hervor.

Sie betont die zweifache Offenbarung aus schriftlicher und mündlicher Tora. Unter der mündlichen Tora ist neben der Bibelauslegung das Religionsgesetz *Halacha* zu verstehen, das zwischen 70 und 200 in der damaligen hebräischen Volkssprache aufgezeichnet wurde. Das Ergebnis des Sammel-, Sichtungs- und Entscheidungsprozesses liegt in der *Mischna* vor. Mischna von hebr. *schana* ‘wiederholen’ bedeutet ‘Lehre der mündlichen Tradition’ im Gegensatz zum Bibelstudium.

Im technischen Sinne versteht man darunter die um 200 n.C. abgeschlossene Aufzeichnung des bis dahin mündlich überlieferten jüdischen Religionsgesetzes, ein nach Materien geordneter Rechtskodex, der sechs Fragenkomplexe regelt: Landwirtschaft, Sabbatruhe und Festtagsliturgie, Familien- und Erbrecht, Schadens- und Strafrecht, Opfergesetze und rituelle Reinheit. Die Mischna bildet die Grundlage des *Talmud* ‘Lehre’; der dazugehörende und darauf aufbauende Kommentar, die *Gemara* ‘das Erlernte, Vollendete’, ist schon aramäisch verfasst und etwa 500 n.C. vollendet. In diesen Zusammenhang gehört auch der *Midrasch* ‘Bibelstudium’, exegetische Texte entweder halachischen, d.h. gesetzlichen oder haggadischen, d.h. erbaulichen Charakters.

2. *Mittelhebräisch* 200–1880. In diesem Zeitraum ist das Hebräische niemandes Muttersprache, die Juden verwenden andere Sprachen, verfassen aber auch hebräische Texte. Die Sprachen, die die Juden untereinander sprechen und schreiben – und zwar grundsätzlich in der sog. hebräischen, von den Aramäern übernommenen Quadratschrift sind bis ins 10. Jh. Aramäisch, das sie gegenüber dem mit der Septuaginta von den Christen usurpierten Griechisch bevorzugen; ab 1500 hauptsächlich Judenarabisch *Yahūdī* und Judenpersisch bei den orientalischen Juden in Mesopotamien, im Jemen, dem Kaukasus, Persien und Zentralasien; Judenspanisch *Djudezmo* bei den Sefarden in Marokko, dem Osmanischen Reich, in Oberitalien und Nordwesteuropa; Judendeutsch oder *Jiddisch* bei den Aschkenasen in Böhmen, Polen und Litauen, nach 1800 in den Nachbarländern und in Übersee.

Im Verkehr mit Nichtjuden verwenden die Juden die Sprachen der Muslime und Christen ihrer Umgebung, ihre Texte verfassen sie auf Arabisch wie *Maimonides* (1138–1204) aus Córdoba, auf Latein wie *Spinoza* (1632–77) aus Amsterdam und schließlich auf Deutsch wie *Moses Mendelssohn* (s.u) aus Dessau und *Theodor Herzl* (1860–1904) aus Pest. Von ähnlicher Bedeutung wie die Septuaginta ist übrigens die arabische Bibelübersetzung von *Saadia ben Josef Gaon* (882–942) aus Fayyūm in Ägypten; er schreibt auch die erste hebräische Grammatik (Stemberger 1977: 108).

Das Hebräische dieser Zeit ist aber nicht tot, es ist Sakralsprache, Sprache der Poesie, der Mystik und der Aufklärung und Zielsprache von Übersetzungen.

Als Sakralsprache wird es im synagogalen Gottesdienst und in der Bibel- und Talmudexegese verwendet. Da die hebräische Umgangssprache verstummt war, brauchte man nun Aussprachehilfen: jüdische Gelehrte, die sog. *Masoreten* – zu *Masora* 'Überlieferung' – begannen, die in Konsonantenschrift verfassten Texte durch Punktuationen zu vokalisieren und für den Gottesdienst in Perikopen zu unterteilen. Dieser Prozess wurde im 10. Jh. in Tiberias abgeschlossen. Anhand vokalisierter biblischer Texte lernten die Kinder in der Gemeindeschule lesen und schreiben.

Aus der liturgischen Dichtung *Pijjut* < griech. ποιητ- entwickelt sich in Hispanien eine religiöse und profane Poesie. Als größter *Pajtan* 'Dichter' wird der Arzt *Jehuda Halevi* (1075–1141) aus Tudela angesehen, der über 800 Gedichte, zur Hälfte religiös, zur Hälfte profan, hinterließ und der als erster jüdischer Dichter seit dem Hohenlied wieder die Liebe zu einem zentralen Thema machte (Stemberger 1977: 136). Sein philosophisches Hauptwerk 'Kuzari' über die Bekehrung des Chasarenkönigs zum Judentum verfasste er auf Arabisch; er repräsentiert die vollkommenste Synthese jüdisch-islamischer Kultur (LIW 2.70).

Die bekannteste und für das Judentum wohl auch typischste Form der Mystik ist die *Kabbala* 'Tradition', eine Geheimlehre auf neuplatonischer Basis, entwickelt mit traditionellen jüdischen Mitteln im Gegensatz zur fremden, aristotelischen Philosophie (LMA 5.846). Grundtext für die Früh-Kabbala ist das im 12. Jh. in der Provence entstandene 'Sefer ha-Bahir' (Buch des Glanzes), das durch das Ende des 13. Jh. in Hispanien verfasste Hauptwerk der klassischen Kabbalistik, das Buch 'Zofar' (Lichtglanz) verdrängt wurde.

Während die poetischen und mystischen Texte im sefardischen Bereich entstanden, ist die jüdische Aufklärung *Haskala* mit der deutschen verbunden. Ihr geistiger Vater *Moses Mendelssohn* (1729–86), Sohn eines Torarollen-Schreibers aus Dessau, ging 1742 nach Berlin, wo er in großer Armut lebend Hochdeutsch und Latein lernte; er arbeitete als Hauslehrer und freundete sich 1754 mit Lessing an. 1780–83 veröffentlichte er 'Die 5 Bücher Mose', eine Übersetzung des Pentateuchs ins Hochdeutsche in hebräischen Lettern und mit einem hebräischen Kommentar *Biur* auf rationalistischer Grundlage. Damit wollte er die Sprachbarriere zwischen Juden und Nichtjuden überwinden. Das Jiddische hatte einen geringen Prestigewert, es galt sowohl den Nichtjuden als auch den aufgeklärten Juden als verderbtes Deutsch und der Emanzipation hinderlich. 1782 schrieb Mendelssohn: „Ich fürchte, dieser Jargon hat nicht wenig zur Unsittlichkeit des gemeinen Mannes beigetragen, und verspreche mir sehr gute Wirkung von dem unter meinen Brüdern seit einiger Zeit aufkommenden Gebrauche der reinen Mundart“ (nach Best 1988: 139).

Aus der Ablehnung des Jiddischen durch die Aufklärer *Maskilim* folgte „einerseits ein intensives Interesse an den Umweltsprachen, insbesondere [...] an der Erlernung des Deutschen, und andererseits eine Wiederentdeckung und Wiederbelebung des Hebräischen, zunächst vor allem der Bibel. Dem einen wie dem anderen Interesse hat die von Mendelssohn ins Werk gesetzte deutsche Übersetzung der hebräischen Bibel mit hebräischem Kommentar gedient“ (Greive 1982: 142–143). 1758 gab Mendelssohn eine hebräische Zeitschrift heraus ‘Qohelet Musar’ (Der Sittenprediger), in der er für eine Wiederbelebung des biblischen Hebräisch anstelle der Sprache der rabbinischen Kommentare eintrat, später arbeitete er an der seit 1783 erscheinenden Zeitschrift ‘Ha-Meassef’ (Der Sammler) mit.

„Die Haskalaperiode der hebräischen Literatur wird im allgemeinen mit den Jahren 1780–1880 begrenzt“ (Stemberger 1977: 178). Nun entstehen die ersten Dramen und die ersten Romane der hebräischen Literatur, satirische und programmatische Schriften, mit einem Wort eine moderne Literatur. Die Vertreter der ‘Wissenschaft des Judentums’ schreiben neben Deutsch auch Hebräisch.

Die *Übersetzertätigkeit* beginnt mit dem 12. Jh., als immer mehr hispanische Juden nach Frankreich, Italien und Deutschland ziehen und für die dortigen Gemeinden aus dem Arabischen ins Hebräische übersetzen, um den kulturellen Vorsprung der Juden aus dem islamischen Bereich auszugleichen. Übersetzt werden vor allem philosophische Texte, aber auch medizinische, mathematische und astronomische, und zwar sowohl jüdische Autoren, die teilweise arabisch schrieben wie *Maimonides* den ‘Führer der Unschlüssigen’, als auch arabische Philosophen wie *al-Fārābī* und *Ibn Rušd* und arabische Aristotelesübersetzungen. Das führt zu einer Vereinheitlichung der jüdischen Kultur beiderseits der Pyrenäen und zu einer Bereicherung des Hebräischen im Bereich der philosophischen und naturwissenschaftlichen Terminologie (Stemberger 1977: 107).

Die Übersetzer waren häufig miteinander verwandt, am berühmtesten ist die Familie *Tibbón*, deren Stammvater *Jehuda ben Saul* (1120–90) vor den Almohaden aus Granada nach Lunel in der Provence floh. „Praktisch alle seine Nachkommen haben sich der Übersetzung der grundlegenden Werke der muslimischen und der jüdischen Kultur ins Hebräische gewidmet, wobei letztere anfangs ebenfalls arabisch geschrieben waren“ (Vernet 1984: 189).

Auch in den folgenden Jahrhunderten wird viel ins Hebräische übersetzt, besonders in der Haskalaperiode. Ein interessantes Beispiel ist das ‘Buch der Weisheit’, die apokryphe Weisheit Salomons der Septuaginta, das Hartwig Wessely (1725–1805), ein enger Freund Mendelssohns, aus dem Griechischen überträgt.

3. *Neuhebräisch* seit 1880 in Palästina. Im Rahmen des europäischen Nationalismus und eines damit zusammengehenden neuen Antisemitismus boten sich den Juden drei Möglichkeiten: entweder sie assimilierten sich und übernahmen die Sprachen ihrer christlichen Nachbarn oder sie konstituierten sich als Nation ohne Staat in ihrer aschkenasischen Heimat und bekannten sich zum Jiddischen als Nationalsprache oder sie gründeten einen eigenen Staat in der Heimat ihrer Vorfahren.

Die *Zionisten* lehnten sowohl das Deutsche als auch das Jiddische ab und besannen sich auf das Hebräische, das gegen anfängliche Bedenken zur Sprache des neuen Palästina werden sollte. Protagonist dieses ganz außergewöhnlichen Vorhabens, eine Sprache, die niemandes Muttersprache mehr war, zu neuem Leben zu erwecken, war *Elieser ben Jehuda* (1858–1922) aus Lukszy bei Kowno. Er hatte in Paris erfahren, dass die einzelnen jüdischen Gemeinschaften in Jerusalem sich untereinander auch mündlich auf Hebräisch verständigten und plädierte in seinem Aufsatz 'She'elah nichbadah' (Eine bedeutende Frage, 1879) für das Hebräische in sefardischer Aussprache als moderne Nationalsprache und einen einfachen, von archaischen und sakralen Elementen befreiten Sprachstil.

Er lebte seit 1881 als Lehrer und Journalist in Jerusalem, wo aber die orthodoxen Juden, die als Einzige genügend Hebräisch konnten, die heilige Sprache nicht profanieren wollten. 1884 rief er die Zeitschrift 'Ha-Tsevi' (Der Glanz) ins Leben, 1890 gründete er ein hebräisches Sprachkomitee, Vorläufer der Hebräischen Sprachakademie. 1910 begann er sein Hauptwerk, den 'Thesaurus totius hebraitatis et veteris et recentioris' (Gesamtwörterbuch des Alt- und Neuhebräischen) in 17 Bänden, das seine Witwe und sein Sohn zuende führten.

1913–14 erhoben sich die Lehrer der vom *Hilfsverein der deutschen Juden* finanzierten Schulen gegen Deutsch und für Hebräisch als Unterrichtssprache, 1917 erklärte der britische Hochkommissar Herbert Samuel Hebräisch zur dritten Amtssprache Palästinas; damit waren die Weichen gestellt für die Entwicklung einer säkularen jüdischen Nationalsprache (Stemberger 1977: 198).

2.2 Die Sakralisierung der Sprachen

2.2.1 Opferkult und Buchreligion

Mohammed stellt Juden und Christen als *ahl-al kitāb* eig. 'Buchleute' (Sure 29.46, 2.111–113) den Muslimen insofern gleich, als sie etwas dem Koran Ähnliches vorweisen können. Tatsächlich aber hat die Tora für die Juden und die Bibel für die Christen eine ganz andere Bedeutung als der Koran für die Muslime.

In der Zeit des Zweiten Tempels (515 v.C.–70 n.C.) beruhte die jüdische Religion auf dem Opfergottesdienst im Tempel und dem Studium der Tora. Tempelpriester, deren Amt erblich war, brachten Tier- und Pflanzenopfer dar, so wie sie die Tora (Leviticus 1–7) vorschreibt. Mit der Zerstörung des Tempels wird der Opferkult unmöglich, damit verschwinden auch die Opferpriester. Übrig bleiben die Schrift und die Schriftgelehrten, die Rabbiner; nun sind die Juden in der Tat 'Buchleute' – doch nur bis zur Wiedererrichtung des Tempels am Jüngsten Tage.

Auch für die alte Kirche spielt das Opfer eine zentrale Rolle, Christus opfert sich am Kreuz, woran die Christen im unblutigen Opfermahl, der Eucharistie, erinnern; anders als bei den Juden wird das Priesteramt aber nicht vererbt, sondern durch Weihe übertragen. Dass das Sakrament gegenüber der Bibel Vorrang hat, zeigt die byzantinische Liturgie: auf den Kleinen Einzug mit dem Evangelium folgt der Große mit den Opfergaben. Eine westliche Neuerung ist die Verehrung des Altarsakraments auch außerhalb des Opfergottesdienstes im Fronleichnamskult, der sich im 13. Jh. von Lüttich aus verbreitet. Damit und mit den Blutwundern macht die Reformation Schluss, erst sie stellt die Bibel in den Mittelpunkt des Kults; Lutheraner und Reformierte, nicht aber Katholiken und Orthodoxe sind 'Buchleute'.

Der Islam kennt von Anfang an weder Opfer noch Priester, sondern Koran und Schriftgelehrte Ulema, ähnlich den Rabbinern. Wie das rabbinische Judentum neben der Tora über eine zweite Schriftquelle verfügt, die mündliche Tradition *Mischna*, so der Islam neben dem Koran über die ungeschriebene Offenbarung *Sunna* (Mitterauer 2004: 169). Der Koran *al-qur'ān* 'Lesung, Vortrag' „ist vom Herrn der Menschen in aller Welt (als Offenbarung) herabgesandt [...] (Er ist) in deutlicher arabischer Sprache (geoffenbart)" (Sure 26.192–195). Er geht nach muslimischer Vorstellung auf ein im Himmel aufbewahrtes Urexemplar *umm al-kitāb* 'die Mutter des Buches' zurück bzw. auf eine im Himmel 'wohlverwahrte Tafel' *lauḥ maḥfūẓ*, mit denen er bis in die Orthographie hinein übereinstimme. Über die Frage, ob der Koran ewig oder von Gott geschaffen sei, sind sich Orthodoxe und Rationalisten uneins, er ist jedenfalls bis aufs i-Tüpfelchen verbindlich und zwar in arabischer Sprache und Schrift (LIW 1974: 2.103).

So wie für die Christen durch Inkarnation der Logos *Fleisch* wird, wird für die Muslime durch 'Illibration' Gottes ungeschaffenes Wort *Buch*, Koranschändung ist der Hostienschändung vergleichbar.

2.2.2 Die christlichen Sakralsprachen

Im Unterschied zum Judentum und Islam verfügt das Christentum nicht nur über *eine* Sakralsprache; in seinem ausgedehnten und von Anfang an polyethnischen Missionsgebiet waren die Verhältnisse komplexer. Eine heilige Sprache der Christen gab es nicht, merkwürdigerweise erfuhr das Aramäische, die Muttersprache Jesu, außerhalb der syrischen Kirche keine besondere Wertschätzung.

Vorrang hatte das Griechische; die Sprache des heidnischen Hellenismus war auch die Sprache des Neuen Testaments, der sieben ökumenischen Konzile, der theologischen Grundbegriffe; später war es Amtssprache des Byzantinischen Reichs und des Patriarchats Konstantinopel. Daneben entstanden aber schon im 2. Jh. koptische, syrische und lateinische Bibelübersetzungen und Liturgien für die Bedürfnisse der Patriarchate Alexandria, Antiochia und Rom, später folgten armenische und georgische.

Der Gebrauch der christlichen Sakralsprachen war geknüpft an ihren Geltungsbereich, also kirchenrechtlich an den Umfang der Patriarchate, sodass in Europa Griechisch und Latein galten. Dieses Gleichgewicht wurde durch die Goten gestört, die sich zuerst in Dakien festsetzten, wo ein Teil von ihnen zum Christentum übertrat. *Wulfila* (311–383), Sohn eines Goten und einer kappadokischen Christin, nahm das arianische Christentum an, wurde 341 zum Missionsbischof geweiht und übersetzte Teile der Bibel ins Gotische. Dafür schuf er aus dem griechischen Alphabet unter Hinzunahme einiger Runenzeichen bzw. lateinischer Buchstaben eine besondere gotische Schrift. Diese Bibel übernahmen die übrigen germanischen Arianer, die Ostgoten in Italien, die Westgoten in Hispanien und die Wandalen in Nordafrika (Hutterer 1975: 134). Mit dem Arianismus verschwand auch die gotische Sakralsprache.

Auch das Konzil von Chalkedon 451 hatte sprachliche Konsequenzen: während die Melkiten am Griechischen festhielten, bauten die Monophysiten das Koptische, Syrische und Armenische zu Sakralsprachen aus, die nun den Ruch des Häretischen hatten; die griechische Kirchensprache stand dagegen für Orthodoxie.

Um den Gebrauch des Lateinischen abzusichern, propagierte der Westen im 4. Jh. die sogenannte *Dreisprachendoktrin* (LMA 3.1392), nach der es in Anlehnung an die dreisprachige Kreuzesaufschrift (Joh 19, 20) drei heilige Sprachen gibt, nämlich Hebräisch, Griechisch und Latein. Einer ihrer Urheber war der lateinische Kirchenvater *Hieronymus* (*347 in Stridon in Dalmatien, † 419 in Bethlehem), der die Bibel aus dem Hebräischen und Griechischen ins Lateinische übertrug, die sog. Vulgata.

Im Patriarchat Rom galt einzig die lateinische Sakralsprache. Es hatte ursprünglich mehr als die Westhälfte des Römischen Reiches umfasst, auch ganz Griechenland, Makedonien und Illyrien, alles Land südlich der Donau und westlich des Isker. Im Laufe von 70 Jahren wurde es halbiert: zwischen 670 und 740 eroberten die Araber Nordafrika und fast ganz Hispanien. Überdies unterstellte im Bilderstreit der Ikonoklast Kaiser Léon III. 731 die überwiegend griechischsprachigen Teile, d.h. Südosteuropa bis zur Drau einschließlich Dalmatiens und außerdem Unteritalien dem Patriarchat Konstantinopel. Diese Verluste wurden teilweise wettgemacht durch die Missionierung der Angelsachsen und Deutschen (s. S. 40), deren Kirchen eng an Rom gebunden wurden.

Nachdem sich Wolgabulgaren und Slaven in Europa niedergelassen hatten, gründeten sie heidnische Reiche, das Bulgarische 679 und das Großmährische 830. Ihre Christianisierung vollzog sich im Spannungsfeld der beiden Patriarchate, bis auf dem VIII. Ökumenischen Konzil 869–870 die Zuständigkeit Roms für Mähren bestätigt und die Konstantinopels für Bulgarien entschieden wurde. Nur aus dieser Konkurrenz erklärt sich die Einführung einer neuen Sakralsprache, des Kirchenslavischen.

Der angelsächsischen Tradition entsprach, dass die bairische Slavenmission auf römischem kanonischen Territorium – wozu das mährische Missionsgebiet zweifelsfrei gehörte – keine andere Kirchensprache als die lateinische zulassen konnte. Das Patriarchat Konstantinopel hielt auf seinem kanonischen Territorium Bulgarien in vergleichbarer Weise am Griechischen fest, wenn es auch durch die Entsendung der Slavenapostel nach Mähren das Slavische auf fremdem Gebiet gefördert hatte. Dort machten die zweisprachigen Brüder *Method* (815–885) und *Konstantin-Kyrill* (826–869) das Südostbulgarische ihrer Heimat um Saloniki, eine ungeschliffene Bauern- und Fischermundart, zur ersten slavischen Schriftsprache und dritten christlichen Sakralsprache in Europa. Die Ironie des Schicksals fügte es, dass ihre Schüler nach ihrer Vertreibung aus Mähren 886 in Bulgarien ihr Werk fortsetzen konnten.

Das war in kirchenrechtlicher Hinsicht keineswegs unproblematisch und die Slavenapostel mussten sich anlässlich ihrer Romreise 867 in Venedig vor einer lateinischen Synode verteidigen. Ostkirchliche Argumente gegen die Dreisprachendoktrin waren u.a.

1. nach dem Fortfall des Hebräischen, der Sprache der Christusmörder, sei die heilige Dreizahl mit Griechisch, Latein und Slavisch wiederhergestellt;
2. der Kirchenvater *Hieronymus* sei durch seine dalmatinische Herkunft ebenfalls Slave (!) und habe mit seiner Vulgata-Übersetzung den Slaven ein Beispiel geben wollen;
3. während Latein und Griechisch ursprünglich heidnische Sprachen waren, sei das Kirchenslavische von Beginn an eine christliche Sprache. Dieses Argument führt der bulgarische Mönch *Chrabr* in seinem Traktat 'Über die Buchstaben' О пйсменехъ vom Anfang des 10. Jh. an.

In der Folge haben sich die Verhältnisse stabilisiert: während die Papstkirche ausschließlich das Lateinische zuließ, verwendeten die Orthodoxen drei Sakralsprachen, die Byzantiner und Melkiten Griechisch, die Slaven und Rumänen Kirchenslavisch und die Georgier Georgisch, in den orientalischen Landeskirchen galten das Syrisch-Aramäische, Koptische und Armenische.

2.2.3 Buchsprache und Diglossie

Eine Sprache wird an einem bestimmten Punkt ihrer Entwicklung und unter bestimmten kulturhistorischen Umständen sakralisiert. Wenn Verschriftung und Sakralisierung zusammenfallen wie beim Hebräischen, Arabischen und Kirchenslavischen, ist die Sakralität ihr hervorstechendes Merkmal, wenn dagegen schon viele heidnische Texte in ihnen verfasst wurden wie im Griechischen, Lateinischen und Aramäischen, relativiert sich die Sakralität. Sie kann aber mit den Generationen zunehmen, sodass Angriffe auf sie als Sakrileg empfunden werden: so führte die Veröffentlichung einer aktualisierten neugriechischen Evangelienübersetzung 1901 in Athen zu schweren Unruhen mit Toten und Verwundeten (Hering 1987: 159–160).

Sakralsprachen werden mit der Zeit nicht nur in sakralen Texten verwendet, sondern auch in juristischen, wissenschaftlichen und enzyklopädischen, der Übergang zur Belletristik ist fließend, ich nenne nur Legenden, Chroniken, Bibelepik, Hymnendichtung und Geistliches Spiel. Sie werden überregional gebraucht, sind weitgehend polyvalent, allerdings bleiben gewisse Bereiche ausgespart, die ihrem sakralen Charakter widersprechen, sie sind penibel kodifiziert, allgemein verbindlich und genießen vor allem ein hohes Prestige. Die altrussischen Gelehrten versichern, dass man auf Kirchenslavisch nicht lügen könne, deshalb auch hasse der Teufel diese Sprache (Uspenskij 1987: 62).

Die Sakralisierung einer Sprache hat zur Folge, dass sie als unveränderbar betrachtet wird. Sie erstarrt auf einer bestimmten zeitlichen Stufe, während sich die Alltagssprache natürlich weiterentwickelt bis hin zu einem neuen Sprachsystem. Diesen Zustand, in dem zwei zwar eng verwandte aber doch verschiedene Sprachsysteme nebeneinander gebraucht werden, ohne dass die Sprecher sich dessen bewusst sind, nennt Ferguson (1959) Diglossie. Er unterscheidet eine höhere und eine niedere Varietät, die streng funktional differenziert sind. Die höhere Varietät oder Buchsprache ist normiert und kodifiziert, sie wird erst durch die Schule vermittelt und außer in formellen Sprachsituationen nur schriftlich verwendet. Die niedere Varietät wird in der Familie erworben und mündlich gebraucht, im Bewusstsein der Sprecher gilt sie als fehlerhaft und primitiv. Beide Varietäten entfernen sich mit der Zeit voneinander.

Die Diglossie wird beendet durch die Aufgabe der höheren Varietät, entweder weil der zu ihrer Aneignung notwendige Aufwand zu groß wird oder weil die von ihr erfüllten Funktionen an Relevanz verlieren. Die Akzeptanz der niederen Varietät ist sozial bedingt, in Europa kommt ihr Prestige immer zuerst aus der volkssprachlichen Dichtung. Am frühesten geht die Diglossie in Italien in die Zweisprachigkeit über: die amtliche Geburtsurkunde des Italienischen ist Dantes 'De vulgari eloquentia' (1305–07). Mit dem Humanismus und der Reformation werden in Westeuropa Latein und Griechisch weitgehend entsakralisiert, sie sind nun als *klassische* Sprachen der 'Steinbruch' (Haarmann 1993: 142), den die Volkssprachen zum Ausbau ihrer Lexik ungeniert ausbeuten.

Das Nebeneinander von volks- und buchsprachlicher Lexik bedeutete eine ungeheure Bereicherung, vor allem weil das System der Entlehnungen immer mehr verfeinert wurde. So ging man in der Medizin dazu über, physiologische Befunde lateinisch, pathologische dagegen griechisch auszudrücken, z.B. *Renogramm* 'Röntgendarstellung der Niere' zu lat. *ren*, aber *Nephritis* 'Nierenentzündung' zu griech. νεφρός.

In Osteuropa hält sich die Diglossie viel länger: in Russland das Kirchenslavische bis 1800, in Griechenland die Koiné bis 1900 – noch 1864 waren an den griechischen Mittel- und Oberschulen von 203 Wochenstunden 87 Altgriechisch (Hering 1987: 152), in der Türkei das Osmanische bis 1928. In Israel ist es gegen den Widerstand der orthodoxen Juden gelungen, die Sakralsprache Hebräisch zu profanieren, in den arabischen Ländern aber ist ein Ende der Diglossie nicht in Sicht.

2.3 Das Schreiben, das Rechnen und das Drucken

2.3.1 Die Schriften

Untrügliches Kennzeichen einer Sakralsprache ist ihre eigene Schrift: *man schreibt, wie man betet*. Nachdem sich die Juden die aramäische Quadratschrift angeeignet hatten, machten die syrischen Christen eine kursive Variante *esṭrangelā* < griech. στρογγύλη 'die runde' zu ihrer Sakralschrift. Nach der konfessionellen Spaltung differenzierten sie auch die Schriften in eine monophysitische Variante *serṭō* 'Linie' und eine nestorianische (Jensen 1969: 308–312). Die Juden schreiben alle ihre Sprachen mit hebräischen Buchstaben, Judenpersisch, Judenspanisch, Judendeutsch usw. Die Muslime übernehmen mit dem Islam die arabische Schrift, so die Iraner, Türken, Inder, Indonesier, Afrikaner.

Der Übergang zu einer neuen Graphie ist eigentlich ein Sakrileg, das nur in Zusammenhang mit der Umortientierung von der Religion zur Nation statthaft ist. Etappen des Übergangs von der konfessionell zur ethnisch definierten Graphie sind im Rumänischen fassbar: zwischen 1679 und 1736 wird das Kirchenslavische durch das Rumänische als Sakralsprache ersetzt, ab 1860 wird dieses nicht mehr mit kyrillischer sondern mit Lateinschrift geschrieben (Tornow 2001: 94). Das spektakulärste Beispiel war die Annahme des lateinischen Alphabets durch die laizistische türkische Republik 1928.

Alle heute gebrauchten Schriften in Okzident und Orient kommen letzten Endes aus der phönizischen, deren älteste Zeugnisse aus dem 17. Jh. v.C. stammen (Haarmann 1991: 269). Sie war als Buchstabenschrift den Hieroglyphen und der Keilschrift überlegen und wurde in Ost und West übernommen; im Osten war die wichtigste Tochterschrift die aramäische. Sie wurde von den Juden im 5. Jh. v.C. zur typisch quadratischen Form ausgebildet (Haarmann 1991: 312), während die syrischen Christen die Kursive weiterentwickelten. Aus der nabatäischen Variante der aramäischen Schrift entstand wiederum die arabische, deren älteste Zeugnisse erst aus dem 6. Jh. n.C. stammen.

Alle diese sogenannten semitischen Schriften bezeichnen nur die Konsonanten. Die heute noch verbreitetste Konsonantenschrift ist die arabische und, obwohl für das Arabische gemacht, ist sie gerade für die Wiedergabe dieser Sprache denkbar ungeeignet. Arabisch ist eine wurzelflektierende Sprache, die die *lexikalische* Bedeutung der Wörter durch die Radikale ausdrückt, meist drei Konsonanten, die *grammatische* Bedeutung durch ihre Verbindung mit Vokalen oder durch ihre Verdoppelung, selten durch Affixe.

So drückt z.B. die Wurzel KTB den Begriff des Schreibens aus, die Buchstabenfolge *ktb* kann nun verschieden gelesen werden: *kataba* 'er schrieb', *kutiba* 'es wurde geschrieben', *kattaba* 'er ließ schreiben', *kattib* 'lass schreiben', *kutub* 'die Bücher';

ktb-t kann man lesen als *katabat* 'sie schrieb', *katabta* oder *katabti* 'du schriebst', *katabtu* 'ich schrieb' oder als Passivform *kutibat, kutibta, kutibti, kutibtu* oder als Kausativ Aktiv *kattabat, kattabta, kattabti, kattabtu* oder als Kausativ Passiv *kuttibat, kuttibta, kuttibti, kuttibtu*;

kt'b kann gelesen werden als *kitāb* 'Buch', *kuttāb* 'die Schreiber' oder 'Koranschule'; *m-ktb* kann man lesen als *maktab* 'Schreibstube' oder als ein Partizip aktiv *mukattib, muktib*, resp. passiv *mukattab, muktab, muktabb.*

Das Verfahren, durch Zusatzzeichen Kurzvokale, Pausa oder Konsonantenverdoppelung zu markieren, ist beim Koran obligatorisch, um die korrekte Rezitation zu gewährleisten, in Zeitungen und Büchern aber absolut unüblich. So kann der Durchschnittsleser die lexikalische Bedeutung der Wörter eines Satzes aufnehmen, ohne seine Struktur zu durchschauen, sein Verständnis bleibt im Ungefähren. Die größte Leistung eines arabischen Abiturienten besteht oft darin, einen hochsprachlichen Text korrekt zu lesen, eine Fertigkeit, die ein europäisches Kind in der Volksschule erwirbt. Daran lässt sich solange nichts ändern, wie Sprache und Schreibung koranisch überhöht und damit sakrosankt sind.

Bei den offensichtlichen Mängeln der arabischen Schrift wundert es nicht, dass sie außer in den arabischen Staaten, im Iran, in Afghanistan und Pakistan nirgendwo mehr amtlich verwendet wird. Suahili, Haussa, Bahasa Indonesia, Türkisch sind zur Lateinschrift übergegangen, die Turksprachen der ehemaligen Sowjetunion zur Kyrillschrift, Hindi zur Devanagari.

Im Westen war die wichtigste Tochterschrift der phönizischen die griechische. Die Entlehnungszeit ist im 11. oder spätestens 10. Jh. v.C. anzusetzen, als Ort eine Gegend, in der Griechen und Phönizier enge Handelsbeziehungen hatten, also eine der südlichen Inseln, wahrscheinlich Kreta (Jensen 1969: 445–446).

Dass das griechische Alphabet vom phönizischen abstammt, ergibt sich aus Folgendem: 1. größte Ähnlichkeit der Zeichen. 2. gleiche Reihenfolge der Zeichen, die zwar aus dem Phönizischen nicht überliefert ist, dafür aber aus dem Aramäischen. 3. der Lautwert der Zeichen ist annähernd gleichgeblieben. 4. weitgehende Übereinstimmung der Buchstabennamen. *Herodot* (484–425 v.C.) nennt die griechischen Buchstaben nach ihrer phönizischen Herkunft φοινικήια γράμματα (Haarmann 1991: 271).

Die Griechen haben mit der Übernahme eine entscheidende Verbesserung vorgenommen, indem sie überflüssige Konsonantenbuchstaben zur Schreibung von Vokalen benutzten. Sie haben somit die *Lautschrift* erfunden, die jedes Phonem durch ein eigenes Graphem ausdrückt, das erste vollständige Alphabet überhaupt. Eine zusätzliche Präzisierung bedeuteten die Akzentzeichen, die sich der alexandrinische Grammatiker *Aristophanes Byzantios* (250–180 v.C.) ausgedacht haben soll und die ab dem 3. Jh. n.C. allgemein verwendet wurden (Jensen 1969: 460).

Die beiden anderen großen europäischen Schriften, die lateinische und die kyrillische, sind Weiterentwicklungen der griechischen. Die Etrusker brachten im 8. Jh. die griechische Schrift nach Italien, passten sie ihren Bedürfnissen an und gaben sie an die Römer weiter. Mit der lateinischen Sprache wurde die lateinische Schrift in ganz Westeuropa zwar verbindlich, aber nicht sakrosankt. Um sie den Bedürfnissen der romanischen, keltischen, germanischen, slavischen, baltischen und finnougrischen Volkssprachen anzupassen, nahm man sich alle Freiheiten, schrieb Digraphe und erfand diakritische Zeichen.

Als Erster unternahm der böhmische Reformator *Jan Hus* (s. S. 131) in seiner 'Orthographia bohemica' (1412) eine konsequente Adaption des lateinischen Alphabets an eine Volkssprache. Er ordnete jedem čechischen Phonem ein lateinisches Graphem zu, markierte die für das Čechische typischen Konsonanten durch einen Punkt und die langen Vokale durch den Akut. Dieses System übernahmen später einige Sprachen Ostmitteleuropas wie Sorbisch, Kroatisch oder Litauisch. Andere behielten die alten Digraphe teilweise bei wie Polnisch und Ungarisch. Als im 19. Jh. eine Reihe von Sprachen zur lateinischen Graphie wechselten, gingen sie von den französischen Zusatzzeichen *cédille* wie in *ç* und Trema wie in *ë* aus, so Rumänisch, Albanisch und Türkisch.

Zur Verschriftung des Slavischen erfand der Slavenapostel Konstantin die *Glagolica*, ein eigenes Alphabet mit 40 Buchstaben, das er mit Hilfe „der drei wichtigsten christlichen Symbole – des Kreuzes Christi, des Kreises (Allmächtigkeit, Unendlichkeit und Vollständigkeit Gottes) und des Dreiecks (die heilige Dreieinigkeit) – aufgebaut hat, die er in verschiedenen Kombinationen erscheinen ließ" (Kiparsky 1964: 398). Vorbild war ihm die griechische Schrift nur insofern, als er nach dem Prinzip 'ein Laut ein Buchstabe' verfuhr und die Reihenfolge der Buchstaben übernahm. Ansonsten ist diese Schrift frei erdacht, wenn auch einige Buchstaben gelegentlich an verschiedene Alphabete erinnern, aber als Ganzes ist die Glagolica neu.

Die 886 aus Mähren vertriebenen slavischen Missionare mussten auf griechischen Druck in Bulgarien die Glagolica aufgeben; sie kombinierten die griechischen Großbuchstaben mit glagolitischen Zeichen für dem Slavischen eigene und dem Griechischen fremde Laute und schufen so das nach Konstantin-Kyrill benannte, aber nicht von ihm erfundene *kyrillische* Alphabet. Dieses gelangte im Zuge der byzantinischen Mission zu den Serben, Rumänen und Russen und von diesen zu den meisten Völkern des Russischen Reichs bzw. der Sowjetunion.

Die armenische und die davon abgeleitete georgische Schrift sind originelle Schöpfungen in Anlehnung an griechische und persische Vorbilder (Haarmann 1991: 348).

2.3.2 Die Ziffern

Die Griechen benutzten seit dem 3. Jh. v.C. das Alphabet als Zahlzeichen, für die 27 Zahlen 1–9, 10–90 und 100–900 dienten die 24 Buchstaben + 3 Zusatzzeichen. Dieses System genießt eine gewisse Sakralität: die orthodoxe Kirche verwendet es heute noch. Die Araber übernahmen anfangs die griechischen Zahlbuchstaben als *ḥurūf az-zimām* 'Registerbuchstaben', später die arabischen Buchstaben *ḥisāb abǧad* 'Abc-Rechnen' (Endress 1982: 181–182).

662 erwähnt der syrische Bischof *Severus Sēbōcht* erstmals im Orient die indischen Zahlen mit der 0 und dem dezimalen Stellensystem; er hebt bei der Gelegenheit hervor, „dass nicht alle großen Leistungen in den Wissenschaften von den Griechen stammen" (LMA 9.460). Als die Araber sie im Laufe des 8. Jh. als *hiṣāb al-hind* 'Indische Arithmetik' entlehnten, übersetzten sie auch die indische Bezeichnung für die Null *śūnya* 'Leere' als *ṣifr* zu *ṣafira* 'leer sein', daher unser Ausdruck 'Ziffer'. Das älteste Rechenbuch, das wir kennen, ist das fragmentarisch in lateinischer Fassung überlieferte 'Kitāb al-hiṣāb al-hindī' von *al-Chwārizmī* um 830 (LIW 3.180). Es bildeten sich zwei Varianten heraus, die ostarabischen Ziffern werden heute in der arabischen Schrift verwendet, auf die den indischen näherstehenden westarabischen gehen die westeuropäischen Ziffern zurück.

Das Abc-Rechnen blieb im Bereich der arabischen Schrift auch nach der Einführung der indischen Ziffern in Gebrauch, so noch Ende des 19. Jh. im Emirat Buchara, wie aus den Erinnerungen des tağikischen Autors *Sadriddin Aini* hervorgeht: „Erstens erlernte ich das Abğad-Rechnen, das sich auf die Bedeutung gründet, die die arabischen Buchstaben als Zahlen haben. Der Vater erklärte es mir genau, und nach diesen Regeln zählte ich die Zahlenwerte der arabischen Buchstaben zusammen und schrieb sie mit Hilfe des aus neun Zeichen bestehenden und durch die Null ergänzten indischen Systems auf" (Aini 1953: 99).

Die Römer hatten ein ziemlich abstraktes System aus sieben Zahlzeichen entwickelt, das in der ganzen lateinischen Welt galt. Im 10. Jh. wurden in Hispanien die hier arabisch (und nicht indisch) genannten Ziffern bekannt, im 12. Jh. übersetzte man *al-Chwārizmīs* Rechenbuch ins Lateinische, der Name des Autors lebt im Wort *Algorithmus* weiter. Die arabischen Ziffern wurden besonders durch das Rechnen auf dem *Abakus* verbreitet, setzten sich aber erst mit dem Aufkommen des Buchdrucks durch.

2.3.3 Papyrus, Pergament, Papier

Der wichtigste Beschreibstoff der Antike war bis ins frühe Mittelalter der *Papyrus* < griech. πάπυρος 'Papyrosstaude', der fast ausschließlich aus Ägypten kam und sich dort schon für das 3. Jahrtausend v.C. nachweisen lässt. Er wurde bis ins 4. Jh. n.C. als Rolle produziert, danach auch als Codex. Die letzten auf Papyrus geschriebenen Dokumente stammen aus dem 11. Jh. (LMA 6.1693–5).

Parallel zur Ausbreitung des Christentums verdrängt das *Pergament* den Papyrus, so genannt nach der Stadt Pergamon, wo man im 2. Jh. v.C. begann, Schriftrollen aus dünnen Tierhäuten herzustellen; Häute von Ziegen, Schafen und Kälbern wurden gebeizt, enthaart und auf einem Spannrahmen getrocknet, nicht gegerbt; sie waren anders als Papyri glatt, reißfest, nicht brüchig und beiderseits beschreibbar. Bald ersetzte der aus Lagen bestehende und mit einem Deckel versehene *Codex* die Rolle als Buchform. Das Pergament hatte in Europa bis zum Aufkommen des Papiers im 13. Jh. eine Monopolstellung (LMA 6.1885–6).

Das *Papier* wurde seit dem 1. oder 2. Jh. v.C. in Südwestchina aus Bambusfasern hergestellt. Nach einem Sieg der Araber über die Chinesen am Talās in Zentralasien 751 sollen chinesische Papierer begonnen haben, für die Araber Papier zu schöpfen, über Samarqand gelangte die Fertigkeit um 800 nach Bagdad. Die Araber nahmen Textilabfälle als Rohmaterial, bis 1100 hatten sie im ganzen Mittelmeerraum das Papiermonopol.

Um 1100 fingen im christlichen Hispanien und auf Sizilien die Westeuropäer an, aus Lumpen Papier zu machen. Die ersten modernen Papiermühlen entstanden vor 1283 in Fabriano in der Mark Ancona, vielleicht mit Hilfe arabischer Gefangener. Durch den Einsatz von Wasserkraft produzierten sie besonders billig, hier wurden auch die Wasserzeichen erfunden. An ihnen lässt sich erkennen, dass die Araber seit dem 15. Jh. nur mehr aus Europa importiertes Papier verwendeten (Endress 1982: 276).

2.3.4 Der Buchdruck

Voraussetzung für das Aufkommen des Buchdrucks in Europa war die massenhafte Verbreitung von Papier. 1390 gründete *Ulman Stromer* in Nürnberg die erste Papiermühle Mitteleuropas, zur Zeit Gutenbergs gab es in Deutschland etwa zehn Papiermühlen (LMA 6.1664–6). „Im ausgehenden 14. Jh. setzen in diesem Raum die ersten Innovationen des Bilddrucks ein, zunächst der Holzschnitt, dann der Kupferstich, schließlich um 1450 der Metallschnitt. Bei allen diesen Techniken wird grundsätzlich auf Papier gedruckt. Etwa zeitgleich mit dem Metallschnitt kommt der Buchdruck mit beweglichen Lettern auf. Johannes Gutenberg druckte zwar seine 42-zeilige Bibel noch auf Pergament – bei der traditionellen Bindung des heiligen Buchs der Christenheit an den Pergamentkodex war das zunächst wohl noch nicht anders möglich –, zum Mittel der Massenkommunikation wurden Flugblätter, Flugschriften und Bücher jedoch durch den Druck auf dem weitaus billigeren Beschreibstoff Papier“ (Mitterauer 2004: 257).

Um 1450 hatte *Johann Gensfleisch zum Gutenberg* in Mainz die Kunst erfunden, mit beweglichen Lettern, d.h. mit einzeln gegossenen Buchstaben zu drucken. Das bedeutete das Ende der leidigen mittelalterlichen Kopiererei und revolutionierte die Textproduktion. Die Texte wurden standardisiert, von einer Ausgabe zur anderen korrigiert, das in Büchern gespeicherte Wissen wurde durch Paginierung, Nummerierung und Indizierung systematisiert. Bei Sprachen, die schon über eine Schreibtradition verfügten, führte der Buchdruck zu einer Vereinheitlichung der Orthographie. Nachdem im August 1456 Gutenbergs Bibel in lateinischer Sprache erschienen war, wurden bald in fast allen Ländern Europas Druckereien eingerichtet und bis 1500 schätzungsweise 8 Mio Buchexemplare in rund 35.000 Ausgaben gedruckt. Die neue Technik verbreitete sich von Mainz aus zuerst in Westdeutschland und Oberitalien, dann im ganzen lateinischen Europa. Die deutschen Drucker bevorzugten als Schrifttyp die Fraktur, die italienischen die Antiqua (Münkler 2000: 49–51).

Weder die großen westeuropäischen Bewegungen jener Zeit, Humanismus und Reformation, noch die Bürokratie der frühmodernen Staaten sind ohne den Buchdruck denkbar. Es gab auch keine religiösen Vorbehalte, im Gegenteil, *Luther* sakralisierte ihn geradezu als „das höchste und letzte Geschenk“, durch das Gott die Ausbreitung des Evangeliums befördere (LThK 2.742).

Die ältesten *hebräischen* Bücher erschienen ab 1470 in mehreren italienischen Städten; nur Torarollen waren und sind handschriftlich zu kopieren. Das erste *griechisch* gedruckte Buch kam zwar 1476 in Mailand heraus, doch bald wurde Venedig Zentrum der griechischen Buchproduktion. Dort hatte man 1469 zu drucken begonnen und bis 1500 entstanden 151 Druckereien, sodass die Stadt im 15. Jh. der bei weitem bedeutendste Druckort Europas war, besonders durch das Wirken von *Aldo Manuzio* (1450–1515).

Der erste *kyrillische* Druck, ein orthodoxes Horológion, erschien 1491 bei *Szwajpolt Fiol* in Krakau, dessen Offizin im selben Jahr geschlossen wurde. Das zweite kyrillische Buch, einen Oktoíchos, druckte der Mönch *Makarije* 1493 in Cetinje, wohin er aus Venedig übergesiedelt war. Hier erschienen bis 1496 vier weitere kyrillische Bücher, bis Cetinje osmanisch wurde (Trunte 1998: 217).

Im orthodoxen Europa wurde die neue Erfindung zögernd aufgenommen. Russland begann mit hundertjähriger Verspätung, kirchenslavische Texte in kyrillischen Lettern zu drucken. *Iván F. Fëdorov*, der ‘Erstdrucker’ Первопеча́тник, richtete 1563 in Moskau auf Geheiß *Ivåns IV.* eine Druckerei ein und druckte eine Apostelgeschichte. Die Offizin wurde aber bald von Eiferern niedergebrannt und erst nach der Errichtung des Patriarchats 1589 neu eröffnet; man druckte mit kirchlicher, seit *Peter I.* auch mit staatlicher Unterstützung.

Anders im osmanisch beherrschten Südosten. Obwohl in Konstantinopel schon seit 1493 eine hebräische Druckerei arbeitete, richtete erst 1627 der calvinistische Patriarch *Kyrillos Lúkaris* gegen den Widerstand der Gläubigen die griechische Patriarchats-Druckerei ein, die besonders den hesychastischen Mönchen überflüssig erschien: sie brauchten für ihr religiöses Erleben kein Andachtsbuch (Mitterauer 2004: 267).

Nachdem Sultan *Bayazıd II.* 1485 ein Druckverbot erlassen hatte, wurde 1726 doch in Konstantinopel die erste Druckerei mit arabischen Lettern eröffnet mit der Auflage, keine Bücher islamischen Glaubens herzustellen. Von 1730–1780 war sie geschlossen, zwischen 1726 und 1815 kamen hier nur 36 Titel heraus, keiner religiösen Inhalts. 1822, weitere hundert Jahre später, folgte die erste eigentlich arabische Druckerei in Bulāq, einer Vorstadt Kairos.

Gegen das Drucken gab es technische, soziale und religiöse Vorbehalte. Anders als die lateinischen Lettern, die im Satz nur eine Form kennen, haben die arabischen Buchstaben vier Formen, je eine für den Anfang, die Mitte und das Ende des Wortes und eine alleinstehende, außerdem gibt es zahlreiche Ligaturen. Die Kalligraphie stand in hohem Ansehen und viele tausend Kopisten lebten davon, auch war das Kopieren frommer Bücher ein gottgefälliger Akt. Entscheidend war aber die koranisch begründete handschriftliche Überlieferung.

„Wie in der heiligen Sprache so musste der Koran auch in den heiligen Schriftzeichen tradiert werden. Die Sakralisierung der Schrift hat im Islam zu einer Entfaltung der Kalligraphie geführt, die in kaum einer anderen religiösen Schriftkultur ein vergleichbares Gegenstück findet. Diese sakralisierte Schrift war an das händische Schreiben gebunden. Selbst das Schreibinstrument erfuhr eine religiöse Fixierung. Im Koran ist das Schreibrohr als Mittel göttlicher Belehrung ausdrücklich genannt. In der Sure 96 heißt es: 'Im Namen des barmherzigen und gütigen Gottes. Trag vor im Namen deines Herrn, der erschaffen hat, den Menschen aus einem Embryo erschaffen hat! Trag vor! Dein Herr ist edelmütig wie niemand auf der Welt, (er) der den Gebrauch des Schreibrohrs gelehrt hat, den Menschen gelehrt hat, was er (zuvor) nicht wusste'. Diese fünf Eingangsverse der 96. Sure über das Lesen und Schreiben bildeten traditionell den Inhalt der ersten Lektion, mit der die Kinder in die Koranschule eingeführt wurden. Auf dem Hintergrund einer solchen Sakralisierung von Handschrift und Schreibinstrument erscheint es verständlich, dass sich die islamische Welt so lange und so beharrlich der Übernahme des Buchdrucks widersetzt hat" (Mitterauer 2004: 238–239).

Man schwört sogar „beim Schreibrohr und (bei) dem, was man (damit) niederschreibt!" (Sure 68.1). Der Ausdruck *qalam* ist übrigens aus griech. κάλαμος 'Schilfrohr' entlehnt.

Anders als Westeuropa, wo durch den Buchdruck das Wissen jedermann zugänglich und das individuelle Lesen üblich werden, verharrt der Orient in einer Kultur schriftlich gestützter Mündlichkeit (Diner 2005: 112). Auf Grund der Defekte der arabischen Schrift ist erst der gesprochene Text wahr, *Hören ist seliger denn Lesen.*

2.4 Das antike Erbe – Glaube und Vernunft

Sowohl das Christentum der Fischer, Bauern und Handwerker als auch der Islam der Beduinen und Händler treten an als schlichte Weltanschauungen, die auf viele Fragen keine Antwort haben. Ihre heidnische Umwelt ist ihnen in jeder Hinsicht überlegen und wenn sie Anhänger gewinnen wollen, müssen sie ihren Glauben und die 'Weisheit der Welt' (1 Kor 1–3) miteinander irgendwie in Einklang bringen. Dafür verwendet Paulus das Bild vom heidnischen wilden Ölbaum, der durch christliche Pfropfreiser veredelt werden soll (Römer 11, 16–24).

Sitz der Weisheit der Welt war *Alexandria*. Die 331 v.C. von Alexander d. Gr. gegründete Stadt war über 700 Jahre Zentrum der griechischen Bildung und Wissenschaft. Sie hatte im 1. Jh. v.C. etwa eine halbe Million Einwohner (LAW 112), Griechen, Juden und Ägypter. Die wichtigsten Bildungseinrichtungen waren das Museion und die Bibliothek. Das Museion umfasste ein anatomisches Institut, eine Sternwarte und einen Tiergarten, ihm angegliedert war die große Bibliothek mit etwa 700.000 Buchrollen, daneben bestand im *Serapeion* die kleine Bibliothek mit 43.000 Rollen.

Hier entstanden kritische Textausgaben griechischer Autoren, die bis heute maßgebend sind. „Was die Alexandriner in ihre Ausgaben aufnahmen, wurde von nun an wenigstens für die gelehrte Überlieferung gleichbedeutend mit dem Urtext der Schriftsteller. Das gilt für Homer ebenso wie für die Tragiker und Lyriker. Wenn wir also irgendeiner Sprachform unserer Handschriften das Zeugnis ausstellen, dass sie gut überliefert sei, so sagen wir zunächst nichts weiter, als dass sie im Text der alexandrinischen Ausgabe stand" (Hoffmann/Debrunner 1953: 63). Um die riesigen Bibliotheksbestände zugänglich zu machen, verfasste der Dichter *Kallimachos* (ca. 300–240 v.C.) im Auftrage von *Ptolemaíos II.* einen 120 Buchrollen umfassenden, heute verlorenen Katalog, die Πίνακες (Tafeln), eine vollständige Bestandsaufnahme der griechischen Literatur. Sie enthielten geordnet nach Gattungen sämtliche Autoren in alphabetischer Reihenfolge mit Kurzbiographie und Werkverzeichnis; zu jedem Werk waren Titel, Anfangsworte und Gesamtzeilenzahl angeführt.

Auch die Juden hatten teil an der hellenistischen Kultur. Im 3. Jh. v.C. war Palästina weitgehend hellenisiert und in Ägypten soll damals etwa eine Million Juden gelebt haben (Debrunner 1954: 74), die nicht Hebräisch resp. Aramäisch, sondern vor allem Griechisch sprachen und ihre heiligen Schriften in dieser Sprache lesen wollten. Nach der im Aristeasbrief überlieferten Legende ließ *Ptolemaíos II.* den Pentateuch durch 72 Juden aus Jerusalem aus dem Hebräischen ins Griechische übersetzen, daher der Name *Septuaginta*, lateinisch für 70, den die Kirchenväter auf das ganze Alte Testament übertrugen (LAW 2782).

Schon vor dem Toleranzedikt entsteht um 180 unter *Pantainos* die mit dem Museion verbundene christliche Katechetenschule, die gemäß ihrer Bezeichnung τὸ τῆς κατηχήσεως διδασκαλεῖον Taufunterweisung und antike Schultradition verband

(LThK 1.377). Ihr Leiter *Clemens v. Alexandria* bemühte sich um die Bekehrung der Hellenen zum Christentum und um die Erziehung der Christen zu gebildeten, gegenüber dem antiken Kulturerbe aufgeschlossenen Menschen (TL 173).

„Die alexandrinische Theologie setzt den Denk- und Forschungsstil der alexandrinischen Philologie in wesentlichen Punkten auch für die biblischen Texte fort. Spätestens unter Origenes wurde offenkundig, dass man ohne das an der Homerkritik erworbene Rüstzeug die Aufgabe nicht lösen konnte. Dazu gehörte 1. Herstellung und Sicherung des Wortlauts und Textbestands (die alexandrinische Rezension wurde für die Überlieferung von Altem und Neuem Testament bedeutsam) und 2. Erklärung aufgrund des gesamten verfügbaren Wissens in Form von Kommentaren" (LAW 114).

Clemens' Schüler *Origenes* (ca. 185–254) gab das Alte Testament in sechs nebeneinandergestellten Kolumnen heraus, die sog. Ἑξαπλᾶ (Hexaplá): der Urtext in hebräischen und griechischen Buchstaben und die griechische Übersetzung in vier Fassungen, davon eine die Septuaginta. Außerdem verfasste er das erste Handbuch der christlichen Dogmatik Περὶ ἀρχῶν (Über die Prinzipien), mit vielfacher Benutzung der platonischen Philosophie (TL 587). Das Konzil von Nikaia 325 erklärte einen Teil seiner zahlreichen Werke als ketzerisch. Danach nahm der Druck der Orthodoxie auf die Katechetenschule zu, bis Patriarch *Theophilos v. Alexandrien*, um dem Heidentum in Ägypten gewaltsam ein Ende zu setzen, 391 das Serapeion zerstörte und die Bibliothek vernichtete. Der christliche Schulbetrieb ging aber weiter.

An der alexandrinischen Tradition hielten sowohl Okzident als auch Orient fest. Darunter verstand man zum einen die Sammlung und die Katalogisierung griechischer Handschriften und außerhalb des griechischen Sprachbereichs ihre Übersetzung, alles Griechische wurde zum Vorbild und zu einer nie versiegenden Inspirationsquelle. Römer, Juden, Syrer, Araber, Franken und alle späteren Europäer interessierten sich für griechische Texte, lasen und übersetzten sie. Rezeptionsgeschichtlich zerfällt das gewaltige griechisch geschriebene Textcorpus – stark vereinfacht – in drei Teile:

1. in der Spätantike übersetzen die Lateiner, Syrer, Kopten usw. die zeitgenössischen christlichen Texte, nämlich das Neue Testament, die Konzilsakten, die Kirchenväter, die Liturgien.

2. im 9. Jh. übersetzen die Araber die antiken naturwissenschaftlichen Texte, nämlich Aristoteles, die Mathematiker (Euklid, Archimedes, Apollonios von Perge), Astronomen (Ptolemaios, Nikomachos von Gerasa), Mediziner (Hippokrates, Galén). Diese Texte entlehnen die Lateiner teilweise von den Arabern im 12. Jh.

3. im 14. und 15. Jh. edieren und übersetzen die Lateiner die humanistischen Texte, nämlich die Philosophen (Platon, Plutarch), Homer, die Tragiker (Aischylos, Sophokles, Euripides), die Historiker (Herodot, Xenophon, Thukydides), die Rhetoren (Demosthenes).

Zum anderen bedeutete die alexandrinische Tradition die Herausforderung, christliche resp. islamische Theologie und heidnische Philosophie miteinander zu versöhnen. Über einige Themen konnten Philosophen und Theologen allerdings zu keiner Einigung kommen, nämlich die christlichen Glaubenssätze von der Erschaffung der Welt aus dem Nichts durch Gottes freien, persönlichen Willensakt, die damit zuammenhängende Zeitlichkeit der Welt und ihre Auflösung, die Erschaffung der unsterblichen persönlichen Seele und die Auferstehung des Leibes (Hunger 1978: 1. 27–28), resp. die damit fast identischen islamischen, nämlich Gott als Schöpfer und erste Ursache, die Ewigkeit der Welt, die Attribute Gottes, das Wissen Gottes um die Einzeldinge, die Vorsehung (LIW 1.81).

2.4.1 DIE BYZANTINER

Träger der Überlieferung der antiken Kultur waren zuerst und vor allem die Byzantiner, bis sie im 14. Jh. mit der Hinwendung zum Hesychasmus das Interesse an der heidnischen Antike verloren.

Nach Kaiser *Konstantins* Toleranzedikt entbrannte im 4. Jh. ein Kampf zwischen Heiden und Christen um die Erziehung der Jugend. Dazu musste die Kirche das hellenistische Bildungsmonopol brechen und sich das klassische Erbe aneignen. Programm war die Mahnrede des Kirchenlehrers *Basíleios d. Gr*. an einen Neffen Πρὸς τοὺς νέους (An die Jungen), der heidnischen Literatur das den Christen Nützliche zu entnehmen. Damit setzt Konstantinopel die Tradition von Alexandria fort trotz erstarkender Orthodoxie unter Kaiser *Justinian*, der 529 die Akademie von Athen schließen ließ.

Sprachliches Vehikel dieses Prozesses war nicht die Koiné des Neuen Testaments sondern das attische Griechisch des 5. Jh. v.C. Die hochsprachlichen profanen und theologischen Texte mussten den Forderungen des *Attizismus* und der μίμησις genügen, ungeachtet der Weiterentwicklung der lebendigen Sprache. Dabei wurde die antike Form an die aktuelle Umwelt angepasst, die antiken Vorbilder auf raffinierte Weise in die byzantinische Gesellschaft integriert. Das konnte natürlich nur eine Bildungselite leisten, meist Angehörige der politisch führenden Schicht, in die man allerdings durch Aneignung von Bildung aufsteigen konnte.

Diesem gesellschaftlichen Ideal kamen äußere, für die Überlieferung antiker Texte in Byzanz günstige Bedingungen entgegen. Während Rom unter den durch die Völkerwanderung ausgelösten Katastrophen litt, 550–1350 nur mehr 30–40.000 Einwohner hatte und seine kulturellen Einrichtungen wie Schulen und Bibliotheken einbüßte, während Bagdad zwischen seiner Gründung 762 und seiner völligen Zerstörung 1258 zeitweise verfiel und mehrfach stark beschädigt wurde, sah Konstantinopel, das unter Justinian etwa eine halbe Million Einwohner zählte, von seiner Gründung an 900 Jahre lang keinen Feind in seinen Mauern. Es bestand ein teils öffentliches (staatliches oder kirchliches), teils privates Schulwesen mit der von Kaiser *Theodosius II*. 425 reorganisierten Universität an der Spitze.

Von allergrößter Bedeutung war das byzantinische *Bibliothekswesen*. „Für die Vermittlung und Tradition dieser Texte antiker Autoren waren laufend durchgeführte Abschriften die unerlässliche Voraussetzung. Bereits Kaiser *Valens* hatte 372 die Anstellung von vier Kopisten für griechische und drei für lateinische Autoren an der kaiserlichen Bibliothek in Konstantinopel verfügt. Es traf sich vorzüglich, dass gerade im 4. Jh. [...] auch das Pergament, der relativ junge Beschreibstoff, in der Form des Codex gegenüber dem bis dahin vorwiegenden Papyrus (und der Buchrolle) seinen Siegeszug antrat. Zwar erfolgte dieser Durchbruch des Pergament-Codex im Rahmen der Erfordernisse der siegreichen Kirche. Sehr bald jedoch profitierte auch die Überlieferung der heidnischen antiken Literatur von der weitaus größeren Haltbarkeit des Pergament-Codex" (Hunger 1978: 2.5–6).

Eine spätere Neuerung, deren Anfänge im 7. Jh. liegen, bestand in der Umschrift der alten Majuskel-Handschriften in *Minuskel-Codices*. Die Minuskel ist platzsparend und flüssig, besonders wenn sie in die Kursive übergeht. Alle etwa 900 uns heute noch erhaltenen griechischen Texte antiker Autoren wurden im 9. und 10. Jh. in die Minuskel umgeschrieben. „Die Umschrift selbst wurde mit einer kritischen Behandlung der Texte, mit einer Normalisierung der Orthographie, der Akzentuierung und Interpunktion verbunden. Textvarianten wurden an den Rändern eingetragen [...] Die transkribierten und philologisch bearbeiteten Codices wurden in öffentlichen Bibliotheken hinterlegt und galten als offizielle Exemplare, von denen man weitere Abschriften herstellen konnte" (Hunger 1978: 2. 6–7).

Hauptthema der byzantinischen Philosophie war seit *Clemens v. Alexandria* (2. Jh.) und den großen Kappadokiern *Basíleios d. Gr.*, seinem Bruder *Gregor v. Nyssa* und deren Freund *Gregor v. Nazianz* (alle 4. Jh.) die Synthese aus christlich-jüdischer Offenbarung und heidnisch-griechischem Erkenntnisstreben. *Platon* und *Aristoteles* waren in der byzantinischen Theologie indirekt stets präsent (Hunger 1978: 1.3). Dabei verschob sich die Bedeutung des Begriffs φιλοσοφία vom theoretischen und wissenschaftlichen zum praktischen und ethischen Bereich, bis sie mit christlichem Leben gleichbedeutend wurde.

Das klassische und hellenistische Griechenland kannte viele philosophische Schulen und Richtungen, doch nur *Platon* und *Aristoteles* haben die Spätantike überdauert und die Philosophie des Mittelalters in Okzident und Orient geprägt. Sie wurden kopiert und kommentiert, vor allem für den Philosophieunterricht und zu polemischen Zwecken; denn die ganze frühbyzantinische Epoche ist reich an polemischen Auseinandersetzungen zwischen Anhängern des Christentums und des Heidentums, die sich dieser Schriften bedienten. „Mit über 1000 bekannten griechischen Handschriften ist *Aristoteles* derjenige profane griechisch schreibende Autor, dessen Werke am meisten vervielfältigt wurden. Er wird nur im theologischen Bereich vom Neuen Testament, von *Johannes Chrysóstomos* und *Johannes v. Damaskus* übertroffen. Von *Platon* hingegen ist uns etwa ein Viertel, rund 260 Handschriften, überliefert" (Hunger 1978: 1.15).

Aus der Rezeption beider Philosophen entstand eine neue Weltanschauung, der sog. Neuplatonismus, den der Heide *Plotín* Πλωτῖνος (205–270) entwickelte. Von seinem Schüler *Porphýrios* (234–305) stammt die Εἰσαγωγὴ εἰς τὰς 'Αριστοτέλους κατηγορίας (Einführung in die Kategorien des Aristoteles), die in den Übersetzungen der Christen *Marius Victorinus* und *Boethius* als 'De quinque vocibus' nach dem Nebentitel Περὶ πέντε φωνῶν für Jahrhunderte das Lehrbuch der Logik in Ost- und Westeuropa war.

Wie sehr die neuplatonische Philosophie in die christliche Weltanschauung integriert war, zeigen die Fresken im Refektorium der Großen Lavra auf dem Berg Athos. Im Rahmen der Darstellung des Jüngsten Gerichts sieht man u.a. in der Hölle *Arius*, im Himmel *Sokrates, Platon* und *Aristoteles* neben den 'übrigen' Kirchenvätern. Die heidnische Philosophie hieß ἡ ἔξωθεν bzw. ἡ θύραθεν (von außen) φιλοσοφία, die Theologie ἡ καθ' ἡμᾶς (uns betreffend) φιλοσοφία: beide bildeten eine Einheit (Hunger 1978: 1.42).

Aus dem komplexen Nebeneinander von Philosophie und Theologie entstand in Byzanz schon früh das, was man in Westeuropa um 1500 *christlichen Humanismus* nennen wird: „In der unangreifbaren Schutzhülle des Elementarunterrichts und der enzyklopädischen Bildung, aber auch in der aus sprachlichen, terminologischen Gründen irreversiblen Verflechtung antiken philosophischen Gedankengutes mit der orthodoxen Dogmatik waren die Grundpfeiler für den christlichen Humanismus gegeben. Seiner freien Entfaltung jedoch stand die im jahrhundertelangen Abwehrkampf gegen Häresien und Schismen erstarkte, unerbittliche Orthodoxie entgegen, deren radikaler Flügel, das asketisch-bildungsfeindliche Mönchtum, seit dem Ende des Bilderstreits im politischen und gesellschaftlichen Leben immer mehr Einfluss gewann" (Hunger 1978: 1.50).

2.4.2 Die Araber

Östlich von Byzanz, im sasanidischen Perserreich hatte sich eine ganz andere Überlieferung herausgebildet, die mit der Hochschule von *Gundēšāpūr* verbunden ist. Sie wurde schon 271 von *Šāpūr I.* unweit des alten Susa eingerichtet zusammen mit einem Krankenhaus, den dazu gehörenden Ländereien für Heilpflanzen und natürlich einer Bibliothek. Gundēšāpūr war ostsyrischer, nestorianischer Metropolitansitz, vor 376 ist dort ein Kloster nachgewiesen, später ein theologisches und ein medizinisches Institut, die beide unter der Leitung des Metropoliten standen (Baum/Winkler 2000: 61).

Unter *Chosrau I.* (531–579) wurde Gundēšāpūr ein berühmtes Wissenschaftszentrum, in dem sich indische, persische, syrische, griechische, jüdische und arabische Lehrer und Schüler verschiedener Religionen begegneten und austauschten, Texte sammelten, verglichen und übersetzten, vor allem medizinische, aber auch philosophische, astrologische und andere. Hier lernte man das indische Dezimalsystem kennen.

Von herausragender Bedeutung war die Hospitalschule, an der regelrechte Ärztekongresse stattfanden (Maier 1968: 227). Die besten Ärzte jener Zeit kamen aus Persien, wo sich die einheimische Tradition mit der indischen vermischt hatte. Ihre Ausbildung erhielten die Mediziner anhand syrischer Übersetzungen von Hippokrates und Galén zusammen mit den āyurvedischen und Pahlawī-Texten (Vernet 1984: 91). In der islamischen Zeit übernahm das 'Haus der Weisheit' in Bagdad die Methoden der Akademie und einige ihrer Gelehrten wechselten dorthin. Beide Institutionen konkurrierten, bis die Akademie im 10. Jh. aufgelöst wurde.

Als die Abbasiden 762 das Kalifat von Damaskus nach Bagdad verlegten, leiteten sie eine Zeit kultureller Blüte ein. Es ist das Jahrhundert, in dem sich die *Mu'taziliten* 'Sezessionisten', liberale Rationalisten, gegenüber den Traditionalisten behaupten konnten, bis der Kalif *al-Mutawakkil* (847–861) sie zu Häretikern erklärte. Sie trugen entscheidend zu einer für die Rezeption der griechischen Philosophie und Naturwissenschaften günstigen Atmosphäre bei (LIW 2.197).

Die in diesem Geiste um 820 in Bagdad von Kalif *al-Ma'mūn* (813–833) gegründete Akademie *Bait al-ḥikma* 'Haus der Weisheit' übernahm bald die Rolle Gundēšāpūrs. Die Kalifen trachteten danach, möglichst viele Handschriften zu kaufen, zu erbeuten, in Form von Reparationen bzw. durch Verhandlungen an sich zu bringen (Vernet 1984: 100) und sie dann aus dem Sanskrit, Pahlawī, Syrischen, Griechischen und auch Lateinischen übersetzen zu lassen.

Die Übersetzer aus den östlichen Sprachen waren Parsen, die aus den westlichen vorwiegend syrische Christen, die ja mit Übersetzungen komplizierter christlicher Texte aus dem Griechischen schon viel Erfahrung hatten, auch kam ihnen zugute, dass das Syrische wie das Arabische eine semitische Sprache ist; sie übersetzten häufig erst aus dem Griechischen ins Syrische und dann ins Arabische. So auch der bedeutendste von ihnen, der Arzt, Lehrer und Autor *Ḥunain b. Isḥāq* (–873), der mehr als 100 Werke selber verfasste und 260 übersetzte. Ihm, seinem Sohn *Isḥāq b. Ḥunain* (–911) und seinem Neffen werden Übersetzungen von Aristoteles, Galén, Euklid, Archimedes und Ptolemaíos zugeschrieben (Baum/Winkler 2000: 62).

So verfügten die Araber seit dem 10. Jh. fast über den gesamten Aristoteles und alles Erreichbare aus den Gebieten der Medizin, Mathematik und Astronomie, Mechanik und Geographie, Astrologie und Alchemie, Land- und Volkswirtschaft (Cahen 1968: 131–132). Dank diesen Übersetzungen wurde aus dem beduinisch-koranischen Arabisch (s. S. 60) eine der großen Wissenschaftssprachen des Mittelalters. Anders als die lateinischen Humanisten hatten die Araber aber nie das Bedürfnis, die griechischen Texte im Original zu lesen.

Die arabischen Übersetzungen waren für die Tradition des antiken Wissens von großer Bedeutung. Viele Texte gelangten über arabische Vermittlung nach Westeuropa (s. S. 89), manche sind bis heute nur in arabischer Form erhalten wie der Kommentar des Pappos zum 10. Buch der 'Elemente' Euklids, die 'Mechanik' des Heron von Alexandria oder Buch 5–7 der 'Kegelschnitte' des Apollonios von Perge (Vernet 1984: 94).

Aus der Synthese östlicher, indischer und persischer, und westlicher, vor allem griechischer, Forschungsergebnisse entstand die von Arabern und Persern getragene arabische Wissenschaft, die mit ihren Glanzleistungen in Astronomie (al-Bīrūnī), Mathematik (al-Chwārizmī) und Medizin (Ibn Sīnā) die antike Wissenschaft weiterentwickelte und zur Lehrmeisterin der wissbegierigen Westeuropäer wurde.

Als der 'erste Lehrer' oder 'der Weise' galt den Arabern Aristoteles und wie die Christen hatten auch sie Probleme, Philosophie und Theologie zu harmonisieren. Ihre berühmtesten Denker waren *al-Kindī* (–870), *al-Fārābī* (870–950), *Ibn Sīnā* (s. S. 89) und als Letzter der konsequente Aristoteliker *Ibn Rušd* aus Córdoba (1126–98), im Abendland *Avérroës* genannt. In seinem Traktat 'Faṣl al-maqāl' (Die entscheidende Abhandlung) unterscheidet er drei Klassen von Argumenten, die rhetorischen, dialektischen und demonstrativen, und dementsprechend drei Klassen von Menschen, die sich in Bezug auf das religiöse Gesetz unterscheiden.

„Die Menschen, die nur rhetorischen Argumenten zugänglich sind, die Massen, kennen nur Bilder und Symbole; für sie ist die buchstäbliche Interpretation des Korans gerade richtig, ja notwendig. Die Menschen des demonstrativen Syllogismus sind die Philosophen; sie sind in der Lage, die offenkundigen Widersprüche des Textes durch rationale Exegese aufzulösen und so seinen verborgenen Sinn zu entdecken. Zwischen denen nun, die glauben müssen, ohne zu begreifen, und denen, die, um zu begreifen, des Glaubens nicht bedürfen, siedelt Avérroës die Theologen an: in einem Raum, den man ein überflüssiges Zwischenreich nennen kann. Da sie die buchstäbliche Exegese zunichte machen, aber unfähig sind, sie durch die Gewissheit der Wissenschaft zu ersetzen, versinken die Theologen in ein haltloses Allegorisieren, das um so geschwätziger ist, als es auf seinem eigenen Terrain nicht widerlegt werden kann“ (de Libera 2003: 274).

Die Unterscheidung von rhetorischen, dialektischen und demonstrativen Argumenten bedeutet für *Ibn Rušd*, dass es verschiedene Wege gibt, sich der Wahrheit zu nähern, nicht aber dass es verschiedene Wahrheiten gibt.

Ibn Rušds Polemik gegen den großen Theologen *al-Ghazzālī* aus Ṭōs (1058–1111) markiert das Ende der islamischen Auseinandersetzungen um Glaube und Vernunft im Mittelalter. Dieser hatte in der Streitschrift 'Tahāfut al-falāsifa' (Die Inkohärenz der Philosophen) die Hellenisten angegriffen, bevor er sich der Mystik zuwandte. Ibn Rušd antwortet mit seinem Hauptwerk 'Tahāfut at-tahāfut' (Die Inkohärenz der Inkohärenz), in der lateinischen Scholastik 'Destructio destructionis' genannt, in dem er zu allen zentralen Problemen der islamischen Theologie Stellung nimmt und zu zeigen versucht, dass nur die Philosophie zu ihrer Lösung beitragen kann.

„Es sollten sich jedoch nicht seine, sondern die von ihm bekämpften Argumente al-Ghazzālīs in der weiteren Geistesgeschichte des Islam durchsetzen, während seiner Philosophie [...] eine Nachwirkung außerhalb der islamischen Welt, nämlich in der lateinischen Scholastik, vorbehalten war“ (LIW 1.81).

2.4.3 Die Lateiner

Die Römer hatten immer lebhaftes Interesse an griechischen Texten und erfanden geradezu die Kunst der Übersetzung. Während die altlateinische Literatur unmittelbar aus der griechischen kam und die ersten Autoren wie *Livius Andronicus* griechische Vorlagen oft wortwörtlich übertrugen (s. S. 53), setzte in der klassischen Zeit *Cicero* durch seine zahlreichen adäquaten Übersetzungen hellenistischer und attischer Texte neue Maßstäbe (LAW 3155). In der Spätantike ragen vier Übersetzer hervor:

1. *Marius Victorinus* (um 290–nach 365) aus Nordafrika, der 354 in Rom Christ wurde. Er übersetzte die Εἰσαγωγὴ εἰς τὰς ’Αριστοτέλους κατηγορίας (Einführung in die Kategorien des Aristoteles) des *Porphýrios*, Schüler Plotíns, als ‘Libri platonicorum’ und machte so den Westen mit dem Neuplatonismus bekannt.

2. *Hieronymus*, der 390–406 in Bethlehem mit Hilfe der ‘Hexaplá’ des *Origenes* die Bibel aus den Originalsprachen ins Lateinische übertrug, die Vulgata.

3. *Boethius* (ca. 480–524), der ‘letzte Römer’. Er war Christ aus einer vornehmen römischen Familie, studierte im griechischen Osten und wurde ranghöchster Minister *Theoderichs*. Er geriet am Hof in Ravenna in die ostgotisch-byzantinischen Auseinandersetzungen und wurde wegen Hochverrats hingerichtet. Er übersetzte und kommentierte u.a. einen Teil der logischen Schriften des *Aristoteles*.

4. der skythische Mönch *Dionysius Exiguus* (um 500–550), der dem Westen u.a. die sämtlich auf griechisch abgefassten Konzilsakten zugänglich machte.

Die im Westen in der Spätantike selbstverständlichen Griechischkenntnisse gingen im Mittelalter weitgehend verloren, sodass der Ausdruck ‘Graeca sunt, non leguntur’ (es ist griechisch, wird nicht gelesen), wenn Lehrer bei ihren Vorlesungen auf griechische Textstellen stießen und diese übergingen. Jeder lateinische Bischof sollte zwar für den Ritus der Kirchweihe die griechischen Buchstaben richtig zeichnen können, doch häufig wurden griechische Texte lateinisch transliteriert.

Andererseits waren praktische Sprachkenntnisse vor allem in den Seestädten nicht selten, war doch das Griechische eine der Hauptverkehrssprachen des Mittelalters. Doch nur wenige Abendländer waren fähig, einen anspruchsvolleren griechischen Text zu lesen und zu verstehen (LMA 4.1706). Schon Papst *Gregor d. Gr.* (540–604), immerhin einer der vier abendländischen Kirchenlehrer, bekannte freimütig, er könne kein Griechisch. Die griechischen Handschriften verschimmelten in Speichern und Kellern, nur wenige Klöster wie Iona, Bobbio, Luxeuil, St. Gallen hielten sie in Ehren und studierten sie (Saladin 2004: 29).

Dafür gab es drei Gründe. Einmal sind Hochkulturen, zumal die sakral definierten, sich selbst genug. Nicht nur die Lateiner, auch die Araber konnten kein Griechisch und die Griechen konnten weder Arabisch noch Latein. Selbst die epochalen Übersetzungsunternehmen, im 9. Jh. aus dem Griechischen ins Arabische und im 12. Jh. aus dem Arabischen ins Lateinische, waren nur mit Hilfe Dritter überhaupt möglich, in Bagdad waren es die Syrer, in Toledo (s. S. 89) die Juden.

Weiter war Griechisch die Sprache der schismatischen Byzantiner. Die Beziehungen zwischen der römischen und der griechischen Kirche hatten sich seit dem 9. Jh. stetig verschlechtert und waren, besonders seit der Plünderung Konstantinopels im 4. Kreuzzug 1204, von gegenseitigem Misstrauen und Hass erfüllt. Einen Wendepunkt bedeutete das Unionskonzil von Ferrara und Florenz 1438–42, auf dem sich beide Kirchen für kurze Zeit wieder vereinten.

Schließlich war das westliche Mittelmeer, der Weg von Hispanien und Gallien über Rom nach Byzanz, durch die Araber versperrt, die dort ihre Razzien durchführten. Man kann den Lateinern nicht gut ihre mangelnden Griechischkenntnisse vorwerfen und die Araber für die Bewahrung antiker Texte loben, ohne zumindest zu erwähnen, dass gerade die Araber die christliche Seefahrt auf dem gesamten Mittelmeer für 300 Jahre unterbrochen haben.

Bei den sich nach 1050 wieder verstärkenden Kontakten zwischen Franken und Griechen spielte Unteritalien eine wichtige Rolle. Es war seit seiner Eroberung durch die Normannen und seiner Unterstellung unter den Papst im 12. Jh. auch im 14. Jh. noch zweisprachig und bikonfessionell und zählte etwa 250 byzantinische Klöster mit Verbindungen zum Sinai, zum Athos und nach Konstantinopel, über welche griechische Sprache, Texte und Kultur vermittelt wurden (AKG 34).

Dennoch übersetzten auch zwischen 800 und 1200 immer wieder einzelne Gelehrte griechische Texte ins Lateinische, vor allem theologische und historische. So *Johannes Scotus Eriugena* (810–877) aus Irland, seit etwa 845 Lehrer der Artes liberales am Hofe *Karls des Kahlen*, den Mystiker und Theologen *Máximos Homologetés*; sein Zeitgenosse *Anastasius* (um 811–879), *bibliothecarius romanae ecclesiae*, päpstlicher Kanzler und Archivar, hagiographische und chronographische Texte, „womit er in der Geschichtsschreibung den Anschluss an den Osten wiederherstellte, ähnlich wie Johannes Scotus dies in der Theologie getan hatte“ (LMA 4.1707). Auch Neapel war ein Zentrum des Kulturkontakts, verschiedene Autoren übersetzten Heiligenviten und den Alexanderroman. Später war es *Michael Kerullários'* Gegenspieler *Humbert v. Silva Candida* (–1061), der alle mit der ost-westkirchlichen Kontroverse zusammenhängenden Texte ins Lateinische übertrug.

Am wichtigsten aber waren *die* Lateiner, die im 12. Jh. in Konstantinopel selbst tätig waren. Hier durften seit 1082 venezianische Kaufleute abgabenfrei mit allen Waren Handel treiben, zahlreiche Venezianer siedelten sich am Goldenen Horn an und drängten im Außen- und Fernhandel die einheimischen Kaufleute zurück. In ihrem Gefolge kamen Philologen vor allem aus Italien in die Stadt; hier sammelte *Moses v. Bergamo* als erster Westler griechische Handschriften, *Jacobus v. Venedig* übersetzte logische Schriften des Aristoteles, *Cerbanus* Teile aus der ‘Expositio fidei' von Johannes v. Damaskus, außerdem die 'Capita de caritate' von Máximos Homologetés, *Leo Tuscus* die Chrysóstomos-Liturgie und den fälschlicherweise Phótios zugeschriebenen Traktat 'Contra Francos' Περὶ τῶν Φράγγων, der aber erst aus dem 11. Jh. stammt. Ferner *Henricus Aristippus* (– um 1162) aus Kalabrien, 1158 normannischer Gesandter in Konstantinopel, wo er griechische Handschriften erwarb; er übersetzte Platons 'Menon' und 'Phaidon', das 4. Buch der 'Meteora' des Aristoteles und Schriften Gregors v. Nazianz.

Der bedeutendste aber war *Burgundio v. Pisa* (1110–93), Richter und Gesandter, *optimus interpres,* bester Kenner des Griechischen seiner Zeit. Er war wohl mehrfach in Konstantinopel, von wo er auch seine Handschriften bezog, und übersetzte neben Chrysóstomos-Homilien vor allem die vollständige 'Expositio fidei' von Johannes v. Damaskus, außerdem 'De natura hominis' des Bischofs Nemésios v. Émesa (4. Jh.), Schriften über Landwirtschaft und mehrere Traktate von Galén; schließlich die griechischen Stellen der Digesten des 'Corpus iuris' (s. S. 27).

Gleichzeitig werden im Westen ab der 2. Hälfte des 11. Jh. philosophische, naturwissenschaftliche, medizinische und pharmazeutische Texte aus dem *Arabischen* ins Lateinische übertragen, und zwar besonders in Salerno, Toledo und Palermo.

Den Anfang machte der muslimische Kräuterhändler und später getaufte benediktinische Laienbruder *Constantinus Africanus* (–1087) aus Karthago. Er übersetzte für die Medizinische Hochschule von *Salerno* ab 1075 in Montecassino arabische medizinische Schriften, die ihrerseits Übersetzungen resp. Bearbeitungen griechischer Originale waren und machte so das Abendland mit Hippokrates und Galén bekannt; man nannte ihn *orientis et occidentis magister.* Das Kompendium seiner Übersetzungen wurde später unter dem Titel 'Articella' das erste universitäre Lehrbuch der Medizin.

Den Höhepunkt bildete die Übersetzerschule am Hof der Erzbischöfe des 1085 von den Christen zurückeroberten *Toledo*, die von etwa 1135 bis 1284 bestand. Man übersetzte Wort für Wort *ad litteram* und in zwei Etappen: die erste Rohversion aus dem Arabischen ins Kastilische besorgte ein anonymer einheimischer Jude oder Christ, die zweite ins Lateinische ein aus dem Norden zugewanderter Kleriker. Der mit Abstand wichtigste von ihnen war *Gerhard v. Cremona* (1114–87), der hier vierzig Jahre lang über 80 philosophische und naturwissenschaftliche Texte übersetzt hat; zuerst den 'Almagest' des Ptolemaíos, dann weitere Texte aus der Philosophie, Astronomie, Mathematik, Geometrie und Medizin, von Aristoteles, Archimedes, Euklid, Galén.

Nun wurden im Abendland auch *die* muslimischen Gelehrten bekannt, die die griechische Wissenschaft weiterentwickelt hatten; so übersetzte Gerhard v. Cremona medizinische Texte des persischen Universalgelehrten, Philosophen und Arztes *Ibn Sīnā* aus Buchara (980–1037), der im Westen *Avicenna* genannt wurde.

Schon ins Spätmittelalter gehört schließlich der Hof *Friedrichs II.* in *Palermo*, das bis 1072 arabisch gewesen war. Hier wirkte besonders *Michael Scotus* (–um 1235) aus Schottland, der zuerst in Toledo übersetzt hatte und dann als Hofastrologe Friedrichs II. weitere Schriften des Aristoteles aus dem Arabischen übertrug, mitsamt den von Avérroës verfassten Kommentaren.

Anders als in Byzanz und in der islamischen Welt, wo mit dem Hesychasmus resp. al-Ghazzālī eine wehrhafte Theologie über die heidnische Philosophie triumphiert, dauert in Westeuropa dieser Kampf länger an und geht anders aus. Die spätmittelalterlichen Harmonisierungssversuche sind der Nominalismus und der Platonismus, einen anderen Weg wies die *devotio moderna.*

Nachdem Thomas v. Aquin (1224–74), der *doctor angelicus*, mit der 'Summa theologica' ein letztes Mal eine Synthese von Christentum und Aristoteles einschließlich seiner arabischen Kommentare auf der Grundlage des theologischen Realismus vollbracht hatte, entwickelt *Wilhelm v. Ockham* (um 1285–1349) den Nominalismus, wonach das Wirkliche das Einzelne ist und das Allgemeine nur als Name besteht (s. S. 116). Auf diesem Wege wird sich die europäische Philosophie über Leibniz und Kant weiterentwickeln.

Um 1230 lernen die Scholastiker die aus dem Arabischen übersetzten Schriften des Avérroës kennen, seine Aristoteles-Kommentare und die 'Inkohärenz der Inkohärenz' (s. S. 86). Sie übernehmen seine Strategie der Auflösung des Widerspruchs von Vernunft und Glauben, sehen sich aber dem Vorwurf der 'doppelten Wahrheit' (LMA 3.1260) ausgesetzt. Das Gefühl, mit Aristoteles in eine Sackgasse geraten zu sein, führt die Humanisten zu Platon, von dem sie sich eine neue Harmonisierung von Philosophie und Theologie erhoffen (s. S. 120).

Müde von der scholastischen Diskussion beschreiten die lateinischen Christen im 14./15. Jh. einen neuen Weg, die *devotio moderna.* Sie betont die Frömmigkeit des Einzelnen, die Versenkung in das Leben Jesu und die tätige Nächstenliebe in der Krankenpflege, der Armenfürsorge und der Kindererziehung. Zentrum dieser Bewegung waren die Niederlande, wo auch *Thomas v. Kempen* wirkte, dem das Erbauungsbuch 'De imitatione Christi' (Nachfolge Christi, 1420) zugeschrieben wird.

Von nun an kann die abendländische Theologie nicht mehr angreifen, sondern sich nur noch verteidigen: auf den Humanismus reagiert sie mit der Reformation, auf die Aufklärung mit dem Pietismus, bis sie sich im 18. Jh. kaum noch gegen die Philosophie behauptet; das 19. Jh. bringt dann die Versöhnung von Glaube und Vernunft im Nationalismus als 'zivile' oder 'politische Religion'.

3. Die Volkssprachen im Mittelalter

3.1 In Westeuropa

Im Mittelalter wurden sowohl geistliche als auch weltliche Texte in den Volkssprachen verfasst. Geistlich war die kirchliche Gebrauchsliteratur, sie stand ganz im Banne des Lateinischen, vermittelte kaum neue Inhalte und wandte sich eher an ein schlichtes Publikum. Als aber der Laienadel begann, auf die literarische Produktion Einfluss zu nehmen, entstand im Auftrage der Fürsten eine weltliche Literatur mit neuen Inhalten und in neuen Formen für ein anspruchsvolles Publikum. Ihre Künstlichkeit und Verbindlichkeit führten bald zur Herausbildung weitgehend standardisierter Literaturdialekte in Westeuropa zwischen kurz vor 1100 bis kurz nach 1300, die gleichwertig neben das Lateinische traten.

Diese weltlichen volkssprachlichen Texte lassen sich hierarchisieren von anonymen mündlich überlieferten über anonyme schriftlich überlieferte bis hin zu Texten namentlich bekannter Autoren. Dem entsprechen in etwa die heidnische Epik, die christliche Epik und die höfische Dichtung. Neben Originalwerken stehen mehr oder weniger freie Überarbeitungen resp. bloße Übersetzungen.

Schon lange vorher, im 7. Jh., hatte sich an der nördlichen Peripherie Westeuropas in Irland und Wales eine reiche volkssprachliche Literatur entwickelt. Die seit etwa 650 in Lateinschrift aufgezeichnete irischsprachige Literatur ist die älteste des nachantiken Westeuropa. In Anlehnung an die lateinische religiöse Hymnendichtung entsteht eine metrische Form, die Silbenzählung und Reim kombiniert. Gleichzeitig werden klassische lateinische Werke adaptiert resp. ins Irische übersetzt, darunter *Vergils* 'Aeneis'. Im 8. und 9. Jh. kommt eine neue literarische Gattung auf, die Sagendichtung mit keltisch-heidnischer Thematik. Um die Mitte des 8. Jh. erscheint das klassische Altirisch als weitgehend standardisiert, gegen Ende der altirischen Periode Mitte des 10. Jh. weicht die gesprochene Sprache von der geschriebenen ab. Das verstärkt sich während der mittelirischen Periode, als im 13. Jh. die alte Schriftsprache verfällt (Haarmann 1993: 146–147).

Auch das kymrische Schrifttum in Wales bleibt lange auf die lyrische Dichtung konzentriert, im frühen Mittelalter werden lyrisch-epische Heldengesänge aufgezeichnet, die von den Abwehrkämpfen der Kelten gegen Angeln und Sachsen berichten. Die altkymrische Dichtersprache ist einheitlich und wird im Wesentlichen bis heute verwendet (Haarmann 1993: 148–149).

Weder die irische noch die kymrische Schriftkultur haben die mittelalterliche Literatur Kontinentaleuropas beeinflusst, auch nicht in Form der Artusdichtung (s. S. 97).

3.1.1 Adel und heidnische Epik

Im Hochmittelalter werden zunehmend neben sakralen auch profane Texte verfasst, allerdings ist das Verhältnis zwischen geistlicher und weltlicher Kultur nicht in ganz Europa dasselbe. Von Anfang an bestehen in den Fragen von Erziehung und Bildung wichtige Unterschiede zwischen dem lateinischen Westen und dem griechischen Osten. In *Byzanz* stand die Erziehung in der antiken Tradition und war auf das Studium der klassischen Texte ausgerichtet. Das Schulwesen war staatlich oder privat; die Kirche übernahm dieses System und versuchte, die heidnischen Inhalte durch christliche zu ersetzen. So gelang es ihr, als Lesebuch im Grammatikunterricht statt Homer den Psalter einzuführen. Das weltliche Unterrichtswesen blieb bestehen, „weit mehr als der Kirche oblag es dem Staat, Bildungsstätten zu schaffen und zu unterhalten [...] Die führenden Gelehrten und Philosophen waren zum größten Teil Laien oder Männer, die erst lange nach Abschluss ihres Bildungsganges in den geistlichen Stand traten. Viele der berühmtesten Theologen blieben sogar ihr Leben lang Laien. Im Unterschied zum Westen waren auch die Rechtsgelehrten zumeist Laien und wirkten an weltlichen Gerichten“ (Runciman 1970: 111).

Der Staat bildete seine Beamten an weltlichen, die Kirche ihre Kleriker an geistlichen Lehranstalten aus, manche Gelehrten holten sich ihre Bildung an Privatschulen. Die Zerstörung der christlichen Staaten Südosteuropas durch die Osmanen am Ende des Mittelalters bedeutete auch die Vernichtung ihres Bildungswesens, da die Kirche allein dieser Aufgabe nicht gewachsen war.

Im *Westen* lagen dagegen seit dem Untergang der antiken Welt Erziehung und Bildung fast ausschließlich in den Händen der Kirche, für alle schulische und universitäre Ausbildung war der Klerus zuständig. Während die militärische Führung an den germanischen Adel überging, wahrte die Kirche die Kontinuität der römischen Verwaltung und Bildung. So „konsolidierte sich ein Nebeneinander von volkssprachlich -schriftlosen, gewohnheitsrechtlich funktionierenden Lebens- und Erziehungsformen und der von den geistlichen Ständen monopolisierten Schriftwelt (Liturgie, Herrschaftskanzlei, Schule, Literatur)“ (LMA 3.2198).

Anders als die scholastische Ausbildung der Kleriker beruhte die Erziehung der Adligen auf germanischen Gewohnheiten. Ein daran anknüpfendes systematisches Programm erschien erstmalig in der ‘Disciplina clericalis’ (1110–20) von *Petrus Alfonsi* (1062–1140) aus Huesca, das bis 1096 arabisch war. Er hieß ursprünglich Moses Sefardí, ließ sich 1106 taufen und nannte sich nach seinem Paten Alfons I. v. Aragón. In Anlehnung an die *septem artes liberales* unterscheidet er *septem industriae* (Sieben gute Vorsätze): „man sei kein Fresser, kein Säufer, nicht ausschweifend, nicht gewalttätig, kein Lügner, nicht geizig und habe keinen schlechten Umgang“ und *septem probitates* (Sieben Fertigkeiten): Reiten, Schwimmen, Bogenschießen, Faustkampf, Jagen, Schachspiel, Versemachen (Alfonsi 1970: 153, Bumke 1986: 449).

Ausdruck der volkssprachlich-schriftlosen Kultur ist das germanische *Heldenlied* des 5.–8. Jh. in lockeren Strophen von 2–5 stabreimenden Langzeilen, mit Stoffen besonders aus der germanischen Heldensage. „Das Heldenlied ist Adelsdichtung zum Preise des Heldentums und wurde von Sängern [...] vor der Kriegergesellschaft auswendig vorgetragen, doch nie aufgezeichnet [...] Gehaltlich gemeinsam ist ihnen die beherrschende Auffassung der Ehre und das Fehlen christlicher Haltungen" (Wilpert 1961: 227). Heldenlieder sind das althochdeutsche 'Hildebrandslied' und die *Edda*-Lieder; der angelsächsische 'Beowulf' wurde später im christlich-antiken Sinn überarbeitet. Hierher lassen sich auch die russischen *Bylinen* und die serbischen Heldenlieder stellen, während sich in der Romania keine Entsprechungen finden.

3.1.2 Miles christianus und christliche Epik

Um das Jahr 1000 weist die Kirche dem Adel an Stelle der Herrschaft in Staat und Kirche eine dienende, nämlich militärische Aufgabe zu. In der *Gottesfriedensbewegung* versucht sie, ihn zur Einschränkung seiner privaten Fehden zu bewegen und statt dessen die Kirche und alle Wehrlosen zu beschützen. Damit ist der Anfang der Verchristlichung der *militia* gemacht, deren Kehrseite die Militarisierung der Papstkirche ist – bis hin zum Heiligen Krieg, wie ihn die Muslime schon lange führen (s. S. 42).

Um 1100 setzt sich eine neue Begrifflichkeit durch: lat. *miles* 'Fußsoldat' bekommt zwei neue Bedeutungen 'Lehnsmann' und 'Reiter' – der Fußsoldat heißt nun *pedites* (Bumke 1986: 65). Es entspricht franz. *chevalier* und mnl. *riddere*, das aus Flandern ostwärts wandert > mhd. *ritter*, ačech. *rytieř*. Der Begriff bezeichnet zunächst die aus dem Kriegerstand hervorgegangenen armen Freien, wird dann aufgewertet und auch auf den höheren Adel und die Ministerialen angewandt. Nun grenzen sich die Ritter mittels der Ahnenprobe von den Bauern ab und schließen sich dem Adel an, sodass im 14. Jh. der Ritterbegriff zur Standesbezeichnung des niederen Adels wird (Bumke 1986: 71).

Die dementsprechende Textsorte ist das *Heldenepos*, aus dem heidnischen Recken ist der christliche Ritter geworden. Es verwendet einheimische Sagenmotive, es wird aufgezeichnet und vorgelesen, doch die Verfasser bleiben anonym.

Das berühmteste unter den mehr als hundert erhaltenen französischen Heldenepen des Mittelalters, den *Chansons de geste*, ist das zwischen 1098 und 1110 gedichtete und niedergeschriebene 'Rolandslied' in 4.000 assonierenden, halbreimenden Zehnsilbern. Es behandelt das Rückzugsgefecht von Roncesvalles 778, in dem die Nachhut Karls d. Gr. von Basken angegriffen wurde, die hier aber als Muslime erscheinen. Um 1140 entstand das kastilische 'Poema de mio Cid' in 3.730 assonierenden Versen über einen ritterlichen Lehnsmann während der Reconquista. Zwischen Passau und Wien wurde um 1200 das mittelhochdeutsche 'Nibelungenlied' in 2.400 Vierzeilern verfasst, das die Geschicke der Burgunder im 5. Jh. zum Gegenstand hat.

Aus dem 10.–11. Jh. stammt der 'Digenés Akrítas' Девгéниево дѣяние von der langumkämpften Grenze zwischen Byzantinern und Arabern, der mittlerweile in sechs volkssprachlich-griechischen und drei kirchenslavischen Versionen vorliegt. Russisch-kirchenslavisch ist das Igor'lied aus dem 12. Jh., eine sog. пѣснь in 218 Sätzen über einen schlecht vorbereiteten Beutefeldzug des Fürsten Igor' Svjatoslavič gegen die heidnischen Kumanen. Das čechische christliche Heldenepos liegt nur als Fälschung vor (s. S. 186).

3.1.3 Hof und höfischer Roman

Im 12. Jh. verlagert sich das gesellschaftliche und kulturelle Leben von den Königs- und Bischofshöfen auf die der weltlichen Fürsten. Diese übernehmen Normen der königlichen Repräsentation, führen Hofämter ein, errichten eigene Kanzleien und betätigen sich als Mäzene. Die Hofgesellschaft bestand aus der Fürstenfamilie, den Hofgeistlichen und den Inhabern der Hofämter, dazu traten andere Hofleute und Gäste (LMA 5.1565). Man wohnte in Burganlagen, die Wehrhaftigkeit und Repräsentation verbanden, aus Frankreich übernahm man ein neues höfisches Protokoll mit Hoffesten.

An den Höfen *curiae* nimmt das ritterliche Element erkennbar zu, sie erscheinen nun als Sammelpunkte der *militia*. Die Fürsten selbst bis hinauf zum König bekennen sich zum Rittertum. Im erstmals in Flandern belegten *Turnier*, dem Spiel um Tapferkeit, Ehre und Ruhm, spiegelt sich das ritterliche Ethos wider, das aus den *septem probitates* kommt, um die antike *virtus* erweitert und durch die christlichen Tugenden Zucht und Maß veredelt wird (LMA 7.870).

Zur höfischen Gesellschaft gehören auch die Hofkleriker, die die an den Hochschulen aufblühende neue Bildungswelt vermitteln; dabei bezeichnet *clericus* nicht unbedingt einen Geistlichen, sondern einen Gebildeten. *Milites* und *clerici* tauschen sich über die heimische Sagenwelt und die antiken und christlichen *litterae* aus. So entsteht eine in der Volkssprache abgefasste und verschriftlichte Gesellschaftsdichtung, die die erste christliche Laienkultur des Mittelalters dokumentiert (LMA 7. 871).

Die dementsprechende Textsorte ist der *höfische Roman*, dessen Verfasser oft namentlich bekannt und dessen Inhalte nicht mehr einheimisch sind. *Jean Bodel* (1165 –1210), Spielmann in Arras, teilte die literarischen Themenkreise in drei *matières* ein: die *matière de France*, das 'authentische' einheimische Heldenepos wie die Chansons de geste (s.o.), die *matière de Rome*, die 'lehrreiche' antikisierende Epik wie die Alexander- und Trojadichtung, die *matière de Bretagne*, die 'eitle' Artusepik, deren Erzählungen er *vains* und *plaisants* nennt (LMA 6.395).

Die antiken Stoffe kommen aus Rom oder Byzanz oder – über Byzanz resp. Hispanien – aus dem Orient. Der erste antike Stoff ist die *Alexanderdichtung*. Alexander d. Gr. wird durch seine Erwähnung im Alten Testament zu einer wichtigen Figur der Welt- und Heilsgeschichte (1. Makk 1,1–8). Ausgangspunkt der griechischen

Textüberlieferung ist der anonyme sog. *Pseudo-Kallisthenes* aus dem 4.–7. Jh., aus dem sich das spätbyzantinische Alexandergedicht von 1388 in 6.120 reimlosen politischen Versen und die Alexander-Prosa von 1430–53 entwickeln, ein griechischer Ritterroman. Vom Pseudo-Kallisthenes gibt es zwei kirchenslavische Bearbeitungen, eine bulgarische aus dem 10.–11. Jh. und eine jüngere serbische von etwa 1400, die höfische Züge trägt.

Die wirkungsmächtigste lateinische Bearbeitung des Stoffes war die romanhafte, farbenprächtige Monographie 'Historiae Alexandri Magni Macedonis' des *Q. Curtius Rufus* aus dem 1. Jh. n.C. in zehn Büchern. Sie ist die Hauptquelle für die in mustergültigem frühhumanistischen Latein geschriebene Alexandreis des *Walter v. Châtillon* (1178–82). Andere lateinische Vorlagen sind die Übersetzung des Pseudo-Kallisthenes von *Julius Valerius* aus dem 4. Jh. n.C. und die 'Nativitas et victoria Alexandri Magni regis' des Erzpriesters *Leo aus Neapel* von 869–951, die im 11. Jh. als 'Historia de preliis' revidiert wurde.

Der französische 'Roman d'Alexandre' speist sich aus mehreren lateinischen Quellen, der älteste Text ist um 1130 in epischen Laissen (Versreihen unterschiedlicher Länge mit gleichem Reim bzw. gleicher Assonanz) von *Albéric de Pisançon* auf Franko-Provenzalisch verfasst, er wurde erweitert und von *Alexandre de Bernai* um 1185 in zwölfsilbige Alexandriner umgeschrieben. Anglo-normannisch ist 'Le Roman de Toute Chevalerie' von *Thomas v. Kent* um 1180 in 8.050 Alexandrinern.

Von den acht italienischen Alexandertexten sind sieben nach der 'Historia de preliis' übersetzt. In Spanien treffen zwei Überlieferungen aufeinander: in der ersten Hälfte des 13. Jh. wird unter dem Titel 'Bocados de Oro' (s. S. 104) eine kurze Alexanderbiographie aus dem Arabischen ins Kastilische übersetzt, in der Alexander *Dhū 'l Qarnain* 'der Zweigehörnte' genannt wird. Aus der Mitte des 13. Jh. stammt 'El libro de Alexandre', das aus verschiedenen lateinischen und französischen Quellen schöpft.

Das mittelhochdeutsche Alexanderlied des Pfaffen *Lamprecht* um 1150 geht auf Albéric de Pisançon zurück. Der Alexanderroman des *Rudolf v. Ems* (1130–50), auf 10 Bücher und 40.000 Verse geplant, wurde nur zur Hälfte fertiggestellt, er schöpft aus der 'Historia de preliis' und Curtius Rufus. Eine Bearbeitung von Walter v. Châtillon ist *Ulrich v. Etzenbachs* Alexanderroman (1271–82), gewidmet den böhmischen Königen Ottokar II. und Wenzel II.

Nach derselben Vorlage entstand viel später, gegen 1400, die čechische 'Alexandreida' mit ursprünglich 9.000 Versen, von denen 3.500 erhalten sind, das bedeutendste Werk der höfischen Ritterepik in Böhmen. Der anonyme Autor nimmt den Standpunkt des einheimischen Adels ein, wünscht sich aber auch einen starken böhmischen König, der dem Ritterideal entspricht. Auch die mittelniederländische 'Alexanders geesten' um 1260 von *Jacob van Maerlant* (1235–1300) aus Flandern ist eine – allerdings stark erweiterte – Bearbeitung der 'Alexandreis' von Walter v. Châtillon.

Die früheste mittelenglische Alexanderdichtung ist wohl der 'Kyng Alisaunder' in 8.021 Versen, um 1300 nach dem anglo-normannischen Roman Thomas v. Kents verfasst. Es gibt zwei altnordische Bearbeitungen, die isländische 'Alexanderssaga' nach Walter v. Châtillon und den schwedischen 'Konung Alexandre' nach der 'Historia de preliis'.

Der andere antike Stoff ist der griechischen Mythologie entnommen. *Theben- und Trojasage* liefern die Vorlage für die ersten drei großen höfischen Romane im engeren Sinne, abgefasst in einer literarisierten Koiné auf franko-normannischer Basis. Sie entstanden am Hofe von *Eleonore* (1122–1204), Enkelin des ersten Troubadours Wilhelms IX. (s. S. 100) und seit 1152 verheiratet mit Heinrich Plantagenêt, Graf von Anjou, Maine und Touraine, Herzog der Normandie, ab 1154 König Heinrich II. von England (1133–1189), nämlich:

Roman de Thèbes, um 1150 in einer kurzen (10.500 Verse) und einer jüngeren langen (14.000 Verse) Fassung, die auf einen Text eines anonymen normannischen *clericus* zurückgehen; er behandelt die Ödipuslegende und den Kampf um Theben. 1422 entstand die mittelenglische Bearbeitung von *John Lydgate.*

Roman d'Énéas, um 1155 in 10.000 Versen von einem anonymen *clericus*, der seinen Stoff der 'Aeneis' des Vergil entnahm und ihn der Mentalität des höfischen Publikums anpasste. Zwischen 1170–1190 übertrug *Heinrich v. Veldeke* die Vorlage ins Mittelhochdeutsche und begründete damit die deutsche höfische Epik.

Roman de Troie, um 1165 in 30.000 Versen von *Benoît de Sainte-Maure*, *clericus* aus der Gegend von Tours. Er benutzte als Vorlage im 6. Jh. verfasste lateinische Übersetzungen griechischer Originale des 1. Jh., die 'Historia de excidio Troiae' von *Dares Phrygius* und die 'Ephemeris belli Troiani' von *Dictys Cretensis.* Bei ihm erscheint das höfische Rittertum als Erfüllung der antiken Präfiguration (LMA 1.1919). Der Roman wird sogar 1287 als 'Historia destructionis Troiae' von *Guido de Columnis* ins Lateinische rückübersetzt, beide Texte werden grundlegend für das gesamte Mittelalter.

Die wichtigste mittelhochdeutsche Version ist *Konrad v. Würzburgs* 'Trojanerkrieg', 1281–87 in Basel entstanden, aber unvollendet geblieben. Er schöpft aus allen französischen und lateinischen Quellen. Die mittelniederländische 'Histoire van Troyen' mit über 40.000 Versen von *Jacob van Maerlant* beruht zum großen Teil auf Benoît de Sainte-Maure. Drei mittelenglische Trojadichtungen sind bekannt, darunter *John Lydgates* 'The Troy Book' (1412–21) in mehr als 30.000 Zeilen.

Aus der ersten Hälfte des 14. Jh. stammt der kroatische 'Rumanac trojski', eine Übersetzung aus dem Italienischen, die in zwei glagolitischen und einer lateinischen Handschrift vorliegt, aus der zweiten Hälfte des 14. Jh. die čechische Version 'Trojanská kronika', eine Übersetzung des lateinischen Textes von Guido de Columnis.

Obwohl die Byzantiner ihre eigene Trojaüberlieferung hatten, Homer und die in den Chroniken von *Johannes Malálas* (490–578) und *Konstantin Manassés* (1130–87) tradierten Teile, die auch ins Kirchenslavische übersetzt wurden, existiert auch eine 'fränkische' Version, der Πόλεμος τῆς Τρῳάδος (Der Trojanische Krieg) in 11.000 reimlosen 15-Silbern, in dem vor allem die merkwürdigen Namen auffallen wie der indeklinable Ἔρκουλες 'Herkules' statt Ἡρακλῆς, Μάρος 'Mars' statt Ἄρης: offenbar kannte der Dichter die eigene griechische Mythologie nicht mehr. Hier entlehnten die Griechen erstmals einen Stoff ihrer eigenen Sage aus dem Westen zurück (Beck 1971: 138–139).

Die *britannischen* Stoffe, d.h. die *Artusepik* im weitesten Sinne, sind nicht der irischen oder kymrischen Literatur entnommen. Diese sind zwar die ältesten volkssprachlichen Literaturen Europas, wurden aber erst in der Romantik entdeckt. Quelle ist vielmehr die lateinische 'Historia regum Britanniae' (um 1138) des Walisers *Galfred v. Monmouth*, Magister in Oxford und später Bischof von St. Asaph, eine Geschichte Britanniens von der Niederlassung Brutus', eines Urenkels des Aeneas, bis zur Eroberung des Landes durch die Sachsen.

Der britische christliche Held *dux bellorum* Arthur= Artus < lat. Arcturus aus der älteren anonymen 'Historia Britorum' (um 800), der im 6. Jh. die angelsächsischen heidnischen Eindringlinge siegreich bekämpft hatte, herrscht hier als glanzvoller König, an dessen Hof in Camelot= Caerleon (Südostwales) eine Tafelrunde edler Ritter versammelt ist: Gawain, Lancelot, Tristan, Galahad, Keie, Iwein, Mordred und Bors, häufig auch Parzival und Erec.

Die 'Historia regum Britanniae' ist König Stephan I. v. England gewidmet, dem Schwiegersohn Wilhelms des Eroberers, und die normannischen Könige Englands erscheinen als die Rächer der von den Angelsachsen besiegten Briten. Doch schon ein Zeitgenosse, *Wilhelm v. Newburgh*, spottete in seiner 'Historia Rerum Anglicarum' (um 1196): „Alles, was dieser Mann über Arthur und seine Nachfolger schreibt, ist frei erfunden, teils von ihm selbst, teils von anderen" (nach Moore 2001: 213). Auch der Flame *Jacob van Maerlant* empört sich über die Lügengeschichten der Artusdichter (LMA 5.292).

Während die über Byzanz und Rom vermittelten antiken und orientalischen Stoffe als wahr galten, erkannte man also die britannischen als Fiktion. Sie waren die Lektüre der Hofleute, „deren Position und Rolle in der Welt neu und ungewiss war", sie entsprachen der „für diese Zeit und diese Klasse charakteristischen Orientierungslosigkeit, die sich in einer gewissen Fixierung auf Statusfragen und in einem drängenden Bedürfnis nach Identität äußerte" (Moore 2001: 212).

Der erste Artusepiker war *Robert Wace* (1110–74) aus Jersey, sein 1155 in anglonormannischer Sprache geschriebener 'Roman de Brut' in 15.000 Achtsilblern verarbeitet und erweitert die 'Historia regum Britanniae'.

Als eigentlicher Begründer und wichtigster Architekt des frei erfindenden, fiktionalen europäischen Romans (Bräuer 1990: 314) gilt *Chrétien de Troyes* (ca. 1140–90). Über sein Leben weiß man wenig, er stammte aus Troyes, einer der vier Messestädte der Champagne, Treffpunkte der europäischen Kaufmannschaft des Hochmittelalters. Seine Sprache ist eine franko-champagnische Koiné. Er übersetzte wohl die 'Metamorphosen' von *Ovid*, wovon aber nur das Fragment 'Philomena' erhalten ist, und seine 'Ars amatoria', die ganz verloren ging. Er war der erste französische Trouvère (s. S. 100) und dichtete zwei Kanzonen, weiter verfasste er den legendenhaften Familienroman 'Guillaume d'Angleterre' in 3.366 Versen.

Um 1170 wandte er sich der Artusepik zu und schrieb 'Erec et Enide' in etwa 7.000 Versen, dem zunächst vorbildlichen Umfang. Erec zieht vom Artushof aus und erobert Enide, die ihm *feme* und *amie* zugleich ist. Um 1176 entstand 'Cligès', Sohn eines byzantinischen Prinzen und der Schwester des Artusritters Gawain, über Pflicht und Liebe in einem Dreiecksverhältnis. Zwischen 1177–81 'Lancelot', der eine entführte Königin befreit; gleichzeitig 'Yvain', der die Pflichten der Liebe über seinem Wunsch nach Waffenruhm vernachlässigt. Schließlich vor 1190 der unvollendete 'Perceval' oder 'Die Geschichte des Gral' < lat. *gradalis* 'Prunkschüssel, Gefäß des letzten Abendmahls'.

Mit der Rezeption der französischen Artusromane erreicht auch die mittelhochdeutsche Epik ihren Höhepunkt. *Hartmann v. Aue* schreibt um 1180 'Erec' und um 1200 'Iwein'. *Wolfram v. Eschenbach* übertrifft mit seinem 1200–10 verfassten 'Parzival' sein Vorbild. *Jacob van Maerlant* behandelt trotz seinen Vorbehalten (s. o.) in seinem mittelniederländischen 'Spiegel historiael' den Artusstoff. Die früheste mittelenglische Bearbeitung ist die um 1200 verfasste Nacherzählung des 'Roman de Brut', nämlich 'Layamons Brut' in 32.000 alliterierenden, teilweise reimenden Halbzeilen von *Layamon*, Pfarrer in Arley am Severn.

Mit der Artussage verknüpft ist 'Tristan und Isolde', der Liebesroman des europäischen Mittelalters schlechthin. Die ältesten französischen Versfassungen sind die von *Thomas d'Angleterre*, *clericus* am Hofe Heinrichs II., in anglo-normannischer Sprache und die von Béroul, eines Trouvère vielleicht normannischer Herkunft, beide aus der Mitte des 12. Jh. Auf ihnen basiert der umfangreiche 'Tristan en prose', der Anfang des 13. Jh. entstand und in fast alle europäischen Sprachen übersetzt wurde (LMA 8.1021).

Die älteste hochdeutsche Bearbeitung, der 'Tristrant' des *Eilhart v. Oberg* – aus niederdeutschem Sprachgebiet zwischen Hildesheim und Braunschweig – aus dem späten 12. Jh. beruht auf Béroul, während sich *Gottfried v. Straßburg* auf Thomas d'Angleterre beruft. Sein unvollendetes Epos 'Tristan und Isolde' in 20.000 Reimpaaren von etwa 1210 gilt als der Klassiker des höfischen Romans, in dem die Liebe als existenzbestimmende Kraft erscheint, die – im Gegensatz zum arturischen Roman – nicht mehr in die Gesellschaft integrierbar ist (LMA 4.1606).

Wenn die älteste nordische Fassung des Stoffes, eine Prosaauflösung des Versromans von Thomas d'Angleterre, von 1226 stammt, wäre sie die erste Übersetzung einer Reihe von Artusepen, den sog. Riddarsögur. Der čechische 'Tristram a Izalda' in 9.000 Versen aus dem Ende des 14. Jh. hält sich in erster Linie an Eilhart von

Oberg, er steht in seiner künstlerischen Qualität erheblich niedriger als die Alexandreis (Schamschula 1990: 80).

3.1.4 MINNE UND HÖFISCHE LYRIK

Im 11. Jh. entdeckt Europa eine neue Art der Liebe, die *Minne* oder *amour courtois*. „Das von der Kirche erarbeitete Begriffssystem kannte nur zwei Arten der Liebesbeziehung: die *caritas*, die selbstlose Liebe zu Gott und zum Nächsten, und den *amor*, meist mit dem herabsetzenden Attribut *amor carnalis*, den selbstsüchtigen leiblichen Liebestrieb [...] Aber nun ist in der höfischen Gesellschaft, für uns zuerst in der Dichtung der provençalischen Troubadours erkennbar, eine ganz neue Auffassung der Liebe entstanden. Sie ist nicht *caritas*, denn der Liebende wirbt um Gegenliebe. Doch sie ist auch nicht *amor carnalis*, jedenfalls nicht im Sinne des grobsinnlichen Triebes. Vielmehr ist sie eine auf sublimierter Erotik beruhende Zuneigung, die die Steigerung aller Seelenkräfte verursacht und die als erzieherische Kraft der Veredelung des Liebenden dient“ (Eggers 1965: 120–121).

Der antike Gewährsmann auf diesem Gebiet war durch seine ‘Ars amatoria’ *Ovid* (43 v.C.–17 n.C.). Von Augustinus geächtet tritt er seit dem 11. Jh. als Leitbild neben Vergil und wird zum Vorbild urbaner Lebensführung (Paris hat um 1200 etwa 100.000 Einwohner), er ist zwar beliebter Schulautor, wird aber gleichzeitig als Verführer zu Unzucht und Ketzerei verdammt (LMA 6.1594).

Eine anonyme ‘Art d’aimer’, eine freie Bearbeitung Ovids in Prosaform aus dem 13. Jh., enthält eine neue Klassifikation der Künste: zu den *artes mechanicae* und den *artes liberales* tritt die *ars amatoria* „unter den nicht freien Künsten als eine von Kirche und Recht weder gänzlich verbotene noch gänzlich erlaubte Kunst.“ (LMA 6.1595). Seine scholastische Weihe erhält das Thema durch den lateinischen Traktat ‘De amore’ über die verschiedenen Arten der Liebe, verfasst um 1200 von dem am Hofe von Champagne bezeugten *clericus Andreas Capellanus*. Die Schrift wird zwar 1277 durch die Inquisition verdammt, doch zunehmend in der volkssprachlichen Literatur als positives Werk über die weltliche Liebe interpretiert (LMA 1. 606).

Jean de Meung (1240–1305, aus der Nähe von Orléans) übersetzt und erweitert um 1270 Ovids ‘Ars amatoria’ in seinem ‘Roman de la Rose’. Zwei 1285–90 entstandene allegorisch-didaktische Paraphrasen einiger Teile, ‘Detto d’Amore’ und ‘Fiore’ werden *Dante* zugeschrieben (Hardt 1996: 95–96). Eine mittelenglische Übersetzung stammt von *Chaucer* (s. S. 140).

Die ersten Minnedichter sind die *Troubadoure*, die vom Ende des 11. Jh. bis zum Ende des 13. Jh. auf einem Gebiet zwischen Limoges, Marseille und Barcelona sowie in Oberitalien wirkten. Es sind 2.542 Gedichte von rund 450 namentlich bekannten Dichtern erhalten, dazu etwa 250 anonyme. Diese Lyrik stellt in Europa eine Neuheit dar, insofern es sich 1. um Kunstlyrik handelt, die 2. in der Volkssprache abgefasst und 3. das Werk eines namentlich bekannten Individuums ist (Elwert 1979: 66).

Die Troubadoure bilden Formen und Formkunst der mittellateinischen Hymnik in der Volkssprache nach. Diese, das sog. Altprovenzalische (die Bezeichnung okzitanisch stammt aus dem 19. Jh.) war eine auf den Mundarten westlich der Rhône (Toulouse, Languedoc) fußende Kunstsprache, die auch in Katalonien und Oberitalien verwendet wurde. Arabische Vorbilder sind aber nicht auszuschließen, gab es doch zwischen Hispanien und Südfrankreich rege Kontakte, namentlich die regelmäßigen Pilgerfahrten nach Santiago (Schoeler 1990: 457).

Die Minne wird als ein dem Lehensdienst vergleichbarer Frauendienst verstanden, die entsprechenden Begriffe werden übertragen wie *leial* 'loyal gegenüber dem Herren' > 'treu in der Liebe'. Die vorwiegend adligen Troubadours unterscheiden sich von den Spielleuten dadurch, dass sie die Lateinschule besucht haben; nur so konnten sie mit der mittellateinischen Rhetorik vertraut werden, die ihre Dichtung prägt (Elwert 1979: 68–69).

Der erste Troubadour war *Wilhelm IX.* Graf v. Poitou (1071–1127); die Blütezeit der provenzalischen Minnedichtung liegt zwischen 1180 und 1210, bis der Albigenserkrieg 1209–19 die südfranzösischen Adelshöfe veröden lässt, als Klassiker gilt *Bernart de Ventadorn* (nachweisbar 1147–70). „Die Strenge der Form macht [sie] zur ersten Kunstdichtung des Abendlandes, die sich mit der lateinischen Dichtung messen kann. Diese Tatsache und die Neuheit des Inhalts (höfische Sitte und höfisches Lebensideal) verschaffen der altprovenzalischen Troubadourdichtung bald Beachtung außerhalb der engeren Heimat" (Elwert 1979: 72).

Nach dem Vorbild der Troubadoure begründete 1160–70 *Chrétien de Troyes* mit zwei Kanzonen die französische Minnelyrik der Trouvères; sie fand in anglo-normannischer Sprache auch in England Eingang, sodass an einer englischsprachigen höfischen Lyrik kein Bedarf bestand.

Troubadoure wirkten an den oberitalienischen Höfen von Piemont bis Venetien, wo sie unabhängig von ihrer Herkunft provenzalisch dichteten. Im Süden förderte Kaiser *Friedrich II.* an seinem Hof eine höfische Lyrik im einheimischen *volgare*; die Gruppe der frühesten Vertreter der italienischen Lyrik ist die sog. Sizilianische Dichterschule (1240–70), ihr bedeutendster Vertreter der 1233 und 1240 bezeugte *Giacomo da Lentini*, der Erfinder des Sonetts. Die toskanischen Autoren rezipieren die provenzalischen Troubadours, führen die sizilianische Dichterschule weiter und entwickeln den *dolce stil novo*, der mit Dante (s. S. 118) seine Vollendung erreicht.

Auch in Katalonien herrscht das Provenzalische. *Ramon Vidal de Besalú* (1160–1210) stellt in seinen 'Razos de trobar' erstmals die provenzalische Minnedichtung in größerem Zusammenhang dar unter Berücksichtigung poetisch-grammatischer Einzelfragen (LMA 5.1056). Als Dichtersprache setzt sich im übrigen christlichen Hispanien das Galicisch-Portugiesische durch, neu ist hier die Gattung der *Cantigas de amigo*, an den Mann gerichtete Liebesklagen einer Frau. Eine eigene Gedichtsammlung bilden die 'Cantigas de Santa María' von König *Alfons X. d. Weisen* von Kastilien.

Über Frankreich fand der Minnesang 1150–1300 Eingang in Deutschland. *Friedrich v. Hausen* (–1190) aus Rheinhausen unweit Mannheim lernte bei Frankreichaufenthalten provenzalische und französische Liebeslyrik kennen und gestaltete die romanischen Vorbilder zu einem eigenen Liedstil aus. Ihren Höhepunkt erreichte die mittelhochdeutsche Minnelyrik mit dem vielleicht aus Niederösterreich stammenden *Walther v. d. Vogelweide* (1170–1230), von dem über 500 Strophen überliefert sind. Der böhmische Hof war deutsch orientiert, König *Wenzel II.* (1283–1305) selbst übte sich im deutschen Minnesang und so bestand an einer čechischen Version offenbar wenig Bedarf.

3.1.5 Höfische Dichtung und höfische Kultur

Eine der 'produktiven Separationen des Westens' war die Trennung von geistlicher und weltlicher Gewalt und damit der spirituellen und profanen, der ideologischen und politischen Sphären (Szücs 1990: 26). Diese Trennung bezog sich auch auf den Kulturbetrieb: *litterati* waren die Kleriker, die Latein lesen und schreiben konnten, sodass *clericus* nicht nur den Geistlichen, sondern auch den Gebildeten bezeichnete. Die Laien, auch die Adligen bis hin zu den Königen, waren *illitterati*; sie pflegten ihre eigene schriftlose, mündlich vorgetragene Literatur der Heldenlieder, Heldenepen oder Tanzlieder.

Nach 1000 kam die Idee auf, ein vorbildlicher Herrscher müsse gebildet sein, *rex illiteratus asinus coronatus* 'ein ungebildeter König ist ein gekrönter Esel'. „Die moderne Hofliteratur hat sich erst dann und nur dort entwickelt, wo die fürstlichen Gönner und Auftraggeber selber lateinisch gebildet waren" (Bumke 1986: 596), so in Süd- und Nordfrankreich, im normannischen England und in Flandern, während sich in Deutschland die Laienbildung erst im 13. Jh. verbreitet hat. Hier sind seit dem 12. Jh. die Anfänge einer eigenständigen 'Halbbildung' zu beobachten; sie war auf die französische Sprache und Literatur ausgerichtet und stand auch dem Ungebildeten offen (Bumke 1986: 610).

Die Verfasser der Epen besaßen in der Regel eine gelehrte Bildung, sie waren also *clerici*, manchmal auch adlig wie *Hartmann v. Aue*. Der berühmteste deutsche Epiker, *Wolfram v. Eschenbach*, war allerdings *illitteratus*. Minnesang war Adelskunst, entsprechend ihrer Herkunft waren die französischen Troubadoure meist gebildet, die deutschen Minnesänger in der Regel Analphabeten (Bumke 1986: 684–688).

Es war nicht ungewöhnlich, dass adlige Frauen lesen und schreiben konnten, auch über elementare Lateinkenntnisse verfügten, sodass sie imstande waren, den Psalter lateinisch zu lesen. Eine höhere Bildung besaßen sie nur im Hinblick auf die Laiengesellschaft. Hier waren sie mehr als die Männer qualifiziert, in Fragen der Literatur mitzureden: ein literarischer Vortrag ohne ihre Anwesenheit war kaum denkbar

(Bumke 1986: 704–5). Sie zeichneten wohl die Minnelieder auf, denn sie werden mit Wachstafel und Griffel am Gürtel dargestellt (Bumke 1986: 773).

Von der gelehrten Bildung, die Trivium und Quadrivium vermittelten, waren sie fast gänzlich ausgeschlossen. Die Lateinkenntnisse selbst der Nonnen waren vielfach so gering, dass ihnen in der Volkssprache gepredigt wurde. Das hatte bedeutende Konsequenzen für die Ausbildung eines volkssprachlichen geistlichen Schrifttums (Bumke 1986: 474).

Der höfischen Dichtung fehlen alle negativen Erscheinungen der mittelalterlichen Wirklichkeit. „Dieses extrem unrealistische Bild der Gesellschaft ist offensichtlich als Gegenentwurf zur Realität konzipiert worden und muss so interpretiert werden" (Bumke 1986: 12). Wirklichkeitsgetreu wurde nur das zeitgenössische Hofleben dargestellt, so sehr, dass die Dichtung das gesellschaftliche Selbstbewusstsein des Adels beeinflussen konnte, der seine eigenen Kinder nach literarischen Gestalten benannte (Bumke 1986: 24).

Obwohl kein Mensch damals so gelebt hat wie die Helden der Artusromane, wurden der höfische Ritter und die höfische Dame gesellschaftliche Leitbilder, die jahrhundertelang gültig blieben (Bumke 1986: 381). Die Texte fanden nicht nur beim adligen Publikum großes Interesse, sie wirkten zum Leidwesen der Äbte sogar auf die Mönche im Kloster elektrisierend. „Wenn ich von Gott spreche, so schlaft ihr. Sobald ich aber Worte der Leichtfertigkeit einmische, so wacht ihr auf und fangt alle an, mit gespitzten Ohren zu lauschen" (Bumke 1986: 710).

In der Forderung, dass der höfische Ritter zugleich *Ruhm in der Welt* und *Gnade vor Gott* gewinnen solle, kommt die neue Wertschätzung weltlicher Kultur zum Ausdruck. In erster Linie sollte damit die adlige Hofkultur gegen christliche Kritik gerechtfertigt werden (Bumke 1986: 430).

Das *höfische Frauenbild* war eine Erfindung der Dichter, es verkehrte das Verhältnis der Geschlechter, wie es in Wirklichkeit bestand, ins Gegenteil und wirkte wie ein Gegenentwurf zu der übermächtigen Tradition christlicher Frauenfeindlichkeit (Bumke 1986: 453–4). Nur in der Gestalt unberührter Jungfräulichkeit war die Frau für die Christen ein Gegenstand der Verehrung: gerade im 12. Jh., dem 'goldenen Zeitalter der Mariologie', wurde *Maria* in das mittelalterliche Weltbild einbezogen und zur Königin erhoben (LMA 6.246).

Als Geschlechtswesen wurde die Frau dagegen verdächtigt, den sündhaften Begierden des Fleisches leichter zu erliegen als der Mann. Da Gott sie dem Manne zur Hilfe geschaffen habe (Gen 2,18), müsse sie ihm untertan sein (Eph 5, 22–23). Als die scholastische Theologie des 13. Jh. die überkommenen christlichen Wertungen mit der neu rezipierten aristotelischen Naturlehre vereinigte, konnte sie die Minderwertigkeit der Frau auch wissenschaftlich begründen (Bumke 1986: 456). Selbst die höfische Epik verschweigt nicht die fast unbeschränkte Verfügungsgewalt des Ehemannes über seine Frau. In der höfischen Festgesellschaft hatte sie die schmückende und dienende Rolle zu spielen (Bumke 1986: 465–7).

Obwohl es im Mittelalter eine Reihe bedeutender Herrscherinnen gab und in einigen Territorien Frauen das Erbfolgerecht an Lehen besaßen, brachte die höfische Dichtung auf verschiedene Weise zum Ausdruck, dass Frauen zur Herrschaft ungeeignet seien (Bumke 1986: 486–8). Das Ansehen einer großen Dame maß sich vielmehr am untadeligen Lebenswandel und am Ausmaß der karitativen Tätigkeit (Bumke 1986: 492).

Zahlreiche adlige Frauen entzogen sich der Willkür männlicher Herrschaft, indem sie sich der religiösen Frauenbewegung der *Beginen* anschlossen. Davon war in der höfischen Dichtung noch weniger die Rede als vom ihrem politischen Einfluss als Herrscherinnen. „Damit blieben gerade diejenigen Bereiche der Wirklichkeit weitgehend ausgespart, in denen die adligen Frauen der höfischen Zeit wenigstens ansatzweise eine gewisse Eigenständigkeit erlangen konnten. Das poetische Idealbild der Frau zielte nicht auf die Möglichkeiten der Selbstverwirklichung, sondern es stand ganz im Dienst des neuen Gesellschaftsentwurfs, der auf die höfische Vorbildlichkeit des adligen Ritters ausgerichtet war. Die Frau hatte darin nur insofern einen eigenen Platz, als sie Aufgaben erfüllte, die der Vervollkommnung des Mannes dienten: als Repräsentantin höfischer Tugend, als verehrter Gegenstand des ritterlichen Minnedienstes und als Ehefrau des nach Vorbildlichkeit strebenden Herrschers" (Bumke 1986: 503).

Höfische Liebe ist Dienst, Mann und Frau begegnen sich nicht als Partner, die Frau erscheint als Herrin, zu der der Mann als Diener aufblickt (Bumke 1986: 507), auch dies ein Gegenprogramm zu den realen Verhältnissen. Hier ist alles anders: statt Gewalt und Hemmungslosigkeit ein ausgesuchtes Benehmen, statt grober Sexualität eine erotische Kultur, statt Benachteiligung und Ausnutzung der Frau ein Rollentausch. „Die Konzeption einer neuen, besseren Gesellschaft mit Liebe als zentralem Wert war ihrem Wesen nach eine poetische Idee" (Bumke 1986: 569).

Höfische Liebe war ein gesellschaftlicher Wert, der sich in der Praktizierung höfischer Tugenden und in der Beachtung höfischer Umgangsformen verwirklichte; sie war die Liebe eines Menschen, der nach höfischer Vollkommenheit strebte; sie war eine Gesellschaftsutopie, die alles Schlechte und Ungezogene ausschloss. Bei *Andreas Capellanus* ist höfische Liebe Ursprung und Ursache alles Guten, Liebeslehre ist also Tugendlehre. Eine solche Liebe konnte keine Sünde vor Gott sein. In der Umwertung der weltlichen Liebe offenbarte sich am deutlichsten der neue Anspruch der Laiengesellschaft auf die Eigengewichtigkeit irdischer Wertbegriffe (Bumke 1986: 522–528).

„Geistliche Mahnungen haben nicht verhindert, dass die Gesellschaftsmoral des Adels immer mehr verweltlichte und sich immer mehr aus der Bevormundung durch die Kirche löste. Immer selbstbewusster wurde der Anspruch erhoben, eigene Maßstäbe für die Beurteilung des weltlichen Lebens zu setzen und die Gesellschaftspraxis auf Wertvorstellungen zu beziehen, die ganz diesseitig orientiert waren" (Bumke 1986: 589).

3.1.6 Übersetzungen

Eine zunehmend wichtigere Quelle der Bereicherung der Volkssprachen stellen Übersetzungen aus den Sakralsprachen dar.

Das dauernde Interesse an *Boethius'* (s. S. 87) 'De consolatione philosophiae' zeigt sich an den vielen Übersetzungen, der von *Alfred v. England* (848–899) ins Angelsächsische, von *Notker Labeo* (950–1022) von St. Gallen ins Althochdeutsche, von *Jean de Meung* (s. S. 99), Autor des Roman de la Rose, ins Französische, von *Maximos Planúdes* (s. S. 126) ins Griechische, von *Alberto della Piagentina* (–1332) ins Italienische, von *Geoffrey Chaucer* (s. S. 140) ins Mittelenglische.

Gern übersetzt wurden Enzyklopädien, z.B. das um 1100 in Canterbury entstandene 'Elucidarium' von *Honorius Augustodunensis*, ein Dialog zwischen Meister und Jünger über die Inhalte der christlichen Glaubenslehre von der Entstehung der Welt bis zu ihrem Ende. Volkssprachliche Übersetzungen resp. Bearbeitungen des 'Lucidarius' liegen vor auf Hochdeutsch, Niederländisch, Katalanisch, Französisch, Provenzalisch, Kastilisch; aus dem Deutschen gelangt er im 12. Jh. ins Čechische als 'Lucidář' und durch die Vermittlung des Prager Slavenklosters weiter ins Kroatische, wiederum aus dem Deutschen ins Westrussische.

Eine wichtige Rolle spielten in diesem Zusammenhang die Könige als Initiatoren und Mäzene. *Alfons X. der Weise* (1221/1252–1284), König von Kastilien und León, beauftragte und koordinierte Übersetzer, Kompilatoren, Redaktoren, Dichter und Musiker, um die Vermittlungstätigkeit zwischen Ost und West fortzusetzen, die von den toledanischen Übersetzern im 12. Jh. entfaltet worden war; die Wahl der Sprache, Kastilisch statt Latein, ist aber ein Anzeichen für völlig neue Bestrebungen (LMA 1.397). Man übersetzt den Koran und den Talmud, eine Sammlung antiker Weisheiten 'Bocados de Oro' von *Mubaššir ibn Fātik* (um 1053) mit einer kurzen Alexanderbiographie, die Spruchbücher arabischer Ärzte, eine arabische Erzählung von den Sieben Weisen Meistern usw.

Nikolaus v. Oresme (1322–82) übertrug im Rahmen des von *Karl V.* von Frankreich initiierten Übersetzungsprogramms ethische und physikalische Werke des Aristoteles ins Lateinische. Um 1365–70 wandte er sich vom Lateinischen ab und übertrug Aristoteles in die Volkssprache, wobei seine Übersetzungen zugleich Kommentare sind: 'Éthique', 'Politique', 'Économique'. „Es bedurfte großer Anstrengungen, dem Französischen, das Oresme durch ein neues Vokabular abstrakter Begriffe bereicherte, den Rang einer Wissenschaftssprache zu verleihen; besonders aufschlussreich für Oresmes Zielsetzungen sind die Vorreden" (LMA 6.1447). Hier taucht 1370 erstmals im Westen das Wort *Demokratie* beiläufig auf.

3.2 In Osteuropa

Das Zusammenwirken der von den Fürsten beschützten und geförderten *clerici* und *milites* hatte die europäische Sprachenwelt grundlegend verändert. In Westeuropa blühte nun neben dem Lateinischen eine Reihe mehr oder weniger standardisierter Volkssprachen, die höfischen Dichtersprachen: im Süden Frankreichs Provenzalisch, im Norden Franko-normannisch und Franko-champagnisch, in Hispanien Katalanisch und Galicisch, in Italien Sizilianisch und Toskanisch, in England Anglonormannisch neben Englisch, in Deutschland Hochdeutsch und Flämisch, in Skandinavien Nordisch.

Ein ganz anderes Bild bietet Osteuropa. Hier herrschen weiter die Sakralsprachen, in Byzanz das Griechische, in Bulgarien, Serbien, der Walachei, der Moldau und Russland das Kirchenslavische, in Ungarn und Polen das Lateinische. Dazu treten als einzige Volkssprachen das Kroatische und das Čechische. Beide Sprachen sind einerseits mit dem Kirchenslavischen verbunden – das Kroatische mehr, das Čechische weniger – und stehen andererseits unter starkem westlichen, italienischem resp. deutschem Einfluss.

Charakteristisch sind die im Mittelalter produzierten Textsorten, christliche Epik liegt vor im 'Digenés Akrítas' Девгéніево дѣяние in volkssprachlich-griechischen und kirchenslavischen Versionen und im russisch-kirchenslavischen Igor'lied. Vom höfischen Roman der halbchristliche Alexander in mehreren griechischen und zwei kirchenslavischen Bearbeitungen und die čechische 'Alexandreida'; der Trojastoff in einer klassischen und einer 'fränkischen' griechischen Version, einer kirchenslavischen nach byzantinischer Vorlage, einer kroatischen Übersetzung aus dem Italienischen und der čechischen Bearbeitung eines lateinischen Textes.

Es fehlt dagegen der Artusstoff, der Liebesroman – bis auf den epigonalen čechischen 'Tristram a Izalda' nach mittelhochdeutscher Vorlage – und die ganze Minnelyrik, mit anderen Worten: das damalige moderne Europa schafft es nicht über die Elbgrenze. Dafür kursieren die über Byzanz vermittelten orientalischen Stoffe 'Barlaám und Joásaph', 'Stephanítes und Ichnelátes' und 'Der weise Akir' in kirchenslavischer und kroatischer Sprache.

3.3 Im Orient

Wie in Westeuropa entwickelt sich im Mittelalter auch im Orient eine höfische Kultur. Da der Islam die Trennung der geistlichen und weltlichen Sphären, die Unterscheidung von Klerus und Laien nicht kennt, lässt sie sich am besten als unkoranisch charakterisieren. Das gilt natürlich ganz eindeutig für die in der nichtsakralen persischen Sprache abgefassten Texte. Doch diese sind nicht nur profan, sie können auch von tiefer, allerdings oft heterodoxer Frömmigkeit sein. „Insbesondere die spezifische Metaphorik, die Mystisches und Erotisches, oft auch Blasphemisches miteinander verbindet, ist für die persische Dichtung typisch" (Fragner 1999: 59).

Unter allen unterworfenen Völkern galten die Perser den Arabern am meisten. Unter *'ağam* 'Barbar, der unverständlich spricht' im Unterschied zu *'arab* 'Araber, der verständlich spricht', verstand man vor allem die Perser, sie waren die prominentesten Barbaren, die Juniorpartner der Araber. Das hat sicher mit der relativ schnellen Islamisierung des ehemaligen Sasanidenreichs zu tun, da der rasche Übertritt des iranischen Grundadels zum Islam den der Bevölkerung nach sich zog. Auch ging, anders als das Christentum und das Judentum, die parsische 'Kirche' mit ihrer Priesterschaft bis auf wenige Reste bald unter (Halm 2006: 52–53). Dazu kommt im Abbasidenreich der starke persische Einfluss im Hofleben und in der Verwaltung unter den Barmakiden (s. S. 19).

Dort artikulierte sich im 9. und 10. Jh. eine intellektuelle Bewegung, „die aus der Missachtung nichtarabischer Abkömmlinge der iranischen Lande durch die abstammungsbewussten Araber ein besonderes kulturelles Qualitätsmerkmal konstruierte. Aus dem geringschätzigen *'ağam* wurde eine stolze Selbstbezeichnung, deren Träger sich als Erben einer hohen kulturellen Tradition inszenieren und von den als kulturarm denunzierten arabischen Wüstensöhnen überheblich distanzieren konnten" (Fragner 1999: 16–17). Diese *šu'ūbīya* 'Volksbewusstsein, Ethnizität' genannte Bewegung ist das Gegenstück zur arabischen *'aṣabīya* 'Stammesbewusstsein, Tribalismus' (s. S. 22).

Sie wurde dadurch gestützt, dass das Zentrum der islamischen Wissenschaft sich nach Osten verlagerte, wie die Herkunft ihrer berühmtesten Vertreter verrät: der Mathematiker *al-Chwārizmī* (s. S. 76) und der Astronom *al-Bīrūnī* (973–1050) stammen aus Chwārizm, der Philosoph *al-Fārābī* (s. S. 86)) aus Turkestan, der Mediziner *Ibn Sīnā* (s. S. 89) aus Buchara, der Theologe *al-Ghazzālī* aus Ṭōs in Chorasan (s. S. 86).

Die 'im Herzen des Kalifats' (Fragner 1999: 17) aufkommende *šu'ūbīya* ist natürlich nicht antiislamisch, sondern eine der Vorbedingungen für den entscheidenden Anteil der Perser an der Ausbreitung und Festigung des Islams sowohl im Iran als auch unter den Türken und Indern. Dieser Prozess setzt im 10. Jh. unter den Samaniden ein. „Es ist das Verdienst der Samaniden, gezeigt zu haben, dass der Islam als Religion, vor allem aber als Kultur nicht an die arabische Sprache gebunden bleiben muss. Dadurch dass sie ihn von seinem rein arabischen Hintergrund ablösten, befreiten sie ihn von den engen beduinischen Bindungen seiner Entstehung" (Gronke 2006: 31).

3.3.1 Die Samaniden

Das 750 gegründete Abbasidenreich zeigte schon bald Zerfallstendenzen und die Kalifen waren auf die Unterstützung lokaler Machthaber angewiesen. Dazu schwangen sich im Osten die Samaniden auf, deren Stammvater *Sāmān Chudāt* (8. Jh.) ein vornehmer *dihqān* (s. S. 44) war. Sein Nachfahr *Naṣr ibn Aḥmad* wurde 873 Statthalter in Transoxanien, als eigentlicher Reichsgründer gilt sein Bruder *Ismā'īl* (reg.

892–907). Unter *Naṣr II.* (reg. 914–943) erfuhr das Reich seine größte Ausdehnung, es umfasste ganz Chorasan und Transoxanien, bis es 999 von den türkischen Qarachāniden erobert wurde (LIW 3.84).

Ihre Residenz Buchara machten die Samaniden zu einem weltoffenen Zentrum künstlerischen und geistigen Schaffens und förderten die persische Sprache und Dichtung: *fārsī-yi darī* 'Hof-Persisch' oder einfach *darī* 'Hofsprache' wurde möglicherweise schon damals als Verwaltungssprache neben dem Arabischen benutzt (Gronke 2006: 31).

Die Samaniden schufen eine zentralisierte Verwaltung, die dem Vorbild des Kalifenhofes folgte und selbst Modell für die Selǧūqen wurde. Um ihr Prestige zu erhöhen, legten sie sich den altpersischen Titel *šāhanšāh* (König der Könige) und eine sasanidische Genealogie zu (Gronke 2006: 30–31). Damit befanden sie sich in guter Gesellschaft: auch die Abbasiden ließen sich mit den Sasaniden vergleichen und wie diese auf Münzen in persischer Tracht darstellen (LIW 3.87).

Nicht zufällig ist das älteste längere persische Prosawerk die von Wesir *Abū ʻAlī Balʻamī* in Buchara 963 angefertigte Übersetzung und Umarbeitung der arabischen Chronik 'Ta'rīch ar-rusul wa-l-mulūk' (Geschichte der Propheten und Könige). Ihr Autor, der Iraner *aṭ-Ṭabarī* (839–923) aus Āmul unweit des Kaspischen Meers, schrieb eine Universalgeschichte als Heilsgeschichte, in der jüdisches Prophetenamt und persisches Königtum in dem von Gott eingesetzten Kalifat konvergieren und die „den Persern die Erkenntnis vermitteln konnte, dass der Islam die gottgewollte Bestimmung Irans war" (Busse 1987: 271).

Militärisch verteidigten die Samaniden Transoxanien gegen die heidnischen Türken der Steppen Zentralasiens; um sie zu befrieden, betrieben sie gleichzeitig mit Erfolg ihre Islamisierung. Anders als die im westlichen Iran und im Iraq herrschenden schiitischen Buyiden waren die Samaniden Sunniten; ihnen ist zu verdanken, dass die Türken auf ihren Zügen durch Turkestan und den Iran den sunnitischen Islam annahmen. Dabei übernahmen sie das Persische und nicht das Arabische als Sprache des Hofes, der Verwaltung und der Literatur.

Der Iran ist eine Region alter Sesshaftigkeit und Heimat vierer aufeinander folgender Großreiche, der Achämeniden, Seleukiden, Arsakiden und Sasaniden. Daher haben für die Iraner – anders als für die Araber – Nomadentum und Tribalismus wenig Positives, beide sind seit dem 10. Jh. mit den zwar militärisch überlegenen, doch zivilisatorisch unterlegenen Türken verbunden, die man gern verächtlich abqualifiziert: *atrāk bē'idrāk* 'Türken sind unverständig'. Türkischen Ursprungs ist auch der Terminus *kōč*, der vier verschiedene Bedeutungen hat: 1. Nomadisieren, 2. Stamm, 3. Weideland, 4. *selten* Räuber (Rubinčik 1970).

3.3.2 Das Persische

Die persische Schriftsprache fußt auf dem südwestlichen Mittelpersischen, das den Hauptquell der sasanidischen Hofsprache *fārsī-yi darī* bildet; daneben nahm ihre Lexik auch nordwestliche Elemente auf. Als nach dem Fall des Sasanidenreichs im Osten Irans ein persisches Schrifttum entsteht, wurde es eben in diesem *darī* – angereichert durch östliche Elemente – abgefasst (Rypka 1959: 71–72). Am Hofe der Samaniden in gehöriger Entfernung von Bagdad konnte dies sich schließlich ohne die starke Konkurrenz anderer Sprachen als literarisches Medium frei entfalten (Gronke 2006: 37).

Das Persische tritt uns als etwas Neues entgegen. Dabei fallen lautliche Neuerungen gegenüber dem Mittelpersischen wie die Verschiebung von intervokalischem *k p t* zu *g b d* weniger ins Gewicht, bedeutender ist der Ersatz der schon im Mittelpersischen abgefallenen Flexionsendungen durch periphrastische Konstruktionen, die den Umbau von der synthetischen zur analytischen Sprache vollenden. Als einfaches Mittel zur Wortbildung dient die sog. *iḍāfa* 'Verbindung', durch die Nomina mit anderen nominalen Wortarten (Substantiven, Adjektiven, Pronomina, Zahlwörtern) verknüpft werden.

Entscheidend aber ist die Aktualisierung des Persischen durch seine Islamisierung; anders als die übrigen nichtarabischen Schriftsprachen des Kalifats wie das Koptische und Syrische der Christen oder das Pahlawī der Parsen ist es eine moderne, der gemeinsamen Zukunft mit den anderen islamischen Völkern zugewandte Sprache.

„Suchen wir [...] nach Erklärungen für die kulturgeschichtlichen Bedingungen des Aufstiegs der persischen Sprache, dann stoßen wir unweigerlich auf den Umstand, das Persische habe sich als erste sekundäre islamische Sprache nebst dem Arabischen und in Anlehnung an dieses schrittweise etabliert und dann für lange Zeit – allerdings nicht bis in die Gegenwart – die Rolle einer Lingua franca im östlichen islamischen Raum übernommen. Das Persische war dort nicht die Sprache des kulturellen Widerstands gegen die Islamisierung – es war vielmehr die Sprache des Prozesses der Islamisierung" (Fragner 1999: 36).

Augenfällige Bestätigung ist die Übernahme der arabischen Schrift als schriftlicher Ausdruck des Islams. Für das Persische als analytische Sprache sind die Defekte der arabischen Schrift weniger dramatisch als für das Arabische selbst, die grammatischen Elemente sind sozusagen ausgelagert und werden extra geschrieben wie z.B. die Pluralendung *-hā* resp. *-ān*. So entspricht arab. *kt'b–ktb* d.h. *kitāb–kutub* 'Buch–Bücher' pers. *kt'b–kt'bh'* d.h. *kitāb–kitābhā*, arab. *ṭ'lb–ṭl'b* d.h. *ṭālib–ṭullāb* 'Student –Studenten' pers. *ṭ'lb–ṭ'lb'n* d.h. *ṭālib–ṭālibān*.

Die Arabismen wurden grundsätzlich in arabischer Rechtschreibung übernommen: eine Verbeugung vor der sakralen Unantastbarkeit der Sprache des Korans und des Propheten (Fragner 1999: 28). Für die Wiedergabe der dem Arabischen fremden persischen Konsonanten p, č, ž und g wurden mit Hilfe diakritischer Zeichen eigene

Buchstaben geschaffen, die dem Persischen fremden arabischen emphatischen und interdentalen Konsonanten wurden der persischen Aussprache angepasst.

Neben der Schrift war vor allem die Lexik von der Islamisierung betroffen. „Der ältere persische Wortvorrat genügte dem neuen Leben nicht mehr, das von nun ab aus politischen und religiösen Gründen gewisse persische, überflüssig gewordene Ausdrücke verdrängt, ohne dass die Sprache, im Vergleich zu dem erstaunlich gestaltungsfähigen Arabisch, dadurch anpassungsfähig genug geworden wäre, zumal letzteres fertige Ausdrücke bereitstellt, die vielfach prägnanter sind als die persischen. So kann man ein langsames, doch fortschreitendes Eindringen arabischer Wörter ins Neupersische verfolgen, das hierdurch zur Mischsprache wird" (Rypka 1959: 73).

Das Persische musste für die Islamisierung eine Reihe spezieller Termini aus Theologie, Liturgie und Ritus aus dem Arabischen übernehmen bzw. adäquate persische Termini schaffen wie *namāz* neben arab. *ṣalāt* 'Gebet', *rōza* gegenüber arab. *ṣaum* 'Fasten'. Einfallstor für Arabismen waren die *komplexen Verben*: arabische Verbalnomina aller Stämme + *kardan* für das Aktiv, *šudan* für das Passiv: *takfīr kardan* 'bannen, exkommunizieren', *takfīr šudan* 'gebannt werden'. Als stilistisch raffiniert galt die Verwendung von Synonymkomposita wie *bacht-u daulat* 'Glück und Fortüne' (Fragner 1999: 28–31).

„Die äußerste Einfachheit der Morphologie und Syntax der persischen Sprache und ihre Durchdringung mit arabischen Wörtern bestimmten sie von vornherein zum internationalen Idiom des islamischen Ostens" (Rypka 1959: 74). Nach ihrem Vorbild konnten auch andere Sprachen islamisiert werden durch Übernahme des arabischen Alphabets, Bildung komplexer Verben – im Hindustani mit Hilfe von *karnā*, im Türkischen von *etmek* –, schließlich durch Entlehnung persischer Lexeme bis hin zu ganzen Sätzen. Entscheidend für das unerhörte Prestige des Persischen war aber die Dichtung, die zwischen dem 10. und dem 15. Jh. entstand und bis ins 18. Jh. als die orientalische Literatur schlechthin galt.

3.3.3 Das Epos

Wie die westeuropäischen Literaturen des Mittelalters entfaltet auch die persische Literatur ihren Reichtum in der Epik und Lyrik, demgegenüber tritt die Prosa zurück. Unter Epik soll hier nur die Versepik verstanden werden, eine Gattung, die weder formal noch inhaltlich an arabische Vorbilder anknüpft. Das Versmaß *mathnawī*, d.h. durch Reim verbundene Verspaare aa, bb, cc usw. in einem gleichbleibenden Metrum, ist trotz seinem arabischen Namen eine persische Neuschöpfung. Inhaltlich unterscheiden die Iranisten das Heldenepos, das romantische Epos und das mystisch-didaktische Epos.

„Gemeinsam ist diesen Gattungen der Wechsel narrativer und deskriptiver, dramatischer (dialogischer), lyrischer und paränetischer Partien. Wo die Handlung fortschreitet, pflegt der Dichter sich kürzer zu fassen, dagegen entfaltet er seine ganze rhetorische Kunst in der Beschreibung schöner und heldischer Menschen, bei Szenen von Schlacht und Kampf, Gelagen und Liebe sowie in der Natur, wobei Sonnenaufgänge, Blumen im Frühling oder Herbst, Lagerfeuer und Sternenhimmel sowie ähnliche farbenprächtige oder stimmungsvolle Erscheinungen bevorzugt als Vorlage gewählt werden. Es muss betont werden, dass die genannten Gattungen selten oder nie rein in Erscheinung treten" (Bürgel 1990: 301).

Die Stoffe entstammen vor allem der persischen Königsüberlieferung, besonders der sasanidischen, gehen aber auch auf indische, griechische, biblische, koranische und beduinische Traditionen zurück. Sie werden freizügig miteinander kombiniert und immer wieder umgestaltet.

Das alles überragende *Heldenepos* ist das 'Šāhnāma' (Königsbuch) von *Firdausī* ('der Paradiesische' 934–1020). Er entstammte einer *dihqān*-Familie aus Ṭōs beim heutigen Mašhad, gewann die Gunst des samanidischen Statthalters von Chorasan, lebte und arbeitete, von Freunden und Gönnern unterstützt, meist in seiner Heimatstadt, wo er zwischen 980 und 1010 sein siebenbändiges Lebenswerk verfasste. Nach dem Sturz der Samaniden widmete er es dem türkischen Eroberer Maḥmūd v. Ghazna in der Hoffnung auf ein Honorar, das er der Legende nach erst bei seinem Tode erhielt. Er starb hochbetagt und verarmt in seiner Geburtsstadt. Nach seiner Vereinnahmung durch die iranischen Reichsideologen hat man 1934 über seinem Gartengrab ein monumentales Mausoleum errichtet.

Als Vorlage benutzte Firdausī Übersetzungen mittelpersischer Quellen ins Arabische und Neupersische, darunter vor allem die Chronik der vorislamischen Könige. Das Epos umfasst 48.000–55.000 Distichen im vierfüßigen, elfsilbigen Metrum *mutaqārib*. Es "behandelt die Geschichte der iranischen Könige von den mythischen Anfängen bis zum Sturz der Sasaniden durch die islamische Eroberung im 7. Jh. Die Dramatik erwächst vornehmlich aus dem Gegensatz zwischen Iran und Turan, d.h. den zentralasiatischen Turkvölkern" (Bürgel 1990: 303).

Aus seiner Abneigung gegen die Araber macht Firdausī kein Hehl, drückt sie aber so aus, „dass eine buchstäbliche Interpretation nicht geradezu Abneigung des Dichters selbst gegen den Islam ergeben musste. Und Abneigung gegen die Araber, wiewohl immerhin vom Standpunkt der Rechtgläubigkeit bedenklich, fand sich bei vielen Persern, und zwar auch bei gut muslimischen" (Nöldeke 1920: 37). Obwohl zum vorislamischen Stoff die Verwendung von Arabismen schlecht passt, erscheinen viele der zugelassenen arabischen Wörter gerade häufig; sie „hatten wohl in der Gemeinsprache vollkommenes Bürgerrecht gewonnen" (Nöldeke 1920: 68).

Der Meister des *romantischen Epos* war *Niẓāmī* (1141–1209) aus Ganǧa im heutigen Nord-Azerbaiǧan, ein frommer und bescheidener Familienvater, der sein ganzes Leben in seiner Heimatstadt verbrachte und dichtete. Sein Mausoleum dort war jahrhundertelang Wallfahrtsziel. Seine fünf Versepen, *chamsa* nach dem arabischen Wort für 'fünf', „wurden zu einem fast kanonischen Vorbild für ganze Generationen späterer Epiker, nicht nur persischer, sondern auch türkischer und indischer Zunge“ (Bürgel 1990: 310).

1. ‘Machzan al-asrār’ (Schatzkammer der Geheimnisse, 1176), eine religiöse Dichtung in 2.300 Distichen, in der er zwanzig Themen in einer metaphernreichen Sprache abhandelt und mit je einer kurzen Erzählung illustriert wie die Schöpfung, die Vergänglichkeit alles Irdischen und die Aufgabe des Menschen, sich auf das Fortleben im Jenseits vorzubereiten (KNLL 12.374).

2. ‘Chusrau u Šīrīn’ 1180–81, in 6.500 Distichen, erzählt die Liebes- und Leidensgeschichte des Sasanidenkönigs *Chusrau Parwēz* (reg. 590–628) und der armenischen Prinzessin *Šīrīn* ‘die Süße’; es ist gleichzeitig die Klage über den Tod von Niẓāmīs geliebter Ehefrau.

3. ‘Lailī u Maǧnūn’ 1180–88, in 4.600 Distichen, ist die Legende von der unglücklichen Liebe des Beduinenjünglings *Qais*, später *Maǧnūn* ‘Irrer, Wahnsinniger’ genannt, zu dem schönen Beduinenmädchen *Lailī* zu arab. *laila* ‘Nacht’, die unerfüllt bleibt und mit beider Tod endet. Obwohl Niẓāmī, wie er selbst in einer seiner Vorreden vermerkt, das freudlose Thema und die starre Wüstenlandschaft Arabiens, in der sich die Handlung in ‘Sandesdürre und Gebirgshärte’ vollzieht, durchaus nicht zusagten, denn es ‘gibt keinen Garten und keinen königlichen Schmaus, keinen Wein und kein Gedeihen des Glücks’, gelang ihm doch ein Meisterwerk (KNLL 12. 376).

4. ‘Haft paikar’ (Die sieben Bildnisse, 1198) in 5.000 Distichen über die Erziehung und die Taten des Sasanidenkönigs *Bahrām-i Gōr* (reg. 420–438). Es besteht aus drei Teilen, der erste behandelt die Jugend des Helden; der zweite, das Herzstück des Epos, sieben Liebesgeschichten, welche die vom König geheirateten Prinzessinnen der sieben Weltgegenden ihm in der Hochzeitsnacht erzählen; der dritte die Berichte von sieben Unterdrückten, die währenddessen dem schlechten Regime seines ungetreuen Wesirs ausgeliefert waren (Bürgel 1990: 310).

5. ‘Iskandarnāma’ (Alexanderbuch, 1209) in zwei Teilen ‘Šarafnāma’ (Buch der Ehre) und ‘Iqbālnāma’ (Buch des Glücks) in 10.000 Distichen. „Alexander entwickelt sich über die Stufen des Eroberers und des Weisen zum Propheten, der er nach islamischer Auffassung aufgrund seiner Erwähnung im Koran (Sure 18.83–98) ja ist“ (Bürgel 1990: 309). Das Epos ist eine Mischung aus den drei Gattungen des Heldischen, Romantischen und Lehrhaft-Erbaulichen (Bürgel 1990: 313).

Der erste bedeutende Vertreter des *mystisch-didaktischen Epos* ist der Sufi *Sanā'ī* (um 1065–1141) aus Ghazna, der bis an sein Ende als frommer Derwisch lebte. Neben einem großen mystischen Lehrgedicht ‘Ḥadīqat l-ḥaqīqa’ (Garten der Wahrheit, 1131) verfasste er eine der originellsten Versdichtungen des islamischen Mittelalters ‘Sair al-‘ibād ilā l-ma‘ād’ (Die Fahrt der Frommen ins Wiederkommen). „Es schildert den Aufstieg der Seele durch die Naturreiche und die Planetensphären, die mit Verkörperungen ethisch-moralischer Mängel, teils in Tier- und teils in Menschengestalt, bevölkert sind; ein schwieriges, dichtes, visionäres Werk, das in einer alten

Tradition steht und von fern an Dantes ‘Divina Commedia’ erinnert“ (Bürgel 1990: 314).

‘Aṭṭār (‘der Apotheker’, 1119–1230?) aus Nīšāpūr, der Hauptstadt Chorasans, verlebte seine Kindheit beim Heiligtum des achten Imam Riḍā in Mašhad unter schiitischem Einfluss, unternahm ausgedehnte Reisen und sammelte 39 Jahre Verse und Sprüche von Sufis. Er „war ein Erzfabulant. Von den 25 ihm zugeschriebenen Epen gelten zwölf als echt, vier gehören zu den schönsten Blüten der neupersischen Poesie“ (Bürgel 1990: 314), nämlich seine religiösen Lehrgedichte der frühen Epoche ‘Asrārnāma’ (Buch der Geheimnisse) um die Verstrickung der präexistenten Seele in die Welt der Materie, ‘Muṣībatnāma’ (Buch der Heimsuchung), die Schilderung einer Seelenreise, und die zwei Rahmenerzählungen ‘Manṭiq uṭ-ṭair’ (Die Sprache der Vögel) und ‘Ilāhīnāma’ (Buch des Göttlichen) mit unzähligen eingestreuten Geschichten.

Als größter mystischer Dichter persischer Sprache gilt *Ǧalāluddīn Rūmī* (1207–73) gen. Maulawī, Sohn eines Sufi-Predigers aus Balch, der sich 1221 in Konya, der Hauptstadt der Rūm-Selǧūqen niederließ. Rūmī gründete 1240 den Orden der ‘Tanzenden Derwische’ *mevleviye*, den er trotz mystisch-erotischen Verwicklungen bis zu seinem Tode leitete; sein Grab ist noch heute Wallfahrtsstätte. Sein Hauptwerk ‘Mathnawī-yi ma‘nawī’ (Geistiges Lehrgedicht), sechs Bücher in 26.600 Distichen, die er 1260–73 seinem Lieblingsjünger diktierte, ist ein ‘Koran auf Persisch’, die ‘Bibel des Sufitums’ (LWL 1.1306), konzipiert in drei Ebenen, der didaktischen, der narrativen und der ekstatischen.

3.3.4 Die Lyrik

Die persische Lyrik setzt ein mit der Qaṣīde zu arab. *qaṣada* ‘streben nach’, daher ‘Zweckgedicht’ meist panegyrischen Inhalts. Sie umfasst mindestens 15, nach anderen nur 7 oder 10 Distichen, gereimt nach dem Schema aa, ba, ca, da. Sie ist rein arabischen Ursprungs (s. S. 60): das 10. Jh. hat viele bilingue Poeten hervorgebracht, die in beiden Dichtersprachen glänzten (Reinert 1990: 242). Die Qaṣīde entwickelt sich von der beduinischen zur städtischen und höfischen Dichtung und bildet dann „die klassische Form des islamischen Lobliedes, und ein Dichter, der von seiner Muse leben wollte, musste sich wohl oder übel als Panegyriker betätigen. Verschrieb er sich einem Fürstenhof, so bezog er ein reguläres Gehalt in Geld und Naturalien“ (Reinert 1990: 244).

Als Vater der persischen Poesie und Meister der Qaṣīde gilt der blinde Dichtersänger *Rūdakī* (um 858–943) aus Panǧrūdak unweit Samarqand. Er war Hofpoet des Samanidenkönigs *Naṣr II.* in Buchara, fiel aber 938 in Ungnade und kehrte in sein Heimatdorf zurück. Von seinen Gedichten sind nur bescheidene Reste erhalten, „im Stil schlicht, rein, stark, von großer dichterischer Klangschönheit“ (LWL 1.1303).

Eine vorislamische, bodenständige, noch in der Volkspoesie lebendige Versform ist der *rubāʿī* arab. ‘Vierzeiler’. Das Reimschema a a b a, das sich allein durchgesetzt hat, kommt aus der arabischen Dichtung, die persische Neuerung bildet das Versmaß, als dessen Erfinder Rūdakī gilt (Reinert 1990: 286–287). Der unbestrittene Meister des *rubāʿī* ist *ʿUmar Chayyām* (ca. 1045–1122), Sohn eines Zeltmachers *chayyām* aus Nīšāpūr und weithin berühmter Astronom, der am Hofe des Selǧūqen-Sultans 1079 eine Kalenderreform durchführte.

250 der vielen ihm zugeschriebenen Vierzeiler gelten als echt, von denen *Edward Fitzgerald* 1859 hundert ins Englische übertrug. Sie „fanden im Abendland so ungeheuren Beifall wegen ihrer ‘modernen’ Lebensanschauung: skeptischer Rationalismus, Melancholie, innere Auflehnung gegen sinnlos waltendes Schicksal, Widerwille gegen Dogmen mit einem Anflug von Atheismus, Flucht in Lebensgenuss, scherzhaft verbrämte Menschenverachtung“ (LWL 1.1126).

Bald nimmt die persische Lyrik gegenüber der arabischen ihr eigenes Gepräge an in der Form des Liebesgedichts *Gasel* zu arab. *ghazala* ‘spinnen, flirten’. Auch dieses ist arabischer Herkunft und hat das gleiche Reimschema wie die Qaṣīde, umfasst aber 5–15, bei einigen regelmäßig 7 Distichen, und ist meist erotischen oder mystischen Inhalts.

An die Stelle der Frau oder des Mädchens, das der arabische Dichter mit Namen nennt, tritt im persischen Gasel das anonyme *dōst* ‘Freund, Freundin’, das ebenso wie *ō* ‘er, sie’ genusneutral ist. „Der erotische Held des Gasels ist aber doch vornehmlich ein Knabe oder Jüngling, wie zum Beispiel aus der gelegentlichen Erwähnung des Wangenflaums hervorgeht. Es ist dies die Folge der Stellung der Frau im Islam: die freie Frau war von der Öffentlichkeit so gut wie ausgeschlossen [...] Gasendichtung, die sich ausdrücklich auf Frauen bezöge, ist nicht bekannt“ (Bürgel 1990: 265).

Der schöne Mensch, den man anhimmeln konnte, der hübsche Ephebe, der Schenkenknabe und in sufischen Kreisen der jugendliche Adept war von überirdischer Schönheit und unnahbar; der Liebende, der Dichter vergöttlicht ihn und erträgt seine Launen und seine Willkür. „Spätestens hier wird deutlich, dass dieser Freund schon längst nicht mehr bloß ein hübscher Jüngling, vielmehr eine abstrakte Symbolfigur ist, die eine Weltanschauung verkörpert. Im Freund feiern die persischen Dichter die Erscheinung der göttlichen Schönheit im Irdischen“ (Bürgel 1990: 266).

Der Dichter maskiert sich als *rind* ‘Schelm’, der außerhalb der Gesellschaft steht. Als Mystiker wird er von den Orthodoxen der Ketzerei verdächtigt, während er diese der Heuchelei bezichtigt. Er tritt selbstbewusst auf, eine Neuerung des persischen Gasels ist, dass der Autor im letzten Vers sein Pseudonym *tachalluṣ* nennt.

Der erste überragende Vertreter des persischen Gasels ist der Derwisch *Sanāʾī* (s.o.), der von der Panegyrik zur Mystik kam. Bei ihm sind die konstitutiven Elemente schon vorhanden, „einerseits die Schelmen-Anakreontik, andererseits die mystischschillernde Freund-Panegyrik, mitunter verbunden mit sozialrevolutionären Tönen" (Bürgel 1990: 269).

Bei *Rūmī* (s.o.) „erreicht das persische Gasel eine einzigartige Klangfülle, pralle Bildhaftigkeit, rauschhafte Glut und mystische Bedeutungstiefe" (Bürgel 1990: 270). Ein Jahrhundert später wirkte *Ḥāfiẓ* (um 1320–89) aus Šīrāz, zuerst Kalligraph, dann Hochschuldozent, schließlich Dichter bei Hof. Sein 600 Gedichte, davon 500 Gaselen umfassendes Werk inspirierte Goethe zum 'West-Östlichen Divan'. Während bei Rūmī der Leser nie im Zweifel ist, dass er mystische Aussagen vor sich hat, will Ḥāfiẓ sich nicht festlegen lassen: wo er über Sinnliches zu reden scheint, meint er Übersinnliches und umgekehrt, stellt sein Übersetzer *Friedrich Rückert* fest (Bürgel 1990: 271).

3.3.5 Die persisch-islamische Kultur

Im Unterschied zur arabischen Kultur hat die persische starke Vorbehalte gegenüber dem beduinisch-koranischen Komplex. Der im Heldenepos beschworene Konflikt zwischen Iran und Turan, sesshaften Iranern und nomadisierenden Türken (s. S. 107) ließ sich übertragen auf den Gegensatz von persischer *šu'ūbīya* 'Volksbewusstsein, Ethnizität' und arabischer *'aṣabīya* 'Stammesbewusstsein, Tribalismus' (s. S. 106). Daraus ergab sich einer der fruchtbaren iranischen Widersprüche, die Wertschätzung des Nomadentums im Koran und seine Geringschätzung im Lande.

Außerdem verfügten die islamisierten Perser anders als die Araber über die Möglichkeit, Sakrales und Profanes sprachlich zu scheiden. Diese produktive Separation führte zu einer funktionalen Differenzierung: Arabisch war die Sprache der Theologie und überhaupt der Wissenschaft, das von jeder koranischen Bindung freie Persisch war die Sprache der informellen mündlichen und schriftlichen Kommunikation, des Hofes, der Verwaltung und vor allem der Literatur.

Doch auch diese Kultur hielt tribal-sektiererischen Angriffen nicht stand: turkmenische Stammesverbände, darunter die *Kızılbaş* 'Rotköpfe', eroberten unter dem Banner der Zwölfer-Schia den Iran. Die Dynastie der *Safawiden* (1501–1722) beanspruchte, in direkter Linie von Ali und somit vom Propheten Mohammed abzustammen, setzte mit allen Mitteln die Schia als Staatsreligion durch und „verbreitete ein mystik- und poesiefeindliches Klima. Viele Dichter emigrierten nach Indien, wo nun unter den Großmoguln [...] die persische Dichtung sich bester Pflege erfreute" (Bürgel 1990: 274).

Der Vergleich der persischen höfischen Kultur mit der westeuropäischen des Mittelalters zeigt Parallelen: beide entstehen sozusagen aus dem Nichts, besetzen den nichtsakralen Bereich und verwenden neue, von den Sakralsprachen Latein resp. Arabisch verschiedene Dichtersprachen. Ein Unterschied liegt in der Kleinteiligkeit Westeuropas und der Großräumigkeit des Orients, den mindestens zehn Literatursprachen im Abendland entspricht im Morgenland allein das Persische, dessen sich die Dichter von Tabrīz bis Delhi, von Bagdad bis Samarqand bedienen. Ein anderer betrifft die Blütezeit dieser Sprachen, in Westeuropa verklingen sie nach zweihundert Jahren und werden durch die neuen Kanzleisprachen ersetzt, das Persische hält sich – vergleichbar dem Arabischen – in der klassischen Form bis ins 19. Jh. Ein dritter Unterschied liegt in der großen Bedeutung mystischer Themen im persischen Versepos und in der Lyrik: die enge Verbindung der persischen Dichtung mit der islamischen Mystik rückt sie an den religiösen Raum heran (Fragner 1999: 43).

Eine überraschende Parallele zeigt die Fiktionalität sowohl der westeuropäischen Frauenminne als auch der persischen Knabenliebe. „Das höfische Frauenbild war eine Erfindung der Dichter. Die Vorstellung, dass die adligen Herren zu den Frauen verehrungsvoll aufblickten, weil sie ihnen ihre ritterlichen Fähigkeiten und damit ihr gesellschaftliches Ansehen verdankten, verkehrte das Verhältnis der Geschlechter, wie es in Wirklichkeit bestand, ins Gegenteil. Gelegentlich haben die Dichter im poetischen Spiel und sicherlich zum Ergötzen des Publikums den Schleier der Fiktivität ein wenig gelüftet, so dass man sehen konnte, dass dahinter nichts war als die dichterische Phantasie“ (Bumke 1986: 453).

Die Gaselendichter waren – selbst als Sufis – meist brave Familienväter; da wie in allen Sklavenhaltergesellschaften – nicht nur der islamischen, sondern auch der antiken – Frauen in der Öffentlichkeit nichts zu suchen hatten, konnte das dichterische Du ein junger Mann sein. Wie stark auch hier die gesellschaftliche Realität verdreht wurde, zeigt die Verehrung des türkischen Sklaven *mamlūk*: „So wird [...] in der Metaphorik persischer Dichtung der Begriff 'Türke' grundsätzlich für den grausamen Geliebten eingesetzt, der mit dieser Bezeichnung als jung, gewalttätig, raubend und vergewaltigend gefasst wird, jederzeit bereit, die inneren Nöte und das Seelenleben des Liebenden höhnisch zu missachten“ (Fragner 1999: 20). Eine gewagte rhetorische Figur: *dōst* war eine leere Stelle und stand für Mann und Weib, für Schöpfer und Geschöpf; je kühner das Bild, das der Dichter entwarf, desto größerer Beifall war ihm sicher.

4. Zu den Quellen

Im 14. Jh. findet in ganz Europa eine Art Kulturkampf statt, der sich mit dem Schlagwort 'Zurück zu den Quellen' charakterisieren lässt und zu dem es im Orient keine Entsprechung gibt. Darunter versteht man allerdings in den verschiedenen Regionen Europas nicht dasselbe. Es sind Kämpfe mit Siegern und Besiegten, in Westeuropa siegt der Humanismus, in Byzanz der Hesychasmus und in Böhmen der Hussitismus mit entsprechenden sprachlichen Folgen.

4.1 Der Humanismus

Der Humanismus ist der Paradigmenwechsel von Aristoteles zu Cicero, „durch den sich das Schwergewicht des Welt- und Menschenbildes von der Natur der Dinge auf die Natur des Menschen, vom Erkenntnisstreben auf den Gebrauch des Wortes als 'Band und Norm der Gesellschaft' verschob" (LMA 5.187). Der Zugang zur Welt erscheint über die Sprache vermittelt: „Man kennt die Dinge nur durch die Worte; wem die Macht über die Sprache fehlt, der wird notwendigerweise kurzsichtig, verblendet und närrisch in seinem Urteil über die Dinge sein", schreibt Erasmus 1497 (nach Garin 1966: 51).

Voraussetzung des neuen Denkens ist der Sieg der *via moderna*, des Nominalismus *Ockham*scher Prägung, wonach das Wirkliche das Einzelne ist und das Allgemeine nur als Name besteht. Nachdem man einmal die Willkür der Namengebung erkannt hatte – „Gott hat alle Dinge erschaffen, aber wenigstens erschuf er nicht ihre Namen" (nach Stierle 2003: 157) – entwickelt sich ein wahrer Kult der Wörter und Texte, von der Poesie bis hin zur Kabbala.

Im Zentrum dieses Kults stehen die antiken Texte. In der Rezeption der Antike besteht aber ein fundamentaler Unterschied zwischen der μίμησις der Byzantiner und der *imitatio* der Humanisten. Der Attizismus verpflichtete zwar den nachahmenden Rhetor zur eifrigen Lektüre antiker Autoren, führte aber auch zu lexikographischer Pedanterie und oft übertriebenem Archaismus (Hunger 1978: 1.67).

Für die humanistische *imitatio* gebraucht *Petrarca* ein schönes Bild: bei der Nachahmung ist das Verhältnis vom Alten zum Neuen wie die Ähnlichkeit zwischen Vater und Sohn, alles ist verschieden, und doch haben beide etwas gemeinsam, das er *aer* 'Atmosphäre' nennt (nach Garin 1966: 18). *Angelo Poliziano* (1454–94) schreibt: „Du drückst dich nicht wie Cicero aus, sagt jemand. Na und? Ich bin ja nicht Cicero, ich drücke deshalb mich selbst aus" (nach Garin 1966: 247). Auch *Erasmus* verteidigt die humanistischen Werte und Methoden gegen ihre pedantischen Entartungen, in seinem Dialog 'Ciceronianus' geißelt er die Nachäffung Ciceros in der Person des *Nosoponus*, bei dem die *imitatio Ciceronis* an die Stelle der *imitatio Christi* tritt (Garin 1966: 51–54).

Mit *Francesco Petrarca* (1304–74) beginnt Italien, das antike, vorchristliche Rom wiederzuentdecken. Sein Vater Ser Petracco, ein aus Florenz verbannter Jurist, ging 1311 nach Avignon, seit zwei Jahren päpstliche Residenz. Auf seinen Wunsch studiert der Sohn Jura in Montpellier und Bologna, um sich nach seinem Tode 1326 endgültig der Literatur zuzuwenden. Karfreitag 1327 begegnet er Laura, zu der er bis zu ihrem Tode 1348 eine wohl platonische Liebe hegt. Ausdruck seiner Gefühle ist das 'Liederbuch' *canzoniere*, mit dem die moderne abendländische Lyrik einsetzt.

„Neben Donna Laura ist in Petrarcas Lyrik Italien das Objekt seiner Sehnsucht", die politische wie kulturelle Erneuerung der römischen Antike (Münkler 2000: 314). Er wendet sich gegen Italiens Ohnmacht, gegen die *translatio imperii* auf die Deutschen, die *translatio studii* an die Pariser Universität und die Übersiedelung des Papstes nach Avignon. 1347 unterstützt er den Aufstand des Tribuns *Cola di Rienzo* gegen den römischen Adel, die Hauptstütze der päpstlichen Herrschaft. „Vor allem aber hat er das Mittelalter, an dessen Erfassung und Wahrnehmung als einer eigenständigen Epoche er einen entscheidenden Anteil hatte, als eine Zeit der Illegitimität beschrieben" (Münkler 2000: 315).

Im Zuge der von Petrarca eingeleiteten Umorientierung wird das universitäre Ausbildungsprogramm umstrukturiert, die Logik bzw. Dialektik durch die Rhetorik ersetzt, aus dem Trivium werden die *studia humanitatis*. 1369 nahm *Coluccio Salutati* (1331–1406), Notar aus dem Valdinievole bei Pistoia, seit 1374 Kanzler der Republik Florenz, diesen von Cicero geprägten Begriff wieder auf und gab so Petrarcas Bemühungen eine programmatische Bezeichnung. Es ging um „die philosophische und rhetorische Bildung zum menschlich gesitteten, politisch verantwortlichen Bürger durch das Studium menschlicher Zeugnisse, wie sie vor allem in der griechischen Literatur vorlagen" (LMA 8.252).

Anders als bei den Scholastikern wird Wahrheit nicht demonstriert und deduziert, sondern im Wechselspiel von Rede und Gegenrede erfasst. Diese Vorliebe für den Dialog führt zu einer neuen Platon-Rezeption (Münkler 2000: 155–156).

Der Wirkungsraum der Gelehrten verlagert sich von der Universität auf die Stadt, die Textproduktion wird durch den Buchdruck revolutioniert. Die wichtigsten Themen der Humanisten waren Mensch, Sprache und Geschichte, sie alle verband die Grundvorstellung, die Menschwerdung des Menschen grunde sich auf Bildung; die aristokratische Nobilität qua Herkunft wird abgelöst durch eine bürgerliche Nobilität des Geistes. So haben sich zahlreiche Humanisten wie *Erasmus v. Rotterdam* und *Philipp Melanchthon* als Erzieher profiliert (Münkler 2000: 157–159).

Den politischen Rahmen für den italienischen Humanismus bildet Florenz – vor der Pest eine der größten Städte Europas – mit seiner republikanischen Verfassung, „die vom Ende des 13. Jh., als das prokaiserliche Patriziat vertrieben wurde und die in der *Parte guelfa* organisierten oberen Zünfte die Macht übernahmen, bis zum Jahre 1530 mit der Errichtung des Medici-Herzogtums in unterschiedlich ausgeprägter

Form Bestand gehabt hat. Diese zweieinhalb Jahrhunderte bürgerlich-patrizischer Selbstregierung [...] waren Zeiten der wirtschaftlichen Prosperität und kulturellen Blüte. Insofern war es auch nicht ganz abwegig, wenn Leonardo Bruni Florenz zu Beginn des 15. Jh. mit Athen und Rom parallelisierte und eine Verbindung zwischen politischer Freiheit und kultureller Entwicklung herstellte" (Münkler 2000: 114).

4.1.1 Das klassische Latein

Petrarca bemühte sich als Erster, klassisches Latein zu schreiben. Seine lateinischen Hauptwerke sind das Epos 'Africa' (1342) über die Feldzüge Scipios des Älteren, des Siegers über Hannibal, im Stile Vergils und 'De viris illustribus', einer Art römischer Geschichte in exemplarischen Biographien (LMA 6.1947), im Stile Ciceros.

1345 machte er in der Biblioteca Capitolare in Verona seine wichtigste philologische Entdeckung: Ciceros 'Epistolae ad Atticum' in 16 Büchern. Sie inspirierten ihn zu den 'Epistulae de rebus familiaribus', einer Sammlung von 350 Briefen in 24 Bänden, eine Art Autobiographie der Jahre 1345–66 und frühes Zeugnis humanistischen Individualismus.

Ein glänzender Theoretiker des klassischen Lateins und Kritiker spätantiker und mittelalterlicher Texte war *Lorenzo Valla* (1407–57) aus Rom, Sohn eines Juristen. Er war 1435–44 Sekretär König Alfons' V. von Neapel. Die Rhetorik spielte in seinem bewegten Leben eine zentrale Rolle, seine 'Elegantiarum linguae latinae libri sex' (1435–44) bildeten die Grundlage für die Normierung des humanistischen Lateins (LMA 8.1393). Mit humanistischer Textkritik kann er nachweisen, dass die sog. Konstantinische Schenkung eine Fälschung ist und nicht aus dem 4. Jh., sondern aus dem 8. Jh. stammt. Seine 1505 von Erasmus veröffentlichten 'Adnotationes ad Novum Testamentum' (1449) stellen den Beginn der philologischen Bibelkritik dar. Valla zählte 484 von Hieronymus 'falsch' übersetzte Stellen, davon allein 252 im Matthäus-Evangelium (Saladin 2004: 152).

Das humanistische Beharren auf dem klassischen Latein ließ dieses zu einer toten Sprache erstarren, die nur noch von Gebildeten geschrieben und mehr und mehr durch die Volkssprachen ersetzt wurde. Den Primat des Lateinischen in der wissenschaftlichen Literatur brach zuerst *Galileo Galilei* (1564–1642) in seinen Schriften.

4.1.2 Das Volgare

Schon vor Petrarca hatte der größte Dichter des europäischen Mittelalters, *Dante Alighieri* aus Florenz (1265–1321), durch die Toskanisierung der sizilianischen Dichtersprache die italienische Kunstsprache geschaffen. 1302 aus seiner Vaterstadt verbannt und kurz darauf zum Tode verurteilt, führte er ein Wanderleben bis zu seinem Tode in Ravenna. In der 'Vita Nova' (1292–95) und den 'Rime' (1305) begann er als Minnedichter, beeinflusst von den provenzalischen Troubadours, besonders *Arnaut Daniel* (Ende 12. Jh.). Sein Hauptwerk 'La divina Commedia' (1304–19), ein allegorisches Lehrgedicht, das in über 14.000 Versen durch die drei Reiche des Jenseits – Inferno, Purgatorio und Paradiso – führt, ist ein in jeder Beziehung einzigartiges Werk, auf das mittelalterliche Kategorien nicht mehr anwendbar sind.

Lateinisch verfasst ist seine Abhandlung 'De vulgari eloquentia' (1305–07) über den Ursprung und das Wesen der italienischen Literatursprache mit einer Klassifikation der Dialekte und einer Verslehre. Hier entwickelt Dante seine Vorstellung vom *volgare illustre*, das aus der sizilianischen Dichterschule kommt und in den toskanischen Autoren des *dolce stil novo* seine Vollendung erreicht.

Auch *Petrarca* schreibt in beiden Sprachen. Im Mittelpunkt seiner italienischen Lyrik steht Donna Laura, eine unerreichbare, vielleicht fiktive Geliebte. Seine literarischen Vorbilder sind Ovid, die Troubadoure und Dante. Die 366 Gedichte, meist Sonette, hat er mehrfach überarbeitet und schließlich in einem 'Canzoniere' zusammengestellt, dem ersten einheitlichen Liederbuch in der Geschichte der europäischen Lyrik.

Neben Dante und Petrarca steht *Giovanni Boccaccio* (1313–75), der Jüngste des großen Dreigestirns, der *tre corone*. Als illegitimer Sohn eines Kaufmanns in Florenz geboren, folgte er 1327 seinem Vater nach Neapel, wo er ein ungebundenes Leben führte, ein wenig Jura studierte und sowohl französische als auch klassische Autoren las; 1341 kehrte er nach Florenz zurück.

Stilbildend wurde er mit seinem italienischen Hauptwerk, dem 'Decameron' (um 1350), das „in der europäischen Literatur zum mustergültigen Modell der zyklisch strukturierten und durch eine Rahmenhandlung zusammengehaltenen Novellensammlung wurde" (Münkler 2000: 41). Der Titel, griech. 'Zehntagewerk', ist gebildet nach *Hexameron* 'Sechstagewerk' in der Art spätantiker Schöpfungsberichte. Thema ist auch hier die profane Liebe, niedergeschrieben zum sinnlichen Vergnügen.

Nach dem gegen ihn erhobenen Vorwurf der Frivolität schrieb Boccaccio nur mehr gelehrte, lateinische Werke, nämlich 'De casibus virorum illustrium' (1360), eine Sammlung von Biographien berühmter Männer in neun Bänden, und 'De claris mulieribus' (1362), 104 Lebensbeschreibungen angesehener Frauen. Sein lateinisches Hauptwerk sind die 'Genealogiae' (s. S. 121).

Nicht nur der Minnesang, auch das Ritterepos lebt in Italien weiter. Am Hofe von Ferrara entstanden drei große Ritterepen, die die Karls- und Artusstoffe wieder aufnehmen und den Kampf gegen die Heiden mit den ritterlichen Liebeshändeln verknüpfen, nämlich 'Orlando innamorato' (1486) von *Matteo Maria Boiardo*, 'Orlando furioso' (1532) von *Ludovico Ariosto* und 'Gerusalemme liberata' (1581) von *Torquato Tasso* (Münkler 2000: 224–225).

So bildet das Italienische von 1300 bis 1600 in Westeuropa die Brücke zwischen den mittelalterlichen Literaturdialekten und den frühmodernen Volkssprachen und sein Prestige ist unerhört: bei *Aldo Manuzio* in Venedig erscheinen um 1500 die

Werke Dantes und Petrarcas gleichrangig neben Editionen griechischer und lateinischer Texte, so als stünde der klassischen Literatur inzwischen eine gleichwertige volkssprachliche gegenüber (Münkler 2000: 223). Gegen Ende des 16. Jh. verliert die italienische Literatur in Europa ihre vorbildhafte Rolle, statt dessen erobert eine neue Gattung, die Oper, die gebildete Welt.

4.1.3 Griechisch, die Poesie und das Neue Testament

Das mit Petrarca einsetzende Interesse der Humanisten am Griechischen war dreifach:

1. *historisch*. Sie suchten die Quelle der griechischen Weisheit, aus der auch die Römer, die Herren der Welt, ihre eigene Weisheit geschöpft hatten (nach Thorn-Wickert 2006: 42), sie suchten sie, weil sie als Begründerin der lateinischen Kultur galt, wie Horaz schreibt: „Das eroberte Hellas hat seinen wilden Sieger besiegt und die Künste ins raue Latium gebracht“ (nach Saladin 2004: 416); sie mochten das Griechische, weil Cicero es gemocht hatte. Die Lektüre der griechischen Texte sollte die Wissenslücken über die eigene Vergangenheit schließen (Thorn-Wickert 2006: 208).

2. *theologisch*. Nachdem die Scholastiker mit Hilfe von Aristoteles und seinem arabischen Kommentator Avérroës (Ibn Rušd) den Widerspruch von Vernunft und Glauben nicht hatten lösen können und sich dem Vorwurf der ‘doppelten Wahrheit’ (s. S. 90) ausgesetzt sahen, erhofften sich die Humanisten vom Studium Platons eine neue Harmonisierung von Philosophie und Theologie. Von dessen 36 Dialogen waren aber nur zwei vollständig (Menon und Phaidon) und zwei fragmentarisch (Timaios und Parmenides) in lateinischen Übersetzungen bekannt.

3. *ästhetisch*. Die Sehnsucht der Westler galt der Poesie, d.h. den griechischen Mythen und der Götterwelt. In eigenen Formen, mit erlesenem Stil und wunderbarer Schönheit, schreibt Boccaccio, besinge sie die Wahrheit und beschwöre die ganze Wirklichkeit herauf (nach Garin 1966: 7). Doch von den drei großen Tragikern war Euripides nur dem Namen nach bekannt, Sophokles und Aischylos nicht einmal das (Saladin 2004: 41). Es fehlten die homerischen Epen, die lateinische Odyssia des Livius Andronicus (s. S. 53) war nicht ins Mittelalter gelangt, von der Ilias kannte man nur die grobe Kurzfassung ‘Ilias Latina’ aus dem 1. Jh. n.C. Wichtigste lateinische Quelle zur Mythologie war *Ovid*, dessen ‘Metamorphosen’ im 11. Jh. gelesen, im 12. kommentiert und im 13. teilweise übersetzt wurden; die erste vollständige Übersetzung, der ‘Ovide moralisé’, entstand nach 1309, sie wird bezeichnenderweise ‘Bible des poètes’ genannt.

Diese drei Bestrebungen waren miteinander verbunden, chronologisch lassen sie sich so darstellen:

Petrarca nimmt 1341 in Avignon Griechischunterricht bei *Barlaám* (s. S. 127), orthodoxer Priestermönch aus Kalabrien, seit 1330 Abt und Professor in Konstantinopel. Als Gegenspieler des Hesychasten *Palamás* zum Schweigen gebracht, geht er 1341 nach Avignon, wo er zur römischen Kirche übertritt, und wird zum Bischof von Gerace in Kalabrien ernannt. Doch Petrarcas Griechischkenntnisse bleiben rudimentär und als ihm der byzantinische Gesandte *Nikolaos Sigeros* 1353 eine Handschrift der Ilias schickt, kann er sie nicht lesen und klagt in seinem Dankesbrief, dass „Homer für ihn stumm und er für Homer taub“ sei (Thorn-Wickert 2006: 148). 1358 beauftragt er einen Schüler und Landsmann Barlaáms, *Leonzio Pilato* (ca. 1300–1365), den ganzen Homer ins Lateinische zu übersetzen.

Dieser erteilt 1360 *Boccaccio* mit Erfolg Griechischunterricht und unterstützt ihn bei der Abfassung seines lateinischen Hauptwerks, der ‘Genealogiae deorum gentilium’ in 15 Büchern (1365), für Jahrhunderte das wichtigste Handbuch der griechischen Mythologie; in seinem Vorwort rühmt er sich, der erste Lateiner zu sein, der die Ilias in griechischer Sprache gelesen habe (Münkler 2000: 42).

Die antiken Götter und Heroen halten Einzug in die westeuropäische Bildungswelt, Petrarca weist ihnen ihren Platz zu: „Die Theologie handelt von Gott und dem Göttlichen, die Dichtung von den Göttern und den Menschen“ (nach Garin 1966: 107). Vergeblich ist der fromme Widerstand, dessen lauteste Stimme die des florentinischen Dominikaners *Savonarola* (1452–98) ist: „Die Dichter sind Lügner und erfinden auf Schritt und Tritt Lügen und erzählen Geschichten über Götter und Menschen; und es sind Geschichten voller Sinnenlust und törichter, schamloser Liebesaffairen“ (nach Garin 1964: 34).

Von nun an werden „klassische Mythen [...] mit biblischen Erzählungen oder Heiligenviten verbunden und in einem oftmals undurchdringlichen Verweisungssystem miteinander verknüpft. So wie Altes und Neues Testament im Verfahren der Präfiguration aufeinander bezogen worden waren, so wurden nun über Analogien und Parallelen die Heroen der antiken Mythen mit den Gestalten der Bibel und den Heiligen verbunden“ (Münkler 2000: 287–288).

Entscheidenden Anteil an der Institutionalisierung der *studia humanitatis* in Florenz hatte *Coluccio Salutati* (s.o.). Er pflog den Kontakt zu den Gelehrten, die sich im Paradiso degli Alberti und im Kloster S. Spirito trafen, suchte nach antiken Handschriften – so entdeckte er Ciceros Briefe ‘Ad familiares’ – und trug eine umfangreiche Privatbibliothek zusammen. 1396 berief er *Manuél Chrysolorás* Χρυσολωράς (s. S. 126) als Professor für griechische Sprache und Literatur an die Universität Florenz. Dieser hatte aber nur wenige Schüler, von denen *Leonardo Bruni* (1370–1444) aus Arezzo der bedeutendste war, Hauptvertreter des florentinischen Bürger-Humanismus (LMA 2.760), Autor zahlreicher historisch-politischer Abhandlungen, bes. der ‘Historia florentini populi’ und Übersetzer u.a. der ‘Politik’ und der ‘Nikomachischen Ethik’ von Aristoteles. Von 1427 bis zu seinem Tode war er als Salutatis Amtsnachfolger Kanzler der Republik Florenz.

Er übersetzte 1400–01 für Salutati den Brief *Basíleios d. Gr.* Πρὸς τοὺς νέους (An die Jungen), in dem dieser einem Neffen das Studium der heidnischen Literatur ans Herz legt (s. S. 82). In der Widmung stellt Bruni den Konflikt zwischen Antike und Christentum als haltlos dar (Garin 1966: 30). So nehmen die Humanisten des

14. Jh. das Bemühen der östlichen Kirchenväter des 4. Jh. um die Rhetorik wieder auf; doch während in Byzanz nach tausendjährigem Kampf das Christentum siegt, tritt es in Italien seinen langen Rückzug an.

Mit dem Unionskonzil von Ferrara und Florenz 1438–42 mehrten sich die Griechischkenntnisse in Westeuropa besonders dank den drei byzantinischen Gelehrten Pléthon, Bessaríon und Argyrópulos; die beiden letzteren kehrten nicht in das von den Osmanen belagerte Konstantinopel zurück, sondern blieben in Italien.

Als Mittler der byzantinisch-platonischen Tradition entfachte Pléthon (s. S. 128) im Westen eine Begeisterung für Platon, die in der Errichtung der sog. Platonischen Akademie des *Cosimo Medici* 1462 gipfelte. Sie wurde geleitet von *Marsilio Ficino* (1433–99), Sohn des Leibarztes von Cosimo Medici, der ihm eine Villa in Careggi unweit Florenz schenkte. Er übersetzte 1463–69 erstmals den vollständigen Platon und versuchte, um das Christentum zu erneuern, in seinem Hauptwerk 'Theologia Platonica' (1469–74), heidnische Philosophie und christliche Theologie zu verknüpfen. Auf seinen Kommentar zu Platons Symposion 'De amore' (1469) geht der Begriff *platonische Liebe* zurück. Bis zu seinem Tode war die Platonische Akademie Treffpunkt des gelehrten Florentiner Bürgertums.

Der zweite war *Bessaríon* Βησσαρίων (1403–72) aus Trapezunt. Er war Mönch und Priester, ließ sich von Pléthon in die neuplatonische Philosophie einführen, wurde 1437 vom byzantinischen Kaiser zum Metropoliten von Nikaia, 1439 vom Papst zum Kardinal erhoben und wirkte für die Union der Kirchen und den Kreuzzug gegen die Türken. Er erwarb sich große Verdienste um die griechischen Flüchtlinge und ganz besonders um die Erhaltung und Sammlung byzantinischer Kulturgüter. Er war das Haupt der griechischen Humanisten in Italien und starb 1472 im damals venezianischen Ravenna.

Seine zahlreichen theologischen Schriften dienten der Verteidigung der Union. Hervorzuheben sind weiter seine 'Epistula encyclica ad Graecos', worin er die Größe des antiken Griechenland beschwor, und 'In calumniatorem Platonis' (Gegen Platons Verleumder), worin er Platon in den Dienst des christlichen Glaubens stellt, ohne gegen Aristoteles zu polemisieren. Er übersetzte Schriften von Xenophon, Demosthenes und Aristoteles in ein meisterhaftes Latein: Valla nennt ihn *latinorum graecissimus, graecorum latinissimus*. Er besaß die größte Sammlung griechischer Handschriften jener Zeit (482 Codices), die er der Stadt Venedig vermachte und die den Grundstock der Bibliothek von San Marco bildete. Diese stellte dann kretische Studenten als Kopisten an.

Der dritte war *Johannes Argyrópulos* (1415–87) aus Konstantinopel, Anhänger der Union, der eigentliche Begründer der griechischen Philologie in Italien, der von 1457 bis zu seinem Tode in Florenz und Rom griechische Literatur und Philosophie unterrichtete; einer seiner Gasthörer war Reuchlin (s. S. 124). Er übersetzte zahlreiche Schriften Aristoteles' ins Lateinische und war als Aristoteliker Gegenspieler des Platonikers Marsilio Ficino.

Die Ironie der Geschichte fügte es, dass ausgerechnet Venedig, das im IV. Kreuzzug Byzanz vernichtet hatte, nun die griechische Kultur rettete (Runciman 1970: 204). Die griechische Kolonie in der Stadt, die ursprünglich aus Kaufleuten und Handwerkern bestand, vergrößerte sich durch Flüchtlinge aus Konstantinopel. Außerdem kamen hier die ehrgeizigen jungen Leute aus den venezianischen Kolonien zusammen, um zu studieren und Karriere zu machen. Als *Erasmus* seine Griechischkenntnisse vervollkommnen wollte, kam er hierher.

Ein weiterer Vorteil war die 1222 gegründete und wegen ihrer medizinischen und philosophischen Fakultät berühmte Universität Padua. Schon 1463 wurde hier ein Lehrstuhl für Griechisch eingerichtet und der Athener *Demétrios Chalkokondýles* Χαλκοκονδύλης berufen (Runciman 1970: 205–206). 1484 gründete *Aldo Manuzio* (s. S. 78) in Venedig die *Neoacademia.* Sie war 30 Jahre nach dem Fall Konstantinopels der Lektüre und Diskussion griechischer Texte vorbehalten, wobei nur griechisch gesprochen werden durfte. Bedeutend war Manuzio besonders als Drucker, er lieferte dem europäischen Humanismus kritisch durchgesehene und hervorragend gedruckte griechische Texte in mehr als 30 großen Werkausgaben, zuerst Aristoteles in fünf Bänden (1495–98), dann Thukydides, Sophokles, Herodot, Xenophon, Demosthenes, Plutarch und Platon.

Erst Ende des 15. Jh. erreicht das Griechische auch die übrigen westeuropäischen Länder, England (Thomas Linacre, William Grocyn, Thomas More), Deutschland (Erasmus von Rotterdam, Johannes Reuchlin), Frankreich (Lefèvre d'Etaples, Guillaume Budé) und Spanien (Antonio de Nebrija).

Um 1500 wendet sich mit *Erasmus v. Rotterdam* (1466 oder 1469–1536) das humanistische Interesse auch der Bibel zu. Geboren als illegitimer Priestersohn und früh verwaist lernt er bei den 'Brüdern vom gemeinsamen Leben' in Deventer die *devotio moderna* kennen. 1492 wird er Priester, 1495–99 studiert er Theologie in Paris, ab 1499 weilt er oft in London, wo er bei Thomas More wohnt, 1506–09 in Italien. 1504 findet er in der Prämonstratenserabtei Park bei Löwen *Lorenzo Vallas* 'Adnotationes' (s. S. 118), die er sogleich ediert. 1516 gibt er in Basel die erste kritische Druckfassung des Neuen Testaments in lateinischer und griechischer Sprache heraus.

Das bedeutete eine massive Kritik an Hieronymus' Vulgata und damit an der Autorität der römischen Kirche, die sich doch nicht während all der Jahrhunderte geirrt haben konnte, da sie sich auf die Vulgata berief. Erasmus' Gegner hatten sehr wohl verstanden, dass für ihn die Evangelien nicht vom Heiligen Geist diktiert, sondern Menschenwerk waren und somit kritisierbar wie jeder andere literarische Text (Saladin 2004: 198).

Als *Luther* ein Jahr später seine Thesen öffentlich macht, lässt sich unschwer ein Zusammenhang konstruieren. Bislang hatten die Päpste als die bedeutendsten Herrscher Italiens den Humanismus gefördert oder waren wie *Pius II.* selbst Humanisten und verhalfen so dieser Bewegung in Italien und ganz Westeuropa zum Sieg; mit der Reformation resp. dem Pontifikat *Leos X.* endet die päpstliche Huld.

4.1.4 Hebräisch, die Kabbala und das Alte Testament

Ein Anhänger Marsilio Ficinos – er nennt ihn *conplatonicus noster* – war Graf *Giovanni Pico della Mirandola* (1463–94). Er hatte Jura, *studia humanitatis* (neben Griechisch auch Hebräisch, Arabisch und Aramäisch) und Philosophie einschließlich der hebräischen und arabischen Aristoteleskommentare studiert und ließ sich 1484 in Florenz nieder. Anhand von 900 Thesen 'Conclusiones philosophicae, cabalisticae et theologicae' (1486) wollte er in einer öffentlichen Disputation in Rom nachweisen, dass sich alle philosophischen Traditionen grundsätzlich in Einklang bringen lassen. Das Vorhaben scheiterte am päpstlichen Einspruch, erhalten ist die Einleitung 'De hominis dignitate' (Über die Würde des Menschen, 1496), in der er die Freiheit des menschlichen Willens betont. In seinem Genesiskommentar 'Heptaplus' 1489 erweitert er Ficinos Synkretimsus um die islamische und jüdische, vor allem kabbalistische Tradition.

Picos Interesse für die Kabbala, d.h. die nicht zum Pentateuch gehörende jüdische Überlieferung, brachte ihn 1485 mit dem konvertierten Juden und Priester *Flavius Mithridates* (1450–nach 1489) aus Agrigent in Sizilien zusammen. Dieser hatte 1481 in einer Karfreitagspredigt in Gegenwart von Papst *Sixtus IV.* jüdische und islamische Quellen herangezogen und behauptet, dass die Mysterien des Evangeliums in den Schriften der jüdischen Mystik angedeutet und die Juden mithin ahnungslose Träger des christlichen Wortes seien; er verblüffte die Anwesenden durch seine gute hebräische und aramäische Aussprache. Er übersetzte Teile des Korans, jüdische philosophische und mystische Texte ins Lateinische.

Pico kaufte nun alle greifbaren hebräischen Handschriften zur jüdischen Mystik, die Mithridates übersetzen sollte, darunter 1486 das im 12. Jh. in der Provence entstandene 'Sefer ha-Bahir' (Buch des Glanzes), Grundtext für die Früh-Kabbala. Doch beide wurden von der Kurie der Verbreitung magischer und judaisierender Lehren bezichtigt und festgenommen. Pico durfte 1488 nach Florenz zurückkehren, Mithridates' Spur verliert sich 1489 in Viterbo.

Es war ein Deutscher, der „die Kabbala verchristlichen" wollte (Schauer 2006) und dadurch das Studium des Hebräischen im christlichen Europa institutionalisierte, *Johannes Reuchlin* (1455–1522) aus Pforzheim. Er studierte *artes liberales* in Freiburg i. Br. und nahm 1474–77 in Basel Unterricht bei dem Exilgriechen *Andronikos Kontoblakas*; zu der Zeit verfasste er ein lateinisches und ein griechisches Wörterbuch. Als Dolmetscher Graf *Eberhards V.* von Württemberg (1445–96) war er 1482 in Italien, in Rom hört er Johannes Argyrópulos, 1490 begegnet er in Florenz Marsilio Ficino und Pico della Mirandola. 1492 lernt er in Linz am kaiserlichen Hof den Leibarzt Kaiser *Friedrichs III.* (1440–93) kennen, *Jakob ben Jehiel Loans*, der ihn ins Hebräische einführt. Sein daraufhin verfasstes 'De verbo mirifico' (Über das wundertätige Wort, Basel 1494) markiert den Beginn einer wissenschaftlich betriebenen christlichen Kabbala. Sein 1506 erschienenes 'De rudimentis hebraicis', eine Kombination von Grammatik und Wörterbuch, war das erste christliche Lehrbuch der hebräischen Sprache, ein von den Zeitgenossen wie Luther und Melanchthon genutztes Standardwerk und Grundlage der nun einsetzenden *trilingualen* theologischen Ausbildung.

Auch *Reuchlin* will zu den Quellen zurückkehren, doch anders als für die italienischen Humanisten sind das weniger die Größe der Römer und die Weisheit der Griechen als der Gott des Alten Bundes, der zu Moses Hebräisch spricht. Er übersetzt und kommentiert die Bußpsalmen, sein Hautpwerk 'De arte cabbalistica' erscheint 1517. Da für ihn die Kenntnis der hebräischen Sprache und der jüdischen Literatur Schlüssel zur Erneuerung des Christentums waren, wollte er beide vor Verfolgung und Inquisition schützen (LMA 7.767). 1510 verteidigt er in seinem Gutachten 'Ratschlag ob man den Juden alle ire bücher nemmen, abthun und verbrennen soll' die jüdischen Schriften gegen *Johannes Pfefferkorns* Antrag auf Vernichtung sämtlicher hebräischer Bücher außer dem Alten Testament, indem er gerade die kabbalistischen Zeugnisse herausstellt, die „unseres Glaubens Grund und Wahrheit offenbaren". Trotz der Unterstützung zahlreicher Humanisten ('Clarorum virorum epistolae' Tübingen 1514, 'Epistolae illustrium virorum' Hagenau 1519) wird er 1520 vom Papst zu Stillschweigen verurteilt. Er unterrichtete bis zu seinem Tode an den Universitäten Ingolstadt und Tübingen.

Die Auseinandersetzung zwischen Reuchlin und dem konvertierten Juden Pfefferkorn steht am Ende des Konflikts zwischen scholastischem und humanistischem Denken um die kulturelle Hegemonie in Deutschland (Münkler 2000: 165). Letzten Endes haben die Humanisten gesiegt. Man wird Hebräisch studieren, doch ohne Juden: 1517 wird das Alte Testament auf Hebräisch erstmals in einer nichtjüdischen Offizin gedruckt, nämlich in Venedig bei *Daniel Bomberg* (Saladin 2004: 232–233). Die römische Kirche übernimmt die trilinguale Priesterausbildung, an der 1499 gegründeten Reformuniversität Alcalá de Henares wird 1508 das erste Dreisprachenkolleg gegründet, worauf noch heute der *Patio trilingüe* hinweist. Dort erscheint 1520 die 'Complutenser Polyglotte' auf Hebräisch, Griechisch und Latein mit einem hebräisch-aramäischen Lexikon.

Bemühungen um das Hebräische gab es übrigens auch in Russland, wo sich die Judaisierenden Ende des 15. Jh. daranmachten, Bücher des Alten Testaments neu oder überhaupt zu übersetzen, denn eine zusammenhängende Übersetzung der Gesamtbibel ins Kirchenslavische gab es noch nicht; erhalten ist die Psalterübersetzung des Juden *Fëdor* (Ammann 1950: 171). Die Judaisierenden wurden als Ketzer verfolgt und gingen unter.

4.2 Der Hesychasmus

Im 14. Jh. nahmen die Griechen erstmals in ihrer Geschichte die Kultur der Barbaren des Westens – wie auch des Ostens – zur Kenntnis. Einige Byzantiner begannen, lateinische Texte zu studieren und zu übersetzen. Das war etwas ganz Neues, denn bislang hatte man nur römische Gesetze übersetzt. *Manuél* (als Mönch *Máximos*) *Planúdes* Πλανούδης (1255–1305) eröffnete die Reihe der großen Philologen des späten Byzanz, die viele gemeinsame Züge mit den italienischen Humanisten aufweisen. Er übertrug *Augustinus'* 'De trinitate', *Boethius'* 'De consolatione philosophiae', *Cato, Cicero, Ovid, Juvenal*. Seine Übersetzungen erfreuten sich großer Beliebtheit, im Westen wurden sie merkwürdigerweise für den griechischen Sprachunterricht herangezogen, was die große Zahl der erhaltenen Handschriften erklärt (Hunger 1978: 2.68).

Geradezu von einem Wendepunkt in den griechisch-lateinischen Beziehungen kann man sprechen, als der junge *Demétrios Kydónes* Κυδώνης (1323–98) von einem spanischen Dominikaner in Pera Latein lernte und daran ging, *Thomas v. Aquin* ins Griechische zu übersetzen, zuerst die 'Summa contra gentiles', eine Auseinandersetzung mit der arabischen Philosophie, anhand deren er Latein gelernt hatte, und dann die 'Summa theologica', seiner Meinung nach die Wiederentdeckung von Platon und Aristoteles für die Griechen (Beck 1959: 733).

Diese Übersetzungen gelangten unter den byzantinischen Intellektuellen in Umlauf, und viele von ihnen fühlten sich von der thomistischen umfassenden philosophischen Interpretation des christlichen Dogmas stark angezogen. Vor allem lieferte Thomas v. Aquin den Gegnern der Hesychasten wichtige Argumente. Die Lehre vom Taborlicht (s. S. 127), den ungeschaffenen Energien Gottes, erschien den Theologen des Westens eindeutig als häretisch. Viele Intellektuelle in Byzanz, die sog. Λατινόφρονες (Römlinge), wurden hierdurch veranlasst, offen für die Vereinigung mit Rom einzutreten, einige von ihnen zogen sich nach Italien zurück (Runciman 1970: 99).

So *Manuél Chrysolorás* Χρυσολωράς (um 1350–1415), Schüler von Demétrios Kydónes, der 1396 nach 700 Jahren als Erster Griechischlehrer in Italien wurde, anfangs in Florenz, dann in Pavia, wo er *Platons* 'Politeia' ins Lateinische übertrug. Er schrieb die erste griechische Elementargrammatik für Nichtgriechen 'Ερωτήματα τῆς ἑλληνικῆς γλώσσης (Fragen der griechischen Sprache, 1496). Er starb auf dem Konzil von Konstanz und wurde im dortigen Dominikanerkloster begraben.

Der letzte große Beitrag der byzantinischen Theologie zur europäischen Kultur und eine ganz andere Form der *devotio moderna* ist der Hesychasmus (von ἡσυχία 'Ruhe, Stille'), der schließlich zum Charakteristikum der ostkirchlichen Spiritualität schlechthin wird. Er ruht auf drei Prinzipien, der athonitischen Idiorrhythmie, einer bestimmten Gebetstechnik und der palamitischen Theologie.

Kernstück der hesychastischen Gebetstechnik ist das Jesusgebet, das verbunden mit einer bestimmten Körperhaltung und Atemtechnik ständig rezitiert wird und zu einer dauernden Vergegenwärtigung Gottes führt. Diese Zustände rhythmisch erzwungener Sammlung können von Lichtvisionen begleitet sein; das dabei geschaute Licht sei identisch mit dem, das Christus auf dem Berge Tabor umflossen habe (Beck 1959: 323, 365).

Diese Praxis steht in der Tradition der philosophisch-mystischen Schule, die von Origenes über Euágrios Pontikós zu *Johannes Klimax* (579–654) führt, nach seinem Hauptwerk Κλῖμαξ τοῦ παραδείσου (Himmelsleiter) Ὁ τῆς κλίμακος genannt, der 40 Jahre am Fuße des Sinai lebte und dann Abt des Sinaiklosters war. Danach ist jeder Mensch zur höchsten Stufe der Vollendung, zur Θεολογία, der Gottesschau im diesseitigen Leben berufen.

In der Mitte des 14. Jh. entbrannte nun der *Hesychastenstreit*, der mit einem auch für Byzanz ungewöhnlichen Aufwand an Schriften und Synoden geführt wurde und dessen Hauptkontrahenten Barlaám aus Kalabrien und Gregórios Palamás waren. *Barlaám* (1290–1350) aus Seminara in Kalabrien, Priestermönch der Basilianer, war ab 1330 Abt und Professor in Konstantinopel. Dort machten ihn Eingeweihte mit der neuen Mystik bekannt, die ihm in Teilen ungeheuerlich schien; besonders bezog er gegen die Theorie der Lichtvisionen Stellung. Gegen ihn riefen nun die Hesychasten den Athosmönch *Gregórios Palamás* (1296–1359) zu Hilfe, der 1338 in einer Trias von Schriften Περὶ τῶν ἱερῶς ἡσυχαζόντων (Über die heiligmäßig Meditierenden) eine Theologie formulierte, die die hesychastische Praxis untermauern sollte: das Taborlicht sei ungeschaffen und göttlich, aber nicht Gottes Wesen οὐσία, sondern Gottes Wirken ἐνέργεια.

Es folgte nun eine Art Kirchenkampf: auf einer Synode wurde Barlaám 1341 zum Schweigen gebracht, er ging nach Avignon, wo er zur römischen Kirche übertrat; eine andere Synode unter dem palamitischen Kaiser *Johannes VI. Kantakuzenós* (1347–54) verurteilte 1351 alle Gegner des Hesychasmus und erklärte die palamitische Theologie zur offiziellen Lehre der orthodoxen Kirche. *Palamás* wurde bereits 1368 kanonisiert. Ihm ging es „zunächst um die Verteidigung der hesychastischen Mystik gegen jede Profanierung, vor allem wenn diese von einem ‘Fremden’, als der Barlaám immer galt, unternommen wurde. Dieser Schutz lag der byzantinischen Theologie deshalb so sehr am Herzen, weil ihr das athonitische Mönchtum so sehr am Herzen lag, und weil diese besondere Mystik zwar methodische Neuheiten brachte, im Kern jedoch die alte sinaitische Mystik des 7. Jh. [...] fortführte“ (Beck 1959: 325–326).

Dieser innerhalb der spätbyzantinischen Gesellschaft geführte Kulturkampf bildet sozusagen das Urmuster, nach dem die späteren Auseinandersetzungen zwischen ‘Westlern’ und ‘Ostlern’ im orthodoxen Europa ablaufen, von denen die zwischen Reformern und Altgläubigen, zwischen Westlern und Slavophilen und zwischen Marxisten und Volkstümlern in Russland die bekanntesten sind.

Sieger blieben mit kaiserlicher Unterstützung die Mönche, die zur Θεολογία zurückwollten, zu der es im Westen keine Parallele gab, Verlierer waren die westlichen Intellektuellen, die Anhänger der Union und ähnlicher Neuerungen. Mit dem Hesychasmus siegte in Griechenland nach über tausend Jahren schließlich das Christentum über das Heidentum, der Psalter über Homer, die Apostel über Platon und Aristoteles.

Ein ganz unabhängiger und origineller Geist, der weder die lateinische noch die griechische Kirche mochte, war der Erneuerer der heidnischen Philosophie *Geórgios Gemistós* Γεμιστός gen. *Pléthon* Πλήθων (um 1360–1452). Er verbrachte den größten Teil seines Lebens als Richter und Ratgeber am Hofe der Despoten von Mistra auf der Peloponnes. Er war Mitglied der griechischen Delegation auf dem Unionskonzil. Sein philosophisches Hauptwerk ist die Νόμων συγγραφή (Beschreibung der Gesetze) über die reine Erkenntnis im Sinne Platons, sein politisches zwei Denkschriften an Kaiser *Manuél II.* (1418) und den Despoten *Theódoros II.* über die Rettung des byzantinischen Staates durch die Rückkehr zum Hellenentum. 1439 verfasste er in Florenz das Werk Περὶ ὧν 'Αριστοτέλης πρὸς Πλάτωνα διαφέρεται (Über die Unterschiede zwischen Platon und Aristoteles), worin er zeigte, dass Platon mehr im Einklang mit dem Christentum stehe als Aristoteles und das eine lang andauernde Diskussion unter den italienischen Humanisten auslöste.

„Zwar vermochte *Pléthon* nur einen kleinen Kreis Eingeweihter für seine Lehren zu gewinnen, doch als 'letzte Summe' der byzantinischen Geistesgeschichte verdeutlichen die Schriften Pléthons die Kräfte, die in der byzantinischen Tradition schlummern: die Philosophie befreit sich von ihrer Rolle als 'ancilla theologiae'. Als Mittler der byzantinisch-platonischen Tradition entfachte Pléthon im Westen eine Begeisterung für Platon, die in der Errichtung der sog. Platonischen Akademie des *Cosimo Medici* 1462 ihren Höhepunkt erreichte" (LMA 7.20).

Im Osten aber wird ein Jahr nach Pléthons Tod Konstantinopel von den Osmanen erobert. Der Sieg des Hesychasmus und die Zerstörung der byzantinischen staatlichen Institutionen führen letztendlich dazu, dass die an der Antike ausgerichtete *weltliche* Bildung mit der *westlichen* gleichgesetzt wird. Schon 1414 hatte Chrysolorás Kaiser Manuél II. geschrieben: „Es ist doch verwunderlich, dass man in Italien und vielleicht auch anderswo mit Eifer unsere Literatur studiert, während andererseits in Griechenland und in unserer Hauptstadt niemand mehr dafür Interesse zeigt" (nach Thorn-Wickert 2006: iii). Noch im 18. Jh. wird man sich auf dem Athos bei der Erwähnung von Platon bekreuzigen.

Für die orthodoxen Slaven wurde der Hesychasmus zu einer von Bulgarien ausgehenden kulturellen Erneuerungsbewegung. Mit der 1371 gegründeten sog. Schule von *Tărnovo*, die nicht nur Bulgaren sondern auch Serben, Rumänen und Russen offen stand, erreichte die kirchenslavische Literatur ihren zweiten Höhepunkt. Ihr Gründer war *Evtímij* (1320–93), der letzte Patriarch des II. Bulgarischen Reiches, der lange in Konstantinopel und auf dem Athos gelebt hatte.

Vertraut mit dem Griechischen und getragen von tiefer Ehrfurcht vor der Überlieferung ging er daran, die inzwischen teilweise schon 500 Jahre alten kirchenslavischen liturgischen und biblischen Bücher anhand der Originale zu revidieren. Er reformierte die Orthographie, übernahm die griechischen Akzente und Spiritus, verbesserte die Übersetzungen und beseitigte durch den Wandel der Sprache hervorgerufene Missverständnisse. Wenn auch die Texte so ihre Ursprünglichkeit einbüßten, trafen sie auf allgemeine Anerkennung und gelangten als Mustertexte nach Serbien, Rumänien und Russland.

Aus der profanen byzantinischen Literatur übernahmen die Bulgaren fast ausschließlich historische Werke. Äußerst beliebt war die volkssprachliche byzantinische resp. über Byzanz vermittelte Literatur, wie der Alexanderroman, die Erzählung vom Trojanischen Krieg, das Märchen von Stephanítes und Ichnelátes und der Roman von Barlaám und Joásaph.

Die *Auswahl* der ins Kirchenslavische übersetzten oder revidierten Texte geschah unter hesychastischen Gesichtspunkten: Liturgie, mystische Philosophie, Dogmatik und Weltgeschichte als Heilsgeschichte, von all dem Reichtum der byzantinischen Literatur also nur ein schmaler Ausschnitt und bis auf die volkstümliche Unterhaltungsliteratur nichts aus der antiken Tradition. Die orthodoxen Slaven und Rumänen, die doch so dicht an der Quelle des klassischen Altertums waren, werden die heidnische Antike erst Jahrhunderte später über den Westen kennenlernen, vor allem durch polnische Vermittlung.

4.3 Hussitismus und Brüderunität

Von den osteuropäischen Ländern konnte der Humanismus in Böhmen, Ungarn und Polen Fuß fassen, an den Höfen von Prag, Ofen und Krakau wirkten einheimische und fremde Humanisten. Besonders eng waren die Beziehungen zwischen Böhmen und Italien zur Zeit *Karls IV.* (1333–78). Sein Kanzler *Johann v. Neumarkt* konnte auf der Fahrt zur Kaiserkrönung nach Rom 1354–55 direkte Verbindungen zu bedeutenden italienischen Humanisten knüpfen, *Petrarca* selbst weilte 1356 als Gesandter der Mailänder Visconti in Prag.

Doch diese Verbindungen wurden unterbrochen durch eine Bewegung, die nicht zur heidnischen Antike zurückwollte, sondern zur christlichen Urkirche, der es nicht um den kritisch edierten sakralen Text ging, sondern um die Botschaft in der Muttersprache. Sie war Teil der Armutsbewegung, die innerhalb der Kirche die Bettelorden und Beginen, außerhalb ihrer und von ihr verfolgt die Lollarden, Waldenser u.a. hervorbrachte. Einzig in Böhmen, wohin sich der Sage nach Petrus Valdès kurz vor seinem Tode gerettet habe (Friedenthal 1984: 249), konnten sich die evangelischen Kräfte längere Zeit der Amtskirche gegenüber behaupten. Es entspann sich ein Kampf, der auf den Straßen und in den Kirchen Prags, an der Universität und schließlich auf dem Schlachtfeld ausgetragen wurde.

Böhmen war ein reiches Land, dessen Gold-, Silber- und Erzabbau die Könige zu den wohlhabendsten Reichsfürsten machte. Es blieb sowohl von den Mongolen als auch von der Pest verschont. Eine ungewöhnlich schnelle wirtschaftliche Entwicklung führte zwar zum Wohlstand aber auch zu sozialen und davon abgeleitet ethnischen Konflikten, die sich in religiösen Unruhen äußerten. Es entstand eine von *Konrad Waldhauser* (1320–69) initiierte Erweckungsbewegung. Dieser kam 1363 als Beichtvater Karls IV. nach Prag und wirkte als Reformprediger an der Teynkirche, trat gegen Luxus und Sittenverfall der Laien und Kleriker auf und für eine Kirchenreform ein, die sich im Sinne der *devotio moderna* an der Nachfolge Christi orientierte.

Bei einer Predigt 'erweckte' er *Johann Milicz von Kremsier*, Jan Milíč z Kroměříže (um 1320–74), hoher Beamter aus niederem Adel, Kanoniker des Prager Domkapitels, der nun auf seine Ämter und Würden verzichtete und als armer Bußprediger mit großem Zulauf an drei Kirchen in drei Sprachen wirkte, čechisch an St. Ägidien, nach Waldhausers Tod deutsch an der Teynkirche und lateinisch für die Studenten an der Universitätskirche St. Gallus. Neben den allgemeinen Forderungen nach Erneuerung der Amtskirche und asketischem Lebenswandel kritisierte er das Buchwissen, besonders die scholastische Theologie: „Wo ist Aristoteles jetzt? fragte er nach dem Abgott und der Autorität der Hörsäle: Er zittert in der Unterwelt“ (nach Friedenthal 1984: 23).

Neben diese Kirchenmänner trat ein Laie, der südböhmische Landedelmann *Thomas von Stüttna*, Tomáš ze Štítného (–1401 oder 1409), der um 1380 nach Prag übersiedelte, dort zahlreiche geistliche Schriften und erbauliche Traktate in seiner Muttersprache verfasste und als Erster fremdsprachliche theologische Texte ins Čechische übertrug. Er schloss sich später dem Kreis um die Bethlehemkapelle in Prag an, von dem der Hussitismus ausging.

Diese Kapelle war 1391 ausdrücklich für die čechische Predigt gebaut worden, wie aus der Gründungsurkunde hervorgeht: „Die Prediger in čechischer Sprache sind größtenteils gezwungen, in den Häusern oder an versteckten Orten zu predigen, und das ist ein unwürdiger Zustand“ (nach Friedenthal 1984: 28). Bethlehem war die erste reine Predigtkirche.

Doch erst *John Wyclif* (1328–84) aus Yorkshire, Professor der Theologie in Oxford und schließlich Pfarrer in Lutterworth bei Leicester, lieferte der böhmischen Erweckungsbewegung die notwendige theologische Systematik. Er predigte einen extremen Realismus im Sinne einer Reform von Kirche und Gesellschaft aus dem Bedürfnis nach einer idealen, eindeutigen, allgemeingültigen und allumfassenden Welt- und Gesellschaftskonzeption, nach der sich Glaube und Wirklichkeit decken. Autoritative Grundlage des Glaubens war ihm allein die Bibel, und zwar in der Volkssprache.

Auf ihn geht die erste Gesamtbibel in einer europäischen Volkssprache zurück, die aus der Vulgata übersetzte englische sog. 'Lollard Bible' (1380–84), so genannt nach den *Lollarden*, Anhängern Wyclifs, die als Wanderprediger umherzogen und aus der Bibel das göttliche Gesetz verkündeten. Unter Wyclifs Einfluss entstand vor 1385 die čechische Übersetzung der Vulgata, 500 Jahre nach der kirchenslavischen und Vorbild für spätere slavische und ungarische Übersetzungen (Schamschula 1990: 210–211).

Eine Offenbarung waren Wyclifs Schriften für *Johannes Hus*, Jan Hus z Husince (1370–1415), Bauernsohn aus Husinec in Südböhmen. Er studierte in Prag Theologie und wurde 1400 Priester, dann Dozent an der Universität Prag und 1402 Prediger an der Bethlehemskapelle. Von Wyclif übernahm er die schroffe Prädestinationslehre und den Kampf gegen Güterbesitz und Verweltlichung des Klerus und der Klöster und gegen den Ablass. Außerdem trat er für den Laienkelch ein. Er beschränkte die Kirche auf die zur Seligkeit Vorherbestimmten, machte das kirchliche Amt von der sittlichen Würdigkeit des Trägers abhängig und sprach dem in Todsünde stehenden Kleriker jede Gewalt ab; damit zerstörte er den katholischen Kirchenbegriff, der ja auf der objektiven Institution beruht.

Die 1348 von Karl IV. gegründete Universität Prag war vom Nominalismus geprägt, bis Hus 1409 Wyclifs damals schon überholten Realismus durchsetzte. Doch 1410 wurden Hus' Schriften öffentlich verbrannt und er selbst 1412 gebannt. König *Siegmund* bot ihm freies Geleit und die Gelegenheit, sich vor dem Konzil von Konstanz zu verteidigen; er wurde dort jedoch 1414 verhaftet, als Ketzer aus dem geistlichen Stand ausgestoßen und am 6. Juli 1415 auf dem Scheiterhaufen verbrannt.

Hus' Tod war das Fanal für einen Bürgerkrieg. Seine Anhänger spalteten sich bald in die gemäßigten *Utraquisten* und die radikalen *Taboriten*, die 1434 in der Bruderschlacht bei Lipan unweit Böhmisch-Brod untergingen. Eine andere radikale Gruppe, gewaltlose biblische Fundamentalisten, hatte sich schon 1421 vor den Kämpfen aufs Land zurückgezogen. Ihr Führer war *Peter Chelčický* (um 1390–um 1460), wohl ein Freibauer aus Chelčice in Südböhmen. Er stand sowohl mit den Waldensern als auch den Taboriten in Kontakt, wandte sich aber im Einklang mit der Bergpredigt gegen jede Gewalt, auch zur Selbstverteidigung.

Er kritisierte das Dreiständeschema: der einzig christliche Stand seien die Bauern, die mit ihrer Arbeit den adeligen und geistlichen Stand ernähren. Mehr und mehr verband er mit der Idee des radikalen Pazifismus die Ablehnung des Staates, den er als *moc* 'Gewalt' bezeichnete. Wie Wyclif hielt er am Auserwähltheits- und Gnadenprinzip fest und gelangte schon vor Luther zur Formel *sola fide* (Schamschula 1990: 195). Einer der begeisterten Bewunderer seines Prinzips der strikten Gewaltlosigkeit war *Lev N. Tolstój*.

Um Chelčický bildete sich eine kleine Gemeinde, eine der Keimzellen der 1457 im ostböhmischen Kunvald gegründeten *Brüderunität* Jednota Českých Bratří. Unter ihrem 'Gesetzgeber' *Bruder Lukas* Lukáš Pražský (um 1460–1528) öffnete sich die Unität dem Humanismus und überwand ihre Weltfremdheit und vor allem Bildungsfeindlichkeit, sodass sie auch für adelige und bürgerliche Kreise attraktiv wurde. Unter seiner Leitung wuchs sie zu einer Kirche von 400 Gemeinden mit über 100.000 Mitgliedern heran. Immer wieder verfolgt, war sie genötigt, ihren Wirkungskreis in die Nachbarländer Sachsen, Schlesien, Polen und Mähren zu verlegen.

Hier erreichte sie ihre Blüte unter *Jan Blahoslav* (1523–71) aus Prerau in Mähren. Er studierte u.a. in Wittenberg, wurde 1552 Priester, 1557 Bischof und 1558 Historiograph, Archivar und Sekretär der Brüderkirche. Er behandelte die Geschichte der Unität 'O původu Jednoty bratrské' (Vom Ursprung der Brüderunität, 1547) und schrieb 1571 eine Grammatik des Čechischen, sein Hauptwerk aber ist die Übersetzung des Neuen Testaments aus dem Griechischen (1564). Der letzte große Bischof der Brüderunität war *Comenius* (s. S. 144), 'das Geschenk der čechischen Reformation an die Welt' (nach Schamschula 1990: 275), der 1650 im Exil 'Kšaft umírající matky Jednoty Bratrské' (Vermächtnis der sterbenden Mutter, der Brüderunität) verfasste.

Die Folgen des Hussitismus waren fatal. Die Beschränkung der Kirche auf die zur Seligkeit Prädestinierten, die Hus mit Wyclif und den Waldensern teilte, war sektiererisch und auf ein ganzes Land nicht übertragbar. Die Ausschaltung des geistlichen Standes und des Patriziats durch Enteignung und Entrechtung verurteilte die eigentlich fortschrittlichen Elemente der böhmischen Gesellschaft, das Königtum und die Bürgerstädte, zur Bedeutungslosigkeit, machte den Adel allmächtig und ebnete den Weg zur Leibeigenschaft.

In kultureller Hinsicht brachte der Hussitismus den damals schon antiquierten Realismus an die Universität und isolierte überdies das Land von den modernen humanistischen Bestrebungen. Sein großes kulturelles Verdienst aber war die Laisierung der klerikalen Buchkultur und die Ausformung der čechischen Volkssprache zur ersten frühmodernen Schriftsprache Osteuropas; in diesem Geiste propagiert schließlich Comenius die muttersprachliche Schulbildung.

Hus schrieb seine dogmatischen und exegetischen Werke lateinisch, seine pastoralen čechisch; in seiner Gesamtausgabe stehen 21 lateinischen Bänden 4 čechische gegenüber. Er war vor allem ein großer Homilet, seine Bethlehemspredigten verfasste er auf Latein und hielt sie auf Čechisch (Schamschula 1990: 165–171).

In der 'Orthographia bohemica' (1412) lieferte er eine exakte Beschreibung des phonologischen Systems des Čechischen und ordnete jedem Phonem ein Graphem zu, wobei er die Konsonanten, die anders ausgesprochen werden als im Lateinischen, durch einen Punkt markierte, den die Buchdrucker später um der besseren Lesbarkeit willen durch einen Haken *háček* ersetzen, die langen Vokale durch den Akut. Durch die geglückte Adaption des lateinischen Alphabets an eine nichtlateinische Sprache wird er zum Lehrmeister halb Europas: zuerst wurde diese Rechtschreibung ganz oder teilweise von allen Sprachen Ostmitteleuropas übernommen, Anfang des 19. Jh. entlehnten die Indogermanisten *Erasmus Rask* und *Franz Bopp* Hus' diakritische Zeichen für ihr sprachwissenschaftliches Transkriptionssystem. Da auch die heutige Bibliotheksumschrift damit arbeitet, hat der *háček* Weltgeltung erlangt.

Ein Vergleich von *Hus'* 'Orthographia bohemica' mit *Dantes* 'De vulgari eloquentia doctrina' drängt sich auf. Beide beschreiben die jeweils entwickeltste Volkssprache ihrer Region, das Italienische in Westeuropa und das Čechische in Osteuropa. Doch während es Dante um die Dichtung und eine vorbildliche, für ganz Italien gültige Literatursprache geht (Hardt 1996: 103), will Hus das Gesetz Gottes in der Muttersprache verkünden.

4.4 Mont Ventoux, Berg Athos und Berg Tabor

Drei Berge stehen symbolisch für den Aufbruch Europas aus dem Mittelalter. 1336 besteigt Petrarca zusammen mit seinem Bruder den fast zweitausend Meter hohen *Mont Ventoux* östlich von Orange in der Provence „allein von Neugier getrieben, diesen außergewöhnlich hohen Ort zu sehen", wie er am Tage darauf einem Freund berichtet (nach Neumann 1998: 82). Die Bergwanderung und besonders der Blick vom Gipfel wird für ihn zu einem äußerst intensiven, für seine Zeit ganz untypischen Naturerlebnis. Dazu schreibt Jacob Burckhardt: „Vollständig und mit größter Entschiedenheit bezeugt dann Petrarca, einer der frühesten völlig modernen Menschen, die Bedeutung der Landschaft für die erregbare Seele" (nach Stierle 2003: 319). Petrarcas Brief gilt vielen auch als einer der ersten Belege für den modernen Individualismus.

Mit dem endgültigen Sieg des Hesychasmus 1351 wird der knapp über zweitausend Meter hohe, auf einer Landzunge gelegene *Berg Athos* zum Zentrum der Ostkirche. Seit dort 963 als erstes Kloster die Große Lavra gegründet worden war, zog der entlegene, fast vollständig vom Meer umschlossene Berg Mönche aus allen orthodoxen Kirchen an, die sich – anders als ihre katholischen Brüder – ganz dem Gebet und nicht der Arbeit widmeten. Der Athos steht für Meditation, Bilderverehrung und Liturgie, für Vorbehalte gegenüber jeder Staatsmacht, für Gleichgültigkeit gegenüber dem antiken Erbe und für Feindseligkeit gegenüber dem Westen.

1420 gründeten einige tausend kampfbereite Hussiten auf einem knapp 450 m hohen Berg in Südböhmen, den sie nach dem Ort der Verklärung Christi (Mt 17, 1–8) *Tabor* nannten, eine urchristliche, doch wehrhafte Kommune, die, zerrissen von inneren Konflikten und im dauernden Kampf mit der Umwelt, schließlich 1452 zerschlagen wurde. Berg Tabor steht für die erste frühmoderne chiliastische Bewegung in Europa und ihr Scheitern.

5. Die Reformation

5.1 Reformation und Stände

Seit dem Abendländischen Schisma (1378–1417) war der Ruf nach Reform der Kirche an Haupt und Gliedern immer lauter geworden. Als die beiden Reformkonzile des 15. Jh. die Missstände im kirchlichen Leben nicht beseitigen konnten, kam es im 16. Jh. zu Abspaltungen von der alten Kirche und zur Herausbildung von Landeskirchen, die auch das Reformkonzil von Trient 1545–63 nicht mehr verhindern konnte.

Die Reformation setzte sich im ganzen katholischen Europa außer in Irland, Spanien und Portugal durch; mit Hilfe Spaniens konnten die Habsburger sie in ihren Ländern rückgängig machen. Frankreich und Polen kehrten im 17. Jh. aus Gründen der Staatsraison zur alten Kirche zurück. Im orthodoxen Europa konnte die neue Lehre letzten Endes nicht Fuß fassen.

Martin Luther (1483–1546) sieht sich durchaus als Nachfolger von *Jan Hus*, er schreibt 1537 in Wittenberg die Vorrede zur ersten Ausgabe seiner Briefe und bezieht den Satz auf sich, den Hus auf dem Scheiterhaufen gerufen haben soll: „Sie werden jetzt eine Gans (altčechisch *hus*) braten, aber in hundert Jahren werden sie einen Schwan singen hören“, woran noch heute der Schwan im Eingang zum Lutherhaus in Wittenberg erinnert.

Die Reformation bezeichnet nicht nur eine religiöse, sondern auch eine soziale Krise, denn die ständische Gesellschaft war instabil: im spätmittelalterlichen Gefüge aus Fürst, Adel, Klerus und Städten kam es zu Kompetenz- und Verteilungskämpfen. Dabei hing es vor allem vom Landesherrn ab, ob die Reformation siegte (Schramm 1965: 1): unter bestimmten Umständen gelang es ihm, den eigenen Stand auf Kosten des Episkopats auszubauen und das Kirchengut zu verstaatlichen, ohne den Adel zu stärken wie z.B. im Herzoglichen Preußen. Die Habsburger dagegen stützten sich gerade auf die Bischöfe, wenn auch sie das Kirchengut nicht immer respektierten.

Wer die Reformation gegen den Willen des Landesherren durchführen wollte, musste sich mit den Ständen verbinden. „Da unter den weltlichen Ständen fast durchweg der Adel den Ton angab, war der wichtigste Bundesgenosse der evangelischen Verkündigung die adlige Libertät, die sich gegen den fortschreitenden Ausbau fürstlicher Macht zur Wehr setzte“ (Schramm 1965: 5).

5.2 Die Weihe der Volkssprachen

Durch die Reformation entstand nun auch eine *volkssprachliche klerikale* Literatur auf allen Ebenen: Bibelübersetzungen, Gottesdienstordnungen, Katechismen, Predigten, dogmatisch-polemische Traktate bis hin zu Flugschriften, deren Verbreitung durch den gerade erfundenen Buchdruck ermöglicht wurde. Die Verwendung der Volkssprache für Texte, die bislang den Sakralsprachen vorbehalten waren, verlangte allerdings nach einer theologischen Rechtfertigung, die die Dreisprachendoktrin (s. S. 70) außer Kraft setzen konnte.

Dabei lassen sich zwei Anschauungen unterscheiden, eine pfingstlerische von der unmittelbaren Verkündigung und eine humanistische von der Übersetzung der heiligen Texte. Die slovenischen Reformatoren *Trubar* und *Jurij Dalmatin* stellen die Aussagen des Alten und Neuen Testaments in Bezug auf die Sprachen einander gegenüber: die *babylonische Sprachverwirrung* (Gen 11) als Strafe für den Turmbau, das *Pfingstwunder* der Geistausgießung (Apg 2, 1–13) als Weihe und Taufe der Volkssprachen. Das Pauluswort gegen die Glossolalie: „Wer in Zungen redet, der erbaut sich selbst; wer aber prophetisch redet, der erbaut die Gemeinde“ (1 Kor 14, 4) wird als Ermahnung zur Verständlichkeit der Verkündigung verstanden. Die Sprachenvielfalt bedeutet nun nicht mehr Fluch und Schuld, sondern bringt Gnade und Erlösung. So wie Christus die Gestalt eines einfachen und armen Menschen annahm, geht der Heilige Geist „in die Knechtsgestalt der niedrigen, verachteten, barbarischen Sprachen“ ein (Benz 1971: 168).

Diese zwar plausible aber doch schematische Gegenüberstellung findet sich bei den anderen Reformatoren nicht. *Luther* bezieht die Idee der Verleiblichung des Geistes nicht auf die Volks-, sondern auf die Sakralsprachen, „ja, er versteht die ganze humanistische Sprachbewegung und die Erneuerung des Studiums der klassischen Sprachen nicht als Selbstzweck, sondern als geheimnisvolle heilsgeschichtliche Vorbereitung der Neuentdeckung des Evangeliums in seinem Urwortlaut in Hebräisch und Griechisch“ (Benz 1971: 171). Bei ihm wird die Volkssprache geheiligt durch die Übersetzung der Urtexte und nicht durch die Geistausgießung. Er wendet sich auch gegen eine Ausschließung der Sakralsprachen aus dem Gottesdienst und warnt vor dem Beispiel der Waldenser und Böhmen, „die ihren Glauben und ihre eigene Sprache so gefangen haben, dass sie mit niemandem können verständlich und deutlich reden, er lerne denn zuvor ihre Sprache“ (nach Benz 1971: 174).

5.3 Die Bibelübersetzungen

Die vorreformatorischen Bibeln wie die oben genannte englische und čechische, aber auch die erste italienische von *Niccolò Malermi* (Venedig 1471) sind Übersetzungen aus der Vulgata. Erst *Martin Luther* kann aus den Originalsprachen ins Deutsche übersetzen, das Neue Testament 1521–22 aus dem Griechischen dank Erasmus, das Alte Testament 1523–34 aus dem Hebräischen dank Reuchlin und mit Melanchthons Hilfe.

Für viele Sprachen des lateinischen Europa bedeutete die Bibelübersetzung ihre eigentliche Geburt als Schriftsprache, besonders für ‘kleinere’ wie Baskisch, Finnisch oder Slovenisch. Die ersten Übersetzer benutzten neben der Vulgata auch kirchenslavische, čechische oder deutsche Vorlagen, die späteren die griechischen und hebräischen Orginale.

Wie eng die Bibelübersetzungen mit der Reformation verbunden sind, zeigt sich daran, dass im orthodoxen Europa zur gleichen Zeit nur zwei über Ostmitteleuropa vermittelte Übersetzungen entstanden, im 16. Jh. die westrussische von *Skorína* aus dem Kirchenslavischen und Čechischen und im 17. Jh. die rumänische aus dem Griechischen.

Die Bibelübersetzung galt nur für die Konfession, für die sie bestimmt war, sodass manchmal lutherische, reformierte und katholische Übersetzungen miteinander konkurrierten. Das konnte weitreichende Folgen haben; so bedeutete die von der reformierten Dordrechter Synode 1618 in Auftrag gegebene Bibelübersetzung ins Holländische, die 'Statenbijbel' (1620–35), die eigentliche Geburt des Standardniederländischen und seine endgültige Loslösung vom 'lutherischen' Deutschen.

5.4 Die orthodoxe Reaktion

Das orthodoxe Europa wurde von der Reformation nicht ergriffen. Abgesehen davon, dass die gesellschaftlichen Voraussetzungen fehlten, nämlich der geistliche Stand und die ständische Ordnung überhaupt, waren die orthodoxen Priester und Mönche für die neuen Lehren kaum anfällig. „Sie waren nicht nur – wie die Mehrzahl der katholischen Kapläne auf dem Lande – ungebildet, sondern – anders als diese – auch bildungsfeindlich und von dumpfem Widerwillen gegen den Geist des Westens erfüllt, der, mochte er sich katholisch oder evangelisch gebärden, nach ihrem Gefühl stets nur darauf aus war, das Heilige zu zerdenken und zu profanieren“ (Schramm 1965: 152).

Ihnen verlieh der Athosmönch *Ioán Víšenskij* (ca. 1550–1620) aus Sądowa Wisznia bei Lemberg mit den Worten Ausdruck: „Wir dummen Russen brauchen gar nicht die Klügelei und List eurer (polnischen) Kirche, und wir sehnen uns gar nicht danach, aus den Quellen eurer heidnischen Wissenschaften zu trinken, denn diese sind nur ein eitles Jagen nach dem Ruhme dieser Welt“ (nach Stender-Petersen 1957: 1.256).

Doch die Orthodoxen konnten sich nicht einfach verweigern: die Protestanten suchten ihre Unterstützung gegen die Papstkirche, die Katholiken strebten die Union an. Besonders im Großfürstentum Litauen mussten sie sich gegen die polnische Kirche behaupten. Dadurch kamen sie in arge theologische Bedrängnis, denn sie verfügten über keine systematische Dogmatik: sie konnten ihre Lehren nicht verteidigen, da sie nicht wussten, wie sie lauteten. Ihre letzte 'Summa' war die Πηγὴ γνώσεως (Quelle der Erkenntnis) von *Johannes von Damaskus* aus dem 8. Jh.

Dazu kam, dass *Kyrillos Lúkaris*, 1620–38 Patriarch von Konstantinopel, sich als erster und einziger Inhaber dieses Amtes 1629 in einer 'Confessio fidei' offen für den Calvinismus erklärt hatte. Als Retter in der Not lieferte nun *Petr Mogíla* in seiner Lehrschrift 'Orthodoxa Confessio Fidei' von 1640 eine moderne orthodoxe 'Summa theologica'. Dass er sie in lateinischer Sprache verfasste, zeigt, wie sehr er unter dem Einfluss der westlichen Theologie stand. Die 'Confessio' wurde dennoch 1642 auf dem Konzil von Jassy von der orthodoxen Hierarchie als Lehrbuch approbiert, sie erschien 1662 in Amsterdam auf Griechisch und 1685 in Moskau auf Kirchenslavisch.

Petr Mogíla (1596–1647) war die überragende Gestalt der russischen Kultur des Großfürstentum Litauen in der ersten Hälfte des 17. Jh. Er war der Sohn eines Fürsten der Moldau, musste 1612 nach Polen fliehen, erhielt an der Schule der Lemberger Bruderschaft eine streng orthodoxe Erziehung und ging dann an die Universität Paris, wo er sehr gut Latein und weniger gut Griechisch lernte. 1627 wurde er zum Abt des Kiever Höhlenklosters gewählt, das unmittelbar dem Patriarchen von Konstantinopel unterstand, 1633 wurde er Metropolit von Kiev, wo er auch starb.

Während seines Episkopats bewirkte er eine völlige Wandlung in der orthodoxen Kirche Westrusslands. Um die Katholiken zu bekämpfen, verlangte er, die westliche Theologie, geistliche und weltliche Schriften und die Naturwissenschaften zu studieren und die klassischen Sprachen sowie Polnisch zu lernen (Runciman 1970: 323). 1631 gründete er ein Klosterseminar, an dem die Sieben freien Künste in griechischer, kirchenslavischer und lateinischer Sprache unterrichtet wurden. Dieses wurde ein Jahr später mit der Schule der Kiever Bruderschaft zum *Mogíla-Kolleg* vereinigt, der späteren Geistlichen Akademie und ersten russischen Hochschule. Ihre Dozenten wurden vor Amtsantritt zum Studium ins Ausland geschickt.

Nach drei Jahrhunderten hesychastischer Ruhe öffnete sich also das orthodoxe Europa dem Westen. Eingangspforte war Kiev, das 1654 – sieben Jahre nach Mogilas Tod – zum Großfürstentum Moskau kam und dort während der Regierungszeit *Alekséj Michájlovičs* (1645–76), Vater *Peters I.*, das Laboratorium der Moderne wurde. Sprachliches Vehikel war neben dem Polnischen erstmals das über Polen vermittelte Lateinische.

Wenn dieser Kulturkontakt auch aus der Ablehnung der Reformation und der Abwehr gegen die Union entstand, so führte er doch zu einer Modernisierung der orthodoxen Welt, zuerst in Russland und in Österreich, später auch in Südosteuropa.

6. Das Europa der Vaterländer

6.1 Der frühmoderne Staat

Längst sind die germanischen, slavischen und ungarischen Nomaden mit den sesshaften Griechen, Römern und Kelten verschmolzen und die Stämme zu Völkern vereint. Überall im lateinischen Europa haben sich – im Spannungsfeld von weltlicher und geistlicher Macht und zusammengehalten durch das Lehnswesen – die Stände herausgebildet, die den Fürsten gegenübertreten. In dieser hierarchisch gegliederten Gesellschaft vollzieht sich seit dem 12. Jh. ein langsamer Prozess der Konzentration von Macht, an dessen Schluss der Staat das Monopol der legitimen Gewalt hat (Moore 2001: 256). Chelčický (s. S. 131) nennt den Staat *moc* 'Gewalt'.

Im 15. Jh. wird der Personenverbandsstaat zum institutionellen Flächenstaat. Seine fünf Merkmale sind: eine unabhängig vom jeweiligen Herrscher funktionierende Bürokratie, ein geordnetes Steuerwesen, die Diplomatie im Verkehr untereinander, das Militär aus Söldnern resp. stehendem Heer und ein Rechtswesen mit verbindlichen Entscheidungen (Münkler 2000: 372 ff.). Bei der Verstaatung werden mittelalterliche Institutionen weniger abgeschafft als transformiert, so sind alle katholischen Staaten Europas im Unterschied zu den orthodoxen und islamischen ständisch verfasst und somit strukturell miteinander verwandt. Die im Zuge der Reformation erfolgte Einrichtung von Landeskirchen bedeutet sowohl rechtlich als auch finanziell einen Zuwachs an Staatlichkeit.

„Für den Aufbau des bürokratischen Zentralstaats hat der Buchdruck in vieler Hinsicht Bedeutung erlangt. Es geht dabei um mehr als bloß den Übergang von mündlichen zu schriftlichen Verwaltungsakten. Kernpunkt ist die Reduplizierbarkeit des Gleichen“ (Mitterauer 2004: 271–2).

Mit der Schwächung von Kaisertum und Papsttum wird in Westeuropa die hierarchische Ordnung abgelöst durch ein System des Gleichgewichts der einzelnen Staaten. Als Letzter versucht Kaiser *Karl V.* (1500–58), eine Universalmonarchie zu etablieren, scheitert aber trotz päpstlicher Unterstützung am Widerstand der übrigen europäischen Staaten. 1522 und endgültig bei seiner Abdankung 1556 teilt er die habsburgischen Lande in eine spanische und eine deutsche Linie.

Der *Herzog von Sully* (1560–1641), Finanzminister Heinrichs IV. von Frankreich, entwirft in seinem 'Grand dessein' (ca. 1620) eine Neuordnung Europas auf der Basis einer Föderation der europäischen Staatenwelt, die einen dauerhaften Frieden garantieren soll.

In Westeuropa nehmen nun die modernen Staaten feste Konturen an. Sie umfassen alle mehrere Völker, so Spanien die Kastilier, Katalanen, Basken und zeitweise Portugiesen, Frankreich die Franzosen, Provenzalen und Bretonen, Großbritannien die Engländer, Schotten, Waliser und Iren, Dänemark die Dänen, Norweger und Isländer, Schweden die Schweden und Finnen. In Mitteleuropa ist es umgekehrt, hier sind Deutsche und Italiener jeweils auf mehrere Staaten verteilt; nirgendwo fallen Staats- und Volksgrenzen zusammen.

Zur gleichen Zeit verlieren in Osteuropa fast alle Völker ihre Selbständigkeit und können keine moderne Staatlichkeit herausbilden: osmanisch werden Bulgarien 1396, Byzanz 1453 und Serbien 1459, den Osmanen tributpflichtig die Walachei 1411, die Moldau 1455 und Siebenbürgen 1541, aufgeteilt zwischen Osmanen und Habsburgern Ungarn und Kroatien 1526, zwischen Polen und Schweden Livland 1562, mit Polen vereint Litauen 1569, habsburgisch wird Böhmen 1620. Von da an gibt es bis zu den polnischen Teilungen Ende des 18. Jh. nur noch vier Reiche in Osteuropa, nämlich Polen-Litauen, Österreich, das Großfürstentum Moskau und das Osmanische Reich.

6.2 DIE WESTEUROPÄISCHEN KANZLEISPRACHEN

Ein sechstes Merkmal (s.o.) des frühmodernen Staates ist die Kanzleisprache. Als mit dem ausgehenden Mittelalter die allmähliche Verstaatung ihren Abschluss findet und statt vieler Fürsten mit wechselnden Aufenthaltsorten wenige Könige in festen Residenzen herrschen, benötigen sie für die Verwaltung ihrer Territorien Kanzleien mit Beamten, adligen und zunehmend bürgerlichen, geistlichen, später auch weltlichen. Bedeutsam war auch die Rolle der städtischen Schreibstuben.

Um 1300 gehen städtische und fürstliche Kanzleien dazu über, nach lateinischem Vorbild volkssprachlich zu urkunden. So auf Deutsch: „Gleich die ersten deutschen Texte zeigten eine ausgebildete und gewandte Form, die einheitlich in verschiedenen Gegenden gebraucht wurde, ohne dass eine gegenseitige Beeinflussung nachzuweisen wäre. Das kann sich nur daraus erklären, dass die deutschsprachigen Urkunden an die Traditionen der mündlichen Rechtsspflege anknüpfen konnten. Syntaxuntersuchungen der deutschen Urkundensprache haben eine Nähe zum mündlichen Sprachgebrauch erwiesen, während ein Zusammenhang mit der höfischen Dichtersprache nicht festgestellt werden konnte“ (Bumke 1986: 634).

Bald werden die Kanzleisprachen verbindlich. Als Erster erlässt *Franz I.* die Verfügung von *Villers-Cotterêts* 1539, mit der das Französische Amtssprache in Recht und Verwaltung wird und das Lateinische und die übrigen Landessprachen ablöst.

Die Kanzleisprachen gehen nicht aus den mittelalterlichen Literaturdialekten hervor, sie bedeuten oft einen Neuanfang. So verdrängt in Frankreich die Sprache der königlichen Residenz Paris bzw. der Ile-de-France die älteren Regiolekte. Nach dem Albigenserkrieg 1209–19 verstummt die provenzalische Literatur, die Sprache fällt auf Dialektniveau zurück. In Italien siegt das Toskanische, die Sprache Dantes, Petrarcas und Boccaccios, die auf der Mundart der Großstadt Florenz basiert. In Hispanien behaupten sich zwei Sprachen, das Portugiesische, dessen Zentrum sich von Santiago de Compostela nach Coimbra und Lissabon verlagert, und das Kastilische. Das Katalanische, Sprache des Königreichs Aragonien, von *Raimundus Lullus*

(1232–1316) zur polyvalenten Standardsprache erhoben, sinkt nach der Vereinigung mit Kastilien zum bloßen Dialekt herab.

In England geht die Zweisprachigkeit im 14. Jh. zuende, das Anglo-normannische weicht dem Englischen, ab 1362 müssen alle Prozesse in englischer Sprache durchgeführt werden, 1363 wird das Parlament auf Englisch eröffnet. Mit *Geoffrey Chaucer* (1343–1400) erreicht das Englische das Niveau der übrigen europäischen Sprachen. Seinem übermächtigen Einfluss erliegen langfristig die ehrwürdigen keltischen Literatursprachen Irisch und Kymrisch.

In Deutschland war die höfische Dichtung so sehr mit dem Hochdeutschen verbunden, dass auch die Niedersachsen es gebrauchten wie *Eilhart*, der Autor des 'Tristrant', der aus Oberg stammte (s. S. 98). Auch an einigen norddeutschen Höfen ist höfische Literatur in hochdeutscher Sprache gepflegt worden, zuerst in Braunschweig unter Heinrich dem Löwen (–1195).

Im 14. Jh. wird aber die alte deutsche Zweiteilung wieder deutlich. In der Hauptstadt Prag, am Hofe *Karls IV.* und seines Kanzlers *Johann v. Neumarkt* fungierte um 1350 das Frühneuhochdeutsche als Kanzleisprache. Gleichzeitig erlangte das auf dem Westfälischen basierende Niederdeutsche als Sprache der Hanse europäische Geltung; normgebend war die Lübecker Kanzlei. Das Niederländische existierte in mehreren Regiolekten, von denen zuerst der flämische, dann der brabantische und schließlich – mit der Unabhängigkeit der nördlichen Niederlande – der holländische das Übergewicht hatten. Das Nordische ist in seinen beiden Zweigen West- und Ostnordisch vor 1500 noch wenig differenziert, bis sich an den königlichen Kanzleien von Kopenhagen und Stockholm das Dänische und das Schwedische herausbilden.

6.3 Der Status der osteuropäischen Sprachen

In den vier osteuropäischen Reichen galten die entsprechenden Kanzleisprachen, nämlich Polnisch und Westrussisch in Polen-Litauen, Lateinisch und Deutsch in Österreich, Kirchenslavisch im Großfürstentum Moskau und Osmanisch im Osmanischen Reich. Allerdings war die Situation hier komplizierter als in den westlichen Territorialstaaten, weil zum einen die Reiche sowohl polyethnisch als auch multikonfessionell waren und zum anderen die Eliten der inkorporierten Länder nicht auf ihre alten sprachlichen Privilegien verzichten wollten.

In Polen-Litauen fungierten auch nach der Realunion von Lublin 1569 zwei Kanzleisprachen. Das Polnische hatte mit der Reformation das Lateinische beerbt und wurde durch die Identifikation mit der *natio polonica* auch vom nichtpolnischen Adel akzeptiert. Es erreichte im 18. Jh. sein höchstes Prestige, war weitgehend standardisiert, aktualisiert und sehr weit verbreitet. Im Großfürstentum Litauen hatte schon im 15. Jh. das Westrussische das bis dahin gebräuchliche Kirchenslavische als verbindliche Verwaltungs- und Gerichtssprache verdrängt. Es war eine überdialektale Schriftsprache; um die Mitte des 16. Jh. bildete sich eine Norm heraus, die auf dem zentralen Dialekt von Volynien basierte, wo heute Polen, Weißrussland und die Ukraine aneinandergrenzen, und die für alle Kanzleien und Gerichte verbindlich wurde. Trotz ihrer Benennung прóста мóва (Gemeinsprache) war sie keineswegs ein schlichtes Bauernidiom, sondern eine polyvalente Schriftsprache mit einer komplizierten Syntax.

Das bedeutendste Rechtsdenkmal in westrussischer Sprache ist das 'Litauische Statut' in drei Redaktionen von 1529, 1566 und 1588. Dort heißt es 'Der Gemeindeschreiber hat in russischer Sprache und russischer Schrift alle Briefe, Auszüge und Vorladungen abzufassen und nicht in einer anderen Sprache oder Schrift' (Karskij 1926: 108–109). Das Statut ist, wie bei einem Rechtstext nicht anders zu erwarten, volkssprachlich verfasst, Wortschatz und Syntax stehen allerdings unter starkem polnischen Einfluss.

Nach dem Muster der lateinisch-polnischen Zweisprachigkeit war also im 16. Jh. im Großfürstentum Litauen als erstem slavisch-orthodoxen Land die alte buchsprachlich-volkssprachliche Diglossie einer kirchenslavisch-westrussischen Zweisprachigkeit gewichen; 'slavisch' und 'russisch' wurden nun Antonyme (Uspenskij 1987: 260). Das dauerte bis 1696, als der Reichstag verkündete, der Landgerichtsschreiber solle polnisch und nicht russisch schreiben, und die westrussische Kanzleisprache durch die polnische ersetzte. Im Großfürstentum Moskau dagegen wurden 'slavisch' und 'russisch' weiterhin synonym gebraucht. Hier fungierte das Kirchenslavische, das im Osmanischen Reich und den Donaufürstentümern dem Griechischen, im Großfürstentum Litauen dem Polnischen hatte weichen müssen, als Sakral- und Kanzleisprache, bis sich nach 1650 die Diglossie langsam auflöste.

In Österreich bestand ab 1620 neben der Reichskanzlei eine österreichische Hofkanzlei ausschließlich für die Erbländer, die sowohl deutsch als auch lateinisch urkundete. Die Habsburger stützten sich in ihrem Kampf gegen den Adel auf den katholischen Klerus, drängten die alten Adelssprachen Čechisch und Ungarisch zurück und vernachlässigten die Sprachen der Reformation wie Slovenisch. Hier konnte sich länger als anderswo das Lateinische behaupten, und als *Joseph II.* 1784 in Ungarn das Deutsche an die Stelle des Lateinischen setzen wollte, musste er diese Verfügung bald zurücknehmen.

Im Osmanischen Reich einschließlich der Moldau und der Walachei erfuhr mit der Herrschaft der Fanarioten 1711–1821 das Griechische eine letzte Renaissance, da es in seiner bewährten klassischen Form zum Vehikel der Aufklärung wurde.

Daraus ergibt sich eine Hierarchie der in Osteuropa geltenden Sprachen. An erster Stelle die sieben Amtssprachen Latein, Griechisch, Kirchenslavisch, Deutsch, Polnisch, Westrussisch und Osmanisch, mithin drei Sakralsprachen und nur zwei einheimische Volkssprachen, nämlich Polnisch und Westrussisch. An zweiter Stelle die Sprachen der untergegangenen Ständestaaten Böhmen, Ungarn und Kroatien, die ihre Geltung weitgehend eingebüßt hatten, und Rumänisch, das in der Moldau und der Walachei eingeschränkt neben Osmanisch und Griechisch galt. An dritter Stelle die Sprachen der Völker ohne ständische Qualität, die während der Reformation verschriftet worden waren wie Slovenisch, Albanisch, Litauisch oder Estnisch.

6.4 Der Ausbau der Amtssprachen

Die frühneuzeitlichen Amtssprachen speisen sich aus mehreren Quellen, neben den Kanzleisprachen waren es vor allem die Kirchensprachen der neuen protestantischen Amtskirchen. Doch auch in der katholischen Kirche spielten die Volkssprachen eine wichtige Rolle, hier drangen die Bibelübersetzungen durch Evangelien- und Epistellesungen und durch die mit Bibelzitaten geschmückten Predigten ins allgemeine Bewusstsein. Dass eine allzu sehr von der Volkssprache abweichende Kirchensprache sich auf die Dauer nicht halten konnte, zeigt das langsame Vordringen des Rumänischen auf Kosten des Kirchenslavischen. Andererseits konnte eine Volkssprache durch eine nahe verwandte Kirchensprache entscheidend modifiziert werden wie das Norwegische durch das Dänische.

Eine dritte Quelle war die Sprache der mündlichen Rechtspflege. Das Gewohnheitsrecht (s. S. 30) war im Mittelalter mancherorts aufgezeichnet worden, so der 'Sachsenspiegel' oder die 'Russkaja Pravda', behielt aber seine Eigenschaft als ungeschriebenes Recht. In Frankreich galten die ungeschriebenen, je nach Provinz unterschiedlichen und veränderlichen 'Coutumes', bis Karl VII. 1454 verfügte, das mündliche Recht in den Volkssprachen des Nordens und Südens zu redigieren; 1490 ordnete sein Enkel Karl VIII. den Gebrauch der Volkssprachen vor Gericht an.

Die Amtssprachen entwickeln sich nicht naturwüchsig, sie werden geradezu entworfen und gepflegt. Eine der wichtigsten Entscheidungen ist dabei die Auswahl eines bestimmten Dialekts als Grundlage, sei es weil er die meisten Sprecher zählt oder zentral gelegen ist oder schon ein gewisses Prestige erworben hat. Später kann die dialektale Grundlage wechseln, dabei können Verschmelzungen oder Brüche entstehen. So kommt es im Deutschen zu hochdeutsch: niederdeutschen Doubletten, die semantisch genutzt werden wie Waffen – Wappen, Reiter – Ritter, Teich – Deich. Anlass ist das Bedürfnis nach einem differenzierten Kommunikationsinstrument von großem Verbreitungsgrad und hohem Prestigewert. Benötigt wird es vor allem von *der* sozialen Schicht, die sich jetzt am stürmischsten entwickelt, bereichert und vermehrt, dem Bürgertum der Städte. Unterstützt wird die Standardisierung von Amtssprache und Orthographie durch den Buchdruck.

Zur Erweiterung und Aktualisierung der Lexik standen den westeuropäischen Volkssprachen seit dem Humanismus überdies die entsakralisierten, nunmehr 'klassischen' Sprachen zur Verfügung, entweder über direkte Entlehungen oder über Lehnbildungen. Das Nebeneinander von *Buchwörtern* und *Erbwörtern* ist geradezu ein eurolinguistisches Charakteristikum, es steht für die frühmoderne Harmonisierung der mittelalterlichen sakralen und profanen Sphäre.

In den romanischen Sprachen entstanden im Zuge der 'Relatinisierung' die sog. *mots savants* wie ital. *pensare* 'denken' neben *pesare* 'wiegen', span. *artículo* 'Artikel, Gelenk' neben *artejo* 'Knöchel', franz. *direct* neben *droit*, *légal* neben *loyal* (Tagliavini 1973: 261–268). Im Englischen wurden alte Gallizismen durch neue Latinismen ersetzt, so *painture* durch *picture* (Hutterer 1975: 227). Mit der Öffnung Russlands nach Westen nach 1650 übernahm auch das Russische Latinismen und Gräzismen. Der Rückgriff auf das antike Erbe ermöglicht den meisten europäischen Sprachen eine Fülle von Differenzierungen wie dt. *tierisch*, *animalisch*, *zoologisch* oder *Tierliebe* vs. *Zoophilie*, über die z.B. das Griechische oder das Arabische nicht verfügen (s. S. 63).

Schon bald richtete man Akademien zur Pflege der Volkssprachen ein. 1582 entstand in Florenz die älteste Sprachakademie Europas, die *Accademia della Crusca*, sie gab ein Wörterbuch heraus, das der Reinheit der Schriftsprache dienen sollte. Die älteste deutsche Sprachgesellschaft war die 1617 in Weimar gegründete *Fruchtbringende Gesellschaft*; im Jahre 1635 gründete Kardinal Richelieu die *Académie Française*, nach ihrem Vorbild 1713 Philipp V. in Madrid die *Real Academia Española*. Entsprechende Einrichtungen fehlten in Osteuropa.

Die ersten Versuche, die Volkssprachen zu beschreiben, orientieren sich an der 'Ars grammatica' des *Aelius Donatus* (310–380), vor allem an seiner Elementargrammatik 'Ars minor'. Diese übertrug man in die Volkssprachen, entwickelte dabei eine grammatische Terminologie und verfasste dann analog dazu volkssprachliche Grammatiken. Mustergültig war die erste spanische Grammatik 'Arte de la lengua castellana' 1492 von *Elio Antonio de Nebrija* (1444–1522); sie stand ganz im Dienste des spanischen Imperiums: die Sprache hat dem Reich zu dienen (LMA 6.1077). Als Erster vollzog der Ungar *Johannes Sylvester* (1504–52) aus dem Komitat Szatmár in seiner 'Grammatica hungaro-latina' von 1539 den Schritt von der Gegenüberstellung der Glossierung zur bewussten Sprachbeobachtung (Ising 1970: 187).

6.5 Volksschule und Muttersprache

Der Gebrauch der Amtssprache lag in den Händen qualifizierter Schreiber, Notare, Pfarrer und Richter, doch wie sollte das Volk eine überdialektale Schriftsprache verstehen und außerdem Lesen und Schreiben lernen? Die modernen Staaten brauchten für ihre Beamten und Militärs, sowohl Offiziere als auch Rekruten, effiziente Lehranstalten. Besonders die Bauernkinder, die ja die Masse der Bevölkerung ausmachten, mussten aus der 'christlichen Lethargie' (Friedrich von Rochow) herausgeführt resp. dem 'Idiotismus des Landlebens' (MEW 4.466) entrissen werden.

Schon Humanisten wie Erasmus von Rotterdam und Philipp Melanchthon hatten sich als Erzieher verstanden, mit der Reformation wird das Thema Volksbildung und Schule endgültig aktuell. *Martin Luther* fordert allgemeine Schulen für Jungen und Mädchen, er schreibt 1524 'An die Ratsherren aller Städte deutschen Landes, dass sie christliche Schulen aufrichten und halten sollen'. Dieser Forderung kamen die evangelischen Reichsstädte und Fürsten nach. Straßburg, wo seit 1537 ein berühmtes protestantisches Gymnasium bestand, war das erste Territorium in Europa, das mit der Kirchenordnung von 1598 eine gesetzliche Schulpflicht einführte. Württemberg hatte bereits in der großen Kirchenordnung von 1559 eine Schulpflicht festgelegt, allerdings nur für Jungen, 1649 wurde sie auf Mädchen erweitert.

Das 17. Jh. brachte dann vor allem landesfürstliche Schulordnungen, die staatlichen Schulzwang geboten. 1653 verfügte Herzog *Ernst der Fromme* (1640–75) in seiner 'Revidierten und vermehrten Landesordnung' die Einrichtung von Volksschulen in seinem Land Sachsen-Gotha. 1686 verbot König *Karl XI.* von Schweden Analphabeten, zu heiraten (BE 21.647). Von historischer und beispielgebender Bedeutung war Preußen, wo König *Friedrich Wilhelm I.* 1717 die 'Principia regulativa' erließ, die den Grundsatz der allgemeinen Schulpflicht gesetzlich feststellten und sich u.a. gegen die Kinderarbeit richteten. Das katholische Deutschland und das übrige Europa folgten langsam nach, so Bayern 1802 oder Frankreich 1882.

Nun nahm der Einfluss des Staates auf die Schule zu, wenn auch die Kirchen in staatlichem Auftrag diese Aufgaben noch lange Zeit wahrnahmen: der Staat finanzierte, verwaltete und beaufsichtigte die Schulen, bildete die Lehrer aus und stellte die Lehrpläne auf.

Als Erster setzte sich der Schulreformer *Wolfgang Ratke* oder *Ratichius* (1571–1635) aus Wilster in Holstein für eine 'natürliche Methode' ein, die den Unterricht auf Anschauung und Muttersprache gründet. „Alles muss zuerst in der Muttersprache unterrichtet werden, auch die Grammatik der verschiedenen Sprachen muss in der Muttersprache geschrieben sein; die Regeln müssen nach der Kenntnis der Dinge kommen; die Sprachen dürfen nicht anhand der Grammatik, sondern sie müssen anhand eines bestimmten Autors gelernt werden; die Sprachen müssen so gelernt werden, dass man sie sprechen kann“ (nach Garin 1967: 31). Obwohl in der Praxis erfolglos hat Ratke seine Mit- und Nachwelt stark beeinflusst.

So auch den eigentlichen Begründer der modernen europäischen Pädagogik, den čechischen Theologen und Philosophen *Jan Amos Komenský* (1592–1670) oder *Comenius* aus der Nähe von Ungarisch-Brod in Südostmähren. Er besuchte die Schule der Brüdergemeinde in Prerau, studierte 1611–14 an den reformierten Hochschulen Herborn und Heidelberg und wurde 1618 Pfarrer und Schulleiter in Fulnek/Nordmähren. Nach der Vertreibung der Protestanten lebte er ab 1628 mit Unterbrechungen als Gymnasiallehrer im großpolnischen Lissa/Leszno, wo er 1632 zu einem der vier Bischöfe der Brüdergemeinde gewählt wurde. 1641–48 besuchte er England, die Niederlande, Deutschland und Schweden, 1650–54 war er in Siebenbürgen. Er reformierte in London das englische, in Elbing das schwedische und in Sárospatak das ungarische Schulwesen. Als Lissa 1656 der Protestanten wegen zerstört wurde, zog er nach Amsterdam, wo er auch starb.

In seinen lateinisch geschriebenen Werken stellt Comenius noch heute gültige pädagogische Forderungen auf. 'Janua linguarum reserata' (Das offene Sprachentor, 1631) ist für den Lateinunterricht bestimmt, lässt sich aber auf jede Sprache anwenden. Lernstoff sind die gebräuchlichsten Wörter in Verbindung mit den Dingen, die sie bezeichnen, die Vermittlung geschieht in der Muttersprache. Die 'Janua' wurde nicht nur in fast alle europäischen Sprachen sondern auch ins Arabische und Persische übersetzt (Garin 1967: 38). In der 'Didactica magna' (Amsterdam 1657) vergleicht Comenius die Erziehung eines Menschen mit dem Jahreszyklus und entwirft eine vierteilige für Jungen und Mädchen verbindliche Ausbildung: 1. die häusliche Mutterschule bis zum 6. Lebensjahr, 2. die Muttersprach- oder Elementarschule (7.–12. Lebensjahr), 3. die Lateinschule (13.–18. Lebensjahr) und 4. die Akademie für künftige Staatsdiener (19.–24. Lebensjahr). In seinem verbreitetsten Lehrbuch 'Orbis sensualium pictus' (Die sichtbare Welt in Bildern, Nürnberg 1658) legt er seine Methode des Anschauungsunterrichts dar (Schamschula 1990: 287–8).

7. DIE TÜRKEN KOMMEN

Zur gleichen Zeit, als sich das Europa der Vaterländer herausbildet, vollendet sich im Orient das letzte Großreich, das Osmanische, das mit der Einnahme Konstantinopels 1453 endgültig an die Stelle des Byzantinischen tritt. Doch dazu gibt es eine fast 500-jährige Vorgeschichte.

7.1 ERSTER STAAT UND ERSTE BLÜTE

Den ersten türkisch-islamischen Staat gründen die *Qarachāniden* durch die Eroberung des Samanidenreichs um 1000 (s. S. 106): sie vereinen das von heidnischen Turkstämmen besiedelte Tarimbecken mit den Zentren Kašghar und Balasaghun und das seit langem iranische und islamische Transoxanien; sie übernehmen von den Besiegten den sunnitischen Islam und die persische Kultur: beidem werden die Türken die Treue halten.

Gleichzeitig erscheint eine neue Stammesföderation auf der historischen Bühne, die oghusischen *Selǧūqen*. Ihr Ahnherr *Selǧūq* nimmt um 960 mit einem großen Teil seines Stammes in Ǧand am unteren Syr-Darja den sunnitischen Islam an. Die Selǧūqen erobern 1040 Chorasan, ziehen 1055 in Bagdad ein und befreien den Kalifen von der Herrschaft der schiitischen Buyiden. Unter Sultan *Alp-Arslan* (1063–72) und seinem Sohn *Malik-Šāh* (1072–92) erreicht das erste türkisch-islamische Großreich den Zenit seiner Macht, es umfasst alle islamischen Gebiete in Asien bis auf Afghanistan. Alp-Arslans Sieg über Byzanz bei Mantzikert 1071 öffnet den Türken den Weg nach Anatolien.

Wie schon unter den Samaniden war die Verwaltungs- und Bildungssprache der Selǧūqen das Persische, das Türkische wurde nur informell verwendet. Die Zentralgestalt der selǧūqischen Kultur war *Niẓām al-Mulk* (1018–92) aus einer persischen Beamtenfamilie in Ṭōs. Er war bis zu seinem Tode Wesir unter den Sultanen Alp-Arslan und Malik-Šāh, verfasste auf Persisch den Fürstenspiegel 'Siyāsatnāma' (Buch der Staatskunst) und hat, als „Beamter von der samanidischen Tradition des Chorasan geprägt, im wesentlichen die Praxis der chorasanischen Verwaltung fortgesetzt und sie zugleich auf die selǧūqischen Gebiete ausgedehnt, wo sie vorher unbekannt war" (Cahen 1968: 291).

Zu jener Zeit haben die Schiiten, gestützt auf die Buyiden im Westiran und im Iraq und die Fatimiden in Ägypten das kulturelle Übergewicht in der islamischen Welt. Nach dem Untergang der Buyiden 1055 hat *Niẓām al-Mulk* maßgeblichen Anteil am Wiedererstarken des sunnitischen Islam. Er steht hinter der auf Toleranz und Ausgewogenheit gerichteten Religionspolitik der Selǧūqen und fördert den Aufstieg des bedeutendsten sunnitischen Theologen *al-Ghazzālī* (s. S. 86). Vor allem stiftet er in einer Reihe von Städten Hochschulen *Medresen* (s. S. 174), so 1067 in Bagdad als Gegenstück zur 988 in Kairo gegründeten schiitischen al-Azhar Hochschule ein sunnitisches Wissenschaftszentrum, die sog. Niẓāmīya. Er stirbt durch ein Attentat der Sekte der Assassinen (Cahen 1968: 296).

Nach *Malik-Šāhs* Tod zerfiel sein Reich in Teilsultanate, die schließlich den Mongolen zum Opfer fielen. In Kleinasien gelang den anatolischen Selǧūqen „eine Staatenbildung von größerer Bedeutung, mit der die Umwandlung des bisherigen byzantinischen Kerngebietes, Anatolien, zur Türkei ihren Anfang nahm" (LIW 3. 105). Dieses Sultanat hieß *Rūm* nach dem arab. Wort für 'Ostrom, Byzanz' und bestand von 1070 an bis zu seiner Zerstörung durch die Mongolen 1243, die Dynastie überlebte bis 1307; die Hauptstadt war Konya (Ikonion). Nach der Zerschlagung von Byzanz durch die Lateiner im 4. Kreuzzug 1204 hatten die Rūm-Selǧūqen freie Hand, sie konnten zu den Handelszentren des Schwarzen und des Mittelmeers vorstoßen.

Damit erreichte das Sultanat seinen wirtschaftlichen und kulturellen Höhepunkt. In Konya fand auf der Flucht vor den Mongolen der persische Sufi *Ǧalāluddīn Rūmī* (s. S. 112) Aufnahme, dessen Dichtung großen Einfluss auf die Ausprägung der türkischen Kultur Anatoliens ausübte. Die Bedeutung der Rūm-Selǧūqen liegt in der Verbindung byzantinischer Traditionen mit islamisch-iranischen Vorbildern und eigenen Neuerungen (Cahen 1968: 304); damit weisen sie den Osmanen den Weg.

7.2 Die islamischen Turksprachen

Die Turksprachen bilden eine große Familie, die nach lautlichen Kriterien in fünf Sprachzweige eingeteilt wird, *Čuvašisch* und die vier türkischen im engeren Sinne, nämlich im Südwesten *Oghusisch*, im Südosten *Uigurisch*, im Nordwesten *Qypčaqisch* und im Nordosten *Sibirisch*. Čuvašisch setzt das Wolgabulgarische fort, Osmanisch und Azeri sind oghusische, Čaghataisch und Uzbekisch uigurische, Tatarisch und Baškirisch qypčaqische Sprachen; die sibirische Gruppe ist unbedeutend. Die Unterschiede sind aber nicht sehr groß: es ist wohl nicht übertrieben zu sagen, dass die muslimischen Turksprecher einander verstehen.

Die islamischen Türken bedienten sich nach persischem Vorbild bis in die 1920er Jahre der arabischen Schrift. Da die Turksprachen mindestens acht Vokalphoneme unterscheiden, vier helle e, i, ö, ü und vier dunkle a, ı, o, u, für deren Wiedergabe nur drei arabische Konsonantengrapheme ', y und w zur Verfügung standen, „war das Lesen eines Textes immer mit einem Rätselraten verbunden. Die Buchstabengruppe *'wn* konnte *on* 'zehn' und *un* 'Mehl' gelesen werden. Anhaltspunkte für die richtige Lesung gaben allerdings häufig die Konsonanten und die Möglichkeiten der lautlichen Struktur, z. B. konnte das vokallose Schriftbild *klmk* wegen des letzten *–k* nur mit hellen Vokalen gelesen werden. In *–mk* erkennt man die Infinitivendung *–mek*. *kl* kann nicht *kl–* gelesen werden, weil kein türkisches Wort mit einer Konsonantengruppe beginnt. Man muss also *k–Vokal–l* lesen. Wegen *–mek* kann in der ersten Silbe nur e, i, ö, ü stehen; i hätte man wahrscheinlich mit *y* und ö und ü bestimmt mit *w* geschrieben. Es bleibt nur e, also *kelmek*; da es ein solches Wort nicht gibt, muss das k hier g vertreten, also: *gelmek* 'kommen'" (Wendt 1961: 325).

Die turksprachige islamische Literatur hat ihren Ursprung in Zentralasien und steht ganz im Banne der persischen. Das erste uns bekannte türkische Werk in arabischer Schrift ist das 1070 zur Qarachānidenzeit entstandene Lehrgedicht 'Qutadghu Bilig' (Glückbringendes Wissen) in 6.645 Distichen von *Yūsuf Chāṣṣ Ḥāğib* aus Balasaghun über die Moral der Staatsführung. Fast gleichzeitig erschien 1073 in Bagdad das türkisch-arabische Wörterbuch 'Dīwān-i lughāt-at turk' des weitgereisten Gelehrten *Maḥmūd al-Kāšgharī*; es enthält eine Übersicht über die Stämme und Mundarten der damaligen Türken in Ost- und Westturkestan, dem Wolga- und Uralgebiet, mehr als 400 Sprichwörter, Folklore- und Dialektmaterial (KLE 4.698). „Die dortigen Belegverse bestehen aus Vierzeilern mit siebensilbigen und Distichen mit elf- bis zwölfsilbigen Zeilen. Die langzeiligen Verse haben ethisch-didaktischen Inhalt und dienten offenbar der Vertiefung des Islams, während die eigentlichen Vierzeiler eine vom Islam kaum berührte Welt türkischen Steppenlebens widerspiegeln" (Reinert 1990: 295).

Unter den Mongolen blühte im 14. Jh. im Bereich der Goldenen Horde in Chwārizm mit den Zentren Ürgenč und Kerder die chwārizm-türkische Literatur, von der kaum mehr als ein Dutzend Werke meist religiösen Charakters erhalten geblieben sind. Das schönste Erzeugnis der höfischen Literatur ist *Quṭbs* Nachdichtung von *Niẓāmīs* (s. S. 110) romantischem Epos 'Chusrau u Šīrīn' aus dem Jahre 1341–42 (Eckmann 1965: 280).

Vom 15. Jh. bis zur Oktoberrevolution wird in Zentralasien *Čaghataisch*, d.h. Alt-Uzbekisch, geschrieben, sowohl in Transoxanien und Chorasan mit den Kulturzentren Samarqand, Herat, Buchara und Chiwa als auch in Ferghana mit Choqand und in Ostturkestan mit Kašghar. Die čaghataische Literatur ist die bedeutendste turksprachige islamische Literatur der älteren Zeit. Ihr Begründer und wichtigster Repräsentant war *Nawā'ī* (1441–1501) aus Herat. Er stammte aus einer vornehmem türkischen Familie und erhielt eine erlesene Bildung. 1469 am Hofe mit hohen Ämtern betraut, zog er sich 1488 zurück, um nur der Dichtung und Wissenschaft zu leben. Heute gilt er als uzbekischer Nationalheld.

Er verfasste fünf Gedichtsammlungen, davon eine auf Persisch, die übrigen sind jeweils einem Lebensalter gewidmet, und – wie sein Vorbild *Niẓāmī* – einen Zyklus von fünf romantischen Versepen. Unter seinen Prosawerken hat die erste turksprachige Sammlung von Dichterbiographien 'Mağālisu 'n-nafāis' (Die Versammlungen der feinen Geister) einzigartigen Quellenwert für die literaturhistorische Forschung (LWL 1.1082). Von den 450 behandelten Dichtern schrieben etwa 90% persisch, die übrigen sowohl türkisch als auch persisch (Eckmann 1965: 349–350). In dem Traktat 'Muḥākamatu 'l-lughatain' (Die Beurteilung der beiden Sprachen) beschreibt Nawā'ī seine Bemühungen um die Etablierung seiner Muttersprache als einer dem Persischen gleichwertigen Literatursprache (Fragner 1999: 85).

Neben dem Čaghataischen sind zu verschiedenen Zeiten noch andere islamische Turksprachen von Bedeutung, unter denen das Osmanische, das Azeri und das Tatarische herausragen.

7.3 Die Tataren

In zwei Regionen Europas hat der Islam dauerhaft Fuß fassen können: dank den Osmanen in Südosteuropa und dank den Tataren im Wolgagebiet. Nicht nur aus christlich-europäischer Sicht, sondern auch aus islamisch-orientalischer war der Wolgaraum marginal: die nächsten religiösen und kulturellen Zentren der islamischen Welt lagen in Ost- und Westturkestan, vor allem in Transoxanien.

Die Islamisierung des Wolgagebiets ist überdies durch Brüche gekennzeichnet: die ohnehin schwache islamische Tradition wurde durch feindliche Eroberungen mehrmals in Frage gestellt. Bis zur Angliederung an Russland lassen sich deutlich drei Epochen islamischer Kultur an der Wolga unterscheiden, die wolgabulgarische, die der Goldenen Horde und die der tatarischen Chanate.

Das *wolgabulgarische* Reich bestand von 650–1237. Nach dem muslimischen Reisenden *Ibn Faḍlān*, der 922 mit einer Gesandtschaft des Kalifen *al-Muqtadir* am Hofe des Emirs *Almuš Baltawar* in Bulgar weilte, habe dieser zur Konsolidierung seiner Herrschaft Anlehnung an das Kalifat gesucht und den sunnitischen Islam eingeführt. Die Stadtbevölkerung wurde muslimisch, aus der heidnisch gebliebenen Landbevölkerung entwickelte sich das Volk der Čuvašen. Reisende berichten im 12. Jh. von einem kulturellen Leben in den Städten Bilär und Bulgar (Sarkisyanz 1961: 266–267).

Aus Maḥmūd al-Kāšgharīs Diwan geht zweifelsfrei hervor, dass das Wolgabulgarische eine Turksprache war, die einzigen überlieferten Texte sind aber nur Grabinschriften aus dem 13. und 14. Jh., die neben arabisch-islamischen Formeln wenige Wörter in wolgabulgarischer Sprache und arabischer Schrift enthalten (Benzing 1959: 691–698).

1237 zerstörten die Mongolen das wolgabulgarische Reich und Čingis-Chans Enkel *Batu* (1205–55) errichtete die Herrschaft der *Goldenen Horde*, tat. *Altyn Urda*. Ihr führendes Volk waren von Anfang an Tataren, d.h. qypčaqische Türken, denen sich die dünne mongolische Herrenschicht assimilierte. Von den unterworfenen Wolgabulgaren übernahmen sie den Islam, der ja hier schon eine mehr als 300-jährige Tradition hatte. Hauptstadt der Horde war zunächst Sarāi Batu oder Alt-Sarāi an der Wolgamündung, *Uzbek Chan* (1313–40) verlegte sie um 1330 wolgaaufwärts nach Sarāi Berke oder Neu-Sarāi. Er führte den Islam amtlich ein und ersetzte das mongolische Recht *yassa* durch die Scharia (Hambly 1966: 133); unter ihm war Neu-Sarāi eines der großen Kulturzentren Osteuropas. Nun verschmolzen die islamisierten Wolgabulgaren, Mongolen, Qypčaqen und andere Türken zur neuen Ethnie der muslimischen Tataren.

Auch für die Tataren war Transoxanien der religiöse und kulturelle Bezugspunkt, genauer das Mündungsgebiet *Chwārizm* mit der Hauptstadt Ürgenč. Es war 1220 von den Mongolen erobert und später der Goldenen Horde einverleibt worden, mit der es bis 1379 verbunden blieb. Hier lernten die Tataren die an der persischen orientierte türkisch-islamische Kultur Zentralasiens kennen; am Hofe von Neu-Sarāi dichtete man nicht im einheimischen Qypčaqisch, sondern in Chwārizm-Türkisch (Eckmann 1965: 275–276).

Nach 1420 zerfiel die Goldene Horde in einzelne Chanate. Das wichtigste, das von Kasan (1437–1552), sah sich in der Nachfolge einerseits der Horde, andererseits der Wolgabulgaren; die Hauptstadt, mit 20–30.000 Einwohnern damals eine der größten Städte Osteuropas, lag nur 100 km nördlich von Bulgar und die tatarische Oberschicht nannte sich 'Bulgaren'; die Votjaken bezeichnen die Kasantataren bis heute so, nämlich *Biger* (Kappeler 1982: 43).

Inzwischen war der Islam am Ostrand Europas schon fest verwurzelt. Auch fuhr man fort, sich an den mittelasiatischen Brennpunkten türkisch-islamischer Kultur dieser Zeit zu orientieren, nämlich Transoxanien und Chorasan mit Samarqand, Herat, Buchara und Chiwa. Die mittlerweile dort entstandene und gepflegte Literatursprache, das Čaghataische, wurde ohne Einschränkung auch von den Tataren verwendet.

Die Chanate wurden eines nach dem anderen von den Russen erobert: Kasan 1552, Ástrachan' 1557, Sibír' 1584 und schließlich die Krim, die sich bis 1783 behaupten konnte, weil sie seit 1475 mit den Osmanen verbunden war. Auch nach dem Zerfall der Goldenen Horde und der Eingliederung der Chanate ins Russische Reich bestanden die Tataren als islamisches Volk fort und gingen nicht im orthodoxen Russentum auf. In mancher Hinsicht wie Verwaltung, Post, Heerwesen und materieller Kultur waren sie dank ihren engen Verbindungen zum Orient den Russen überlegen, wie die teilweise schon im Mittelalter entlehnten Kulturwörter де́ньги, хозя́ин, това́рищ, чемода́н, утю́г u.a. zeigen (Décsy 1973: 131).

7.4 Die Osmanen

7.4.1 Das Osmanische Reich

Das Sultanat der Rūm-Selǧūqen (s. S. 147) löste sich in einzelne Emirate auf, von denen eines das osmanische war, so genannt nach seinem Gründer *Osman* (reg. 1281–1326). Es lag im Nordwesten Anatoliens, in Bithynien und Pergamon, im Herzen des Byzantinischen Reichs. „Osmans Stamm war so klein, dass er alle seine schwer zu transportierenden Habseligkeiten beim benachbarten christlichen Seigneur zur Aufbewahrung hinterlassen konnte, wenn er im Sommer auf die Alm zog" (Matuz 1985: 29). Er trug zwar den Beinamen *Ghāzī* 'Beutemacher', respektierte aber Bauern und Landwirtschaft. Aus dem Fundus der eroberten Ländereien vergab er große Domänen an Verwandte, Militärs oder Beutemacher. Der Stammesverband zerfiel und entwickelte sich zu einem Staatsgebilde mit festem Territorium; an die Stelle der Beutezüge trat die Gebietsverteidigung, die ein Berufsheer anstatt des Stammeskriegertums erforderlich machte (Matuz 1985: 31–36).

1354 betraten die Osmanen in Çimpe am Westufer der Dardanellen erstmals europäischen Boden, seit 1389 führten die Herrscher ständig den Titel Sultan. *Mehmed II.* (reg. 1451–81) eroberte 1453 Konstantinopel und trat die Nachfolge des byzantinischen Kaisers an. Unter *Selim I. Yavuz* 'dem Strengen' (reg. 1512–20) kam es im Zuge einer großangelegten Verfolgung der schiitischen Rotköpfe (s. S. 114) zur bewaffneten Auseinandersetzung mit dem Iran. In der Schlacht bei Çaldiran 1514 siegten die Osmanen, besetzten die damalige Hauptstadt Tabrīz und siedelten die besten Handwerker der Stadt nach Konstantinopel um, wo sie die Basis des später so berühmten Handwerks bildeten (Matuz 1985: 81). Danach wandte Selim sich dem Mamlukenreich in Ägypten zu, der damaligen islamischen Führungsmacht. 1517 kam es vor den Toren Kairos zur Entscheidungsschlacht, auch hier siegte der Sultan, Mekka und Medina huldigten ihm; der abbasidische Schattenkalif, der seit der Eroberung Bagdads durch die Mongolen (1258) in Kairo residiert hatte, wurde nach Konstantinopel verbracht, wo er bald darauf die Kalifenwürde auf den Sultan übertragen haben soll (Matuz 1985: 82–83).

Süleyman I. Kanunî 'der Gesetzgeber' (reg. 1520–66), von den Europäern 'der Prächtige' genannt, brachte sein Reich zur höchsten Ausdehnung und Blüte. 1526 eroberte er in der Schlacht von Mohács Ungarn, 1534 den Iraq und 1538 als letztes arabisches Land den Jemen. Damit war das Osmanische Reich der mächtigste islamische Staat und eine Weltmacht. In Europa, Asien und Afrika gelegen erstreckte es sich von Tunis bis zum Iraq, von Ungarn und dem Kaukasus bis zum Jemen und umfasste die ganze islamische Welt außer Marokko, dem Iran und Hindustan und die ganze orthodoxe Welt außer Russland. Der Sultan sah sich als Nachfolger sowohl des byzantinischen Kaisers als auch des Kalifen, er war Hüter der heiligen Stätten.

Der Tribalismus war bei den Osmanen schwach ausgeprägt und verschwand im 15. Jh. bis auf Reste. Als nach der Entscheidungsschlacht von Mantzikert 1071 die Selǧūqen den Weg nach Anatolien freigemacht hatten, entstand durch das Einströmen der Turkmenen nach Anatolien ein Dualismus von Nomadentum und Sesshaftigkeit. Die ökonomische Grundlage des Sultanats der Rūm Selǧūqen bildete die hochentwickelte Landwirtschaft; die zumeist aus Griechen, Armeniern und Slaven bestehende Bauernschaft verließ das Land nach der selǧūqischen Eroberung nicht, sondern bebaute es weiterhin. Das Gros des bebaubaren Bodens ging in Staatseigentum über, wurde in Pfründen (arab. *iqṭā'*) aufgeteilt und – anstelle von Besoldung – Militärs und Beamten zur Nutznießung auf Widerruf überlassen. Den nomadisierenden Turkmenen standen nur die weniger dicht besiedelten Gebiete zur Verfügung, wo auch der Bevölkerungsanteil der Bauern gering und das Niveau der Landwirtschaft verhältnismäßig niedrig war (Matuz 1985: 18–20).

Murad I. (reg. 1360–89) ersetzte das selǧūqische *iqṭa'* durch das osm. *tımar*, das 'Pflege, Wartung, Fürsorge' bedeutet und nun eine Pfründe bezeichnete. Seit 1368 hatte jeder bewährte Krieger Anspruch auf eine solche Pfründe, als Gegenleistung hatte er als belehnter Reitersoldat *sipahi* zu dienen. Erst später wurden auch Zivilbeamte Nutznießer des zunächst exklusiv militärischen Timar-Systems (Matuz 1985: 39–40).

Mehmed II. „überführte endgültig den Boden, das primäre Produktionsmittel der vorwiegend agrarischen Gesellschaft des Osmanischen Reiches, in Staatseigentum. Das Gros des verstaatlichten Bodens wurde anstelle eines Soldes in Form von jederzeit widerrufbaren Pfründen vergeben" (Matuz 1985: 71). Unter ihm gewann die Sesshaftigkeit die Oberhand über das Nomadentum, das zu Zeiten seines Vaters noch vorherrschend gewesen war und in Rückzugsgebieten bis heute fortlebt (Matuz 1985: 71).

Wahrscheinlich unter Murad I. entstand eine neue Fußtruppe *yeni çeri* 'Janitscharen': ein Fünftel der jugendlichen Kriegsgefangenen wurde bei türkischen Bauernfamilien in Anatolien umerzogen. Sie mussten so lange in der Landwirtschaft arbeiten, bis sie hinlänglich Türkisch konnten. Danach erhielten sie in Rekrutenregimentern *acemi ocağı* eine harte Ausbildung, sie lebten kaserniert und ehelos, ihre Quartiere waren Zentren des Sufitums; sie bildeten eine Art Leibgarde des Sultans (Matuz 1985: 41).

„Seit 1438 wurde bei der Janitscharengruppe, zu der man bisher ja junge christliche Gefangene herangezogen hatte, ein neues System der Rekrutierung eingeführt, da die herkömmliche Aushebungspraxis einer ausreichenden Erweiterung der Truppe im Wege stand. Diese neue Praxis bestand in der sog. Knabenlese *devşirme*: ein Teil der Kinder christlicher, zumeist bäuerlicher Untertanen auf dem Balkan [...] als Tribut zu nehmen. Wenngleich dieses Verfahren zweifellos eine große Härte für die betroffenen Kinder und Familien bedeutete, wäre es doch einseitig, die Knabenlese nur von dieser Seite zu betrachten. Denn die Rekrutierung konnte durchweg sozialen Aufstieg bedeuten, und nicht nur bei Herkunft aus einer notleidenden Familie. Für die talentiertesten dieser Christenknaben bestand nämlich durchaus die Möglichkeit, statt den Janitscharen der Palastschule zugeteilt zu werden, von der aus der Weg in die höchsten Staatsämter geebnet war" (Matuz 1985: 57).

An der Palastschule wurden die Pagen *içoğlan* im Osmanischen, in Kalligraphie, islamischer Religionskunde und in den Militärwissenschaften unterrichtet. Die meisten wurden nach Beendigung der Ausbildung den fest besoldeten berittenen sog. Pfortensklaven *kapukulu* zugeteilt, die besten konnten bis in die höchsten Staatsämter aufsteigen; so gingen fast alle Großwesire aus der Knabenlese hervor (Matuz 1985: 87–88). Mehmed II. „förderte, um die zentrale sultanliche Macht zu stärken, die von ihm völlig abhängigen besitzlosen Würdenträger aus der Knabenlese und sicherte ihren Unterhalt, indem er sie reichlich, aber eben auf Widerruf mit Pfründen ausstattete" (Matuz 1985: 69).

Die Großgrundbesitzer wurden zugunsten der Janitscharen und Palastsklaven zurückgedrängt, sodass es bald keine privilegierten Familien mehr gab. Bei der Besetzung der leitenden Positionen und der höchsten Kommandostellen konnte der Sultan nach dem Leistungsprinzip verfahren: er bediente sich der entwurzelten, durch Familienbindungen und Grundbesitz nicht belasteten, ihm selbst besonders ergebenen Männer aus der Knabenlese und brauchte den Widerstand einer Aristokratenschicht nicht zu fürchten (Matuz 1985: 86).

Durch das Fehlen des Adels und überhaupt der Stände unterscheidet sich das osmanische Sultanat fundamental von Westeuropa. Helmuth von Moltke schildert eine Audienz des Großherrn im Mai 1837: „Die Empfangsfeierlichkeiten scheinen überall dieselben zu sein. Se. Kaiserl. Majestät steigen eine Viertelstunde vor der Stadt in einem Zelt ab, um den blauen Überrock mit der bewussten roten Uniform zu vertauschen. Für wen er eigentlich diese Toilette macht, weiß ich nicht; bei uns ist man daran gewöhnt, die Pracht des Monarchen durch den Glanz der Großen und Mächtigen, die ihn umgeben, gehoben zu sehen. Hier ist nur ein Herr, die übrigen sind Knechte, und ich sehe nicht ein, warum der eine sich die Mühe gibt, etwas anderes als einen Schlafrock anzuziehen" (Moltke 1984: 154–155).

In der osmanischen Autokratie gab es Anfang des 16. Jh. zwei hauptsächliche Schichten. Die Oberschicht bestand aus den steuerfreien Personen *berâya*, dazu zählten Mitglieder der staatlichen und religiösen Bürokratie, die Soldempfänger beim Militär, die Begünstigten der Frommen Stiftungen und vor allem die Pfründeninhaber *tımarcı*. Diese waren dem westeuropäischen Adel nicht vergleichbar, denn sie waren nicht im Besitz des Bodens, sondern erhielten dessen Ertrag zeitweilig zur Nutzung und sie konnten ihn nicht vererben, sie hatten Pfründen, keine Lehen (Matuz 1985: 114).

Das Hauptmerkmal der Unterschicht *râya* 'Herde' war die Steuer- bzw. Abgabenpflicht. Dazu zählten die Bauern, Handwerker und Händler; die Eingrenzung von *râya* auf die Nichtmuslime setzte sich erst in der Spätzeit durch. Die Nichtmuslime zahlten die Kopfsteuer *cizye*, mussten aber dafür keinen Militärdienst leisten (Matuz 1985: 112).

Wie überall im Bereich des Islams war auch im Osmanischen Reich die Sklaverei gang und gäbe. Man unterschied die rechtlosen gewöhnlichen Sklaven *esir*, die meist zu Dienstleistungszwecken, selten in der Landwirtschaft verwendet wurden, und die sog. Militärsklaven *kul*, zu denen auch die Janitscharen gehörten. Sie waren strenggenommen keine Sklaven, da ihre Beziehung zu ihrem Herrn, dem Sultan, nicht auf einem Eigentums- sondern auf einem Dienstverhältnis beruhte; sie konnten grundsätzlich in die Oberschicht aufsteigen (Matuz 1985: 109).

„Die Hintersassen *râya* erhielten vom jeweiligen Inhaber des Bodens *sahip arz* in der Regel einen Bauernhof *çiftlik* und damit ein Stück Land, das sie mit einem Ochsenpaar zu bearbeiten vermochten. Sie durften diesen Hof zwar nicht auf eigenen Entschluss hin verlassen, waren praktisch also an die Scholle gebunden, aber der

Bodeninhaber war nur dann berechtigt, dem Bauern das zugewiesene Land abzunehmen, wenn er es nicht bestellte. Die Hintersassen im Osmanischen Reich waren keine Leibeigenen, sondern personenrechtlich frei“ (Matuz 1985: 107).

Die Bevölkerung des Osmanischen Reichs im engeren Sinne, d.h. ohne Ungarn, das nach der zweiten Belagerung Wiens 1683 wieder verloren ging, und ohne die lediglich tributären Donaufürstentümer Moldau und Walachei, bestand grob vereinfacht aus muslimischen Türken, Arabern, Kurden, Albanern und Bosniaken, aus orthodoxen Griechen, Bulgaren, Serben und Aromunen, aus monophysitischen Armeniern, Syrern und Kopten und aus sefardischen Juden. Das eigentliche Staatsvolk, die Osmanen bildeten keine ethnische, sondern eine soziale Kategorie: Osmane war man nicht durch Abstammung, sondern durch Erziehung und Leistung (s. S. 161).

Alle Angelegenheiten, die nicht Sache der herrschenden Klasse waren, konnten die Untertanen selbst regeln; jede Religionsgemeinschaft, osm. *millet*, griech. ἔθνος, organisierte sich selbstbezogen und selbstbestimmt mit eigenen Gesetzen und eigener Verwaltung unter ihrem Oberhaupt, die Muslime unter dem Scheich des Islam, die Juden unter dem Oberrabbiner, die orthodoxen, armenischen usw. Christen unter ihrem jeweiligen Patriarchen. Diese waren nach außen besonders für das Steuerzahlen und das Wohlverhalten ihrer Leute verantwortlich, nach innen hatten sie soziale und administrative Funktionen wie „Heiraten, Scheidungen, Geburten und Todesfälle, Gesundheitsfürsorge, Erziehungswesen, öffentliche Ordnung und Rechtspflege. Jede Millet unterhielt darum ihre eigenen Schulen, Hospitäler, Wohlfahrtseinrichtungen und Gerichtshöfe“ (Grunebaum 1971: 91). Die islamische Millet war eindeutig privilegiert, da ihr die Osmanen angehörten.

„Für die innere Strukturierung und Stabilität war die Tatsache [...] wichtig, dass das Osmanenreich – an damaligen Maßstäben gemessen – ein *Rechtsstaat* war. Es gab eine feste gesetzliche Ordnung, der sich jedermann, auch der Sultan, zu unterwerfen hatte. Die Grundlage dieser Ordnung bildete das Religionsgesetz. Rechtsprobleme, für die es im Religionsgesetz keine Bestimmung gab, wurden [...] durch im Namen des Sultans erlassene ‘weltliche Gesetze’ *kanun* geregelt, und wenn diese nicht ausreichten, wurde das örtliche Gewohnheitsrecht *örf* herangezogen“ (Matuz 1985: 85).

Murad I. erließ als Erster weltliche Gesetze. *Mehmed II.* ließ drei profane Gesetzbücher *kanunname* zusammenstellen, eines zur Bauernschaft und ihren Pflichten, ein anderes zum Verwaltungsaufbau und ein drittes zu verschiedenen Wirtschaftsfragen (Matuz 1985: 71). *Süleymans I.* großes Gesetzbuch befasste sich mit Land-, Finanz- und fiskalischem Recht. Außerdem wurde das Gewohnheitsrecht, vor allem im Hinblick auf die Abgabenverpflichtungen, im Rahmen der Steuerkonskription kodifiziert (Matuz 1985: 127).

Unter *Mehmed II.* wurde das Kanzleiwesen ausgebaut und es entstand ein mit klaren Kompetenzen ausgestatteter bürokratischer Apparat. „Die vielschichtigen schriftlichen Aufgaben [...] wurden durch die zentrale Staatskanzlei geregelt [...] Alles in allem fertigte diese Dienststelle jährlich weit über 3.000 Schriftstücke aus, eine Größenordnung, die im europäischen Bereich nur von der päpstlichen Kanzlei erreicht wurde. An der Spitze der osmanischen Staatskanzlei stand der hochangesehene 'Staatssekretär für den Großherrlichen Namenszug' *nişancı*, dessen Aufgabe nicht nur darin bestand, für die reibungslose Abwicklung des ausgedehnten Schriftverkehrs Sorge zu tragen; er hatte auch die im Namen des Sultans herausgegebenen Schriftstücke auf ihre Gesetzmäßigkeit hin zu prüfen und sie durch Anbringung des Großherrlichen Namenszugs zu beglaubigen [...] Erst während der Zeit Süleymans des Prächtigen erhielt der *nişancı* die zusätzliche Aufgabe, die erforderlichen neuen weltlichen Gesetze *kanun* auszuarbeiten und diese zu kodifizieren" (Matuz 1985: 90–91).

Neben der zentralen Staatsverwaltung existierte ein ausgedehnter religiöser Verwaltungsapparat, der in den Händen der orthodoxen, sunnitischen Ulema lag. „Diese Angehörigen der theologisch-juristischen [...] Laufbahn *ilmiye* fanden vornehmlich auf drei Gebieten ihren Wirkungsbereich: im Hochschulwesen, im Gerichtswesen und in der juristischen Gutachtertätigkeit" (Matuz 1985: 92). An den Hochschulen *medrese* unterrichteten die Professoren *müderris*. Hierzu waren nur Jugendliche zugelassen, die an den sog. Koranschulen *mekteb* schreiben und lesen gelernt und sich einige Kenntnisse im Koran erworben hatten. Andere fungierten als Richter *kadı* an der Spitze der einzelnen Gerichtsbezirke *kaza*; über ihnen standen die Oberrichter *mollas*. Davon trennten sich mit der Zeit die Gutachter *muftis* ab, die die auf der Scharia basierende verbindliche Rechtsgutachten *fetva* erstellten. Zur Zeit *Süleymans I.* wurde der Mufti von Konstantinopel zum Obersten Mufti *şeyhülislâm* bestellt, der von nun an sämtliche *muftis* und *mollas* ernannte.

Die verschiedenen christlichen und jüdischen Religionsgemeinschaften Millet waren nicht nur in Glaubens- bzw. Ritualsachen sondern auch in rechtlichen Fragen autonom, vorausgesetzt dass keine Muslime beteiligt waren (Matuz 1985: 113).

Die Osmanen waren Sunniten und überdies kaum anfällig für Sektenbildung. Im Kampf gegen die Turkmenenstämme Zentral- und Ostanatoliens, die der Zwölfer-Schia anhingen und nach der Schlacht bei Çaldiran 1514 militärisch entmachtet waren, suchten die Osmanen die Orthodoxie zu festigen, indem sie nur mehr sunnitische Ulema einstellten. Von da an bedeutete weder der schiitische Iran noch die Schia überhaupt für die Osmanen eine Gefahr (Matuz 1985: 78–81).

Rückhalt der heterodoxen Kräfte waren die *Bektaşiten*, die sich als einziger Orden nicht von Ali, sondern von den vier rechtgeleiteten Kalifen herleiteten. Sie waren liberal in Hinsicht der Stellung der Frau und ritueller Gebote wie Alkohol und Speisereinheit. Als Gegenpol zu den von *Ǧalāluddīn Rūmī* gegründeten *Mevlevîs* hatten sie einen hohen Anteil an der Gestaltung des türkischen Volksislams (LIW 1.95).

„Bei den Janitscharen [...] gewann der Orden der Bektaşi-Derwische wachsenden Einfluss, der sich in der ersten Hälfte des 15. Jh. schon in voller Schärfe bemerkbar machte. Dass die Bektaşi-Derwische diesen Einfluss erringen konnten, stand zweifellos mit der Anfälligkeit der Janitscharen für das Sufitum in Verbindung. Jener Einfluss ging sogar so weit, dass Organisationsmodell, Tracht und Dienstzeichen der Janitscharen dem Vorbild der Bektaşi-Derwische folgten" (Matuz 1985: 57).

7.4.2 Das Osmanisch-Türkische

Im Sultanat der Rūm-Selğūqen war noch Persisch Verwaltungs- und Bildungssprache, erst zur Mongolenzeit Ende des 13. Jh. machten die Turkmenen das Türkische in Anatolien zur Amtssprache (Matuz 1985: 24). Bei den Osmanen gingen beide Sprachen eine enge Verbindung ein, die man, da das islamische Persisch ja auch eine Mischsprache war, mit dem pers.-arab. Ausdruck *alsina-i thalātha*, gesprochen *elsine-i selase* 'drei Sprachen' bezeichnete. „In dem Kreis der Turksprachen nimmt das Osmanische durch die jahrhundertelang andauernde, von den führenden Schichten nicht nur akzeptierte, sondern sogar bewusst geförderte Überflutung durch Arabisch und Persisch eine Sonderstellung ein. Die übrigen Turksprachen haben sich demgegenüber durchweg ungleich reiner erhalten" (Steuerwald 1963: 8–9).

Je nach dem Mischungsgrad unterschied man noch Anfang des 20. Jh. drei Stile: „Das *kaba türkçe* oder die Vulgärsprache bedient sich nur einer gewissen, ziemlich genau abgegrenzten Anzahl arabischer und persischer Fremdwörter, welche im Türkischen bereits das volle Heimatsrecht erlangt haben. Das *orta türkçe* oder Mitteltürkisch, die Sprache der Gebildeten, enthält eine bei weitem größere, nicht genau zu bestimmende Menge von arabischen und persischen Wörtern und Konstruktionen, wie sie eben jedem gebildeten Osmanen aus seinen arabischen und persischen Studien, welche unserem Studium der klassischen Sprachen beiläufig entsprechen, bekannt sind. Das *fasih türkçe* oder Hochtürkisch endlich, die Sprache der Poesie, gelehrter Werke usw. schöpft seine Ausdrücke unbeschränkt aus dem unerschöpflichen Quell des arabischen und persischen Sprachschatzes und gefällt sich darin, die seltensten Wörter und die gesuchtesten Bilder aufeinanderzuhäufen, sodass selbst der gebildete Osmane bei der Lektüre eines solchen Werkes die Hilfe eines Lexikons oder eines Kommentars sehr oft nicht entbehren kann" (Jehlitschka 1895: 1–2).

Für den durchschnittlichen Osmanen handelte es sich aber nicht um drei Sprachen, sondern um türkisch-volkssprachliche und persisch-bildungssprachliche Elemente, da er bei den letzteren nicht unterscheiden konnte, ob ein Wort arabischen oder iranischen Ursprungs war. Aus der Moschee und der Koranschule waren ihm zwar einige arabische Floskeln geläufig, doch eigentlich wurde ihm das Arabische über das Persische als Ausdruck der Kultur und nicht der Religion vermittelt: für ihn war die Sakralität des Arabischen auf den Koran beschränkt; nicht die Sprache war sakral, sondern der Text. Da das Osmanische mehr und mehr auch Sprache der Natur- und Sprachwissenschaften, der Geschichte und Geographie, der Medizin u.a. war, herrschte das Arabische nur auf theologischem und juristischem Gebiet bis zur Neuzeit (Björkman 1965: 454).

Das arabisierte Persisch war für die Osmanen, was die klassischen Sprachen für die Europäer waren. Wie die westeuropäischen Volkssprachen seit dem Humanismus unterscheidet das Türkische persische Buchwörter von türkischen Erbwörtern wie *şark* 'Orient', *şarkiyat* 'Orientalistik' vs. *doğu* 'Osten', *doğugüney* 'Südosten', dazu tritt dann im 19. Jh. franz. *Oryan ekspresi* 'Orientexpress'. Der Erwerb dieser hochentwickelten Bildungssprache war die Eintrittskarte in die osmanische Gesellschaft und für alle, ungeachtet ihrer ethnischen Herkunft einschließlich der Türken, gleich schwer. Osmanisch und Türkisch sind streng funktional differenziert: bis zum Schriftwechsel 1928 herrscht Diglossie.

Trotz der Vorrangstellung des Persischen im Sultanat der Rūm-Selğūqen sind hier doch mit Yūnus Emre und Sulṭān Veled die Anfänge der türkischen Literatur Anatoliens zu suchen: sie repräsentieren ihre beiden Hauptströmungen, die volkstümliche und die persizistische. *Yūnus Emre* (–1320) war angeblich ein armer turkmenischer Bauer aus Nordwest-Anatolien. „Seine Gedichte atmen eine schlichte, tiefempfundene Religiosität und sind in ihrer einfachen ungekünstelten Sprache Perlen einer volkstümlich religiösen Dichtkunst“ (Taeschner 1982: 264); auf ihn werden sich im 19. Jh. die Wegbereiter der modernen türkischen Poesie beziehen. *Sulṭān Veled* (1226–1312), der Sohn Ǧalāluddīn Rūmīs, begründet die Dichtung in rūm-türkischer Sprache im persischen Stil.

In der Zeit von 1453 bis 1683, von der Eroberung Konstantinopels bis zur zweiten Belagerung Wiens, entsteht die hochosmanische Literatur. Sie ist durch das absolute Vorherrschen des persischen rhetorischen Stils in Poesie und Prosa gekennzeichnet. Dabei unterscheidet Taeschner (1982: 285–318) folgende Textsorten:

1. Die *Derwischpoesie*, deren Charakter von dem jeweiligen Derwischorden abhing und von den persizistischen Mevleviye bis zu den volkstümlichen Bektaşiye reichte.

2. Die *volkstümliche Poesie* der fahrenden Sänger, deren Thema die Liebe war. Mit ihnen verwandt waren die Erzähler epischer Stoffe in Poesie und Prosa.

3. Die *höfische Poesie*. Wer bei Hofe und im Staate etwas gelten wollte, musste anständige Verse machen können. Diese Dichtung blickte unverwandt nach Osten auf das literarische Leben, das seit Jahrhunderten im Iran blühte. Dabei war von Bedeutung, dass im 15. Jh. in Herat *Nawā'ī* (s. S. 148) wirkte, der Čaghataisch schrieb und beispielhaft zeigte, „wie der zeitgenössische persische Dichtstil elegant in einer türkischen Sprache gehandhabt werden konnte“ (Taeschner 1982: 295). Die hochosmanische Poesie ist streng formal, sie drückt nicht die wirklichen Gefühle des Dichters aus, sondern bringt die persischen poetischen Klischees unter Verwendung traditioneller Redefiguren in unendlicher Variation in immer neuen, überraschenden Wendungen zur Darstellung. Dabei übernehmen die türkischen Dichter und Stilisten immer mehr persisches und arabisches Wortgut, bis ihnen schließlich das gesamte persische und arabische Lexikon zur Verfügung steht. Den Höhepunkt erreichte die Dichtung nach persischem Vorbild mit *Bāqī* (1526–1600), der schon zu Lebzeiten

als der König der Dichter betrachtet wurde; mit ihm fand die türkische Klassik ihren Abschluss (Taeschner 1982: 300–304).

4. Die *Kunstprosa* erhielt ihren Anstoß durch das persisch geschriebene Geschichtswerk des *Idrīs Bitlīsī* (–1520), nämlich ‘Hašt bihišt’ (Acht Paradiese), die Geschichte der Osmanen unter den ersten acht Sultanen. Nach diesem persischen Vorbild wurden türkische Fürstenspiegel, Traumbücher oder Briefsammlungen verfasst. Vor allem aber entwickelte sich daraus die osmanische Kanzleisprache. In den Staatsschreiben, Erlassen, Patenten und Diplomen der Sultane wie auch in den Erlassen der Provinzstatthalter und ihren Eingaben an den Hof entfaltete das Osmanische im Schmucke der persischen Rhetorik seine höchste Gestaltungsfähigkeit. „Ein solches aus einer osmanischen Kanzlei herausgegangenes Schreiben ist stilistisch ein auserlesenes Kunstwerk, dessen künstlerischer Wert noch erhöht wird durch die sorgfältig, kalligraphisch ausgeführte Schrift und den ornamentalen Schmuck, mit dem es oft verziert ist“ (Taeschner 1982: 309).

5. Die *wissenschaftliche Literatur.* Wenn auch für die vornehmste Wissenschaft, die Theologie und die damit eng zusammenhängende Jurisprudenz, nur das Arabische verwendet wurde, verfasste man populäre theologische Darstellungen und für den praktischen Gebrauch bestimmte Gesetzbücher *kanunnama* auf Osmanisch. Das wohl größte enzyklopädische Werk, das der Orient hervorgebracht hat, der ‘Miftāḥ as-sa‘āda’ (Schlüssel der Glückseligkeit) von *Tašköprü-zāde Aḥmed b. Muṣṭafā* (1495–1561), wurde aus dem Arabischen ins Türkische übersetzt. Hierher gehört auch das Lebenswerk des großen osmanischen Polyhistors *Kâtib Çelebi* (1609–57), das in arabischer Sprache abgefasste bibliographische Lexikon ‘Kašf uẓ-ẓunūn’ (Enthüllung der Meinungen).

Die beachtlichsten Leistungen hat die wissenschaftliche Literatur der Türken auf dem Gebiet der Historiographie erbracht. Herausragend sind ‘Tāǧ ut-tawārīch’ (Krone der Geschichten) von *Choǧa Sa‘deddīn Meḥmed* (1536–99), eine Geschichte des Osmanischen Reichs von der Gründung bis zum Tode Selims I. und ‘Künh ul-achbār’ (Substanz der Nachrichten) von *‘Ālī Muṣṭafa b. Aḥmed* (1541–99), eine Weltgeschichte von der Schöpfung bis zur Zeit *Mehmeds III.* (–1603).

Geographischen und naturwissenschaftlichen Inhalts ist das gewaltige kompilatorische Werk ‘Manāẓir ul-‘awālim’ (Die Ansichten der Welten) von *Meḥmed b. ‘Ömer b. Bayazıd* (1598). Auch eine nautische und Reiseliteratur entstand, das größte Reisewerk in osmanischer Sprache ist das ‘Siyāḥatnāma’ (Reisetagebuch) von *Evliyā Čelebi* (1610–79), der vierzig Jahre lang das Osmanische Reich und die Nachbarländer durchquert hatte. Der oben genannte *Kâtib Çelebi* schrieb eine Kosmographie ‘Ǧihānnumā’, für die er auch europäische Quellen benutzte (Taeschner 1982: 309–317).

Bis ins 19. Jh. wurde das Türkische weder im Elementar- noch im Hochschulunterricht als Gegenstand gelehrt. „Der Gebrauch des ‘einfachen Türkisch’ wurde zwar nicht verboten, jedoch untersagten sich die Autoren und Übersetzer den volkssprachlichen Ausdruck zugunsten einer oft virtuos beherrschten Metaphorik" (KNLL 20.627–628).

Das bedeutendste und mit über 3.000 Folioseiten umfangreichste Wörterbuch des Osmanischen vor 1800 stammt von *Franciszek Meniński* (1620–98), einem polonisierten Franzosen. 1653 gelangte er in diplomatischen Diensten nach Konstantinopel, wo er sich der Orientalistik widmete, 1662 wurde er Dolmetscher für orientalische Sprachen in der kaiserlichen Kanzlei in Wien, wo er auch starb. Das Lexikon erschien 1680 daselbst unter dem bezeichnenden Titel 'Linguarum orientalium, Turcicae, Arabicae, Persicae, institutiones, seu grammatica Turcica' mit lateinischen, deutschen, italienischen, polnischen und französischen Übersetzungen. Er verfasste im gleichen Jahr auch eine türkische Grammatik und 1687 ein 'Complementum Thesauri linguarum orientalium seu Onomasticon' (Literatura Polska 1984: 1.654). Erst die zweite Auflage des Lexikons (Wien 1756) trug den genaueren Titel 'Institutiones linguae turcicae cum rudimentis parallelis linguarum arabicae et persicae' (Deny 1959: 222).

Seine Grammatik leitete *Meniński* mit der Bemerkung ein: „ist festzuhalten, dass die Türken nicht nur zur Ergänzung der Lücken ihrer eigenen dem Ursprung und Gebrauch nach barbarischen Sprache, sondern auch zur Erhöhung der Eleganz der Rede, welche geradezu außerordentlich kultiviert genannt werden kann, sich auf Schritt und Tritt arabischer und persischer Wörter, Ausdrücke und ganzer Sätze bedienen, und zwar sowohl beim Sprechen als auch ganz besonders beim Schreiben" (KNLL 20.627–628).

7.4.3 Die osmanische Kultur

Über 500 Jahre war das Osmanische Reich eine europäisch-orientalische Großmacht. Von den Christen wurde die osmanische Herrschaft als Katastrophe wahrgenommen, sie war es zumindest in kultureller Hinsicht. Die Vernichtung der christlichen Staaten Südosteuropas hatte den Zusammenbruch ihres Bildungssystems zur Folge, das ja anders als in Westeuropa vorwiegend staatlich, d.h. kaiserlich resp. fürstlich organisiert war. Hier musste nun die Kirche aktiv werden, zwischen 1550 und 1593 wurde immerhin die Patriarchats-Akademie reformiert (Runciman 1970: 209), außerdem spielte der Athos eine zentrale, aber oft unbefriedigende Rolle.

Eine Geißel der Christen war die vom 14.–18. Jh. übliche Knabenlese *devşirme* (s. S. 152). Die Jungen wurden ihren Familien entrissen, ihrer Religion und Kultur entfremdet, zwangsislamisiert, kaserniert und zum Töten erzogen. Eine dauernde Kränkung war auch die Zweitrangigkeit der Nichtmuslime, die noch im 19. Jh. selbstverständlich war. Helmuth von Moltke beschreibt den Einzug des Sultans in einer bulgarischen Stadt 1837: „Zu beiden Seiten des Weges paradierten die Nobilitäten der Stadt, rechts die Muselmänner, links die Rajahs [...] Die Moslem standen aufrecht mit über den Leib verschränkten Armen, die Rajahs aber, und selbst Bischof und Priester mit den geweihten Kirchengeräten, warfen sich nieder und blieben mit der Stirn an der Erde, bis der Sultan vorüber war; sie durften das Antlitz des Padischah nicht schauen. So etwas muss freilich das Selbstgefühl der Türken nähren, und doch kann und wird dies lange nicht mehr fortbestehen" (Moltke 1984: 155).

Für islamische Verhältnisse dagegen war das Osmanische Reich durch die Überwindung des Tribalismus, die weitgehende Immunität gegen das Sektenwesen, das doppelte Recht und durch viele geglückte Reformen von oben das bemerkenswerteste islamische Staatswesen überhaupt, bis es dem Nationalismus erlag. Diesen Standpunkt teilen die Araber nicht, die – aus osmanischer Sicht ein unzivilisiertes Kolonialvolk – die Epoche zwischen 1500 und 1800 gleichsam im 'Dornröschenschlaf' (Sundhaussen 1997: 84) verbrachten, aus dem Napoleon sie erweckte. Die nach islamischen Maßstäben ungewöhnliche Stabilität – die 1930 in Istanbul umbenannte Hauptstadt Kostantiniye wurde von 1453 bis 1918, mithin 465 Jahre, von keinem Feind betreten – hat mehrere Ursachen.

1. war der für die Araber so fatale *Tribalismus* bei den Osmanen schwach ausgeprägt und verschwand im 15. Jh. bis auf Reste. Dafür gibt es zwei Gründe. Zum einen war der von Sesshaften betriebene Ackerbau ökonomisch weitaus wichtiger als die von Nomaden betriebene Viehzucht. Das fand seinen Ausdruck im Timar-System: auch hier waren Grundherrschaftsverfassung und Stammesverfassung auf der Ebene der bäuerlichen Bevölkerung miteinander unvereinbar (Mitterauer 2004: 66). Zum anderen verlor mit der Einrichtung der Fremdenlegion aus Kriegsgefangenen das Stammesbewusstsein jede Bedeutung, ja, es verkehrte sich in sein Gegenteil: nicht *die* hatten Teil an der Macht, die ihre Abstammung weit zurück verfolgen konnten, sondern die, die oft nicht einmal ihren leiblichen Vater kannten.

2. war das *Sektenwesen* ohne großen Einfluss. Nach dem Sieg über den Iran und die turkmenischen Rotköpfe 1514 war die Schia machtlos, auch die Sunniten brachten keine Sekten hervor; zu Sammelbecken heterodoxer Strömungen entwickelten sich die Derwisch-Orden, vor allem die *mevleviye* und die *bektaşiye*.

3. hatte die *koranisch-beduinische* Welt wenig Prestige. Wie alle Türken waren auch die Osmanen von den Persern islamisiert worden und erst nachdem *Selim I.* 1517 das Mamlukenreich in Ägypten erobert hatte, bekamen sie „direkten Zugang zum geistigen, künstlerischen und administrativen Erbe der hochislamischen Zivilisation, das ihnen bis dahin nur indirekt über die Selǧūqen vermittelt worden war" (Grunebaum 1971: 77). Diese war das Werk der Araber *und* Perser, für die Osmanen war sie klassisches Erbe, dessen sakrale Züge verblasst waren; mit den Beduinen verband sie nichts.

4. übernahmen die Osmanen wesentliche *byzantinische* Strukturelemente. Das osmanische Emirat war ja in unmittelbarer Nähe der Reichshauptstadt entstanden, Osmans Sohn *Orhan* (reg. 1326–60) heiratete die Tochter des byzantinischen Thronprätendenten *Johannes VI. Kantakuzenós* (1347–54) und verschaffte seinem Schwiegervater den Kaiserthron. Hofhaltung und Staatsverwaltung des Kaisers und der in-

takte Verwaltungsapparat in den eroberten Städten Brussa, Nikomedia und Nikaia haben die Osmanen sicher nachhaltig beeindruckt (Matuz 1985: 34).

Byzantinischer Herkunft ist das Timar-System. Nach dem Tode *Basíleios' II.* 1025 entstand in Byzanz das Prónoia-System, nach dem der Staat als Lohn für bestimmte Dienstleistungen einem Adeligen auf Lebenszeit Landgüter in 'Obhut' εἰς πρόνοιαν gibt und ihm die gesamten Einkünfte überlässt (Ostrogorsky 1963: 273). Dem byzantinischen πρόνοια 'Vorsorge, Obhut' entspricht pers. *tīmār*, türk. *tımar*, das 'Pflege, Wartung, Fürsorge' bedeutet und seit *Murad I.* die Pfründe bezeichnet.

Weiter übernahm das Osmanische Reich von Byzanz das doppelte Recht: so wie im christlichen Römischen Reich neben das kaiserliche Gesetz *lex* νόμος das Kirchenrecht *canon* κανών getreten war, wurde nun das religiöse, sich auf den Koran gründende Recht Scharia durch das weltliche, die Sultansentscheidungen, türk. *kanun* ergänzt.

Analog zur orthodoxen Patriarchats-Verwaltung bildete sich ein religiöser Verwaltungsapparat *ilmiye* neben der zentralen Staatsverwaltung heraus. Darin erreichten die sunnitischen Ulema ihren höchsten Grad an Organisation, Geschlossenheit und Macht (LIW 3.156). An ihrer Spitze stand seit dem Anfang des 16. Jh. der Mufti von Konstantinopel, der *şeyhülislâm*. Seine Position ist der eines Patriarchen nachgebildet, damit waren die Osmanen eine *millet* 'Ethnie' wie die Griechen, Armenier und Juden, allerdings die vornehmste.

Kulturell orientierte man sich jedoch ausschließlich nach Osten. *Selim I.* war selbst Dichter und hinterließ einen persischen *Diwan*, d.h. eine Sammlung panegyrischer und lyrischer Gedichte; das bedeutete literaturhistorisch den Durchbruch der persizistischen Klassik. Nach der Eroberung der damaligen iranischen Hauptstadt Tabrīz 1514 nahm er persische Gelehrte, Künstler und Handwerker mit nach Konstantinopel, ebenso verfuhr er mit arabischen Kräften nach der Einnahme Kairos 1517. Auch sammelte er so viele Handschriften wie möglich ein. „Seitdem ist die Kaiserstadt am Bosporus nicht nur die Hauptstadt des islamischen Weltreiches der Osmanensultane, sondern auch das geistige Zentrum des Islam" (Taeschner 1982: 287). 1664 stiftete der Großwesir *Ahmed Köprülü* albanischer Herkunft die *Öffentliche Bibliothek* am Divanyolu in Konstantinopel, die von nun an bislang in Moscheen und Medresen integrierte Bücherbestände sammelte.

In ihren Anfängen und ihrer Blütezeit war die osmanische Gesellschaft relativ offen: Osmane war man nicht durch Abstammung, sondern wurde man durch Erziehung und Leistung. „Die Mitglieder der herrschenden Klasse wurden *Osmanlı* genannt. Um in dieser Klasse akzeptiert zu werden, musste man drei Bedingungen erfüllen: 1. Loyalität zum Sultan und zu seinem Staat bekunden, 2. den Islam annehmen und ausüben, einschließlich des ganzen dazugehörigen Komplexes von Vorstellungen und Handlungen, und 3. den sogenannten 'osmanischen Weg' kennen und praktizieren, jenes verwickelte System von Gebräuchen und Verhaltensweisen, zu dem auch eine eigene Sprache, das Osmanische, gehörte“ (Grunebaum 1971: 87–88).

Das Wort Türke hatte dagegen einen schlechten Klang, bezeichnete es doch den ungebildeten Bauern: „Kein Städter oder Angehöriger der gehobenen Schicht wäre früher auf den Gedanken gekommen, sich als Türke zu bezeichnen – er war selbstverständlich Osmane“ (Moser/Weithmann 2002: 53). Auch für einen Türken war der Erwerb des Osmanischen keine leichte Aufgabe, musste er doch die arabisch-persische Schrift einschließlich der Kalligraphie erlernen, die persische Syntax mit der charakteristischen *iḍāfa*-Verbindung beherrschen, aus dem Arabischen die beiden Genera, die gebrochenen Plurale der Substantive und die zehn Verbalnomina *maṣdar* kennen und außerdem natürlich möglichst viele arabische Koran-Suren und persische Verse zitieren: in manchen osmanischen Texten waren nur die Affixe und Hilfsverben türkisch (Deny 1959: 217).

In den Zeiten, als in Westeuropa und in Moskau die Landesherren ihre Macht gegen den Adel ausbauten, fand die pseudomoderne sultanische Autokratie natürlich Bewunderer. *Ogier Ghiselin von Busbeck,* 1555–62 habsburgischer Gesandter an der Pforte, schrieb: „Geburt unterscheidet hier keinen von den anderen, Ehre wird jedem nach dem Maße seines Standes und Amtes erwiesen; da gibt es keinen Rangstreit, die Stelle, die man versieht, gibt jedem seinen Rang. Ämter aber und Stellen verteilt der Sultan selbst. Dabei achtet er nicht auf Reichtum, nicht auf den nebelhaften Adel“ (nach Matuz 1985: 86–87).

Ähnlich *Iván S. Peresvétov*, ein westrussischer Adeliger, der 1538 in der Moldau erlebte, wie die Großbojaren das Fürstentum an die Osmanen verrieten. Er war ein erbitterter Gegner jeder Form von Magnatenregime und trat für einen einheitlichen, zentralistischen Staat ein: der Fürst muss den Adel züchtigen, sonst gibt es keine Gerechtigkeit. In seinen zwei Bittschriften an *Iván IV.* Предсказáнія филóсофов (Prophezeiungen der Philosophen) verherrlichte er den osmanischen Sultan als idealen Autokrator, „den Wohltäter seiner Diener und unversöhnlichen Richter und Verfolger aller Verbrecher [...] Möge der rechte christliche Glaube in Russland sich mit türkischer Gerechtigkeit vereinigen!“ (nach Stender-Petersen 1957: 1.203–205).

Die Gründe für den Niedergang des Osmanischen Reichs waren systemimmanent. Als islamischer Staat war es religionsgesetzlich (s. S. 43) zur Expansion verpflichtet (Matuz 1985: 84); in den 109 Jahren zwischen der zweiten erfolglosen Belagerung von Wien 1683 und dem Frieden von Jassy 1792 führte es 41 Jahre Krieg mit seinen europäischen Feinden (Grunebaum 1971: 112). Während in Europa das probateste Mittel der Machterweiterung die dynastische Verflechtung war – das ‘Bella gerant alii, tu, felix Austria nube!’ galt ja nicht nur für das in dieser Hinsischt besonders erfolgreiche Haus Habsburg – waren die Osmanen auf Gedeih und Verderb auf militärische Erfolge angewiesen.

Mit ihrem Ausbleiben stieß auch das Timar-System an seine Grenzen, als nach dem Verlust Ungarns an Habsburg und Asows an Russland 1700 der Sultan endgültig keinen neuen Boden mehr verteilen, sondern nur noch alte Pfründen aufteilen konnte.

Fatal war die schroffe Scheidung zwischen den Herrschenden *berâya* und den Beherrschten *râya* und das Fehlen eben des Adels wie der Stände überhaupt. Aus der ständischen Gesellschaft ging ja das System der Gewaltenteilung hervor, das wiederum die Grundlage des modernen Parlamentarismus bildet. In ihrem Fehlen und der primitiven Zweiteilung der Gesellschaft ist die Parallele zum anderen Erben des Byzantinischen Reiches, der russischen Autokratie mit ihren Herren und Leibeigenen, unübersehbar.

8. Die Aufklärung

8.1 Zurück zu den Dingen

Schon im 16. Jh. geht die Kritik am Humanismus über die humanistische Selbstkritik (s. S. 116) hinaus. *Montaigne* (1533–92) geißelt nicht nur die Pedanterie im Umgang mit den antiken Texten, er stellt überhaupt den Wert des Studiums der alten Sprachen in Frage: „Zenon sagte, er habe zwei Arten von Schülern: die einen, die er als *Philologen* bezeichnete, zeigten sich neugierig auf die Dinge, und das seien seine Lieblinge; die anderen hingegen, von ihm *Logophile* genannt, interessierten sich nur für die Sprache. Das soll keineswegs heißen, dass es nicht eine schöne und gute Sache sei, wohlberedt zu sein; aber so gut, wie man sie hinstellt, ist sie nun auch wieder nicht. Jedenfalls ärgert es mich, dass wir unser ganzes Leben darauf verwenden sollen. In erster Linie möchte ich meine eigene Sprache und die meiner Nachbarn gut beherrschen, mit denen ich ja am meisten Umgang habe. Zweifellos gereichen einem Griechisch und Latein zu großer Zierde, aber man zahlt einen zu hohen Preis dafür“ (Montaigne 1998: 94).

Mit der Entdeckung der anderen Weltteile erweitert sich der europäische Horizont, *John Locke* bewundert die Bewohner der ‘östlichen Gebiete Asiens’, die auch ohne Griechisch und Latein angenehme Menschen sind (Garin 1967: 49).

Um 1600 bilden sich allmählich die neuzeitlichen Wissenschaften heraus, die anders als die mittelalterlichen nicht nach dem Was? und Wozu?, sondern nach dem Wie? und Wodurch? fragen. Die Werke der antiken Autoren waren nun nutzlos, man sah das große Buch der Natur offen vor Augen liegen und wollte auf eigene Faust handeln (Garin 1967: 25). *Francis Bacon* (1561–1626) aus London hielt die aus Beobachtung und Experiment gewonnene Erfahrung für die einzig sichere Quelle des Wissens. Im ‘Novum organum scientiarum’ (1620) propagierte er die induktive Methode; mit der Ablösung der Spekulation durch die Empirie wurde er zu einem Wegbereiter der Naturwissenschaften.

Das 17. Jh. wird vom enzyklopädischen Ideal beherrscht, das aus der Vorstellung von der universalen Einheit kommt, „nur dass man jetzt vom Universum der Sprache, d.h. der geistigen Begriffe und Wortzeichen, zum Universum der Dinge übergeht“ (Garin 1967: 29).

Westeuropa hat also eine zweifache Wendung vollzogen, mit der es im Unterschied zu Byzanz und zum Orient das Mittelalter, nämlich die Scholastik mit ihrer doppelten Wahrheit, überwand: um 1350 die humanistische Wendung *hin zu den Worten*, mit der der Mensch rhetorisch Herr seiner selbst wird und sich als solcher fühlt, und um 1600 die aufklärerische *zurück zu den Dingen*, mit der der Mensch tatsächlich Herr seiner selbst wird (Garin 1967: 43).

8.2 Die neue Frömmigkeit

Die Aufklärung musste zum Konflikt mit dem traditionellen Christentum führen. Waren im Zuge der Reformation die Unitarier bis zur Leugnung der Dreifaltigkeit gegangen, hatten aber den persönlichen Gott, die Offenbarung, die Rechtfertigung durch den Glauben und das Schriftprinzip nicht angetastet, entwickelten englische Aufklärer den Deismus, d.h. die Überzeugung, dass Gott nach der Schöpfung keinen weiteren Einfluss mehr auf den Lauf der Welt nehme. Dieser Herausforderung konnten die im 16. Jh. reformierten, aber inzwischen erstarrten Konfessionen nichts entgegensetzen; die Aufklärung verlangte nach einer neuen Religiosität, die – wieder einmal – Vernunft und Offenbarung in Einklang brachte.

Obwohl die neuen Frommen tendenziell die konfessionellen Schranken überwinden wollten, standen sie jeweils in Opposition zu der Kirche, aus der sie kamen: die Puritaner zur anglikanischen, die Jansenisten zur katholischen, die Pietisten zur reformierten resp. lutherischen.

Die aufklärerische Bewegung schlechthin war der Pietismus. Das an der Bibel orientierte praktische Christentum der Pietisten äußerte sich in lebendiger Frömmigkeit und tätiger Nächstenliebe, der *praxis pietatis*; den Zugang dazu eröffnet die persönliche 'Wiedergeburt' durch ein Bekehrungs- oder Erweckungserlebnis. Diese seelische Erfahrung als Quelle des Glaubens entspricht *Bacons* Empirismus, der kognitiven Erfahrung als Quelle des Wissens.

Der Begründer des Pietismus auf lutherischem Boden war der Elsässer *Philipp Jacob Spener* (1635–1705), der in Straßburg Theologie studiert hatte und 1666 Pfarrer in Frankfurt am Main wurde. Dort veranstaltete er seit 1670 Privatversammlungen zur Predigtbesprechung und Seelsorge, die *collegia pietatis*, die charakteristische Versammlungsform der Pietisten. Mit seiner Schrift 'Pia desideria. Oder hertzliches Verlangen nach gottgefälliger Verbesserung der wahren Evangelischen Kirchen' (1675) gab er der Bewegung das Programm.

Die tätige Nächstenliebe der aufgeklärten Christen galt den Armen, den Kranken und den Kindern. Dementsprechend übernahmen die neuen Bewegungen und die Landeskirchen in den frühmodernen Staaten die Armenfürsorge, das Gesundheitswesen und die Volksbildung.

8.3 Erziehung und Bildung

8.3.1 Bei den Protestanten und Katholiken

Das modernste Volksbildungskonzept der Aufklärung war das stark von *Comenius* beeinflusste der Pietisten, das in Halle entwickelt und teilweise in Preußen, Österreich und Russland verwirklicht wurde. Halle war 1680 an Brandenburg gefallen, dessen Bevölkerung zwar lutherisch, dessen Dynastie aber seit 1613 calvinistisch war. Nach der Aufhebung des Toleranzedikts von Nantes 1685 ließen sich hier viele

Hugenotten nieder, ab 1690 wurde in Konkurrenz zum lutherischen Leipzig der Lehrbetrieb aufgenommen, 1694 die Universität offiziell gegründet.

Ihr „Gründungsvater und Inspirator" (Schneiders 1995: 168) war der Philosoph und Naturrechtler *Christian Thomasius* (1655–1728) aus Leipzig, der für den Gebrauch des Deutschen in der Wissenschaft eintrat und 1688 die erste deutschsprachige Monatsschrift herausgab. 1691 kam der Pietist *A. H. Francke* von Leipzig nach Halle, wo er 1694 Professor für Orientalistik und 1698 für Theologie wurde: „Naturrecht und Pietismus verbünden sich zur Begründung der deutschen Aufklärung durch die neue deutsche Universität in Halle" (Winter 1954: 2–3). Thomasius und Francke erwirkten 1706 die Berufung des Mathematikers und Physikers *Christian Wolff* (1679–1754), der alle Wissenschaften in einem geschlossenen System bearbeitete und dafür eine deutschsprachige Terminologie entwickelte: Halle wurde die erste deutschsprachige Universität.

In diesem aufgeklärten und konfessionell liberalen Milieu wirkte der Pädagoge *August Hermann Francke* (1663–1727) aus Lübeck. Er hatte das Gymnasium in Gotha besucht, wo sein Vater seit 1666 Hof- und Justizrat Herzog Ernsts des Frommen (s. S. 144) war, studierte ab 1684 in Leipzig, erlebte 1687 in Lüneburg seine 'Bekehrung', weilte seit Ende 1688 einige Zeit in Dresden im Hause Philipp Jakob Speners und wurde 1689 Dozent in Leipzig. Dort und in Erfurt bewirkte er durch seine *collegia philobiblica* Erweckungen, die zum Konflikt mit der lutherischen Orthodoxie führten.

Seine Bedeutung liegt in den von ihm ins Leben gerufenen Stiftungen: als er 1692 die Pfarrei von St. Georgen in Glaucha bei Halle übernahm, zählte die Stadt 2.000 Einwohner, aber auch 37 Gast- und Schankwirtschaften. Um die sozialen und sittlichen Missstände zu beheben, richtete er 1695 im Glauchaer Pfarrhaus die Armenschule ein, baute 1696 ein Pädagogium und kaufte ein Areal, auf dem mehrere Schänken standen, schloss diese und baute ein Waisenhaus, 1697 eine Lateinschule und das Lehrerseminar *seminarium praeceptorum*; angegliedert wurden eine Buchhandlung, ein Verlag, eine Druckerei, eine Apotheke, die Cansteinsche Bibelanstalt und die Ostindische Missionsgesellschaft; bei seinem Tode 10 Anstalten mit 2.200 Schülern und 180 Lehrern, das größte pädagogische Unternehmen Europas.

Vielfältig waren die Beziehungen Halles zu Osteuropa. Systematisch wurden Bibeln übersetzt und zu geringem Preis vertrieben. Die Pietisten suchten den Kontakt zur orthodoxen Kirche, 1702 entstand das *collegium orientale*, in dem auch die slavischen Sprachen gepflegt wurden. Franckes Schüler gingen nach Osteuropa, Osteuropäer studierten in Halle.

Franckes bedeutendster Schüler war *Johann Julius Hecker* (1707–68) aus Werden bei Essen. Er bezog 1726 die Universität Halle und wurde durch Franckes letzte Rede an die Studierenden ganz für dessen Lebensideale gewonnen. 1735 wurde er Schulinspektor am Militärwaisenhaus in Potsdam, 1739 Prediger und später Oberkonsistorialrat in Berlin; dort gründete er 1747 die *Ökonomisch-mathematische*

Realschule, aus der 1753 das *Kurmärkische Landschullehrerseminar* hervorging, Vorläufer der Gewerbe- und Realschulen.

Heckers Realschule, „nach der das Jahrhundert so lebhaft verlangte“ (Garin 1967: 48), umfasste acht Klassen, eine mathematische, eine geometrische, eine Architektur- und Bauklasse, eine geographische, eine physikalische oder Naturalienklasse, eine Manufaktur-, Kommerzien- und Handelsklasse, eine ökonomische und eine Kuriositäten- oder Extraklasse; sie war ganz auf die praktische Ausbildung ausgerichtet.

Auf das katholische Deutschland und besonders auf Österreich übertrug sich diese pädagogische Bewegung vorzugsweise durch *Johann Ignaz v. Felbiger* (1724–88) aus Glogau. Er studierte in Breslau katholische Theologie und wurde 1758 Abt von Sagan. Bestrebt, den niedrigen Bildungsstand in seinem Stiftsgebiet zu heben, besuchte er 1762 heimlich Heckers Anstalten in Berlin und begann auf Grund der dort gewonnenen Anschauungen, das Schulwesen seines Sprengels umzugestalten. Er führte u.a. die Tabellarmethode in seinen Schulen ein, nach der sich die Schüler den Lernstoff durch schematische Übersichten an der Wandtafel leichter einprägen sollten. 1765 wurde ihm das katholische Schulwesen im mittlerweile preußischen Schlesien unterstellt.

1774 rief ihn *Maria Theresia* nach Österreich, 1778 wurde er Propst zu Pressburg und Oberdirektor des Normalschulwesens für die österreichischen Staaten; er verfasste den ‘Allgemeinen Schulplan für die deutschen Schulen in den k.k. Erbländern’ von 1774. Die darin verfügte Schulpflicht blieb aber vorerst toter Buchstabe. 1782 wies ihn *Joseph II*. an, von Pressburg aus auf das ungarische Schulwesen verbessernd einzuwirken. Felbiger starb 1788 in Pressburg.

Der ‘Schulplan’ war die Grundlage eines einheitlichen Schulwesens für sämtliche Gebiete der Monarchie außer Ungarn. Damit wollte die Zentralregierung die Kontrolle über das Bildungswesen gewinnen, das in der Regel von den Orden und von Privatleuten getragen wurde, überall einheitliche Lehrpläne durchsetzen und die Bildungsinhalte reformieren; auch wollte sie den Gebrauch des Lateinischen und Französischen zugunsten des ‘Sächsisch-Deutschen’ eindämmen. Die neu eingerichteten Lehrerbildungsanstalten hießen hinfort *Normalschulen*.

Felbiger „erstellte seit 1774 die für die Umsetzung der Gesetze erforderlichen Lehrwerke (Rechtschreibfibel, Grammatik, Katechismus, Rechenbuch u.a.) und leitete die Lehrerausbildung. Mit der Einführung der Felbiger-Lehrbücher wurde die Benutzung anderer Lehrbücher verboten. Es wurde eine Genehmigungspflicht für die Verwendung von Lehrmitteln in staatlichen Schulen eingeführt“ (Bockholt 1990: 53). In den slavischen Landesteilen sollte die Elementarbildung in der Muttersprache, die höhere Bildung dagegen grundsätzlich auf Deutsch erfolgen. So mussten die Felbiger-Lehrbücher von den örtlichen Schuldirektoren in die jeweiligen Volkssprachen übersetzt werden. Sie erschienen vom ersten Schuljahr an zweisprachig muttersprachlich-deutsch, um die Deutschkenntnisse zu fördern.

Im übrigen katholischen Europa hatten besonders die *Piaristen* einen großen Anteil an der Hebung der Volksbildung in der Periode der Aufklärung. Dieser Orden wurde 1617 von dem spanischen Adligen *José de Calasanza* (1556–1648) in Rom gegründet. Er befolgt außer den drei Mönchsgelübden noch ein viertes, das ihn zu unentgeltlichem Unterricht der Jugend verpflichtet. Seit der Mitte des 18. Jh. war er die fortschrittliche Alternative zu den Jesuiten im katholischen Bildungswesen, besonders durch die Betonung der Volkssprachen (Auty 1979: 74–75).

Für Frankreich waren die Schulen von *Port Royal* am wichtigsten. Dieses alte Zisterzienserinnenkloster bei Versailles war von 1635 bis zu seiner Zerstörung 1710 Zentrum des Jansenismus und propagierte das System der *Petites écoles*, die auf die Hochschulen *Grandes écoles* vorbereiten sollten. Die Kinder lernten vor allem Französisch und lasen die klassischen Texte in guten französischen Übersetzungen. Der Lateinunterricht folgte später und diente als Muster für die anderen Sprachen (Garin 1967: 45).

Schließlich schuf man auch moderne Lehranstalten für Mädchen. 1686 gründete *Mme de Maintenon*, Lebensgefährtin Ludwigs XIV., in St. Cyr bei Versailles ein Internat für mittellose Töchter des Adels. Der mit der Betreuung konvertierter Hugenottinnen beauftragte Priester *François Fénelon* (1651–1715) verfasste das 'Traité de l'éducation des filles' (Über die Mädchenerziehung, 1687), worin er empfahl, deren natürliche Anlagen behutsam freizulegen.

Unter dem Eindruck dieses Traktats richtete *A. H. Francke* 1698 das *Gynaeceum* ein, die erste höhere Mädchenschule in Deutschland verbunden mit einem Lehrerinnenseminar: die 1717 in Preußen eingeführte allgemeine Schulpflicht betraf ja beide Geschlechter. 1741 durfte sich mit königlicher Erlaubnis *Dorothea Christiana Erxleben* (1715–62) aus Quedlinburg an der Universität Halle für das Studium der Medizin einschreiben; 1754 erwarb sie trotz Anfeindungen als erste Frau in Deutschland den Doktorgrad.

Während der Aufklärung wurde also im ganzen lateinischen Europa der muttersprachliche Elementarunterricht entwickelt. In den westeuropäischen Staaten war die Amtssprache auch Schulsprache, sodass Basken, Bretonen oder Iren in einer Fremdsprache alphabetisiert wurden; die europäische autobiographische Literatur ist voll von Berichten über die damit verbundenen Qualen.

Besser war die Lage der kleineren europäischen Volkssprachen in Ostmitteleuropa, in Österreich und im Baltikum, die teilweise einen regelrechten Ausbauschub erfuhren. Denn bevor man daran gehen konnte, für die Schulen muttersprachliche Lehrwerke wie Fibeln, Grammatiken, Katechismen oder Rechenbücher zu verfassen, musste man sich für ein Alphabet, eine Orthographie oder eine dialektale Basis entscheiden.

Von globaler Bedeutung war die Entscheidung, auch die Muttersprachen der Kolonialvölker zu respektieren, sie durch die Übersetzung der Bibel zu erhöhen und in dieser Hinsicht den Sprachen der Europäer gleichzustellen. Nachdem sich schon im 16. Jh. die Katholiken – allerdings nicht unangefochten – in den spanischen und portugiesischen Kolonien darum bemüht hatten, begann im 17. Jh. bei den Protestanten eine rege, vor allem aus dem Pietismus motivierte Missionstätigkeit; als Pionier gilt der britische Kongregationalist *John Eliot,* der 1685 die Gesamtbibel in die Sprache der Massachusetts-Indianer übertrug. Ab 1730 baute die Herrnhuter Brüdergemeine ein weltweites Missionswerk auf, das konsequent Bibelübersetzungen in alle Sprachen initiierte resp. unterstützte (LThK 2.399). Dadurch hat sich das sprachliche Antlitz der Erde verändert.

8.3.2 Bei den Orthodoxen

Im ganzen orthodoxen Europa kann bis zum Ende des 19. Jh. von einer allgemeinen Schulpflicht nicht die Rede sein, es gab aber Ansätze dazu. In Russland schlossen alle Projekte von vornherein die Leibeigenen aus, also faktisch alle Bauernkinder, die aber die erdrückende Mehrheit der Bevölkerung ausmachten. Bei den Orthodoxen im Osmanischen Reich fehlte die staatliche Gewalt zur Durchsetzung des obligatorischen Unterrichts, denn die Schule war Sache der Kirche. Nur in Österreich kamen auch die 'nichtunierten' Serben, Rumänen und Ruthenen in den Genuss der staatlichen Bemühungen.

Die höhere Schulbildung lag in den Händen der *Akademien.* Da das ursprünglich kirchliche Anstalten waren, die vor allem Priester ausbilden sollten, standen sie der Aufklärung zwar skeptisch wenn nicht feindlich gegenüber, mussten sich aber wohl oder übel damit auseinandersetzen. Im 17. Jh. bestanden zwei orthodoxe Bildungszentren, *Kiev* für Russland und Österreich und *Konstantinopel* für das Osmanische Reich und die Donaufürstentümer.

Von Kiev strahlte die 1632 von *Petr Mogíla* (s. S. 137) gegründete Geistliche Akademie auf alle slavisch-orthodoxen Länder aus, nach ihrem Vorbild entstand 1687 die *Slavisch-griechisch-lateinische Akademie* im Spásskij-Kloster in Moskau. Dort wurde neben den Sprachen Griechisch, Latein, Polnisch und Kirchenslavisch Theologie, Grammatik, Philosophie, Ethik, Dialektik, Physik und Jura gelehrt (Stökl 1973: 330). 1710 wurde Latein Unterrichtssprache; die meisten Dozenten waren Westrussen. Als Pläne, die Akademie um die Fächer Recht, Medizin und Mathematik zu erweitern, scheiterten, erfolgte 1725 die Einrichtung der Akademie der Wissenschaften in Petersburg als Neugründung nach westlichem Muster. Auch hier lasen die meist ausländischen Professoren in lateinischer Sprache.

In der Folge wird in Russland das Griechische vom Lateinischen verdrängt, so sehr, dass als man im 19. Jh. die Einrichtung humanistischer Gymnasien plante, es an Griechischlehrern fehlte – „ein Beweis, wie fiktiv das Betonen der griechischen Kulturtradition Russlands war“ (Stökl 1973: 554).

Der große Reformer war *Peter I.* (reg. 1682–1725). Um das westeuropäische Bildungsgut nach Russland zu bringen, rief er eine gigantische Übersetzungstätigkeit ins Leben, die er persönlich kontrollierte. Druckort war zunächst Amsterdam, später

Moskau. Zu diesem Zweck reformierte er 1710 das kyrillische Alphabet, aus dem er die griechischen und für das Slavische überflüssigen Buchstaben und Zusatzzeichen entfernte und die übrigen dem Duktus der lateinischen Antiqua anpasste; so entstand die noch heute gebrauchte *Zivilschrift*. Weiter führte er anstelle der griechischen Bezeichnung der Zahlen durch Buchstaben die arabischen Ziffern ein und ersetzte die byzantinische Zeitrechnung durch die westeuropäische. Nur das kirchliche Schrifttum wurde weiterhin in der alten Schrift und Manier verfasst (Issatschenko 1983: 531–532).

Zuerst druckte man Wörterbücher, Grammatiken, Fibeln und Lesebücher. Peters rechte Hand dabei war lange Zeit *Fëdor P. Polikárpov-Orlóv* (um 1670–1731). Er hatte an der Moskauer Akademie studiert und unterrichtete dort Grammatik, Rhetorik und Poetik. 1698 wurde er Korrektor am Moskauer *Druckhof*, 1709–22 sein Leiter, 1726–31 war er Direktor der Synodaldruckerei. Er verfasste u.a. 1701 eine 'Fibel' zum Erlernen des slavischen, griechischen und lateinischen Alphabets, 1704 ein slavisch-griechisch-lateinisches Lexikon und gab 1721 in dritter Auflage die alte Grammatik des Kirchenslavischen von *Melétij Smotríckij* heraus (Uspenskij 1987: 277).

Übersetzt wurde alles, was Westeuropa in den Natur-, Sozial- und Geisteswissenschaften an Neuem zu bieten hatte aus dem Lateinischen, Niederländischen, Deutschen, Französischen, Englischen. Dabei war es besonders schwer, sowohl sprach- als auch sachkundige Übersetzer zu finden. Das Hauptproblem war aber, dass die kirchenslavische Sakral- und Kanzleisprache diese modernen Gegenstände nicht ausdrücken konnte und eine russische Standardsprache noch nicht in Sicht war. Das Kirchenslavische wurde nun durch Neubildungen, volkssprachliche und fremde Elemente erweitert und ertüchtigt und erreichte im 18. Jh. seinen Zenit, vergleichbar dem scholastischen Latein in Westeuropa zwischen 1050 und 1350.

Es übernahm für kurze Zeit alle Funktionen, die in Westeuropa das Lateinische erfüllt hatte. Durch den produktiven Gebrauch wurde es als Kommunikationsmittel angepasst und kodifiziert. Ungebräuchliche, archaische Elemente waren nun nicht mehr sakrosankt, sondern wurden stilistisch negativ bewertet; man trachtete danach, die Sprache allmählich zu vervollkommnen. So schrieb *Polikárpov* über seine Neufassung von *Smotríckijs* Grammatik 1721 im Vergleich zur Erstfassung von 1619: „Mit Gottes Hilfe wird unsere slavische Sprache mit der Zeit immer mehr erweitert und gereinigt" (nach Uspenskij 1987: 327).

Aber es fehlte der „pädagogische Unterbau" (Stökl 1973: 429). Den sollte die *Ziffernschule* bilden, eine staatliche Rechenschule, die Peter I. seit 1714 auf Gouvernements- und Provinzebene bei den Eparchien und Klöstern einrichten ließ, die aber mangels Nachfrage schon 1744 aufgelöst wurde. „Damit endete der erste Versuch einer weltlichen und obligatorischen Elementarausbildung in Russland" (Torke 1985: 424).

In der zweiten Hälfte des 18. Jh. nahm man einen neuen Anlauf. „Katharinas langjähriger Berater in Schulfragen, *Iván Beckój* (1704–95), sah die Lösung in Internaten, die dem Schüler nicht nur Wissen vermitteln, sondern ihn auch – fern vom abträglichen Einfluss der Familie – erziehen sollten. Einige solche 'Erziehungshäuser' wurden in Petersburg und Moskau eingerichtet, getrennt für Adelige und Nichtadelige (Leibeigene stets ausgenommen). Auch an die Frauenbildung dachte man schon, und das erste, 1764 begründete Internat für die Töchter des Adels hat unter der späteren Bezeichnung *Smol'nyj-Institut* Generationen hochwohlgeborener Adelsdamen geprägt [...] Viel weiter reichende Bedeutung hatte aber der Versuch, eine mehrstufige wirkliche Volksschule einzuführen" (Stökl 1973: 429).

Hier kam Hilfe aus Österreich. Die österreichischen und ungarländischen Schulgesetze betrafen ja auch die orthodoxen Serben. Der erste serbische Schulreformer in diesem Sinne war *Teodor Janković* (1741–1814) aus Sremska Kamenica. Er studierte an der Wiener Universität Jura und Ökonomie und wurde Sekretär des orthodoxen Bischofs von Temesvár. 1773 betraute ihn Maria Theresia mit dem Aufbau des griechisch-nichtunierten oder 'illyrischen' Volksschulwesens nach Felbiger im Banat. Nach einem Besuch am Wiener Lehrerseminar 1776 übersetzte er die Felbigerschen Lehrbücher ins Serbische und verfasste ein Handbuch für die 'Illyrischen Magister der nichtunierten kleinen Schulen' (BE 41.673).

1782 berief *Katharina II.* ihn nach Russland. Auf seine Initiative wurde in Petersburg ein Hauptlehrerseminar gegründet, dem er 1783–85 vorstand. Die dafür notwendigen Bücher übersetzte er aus dem Deutschen ins Russische und verfasste 1783 einen 'Leitfaden für die Lehrer der ersten und zweiten Klassen der Volksschulen des Russischen Reichs' sowie mehrere Lehrbücher. Er wirkte mit an der 'Volksschulverordnung' von 1786, die den Grund für das moderne russische Elementarschulwesen legte. Er starb in Petersburg.

In den anderthalb Jahrhunderten von Mogílas Geistlicher Akademie (s. S. 137) bis zu Jankovićs Volksschule hatte sich die sprachliche Welt der orthodoxen Slaven gründlich verändert. Die kirchenslavisch-volkssprachliche Diglossie war aufgebrochen (s. S. 141), das Russische konnte sich emanzipieren und seinen Siegeszug antreten, es verdrängte das Kirchenslavische, bis dieses nur noch Sakralsprache war. Weiter wurde das Griechische byzantinischer Prägung durch das Lateinische ersetzt: Russland hatte sich dem Westen geöffnet.

Ganz anders waren die Verhältnisse bei den Orthodoxen im Osmanischen Reich. Hier war die älteste Hochschule die unmittelbar nach der osmanischen Eroberung eingerichtete Patriarchatsakademie in Konstantinopel. Der calvinistische Patriarch *Kyrillos Lúkaris* beauftragte 1625 *Theóphilos Korydaléas* (1560–1645) mit ihrer Reorganisierung. Er stammte aus Athen, hatte in Padua und am Athanasianum in Rom studiert und war als Neu-Aristoteliker zurückgekehrt. Er verfasste Kommentare und Lehrbücher über Aristoteles und brachte die Naturwissenschaften an die

Akademie, die er bis 1639 leitete. Die von ihm eingerichteten Kurse hielten sich trotz allen Widerständen unter seinen weitsichtigen Nachfolgern (Politis 1984: 60).

Einer davon war 1759–63 der größte griechische Aufklärer *Evgénios Vúlgaris*. Er wurde 1716 im venezianischen Korfu als Sohn einer orthodoxen, aus Bulgarien stammenden Familie geboren, studierte in Padua Philosophie und Sprachen, wurde Mönch und 1753 an die neugegründete Athos-Akademie berufen. Dort unterrichtete er zeitgenössische Philosophie nach *Leibniz, Chr. Wolff* und *Locke*, die er selbst ins Griechische übersetzte. Damit stieß er bei den Mönchen auf Ablehnung, wurde der Häresie beschuldigt und vom Athos vertrieben.

Wegen seiner antiosmanischen Haltung musste er emigrieren. 1764–71 hielt er sich in Halle und Leipzig auf, wo er ein orthodoxes Credo, das Θεολογικόν, eine ‘Logik’ und ein ‘Elementarbuch der Mathematik’ publizierte, die an den griechischen Schulen als Lehrbücher verwendet wurden. 1769 lernte er in Berlin *Voltaire* kennen, dessen Schriften er in Versform ins Griechische übertrug (Vitti 1972: 49). 1771 holte *Katharina II.* ihn als Hofbibliothekar nach Petersburg; dort übersetzte er *Vergils* ‘Aeneis’ ins Griechische. Er starb 1806 in einem Kloster in Petersburg (Trunte 1998: 384).

In den Donaufürstentümern war seit jeher Kirchenslavisch Sakral- und Kanzleisprache. 1640 richtete nun Fürst *Vasíle Lúpu* in Jassy mit Mogílas Hilfe ein Lateincollegium für die Moldau ein, die sog. *Academía Vasiliánă*, an der ab 1647 auch Griechisch unterrichtet wurde. Parallel dazu gründete der walachische Kanzler *Udrişte Năsturél* in Tîrgóvişte eine Akademie mit kirchenslavischer Unterrichtssprache, bis 1646 sein Schwager Fürst *Matei Basaráb* das Griechische einführte.

In der zweiten Hälfte des 17. Jh. wurden beide Akademien völlig gräzisiert. In Jassy wirkte *Jeremias Kakavélas* (–1716) aus Kreta. Er hatte in Leipzig und Wien studiert, war Erzieher des Prinzen *Dimítrie Cantemír* und ersetzte bei der Reorganisation der Akademie die slavischen Lehrer durch Griechen. Parallel dazu verlegte 1679 *Şerban Cantacuzinó* die Akademie von Tîrgóvişte ins St. Sava-Kloster nach Bukarest. Hier lehrten namhafte griechische Gelehrte, die zumeist in Italien studiert hatten, in ihrer Muttersprache, sodass sie *Academía greceáscă* hieß.

In der nun folgenden Fanariotenzeit verloren beide Akademien ganz ihren klerikalen Charakter: Theologie war zwar noch in den Lehrplänen vorgesehen, wurde aber nicht mehr unterrichtet. Man lehrte moderne Philosophie nach *Leibniz* und *Chr. Wolff*, Physik, Astronomie, Mathematik, Chemie, Geschichte und Geographie, Latein und die neueren Sprachen Französisch, Italienisch, Deutsch und Russisch (Cazacu 1987: 51). Bis zu ihrer Schließung 1821 waren sie die Brennpunkte der Aufklärung in Südosteuropa.

In der Fanariotenzeit 1711–1821 war also Griechisch in ganz Südosteuropa Schul- und Bildungssprache der Orthodoxen, auch der Bulgaren, Rumänen und Albaner, doch welches Griechisch? Die damaligen Auseinandersetzungen über die neugriechische Schriftsprache lassen sich nach Hering (1987) wie folgt zusammenfassen:

Zwischen 1453 und dem ausgehenden 18. Jh. ist das Griechische in mehreren Varianten nachzuweisen. Einmal den *altgriechischen* oder *hochsprachlichen*, die sich entweder an das Attische oder an die Koiné resp. die Sprache der Kirchenväter oder an beide anlehnten. Sie treten vor allem in theologischen, juristischen oder anderen wissenschaftlichen Texten und in kirchlichen Urkunden auf. Zum anderen den *volkssprachlichen*, in denen neben den Volksliedern die regionale Belletristik abgefasst war. Beide beeinflussten einander, eine Mischvariante war das *Kaufmannsgriechisch*, das „Händler und Fernkaufleute aus volks- und hochsprachlichen Elementen mit starken Einflüssen vor allem aus der italienischen Fachsprache des Kommerzes und Verkehrs auf Lexikon und Syntax kombinierten" (Hering 1987: 126).

Als die Aufklärer sich entscheiden mussten, welche Variante die Grundlage der künftigen Schriftsprache abgeben sollte, ging es ihnen allen darum, die kulturelle Rückständigkeit durch die Verbreitung von Bildung zu überwinden. Dabei orientierten sie sich sowohl an Westeuropa als auch an der Antike. Daraus ergaben sich drei Positionen:

1. die Archaisten wollten die attische Variante des Altgriechischen als Standardsprache einführen. In einer Übergangszeit sollten die Griechen ihre alte Sprache wieder erlernen. „Die Differenz zwischen Alt- und Neugriechisch erklärten sie als Folge des kulturellen Verfalls unter der osmanischen Herrschaft, deshalb verwarfen sie die Volkssprache als vulgäres Produkt von Knechtschaft und Fremdherrschaft" (Hering 1987: 131). Diese Position vertrat u.a. *Vúlgaris*.

2. die Dimotikisten plädierten für die verständlichere und leichter erlernbare Volkssprache, die sich besser zur Aufklärung, d.h. zur Verbreitung von Kenntnissen eigne. Sie traten für eine phonetische Rechtschreibung ohne Akzente und *Spiritus* ein und für die Bereicherung des Lexikons durch Fremdwörter und altgriechische Ausdrücke. Diese Position entsprach besonders den Interessen der Kaufleute. Ihr erster Vertreter war *Dimítrios Katartzís*, der offen aussprach, was heute noch nicht unumstritten ist: 'Griechisch und Romäisch sind zwei Sprachen und nicht eine' (Hering 1987: 135).

3. die Vermittler wie *Nikifóros Theotókis*, der 1796 empfahl, „weder die Sprache der Alten, noch die vulgäre Umgangssprache der Ungebildeten, sondern eine von Fremdwörtern und verderbten Bildungen gereinigte Schriftsprache zu wählen, die er καθαρεύουσα nannte" (Hering 1987: 135).

8.3.3 Bei den Muslimen

Der doppelten Wende von der Scholastik zum Humanismus und vom Humanismus zur Aufklärung in Westeuropa entspricht sprachlich die Abwendung vom scholastischen Latein, die Umorientierung auf die klassischen Sprachen Latein, Griechisch und Hebräisch und schließlich die Hinwendung zur Muttersprache. Dass der so natürlich scheinende Gebrauch der Muttersprache als Unterrichtssprache und als Lehrgegenstand keineswegs selbstverständlich ist, zeigt die Entwicklung im Orient, wo die doppelte Wende fehlt. Hier gelten bis ins 19. Jh. das klassische Arabisch mit dem imperativen Bezug auf den Koran, das Persische der Dichter des 12.–14. Jh. und das Hochosmanische *fasih türkçe* des 16.–17. Jh. als unerreichbare Vorbilder, wobei die Araber nur das Arabische studieren, die Perser Arabisch und Persisch, die Türken alle drei Sprachen.

Das Unterrichtswesen war zweigliedrig. In den Koranschulen, arab. *kuttāb* oder *maktab*, lernten die 6- bis 15-jährigen Kinder (ganz überwiegend Jungen) gleich welcher Muttersprache den arabischen Korantext rezitieren, den sie nicht oder kaum verstanden; doch selbständig lesen lernten sie dort nicht. *Aini* (s. S. 76) schreibt über seine Schulzeit auf dem Lande in den 1880-er Jahren: „Ich konnte nur das vorlesen, was ich bereits in der Schule gelesen hatte und auch dies nur aus dem Buche, nach dem wir unterrichtet worden waren. Kam mir etwas vor, was ich noch nicht gelesen hatte oder was ich zwar gelesen hatte, aber in einem anderen Buch, dann war ich bereits am Ende meiner Kunst“ (Aini 1953: 97).

Über den Koranschulen standen die Hochschulen, arab. *madrasa*. „Die Lehrgegenstände entsprachen hier weitgehend den ‘Sieben freien Künsten’ *septem artes liberales* des klassischen Altertums, die der Islam als Nachfolger der Antike ebenso seinem geistigen Aufbau einverleibt hatte, wie unter ähnlichen Umständen das Christentum“ (Spuler 1936: 3).

Das Grundstudium dauerte vier bis acht Jahre, danach konnte der Student seine Kenntnisse vervollkommnen, um selbst Dozent *mudarris* zu werden. Als Gründer der Medresen gilt der Selǧūqen-Wesir *Niẓām al-Mulk* (s. S. 146), doch gab es schon vor ihm derartige Einrichtungen. Die Blütezeit war im 15. Jh., die Tradition hielt sich noch unter den Safawiden und den Osmanen, doch sank das Niveau der Schulen mit dem Aufstieg Europas (LIW 2.161–162).

An den osmanischen Medresen umfasste der Unterricht bis ins 19. Jh. Grammatik, Syntax, Logik, Literatur, Rhetorik, Dogmatik, Philosophie, Jura, Stilkunde, Geometrie, Astronomie, Koranexegese, *ḥadīth* (s. S. 29), Arabisch, Persisch, Osmanisch, Kalligraphie, ein wenig Geschichte und fast keine Geographie. Das alles wurde jedoch rein traditionell betrieben, wirklich exakte Wissenschaft wurde nirgends gelehrt (Spuler 1936: 71).

Selbst im Osmanischen Reich, dem modernsten islamischen Staat zur Zeit der europäischen Aufklärung, waren all die Entwicklungen, die seit dem Humanismus in Europa stattgefunden hatten, einfach unbekannt. Die einzigen direkten Kontakte zwischen Osmanen und Europäern kamen auf dem Schlachtfeld zustande und „für die Masse der Osmanen blieb Europa gänzlich fremd und europäischer Einfluss unerwünscht“ (Grunebaum 1971: 113).

Eine halbherzig durchgeführte Neuerung war die Einführung des Buchdrucks: 1727 ließ endlich der Großwesir *İbrahim Paşa* in der Hauptstadt, in der seit 1506 eine hebräische, seit 1567 eine armenische und seit 1627 eine griechische Druckerei arbeiteten, nun auch eine osmanische einrichten; er setzte sie gegen den Widerstand der Kopisten und der Geistlichkeit durch, das religiöse und juristische Schrifttum war von der Druckerlaubnis ausgenommen. Ihr erster Leiter war *İbrahim Müteferrika* (1654–1745), ein siebenbürgischer Renegat aus Klausenburg, dessen christlicher Name nicht überliefert ist. „Bis zu seinem Tode wurden 16 Werke enzyklopädischen Inhalts gedruckt, darunter ein von ihm selbst verfasster Fürstenspiegel und etliche Chroniken. Nach einem halben Jahrhundert der Untätigkeit wurde erst 1783 der Betrieb wieder aufgenommen“ (Peyfuss 1996: 74).

Im ganzen Orient fanden Reformen des mittelalterlichen Schulwesens, damit verbundene sprachliche Neuerungen, die Gründung von Theatern oder die Schaffung eines Pressewesens erst im 19. Jh. nach europäischem Vorbild statt.

8.4 Die Weltsprachen

In der Epoche der Aufklärung erlangen einige Sprachen Weltgeltung und zwar 1. durch ihre geographische Verbreitung: die europäischen Kolonialsprachen treten neben alte Weltsprachen wie Arabisch und Chinesisch; 2. durch in ihnen beschriebene wissenschaftliche Entdeckungen; 3. durch den zwischenstaatlichen Verkehr.

1. Mit der um 1500 einsetzenden Kolonisierung, mit der Europa und besonders Westeuropa der Welt seinen Stempel aufdrückt, expandieren nicht nur die Staaten – meist vermittelt durch Handelskompanien – sondern auch ihre Amtssprachen. Besonders die Sprachen der Atlantikanrainer Spanisch, Portugiesisch, Französisch, Niederländisch und Englisch und schließlich auch Deutsch werden *Kolonialsprachen*. Dem entspricht in Osteuropa immerhin das Russische, nachdem das Großfürstentum Moskau ganz Nordasien erobert und 1639 den Pazifik erreicht hat.

Im Kontakt von Europäern und Muslimen entstehen neue, zum Teil bedeutende Verkehrssprachen, die sich nun vom arabischen Alphabet befreien und zur lateinischen, kyrillischen resp. indischen Schrift übergehen, so Suahili mit deutscher Unterstützung, Malaiisch resp. Bahasa Indonesia mit niederländischer, einige Turksprachen mit russischer. Die Sanskritisierung des Hindustani zum Hindi in Devanagarischrift beginnt mit der Einrichtung des britischen *Hindu College* in Kalkutta 1817 (Balbir 1983: 102). 1834 wurde durch den 'Language Act' des britischen Justizministers *Macaulay* das Englische als Amtssprache für Britisch-Indien anstelle des Persischen festgesetzt (Fragner 1999: 70).

Schließlich werden Kolonialbeamte und vor allem Missionare aller Konfessionen Geburtshelfer bei der Alphabetisierung in lateinischer Schrift und der Standardisierung unzähliger Sprachen in Übersee, wobei Bibelübersetzungen eine entscheidende Rolle spielten.

2. In Westeuropa geht mit der neuen Vielsprachigkeit die mittelalterliche, durch das Lateinische garantierte Einheit allmählich verloren und es entsteht ein bislang unbekannter Sprachpatriotismus. *Hutten* beschließt, nur mehr Deutsch zu schreiben, *Joa-*

chim du Bellay und *Henri Estienne* betonen die Vorzüge des Französischen sowohl gegenüber dem Italienischen als auch dem Lateinischen (Münkler 2000: 165).

Aber das Lateinische ist vorerst unentbehrlich, *Erasmus* übersetzt *Pfefferkorns* 'Streydtpuechlyn' für *John Fisher*, Bischof von Rochester, aus dem Frühneuhochdeutschen nicht ins Englische, sondern ins Lateinische. Noch im 18. Jh. gebrauchen es die Wissenschaftler, in Frankreich *R. Descartes*, in England *I. Newton*, in Italien *G. Vico*, in den Niederlanden *B. de Spinoza*, in Schweden *C. von Linné*, in Deutschland *G. W. Leibniz* und *C. F. Gauss*. Gleichzeitig avanciert es in Russland an den Akademien zur Sprache der Wissenschaft.

Doch parallel dazu bilden sich zwischen 1600 und 1800 die neuen *Wissenschaftssprachen* heraus, die langfristig das Lateinische ablösen: als Erster gebraucht *Galileo Galilei* (1564–1642) das Italienische, dann *Francis Bacon* (1561–1626) und *John Locke* (1632–1704) das Englische, dann *Christian Thomasius* (1655–1728) das Deutsche, schließlich *Montesquieu* (1689–1755) und *Voltaire* (1694–1778) das Französische.

Wie die geographischen sind auch die wissenschaftlichen Entdeckungen sprachlich die Domäne des Entdeckers: obwohl Deutsch nur dreißig Jahre Kolonialsprache war und dadurch kaum Weltgeltung erlangte, entwickelte es sich seit dem 18. Jh. kontinuierlich zur bedeutendsten Wissenschaftssprache, die erst nach 1933 vom Englischen abgelöst wurde.

3. Im 17. Jh. beginnt das Französische, in Europa das Lateinische als Sprache des *zwischenstaatlichen Verkehrs* zu verdrängen. Der Reichtum Frankreichs, seine Geschlossenheit und Modernität und seine große Literatur machen es zur ersten Sprache Europas. Der Hof des 'Sonnenkönigs' *Ludwig XIV*. (1643–1715) in Versailles wird zum Vorbild für alle absolutistischen Höfe Europas und das Französische zur Sprache der Höfe, des diplomatischen Verkehrs und zum Teil auch der Kanzleien. Und schließlich ist es die Bildungssprache schlechthin, *la troisième langue classique*. Es füllt die Lücke, die das nicht mehr modernisierbare Latein hinterlässt. Französische Ausdrücke und Redewendungen werden in fast alle europäischen Sprachen entlehnt, direkt oder – im Norden und Osten – oft durch das Deutsche vermittelt.

Das geht nicht überall gleich schnell. Wilhelmine von Bayreuth, Schwester Friedrichs II., berichtet, dass Maria Theresia bei ihrer Krönung 1740 kein Französisch konnte, erst ihr Gemahl Franz von Lothringen aus Nancy ersetzt den am Hof bis dahin herrschenden italienischen Einfluss durch den französischen. Andererseits ist der Geltungsbereich des Französischen größer als der des Lateinischen, er erstreckt sich auf ganz Europa, auch auf die orthodoxen und muslimischen Länder Russland, Rumänien und das Osmanische Reich.

9. Der Nationalismus

Um 1800 vollzieht sich in Europa eine dritte Kulturwende von der Aufklärung zum Nationalismus, von der Klassik zur Romantik, vom Hier und Jetzt zur Geschichte; dem entspricht der Schritt von der Muttersprache zur Nationalsprache. Der Nationalismus bildet sich zuerst in den westeuropäischen Vaterländern, dann in den polyethnischen osteuropäischen Reichen heraus und erreicht den Orient auf drei Wegen: 1. über Südosteuropa die Albaner und Türken, 2. über Russland die Tataren und Azeris, 3. über das Osmanische Reich bzw. Westeuropa die Araber. Der Prozess der Herausbildung des jeweiligen Nationalismus ist durchaus als Europäisierung zu verstehen.

9.1 Völker und Nationen

Zu Beginn des 19. Jh. lebten in Europa Völker von sehr unterschiedlicher Qualität und Verfassung, die ich 'Staatsvölker', 'Reichsvölker', 'historische' und 'geduldete' Völker nennen will. *Staatsvölker* waren die Bewohner der westeuropäischen Staaten ungeachtet ihrer ethnischen Zugehörigkeit und geeint durch den jeweiligen Patriotismus. Das galt auch für Deutsche und Italiener, man fühlte sich als Preuße oder Österreicher, als Piemontese oder Neapler. *Reichsvölker* waren die herrschenden Völker in den osteuropäischen und orientalischen Reichen, die Deutschen in Österreich, die Russen und die Osmanen (ungeachtet ihrer ethnischen Herkunft).

Die *historischen* Völker hatten vordem über politische Eigenständigkeit verfügt und Elemente davon bewahrt; das waren mit abnehmender Autonomie 1. die ständisch verfassten *nationes* wie die Finnen, Polen, Čechen, Ungarn oder Kroaten, 2. die Rumänen in der Moldau und der Walachei mit einheimischem Adel, 3. die privilegierten Ethnien der Konfessionsnationalitäten wie die Griechen, Armenier, Syrer, Kopten und sefardischen Juden im Osmanischen Reich, die Serben in Österreich oder die Tataren in Russland und 4. die aschkenasischen Juden in Polen und Litauen.

Den westeuropäischen Staaten gelang es in ihrem Streben nach Homogenität (s. S. 47), die Vorrechte der historischen Völker weitgehend zu beseitigen. So verloren die Isländer ihre Privilegien mit der von Dänemark durchgesetzten Reformation, 1707 wurde das schottische, 1801 das irische Parlament aufgelöst, in Frankreich wurden 1789 alle Sonderrechte der Basken, Bretonen usw. aufgehoben, in Spanien im 18. Jh. die katalanischen und im 19. Jh. die baskischen Institutionen *fueros* abgeschafft; überall blieben allerdings die Erinnerung daran und die damit verknüpften Ansprüche lebendig.

Die *geduldeten* Völker hatten als solche keine Rechte. Dazu zählten 1. die Völker ohne ständische Qualität wie die Slovenen, Slovaken, Sorben, Litauer, Letten, Esten oder Maltesen, 2. die nichtprivilegierten Ethnien der Konfessionsnationalitäten wie die Rumänen und Ukrainer in Ungarn resp. die Bulgaren, Serben, Aromunen und christlichen Albaner im Osmanischen Reich, 3. die nichtmuslimischen 'Fremdvölker' Инорóдцы Russlands und 4. die Zigeuner oder Roma.

Während die Reichsvölker *eo ipso* privilegiert waren und die historischen Völker in ihren Ständen resp. Hierarchien zumindest einflussreiche Repräsentanten besaßen, hatten die geduldeten Völker keinen gesetzlichen Beistand. *Samuel von Brukenthal*, 1777–87 Gouverneur von Siebenbürgen, beschreibt die Lage der Rumänen im Land, die damals schon 50–60% der Bevölkerung ausmachten (Köpeczi 1990: 411), folgendermaßen: „Die Walachen sind im gesetzlichen Verstande keine Nation, sondern ein *plebs* oder Volk; sie werden von den Gesetzen geduldet, aber zugleich von allen Freiheiten und Rechten der übrigen Nationen ausgeschlossen. Sie machen keinen eigentlichen Stand oder Kreis aus, sondern sind unter allen Nationen und Kreisen verteilt, und wohnen hin und wieder teils in abgesonderten Dörfern teils in anderen Dörfern an. Sie haben daher weder eigene Satzungen noch Gesetze“ (nach Turczynski 1985: 27).

Ende des 18. Jh. bahnt sich nun eine neue Weltsicht an, vollzieht sich ein Paradigmenwechsel, der zu einer unerhörten Wertschätzung der bislang verachteten oder ignorierten Völker führte. Ihre Anwälte beriefen sich auf den Aufklärer Herder, der in den 'Ideen zur Philosophie der Geschichte der Menschheit', den 'Humanitätsbriefen' und den 'Volksliedern' die Idee der *Gleichberechtigung aller Völker* entwickelt hatte.

Johann Gottfried Herder (1744–1803) wurde in Mohrungen im Herzoglichen Preußen geboren, wo sein Vater Küster und Kantor der kleinen polnisch-lutherischen, d.h. masurischen Gemeinde war; seine Mutter erzog ihn im pietistischen Geiste. 1762 ging er nach Königsberg, um Theologie zu studieren. Dort freundete er sich mit *Johann Georg Hamann* an und hörte bei *Immanuel Kant*. 1764 wurde er Lehrer an der Domschule in Riga, ab 1767 Prediger daselbst. Auf einer längeren Reise durch Frankreich und Holland nach Hamburg lernte er *Diderot* und *Lessing* kennen, in Straßburg traf er *Goethe*. 1771 wurde er Konsistorialrat in Bückeburg, 1776 Generalsuperintendent in Weimar, wo er auch starb.

Herder war vor allem Theologe, doch anders als die meisten Denker der Aufklärung war er nicht Deist sondern Pantheist: „Existiert Gott nicht *in* der Welt, *überall* in der Welt, und zwar überall ungemessen, ganz und unteilbar [...] so existiert er nirgend“ (nach Zaremba 2002: 175). Sein Pantheismus bezieht sich sowohl auf die Natur als auch auf die Geschichte: in der Welt „ist alles voll organisch wirkender Allmacht. Wir wissen nicht, wo diese anfängt, noch wo sie aufhört [...] Die Natur ist kein selbständiges Wesen; sondern 'Gott ist Alles in seinen Werken'“ (nach KNLL 7. 719). Durch den allgegenwärtigen und in allen wirkenden Gott wird das Menschliche veredelt, ja vergöttlicht.

In seinen Arbeiten zu einer Universalgeschichte der Menschheit, 'Auch eine Philosophie der Geschichte zur Bildung der Menschheit' (1774), den 'Ideen zur Philosophie der Geschichte der Menschheit' (1784–91) wie auch in den 'Briefen zur Beförderung der Humanität' (1793–97), verwendet Herder als zentralen Begriff den der *Humanität*: „Humanität ist der Zweck der Menschen-Natur und Gott hat unserem Geschlecht mit diesem Zweck sein eigenes Schicksal in die Hände gegeben" (nach Zaremba 2002: 172).

Ein Herder eigentümlicher Gedanke ist der Vergleich der Völker mit Individuen. Für ihn sind sie nicht nur eine Menge von Menschen, sondern „eine neue, einzigartige und reichere Offenbarung der großen Kräfte der Natur und der Geschichte. Diese Gemeinschaften waren nicht durch menschliche Willensäußerung oder durch Vertrag entstanden, sie hatten ein Eigenleben, eine Lebenskraft, die urtümlicher und zugleich zukunftsträchtiger war als die Summe aller Individuen" (Kohn 1962: 423). Völker entwickeln sich ähnlich den Menschen, haben Kindheit, Adoleszenz, Blüte und Vergehen und eben Individualität. Diese wiederum manifestiert sich in der jedem Volke eigenen Sprache und der in dieser Sprache verfassten Dichtung, der 'Volkspoesie', den mündlich tradierten Volksliedern und Volksepen (s. S. 185).

Ab 1775 gab Herder unter dem Eindruck zweier englischer Balladensammlungen in drei Auflagen seine Volkslieder heraus, die erste unter dem Titel 'Alte Volkslieder', neben 'nordischen Liedern' hauptsächlich englische Gedichte im Original und in Übersetzung, die zweite 1778–79 unter dem Titel 'Volkslieder', neben echten Volksliedern Strophen aus Homer und Shakespeare, 'Ossian', Goethe, Matthias Claudius u.a., die dritte 1807 postum unter dem berühmten Titel 'Stimmen der Völker in Liedern'.

Da alle Völker über einen Schatz von Volkspoesie verfügen, den man nur heben muss, verschwindet der Unterschied zwischen 'armen' und 'reichen' Völkern zugunsten von 'jungen' und 'alten' und relativiert sich die Bedeutung der Kunstdichtung und der schriftlichen Textproduktion. Und da die jedem Volke eigene Dichtung in der Volkssprache verfasst ist, gelten auch alle Muttersprachen gleich viel. Herders Anschauungen über die Völker, die Volksdichtung und die Volkssprache haben vom Ende des 18. bis in die Mitte des 19. Jh. in ganz Europa ein begeistertes Echo gefunden.

9.2 Nation und Abstammung

Die Metamorphose der Völker zu Nationen bedeutet ihre *Veredelung*, ihre Erhebung in den Adelsstand: die Nation kommt aus der *natio*. Nach dem Vorbild der Adelsgeschlechter, deren Abkunft in ihrer Genealogie dokumentiert war und in ihrem Namen und Wappen zum Ausdruck kam, konstruierten sich die Nationen eine edle Abstammung. Es entstand eine nationale Ahnenforschung auf der Suche nach dem Adelsbrief, der Privilegien und Besitztümer bestätigen sollte. Das beschränkte sich nicht darauf, dass man die Geschichte des eigenen Volkes so weit wie möglich zurückverfolgte und – wenn die Quellen versiegten – auch darüber hinaus ins Mythische, sondern man sah die *Geschichte* überhaupt als umfassenden Zusammenhang des geistigen Lebens an und übertrug die historische Methode auf andere Bereiche wie Sprach- und Rechtswissenschaft, Nationalökonomie und Theologie.

Dabei spielte die historische Sprachwissenschaft eine desto größere Rolle, je mehr man Sprachen und Völker gleichsetzte. Nachdem *William Jones*, britischer Oberrichter in Bengalen, 1788 die Verwandtschaft des Sanskrits mit den europäischen Sprachen festgestellt hatte, ging man daran, diese Verhältnisse nach dem Vorbild adeliger Sippenforschung zu beschreiben: verwandte Sprachen bildeten Sprachfamilien, ihre Beziehungen stellte man in Stammbäumen dar. Nun ließen sich auch für Völker ohne entsprechende Urkunden auf Grund des vorhandenen oder erschlossenen sprachlichen Materials *Dignität* und *Ancienn ität* (Steinke 1999: 399) nachweisen. Dabei gab es auch Enttäuschungen; so war es für manche Ungarn kränkend, als sich herausstellte, dass sie nicht wie angenommen mit den kriegerischen Türken, sondern mit den eher glanzlosen obugrischen Jägern und Fischern verwandt sind. Mit Hilfe der Wortgeographie und der Onomastik rekonstruierte man die *Urheimat* der Völker, was zu Gebietsansprüchen und zu Auseinandersetzungen um *Autochthonität* und *Kontinuität* führte, Werte, die wiederum an die Alteingesessenheit adeliger Geschlechter erinnern.

9.3 Nation und Konfession

9.3.1 Konfessionsnationalität

Für die in den polyethnischen Reichen lebenden Völker Osteuropas und des Orients bildeten die kirchlichen Organisationen eine Art vornationales Gerüst, Körperschaften, die besonders den akatholischen Völkern Österreichs, den nichtorthodoxen Völkern des Russischen Reichs oder den nichtmuslimischen Völkern des Osmanischen Reichs Schutz, Zusammenhalt und vor allem Identität boten. Diese auf dem Weg vom Volk zur Nation für Osteuropa typische Zwischenstufe nennt *Turczynski* (1976: 188) *Konfessionsnationalität*, sie entspricht ziemlich genau der osmanischen *Millet*. Dabei handelt es sich um die Symbiose mehrerer Ethnien, von denen die historisch 'älteste' als vornehmste gilt; unabhängig von der Größe des Altersunterschieds tritt sie als Vormund der 'jüngeren' auf.

Den Ausdruck prägte Turczynski zur Beschreibung der Lage der Nicht-Unierten des Habsburgerreichs im 18. Jh., wo die orthodoxe Konfessionsnationalität Serben und Rumänen, marginal auch Ruthenen, unter serbischer Führung verband. Erst 1850 gelang es den Rumänen, sich in Siebenbürgen und dem Banat aus dieser Umklammerung zu lösen. Etwa gleichzeitig zerbrach mit dem Ende der griechisch-bulgarischen Symbiose die Millet der Orthodoxen des Osmanischen Reichs. Zunehmende Unstimmigkeiten in Erziehungs- und Religionsfragen veranlassten die Bulgaren, sich 1870 ein eigenes Exarchat zu erkämpfen. Fast bis zum Ende des 19. Jh. bestand die Nationalität der Katholiken des Russischen Reichs, Erbe der alten *natio polonica*. Die polnisch-litauische Symbiose hielt deshalb so lange an, weil der litauische Klerus entweder polnischer Herkunft war oder unter polnischem Einfluss stand.

Langlebig war auch die muslimische Konfessionsnationalität im Osmanischen Reich, vor allem weil die osmanische Millet zur privilegierten Herrenschicht gehörte, von der es wenig Gründe gab sich loszusagen. Hier währte die türkisch-albanische Harmonie bis 1878, als sich in der *Liga von Prizren* (s. S. 208) muslimische und christliche Albaner zusammenfanden und überkonfessionelle, nationale Ziele proklamierten. Am längsten hielt die muslimische Konfessionsnationalität in Russland, nämlich bis zum Ende der tatarisch-baškirischen Symbiose 1917.

Einziges westeuropäisches Beispiel ist die katholische Konfessionsnationalität im Königreich der Vereinigten Niederlande 1815–30. Hier führte die wallonisch-flämische Allianz zur Gründung eines eigenen Staates Belgien unter wallonischer Führung. Die Eintracht hielt bis zum Erstarken der flämischen Nationalbewegung in den 1930-er Jahren.

Die Konfessionsnationalitäten gebrauchten 'natürlich' immer die ältere, würdigere Sprache: die Nicht-Unierten Österreichs das Kirchenslavische, so wie es die Serben von den Russen übernahmen, die Orthodoxen des Osmanischen Reichs das Griechische, die russländischen Katholiken das Polnische und die Balkanmuslime das Osmanische. So verlangte der Patriarch von Jerusalem *Dosítheos Notarás*, Rumänisch solle nicht neben Kirchenslavisch oder Griechisch Sprache der Liturgie sein, denn es sei 'klein und schmal' (de Vries 1963: 402). Ähnlich galt die litauische Sprache als halbheidnisch und bäurisch, die litauische Predigt als transitorischer Notbehelf, der die Gläubigen zur eigentlichen, polnischen Kultur hinführen sollte.

9.3.2 Die Abkehr von der Konfession

Die europäischen Völker waren sich zwar bislang ihrer Eigenständigkeit bewusst, blieben jedoch „ganz eingefügt in den überkommenen christlichen Universalismus einerseits und den Pluralismus regionaler und ständischer Gewalten andererseits" (Winkler 1978: 5). Nun aber hatte die Ausrichtung auf die ethnischen Kriterien Abstammung und Sprache die Abkehr von konfessionell definierten Zusammenhängen zur Folge. Das bedeutete das Ende der Konfessionsnationalitäten, die ja oft verschiedene Ethnien zusammenfassten resp. zusammengehörende Ethnien trennten.

Der Überwindung konfessioneller Schranken zugunsten der nationalen Einheit dienten z.B. drei Sprachabkommen, die um die Mitte des 19. Jh. fast parallel geschlossen wurden: zwischen orthodoxen Serben und katholischen Kroaten in Wien, zwischen katholischen und lutherischen Slovaken in Pressburg, zwischen katholischen und lutherischen Sorben in der Oberlausitz. Erst 1952 wurden in der 'Woordenlijst van de Nederlandse taal' das reformierte Holländisch und das katholische Flämisch harmonisiert.

Den Sieg des nationalen Elements über das religiöse markiert auch der Übergang der Rumänen von der konfessionell bestimmten kyrillischen Graphie zur ethnisch verstandenen lateinischen um 1860 und der Kongress von Monastir/Bitola im November 1908 (s. S. 211), auf dem die muslimischen, katholischen und orthodoxen Albaner sich auf vorerst zwei lateinische Alphabete einigten. Die spektakulärsten Beispiele für diese Wende sind die Annahme des lateinischen Alphabets 1926 durch die Turkvölker der Sowjetunion und 1928 durch die Türkische Republik.

Von nun an definiert sich keine nationale Gemeinschaft mehr ausschließlich konfessionell, das Kriterium Konfession wird eines unter anderen, freilich können konfessionelle Unterschiede im Bedarfsfall zu Gegensätzen umgeformt werden. So in Irland, wo sich die Katholiken als Iren, die Anglikaner als Engländer definieren und dabei die gleiche Sprache sprechen. Auch in Jugoslavien hat sich der von Vuk für 'unvernünftig' (nach Behschnitt 1980: 81) gehaltene, konfessionell definierte Nationsbegriff durchgesetzt, zu den orthodoxen Serben und den katholischen Kroaten treten die muslimischen Bosniaken und dementsprechend wird das von allen gesprochene Serbokroatisch oder Jugoslavisch zu drei verschiedenen Literatursprachen ausgebaut (Tornow 2000).

Letztlich bedeutet die Hinwendung zur Nation die Abkehr von der Religion. Anders als zur Aufklärung mit der ihr eigenen Frömmigkeit der Pietisten u.a. gibt es keine wie auch immer geartete Frömmigkeit des Nationalismus, sondern nur einen religiös überhöhten Kult der Nation. Für die Konstruktion der nationalen Geschichte stehen die mündlich tradierten Texte aus der heidnischen Frühzeit im Vordergrund, an die Stelle des Heilsgeschehens tritt die heidnisch-völkische 'Großnarration', in der die Missionare als fremde Eroberer auftreten können, die die ursprüngliche eigene Kultur vernichten, das Christentum resp. der Islam werden als 'artfremd' empfunden. Andererseits wird das Nationale religiös verbrämt, so hießen seit der Einigung Italiens die italienischsprachigen Teile Österreichs *Terre irredente* 'unerlöste Gebiete'.

Nur 25 Jahre nach Herders 'Ideen zur Philosophie der Geschichte der Menschheit' schrieb *Ernst Moritz Arndt* (1769–1860), evangelischer Theologe wie dieser: „*Ein* Volk zu sein, *ein* Gefühl zu haben für *eine* Sache, mit dem blutigen Schwert der Rache zusammenzulaufen, das ist die Religion unserer Zeit" (nach Winkler 2002: 1.63). Da hatte die Welt sich gründlich verändert, der Nationalismus hatte das Christentum abgelöst.

Im Bereich des Islams haben nur die Turkvölker eine vergleichbare, teilweise radikale Entwicklung genommen: für die russländischen Türken, die Tataren, Azeris, Uzbeken usw. bedeutete die atheistische Sowjetmacht eine freiwillige oder erzwungene Abkehr vom Islam mit entsprechenden kulturellen Konsequenzen. Die Türkische Republik schaffte 1924 das Kalifat ab, proklamierte die Trennung von Religion und Staat und versteht sich seither als entschieden laizistisch; besonders abfällig äußerte sich Atatürk zum Islam (Rill 2008: 80).

9.4 Nation und Sprache

Von allen Kriterien nationaler Zugehörigkeit wie Abstammung, Geschichte, Tradition, Kultur, Religion oder Sprache wird heute im Allgemeinen die Sprache als wichtigstes oder entscheidendes angesehen. Das ist aber ein Trugschluss, denn obwohl es schon aus dem Mittelalter Belege für die Gleichsetzung von *natio* und *lingua* gibt, galt Sprache doch immer nur als *ein* Merkmal unter anderen, nicht als existentieller Wert, und man war weit entfernt von ihrem „metaphysischen Postulieren [...], das sich allmählich unter dem Einfluss der deutschen Aufklärung und später der Romantik durchsetzte" (Kowalská 1993: 246). Selbst heute lassen sich viele Nationen überhaupt nicht sprachlich definieren wie z.B. die schweizerische oder die mexikanische.

Der Wende von der Aufklärung zum Nationalismus entspricht sprachlich die Metamorphose der Muttersprache zur Nationalsprache. Darunter kann man die „Gesamtmenge aller regionalen, sozialen und funktionalen, gesprochenen und geschriebenen Varianten einer historisch-politisch definierten Sprachgemeinschaft" verstehen (Bußmann 1990: 513), aber auch eine bestimmte, ideologisch aufgeladene Form der Hochsprache, die auf der 'ursprünglichsten, reinsten und schönsten' Mundart beruht (s. S. 210, 217) und unverfälschter Ausdruck des 'Volksgeistes' ist.

Die Nationalsprache liegt entweder ansatzweise schon in den Amtssprachen vor oder sie muss erst – wie auch immer – konstruiert werden. In den westeuropäischen Staatsnationen wurden die Staatssprachen sozusagen automatisch zu Nationalsprachen, auch für die, die eine andere Muttersprache hatten. Also das Französische auch für die Provenzalen, Katalanen, Basken, Bretonen und – zum großen Ärger der Deutschen – die Elsässer; ähnlich das Kastilische für die Katalanen, Basken und Gallegos usw. Im Zuge des Ausbaus der modernen Staaten nahm der Druck der Titularnation auf die Minderheiten zu, sodass sich Widerstand gegen die sprachliche Bevormundung regte und zur Herausbildung von Nationalsprachen ohne Staat führen konnte.

Katalanisch, das im 13. Jh. mit *Raimundus Lullus* (s. S. 139) seinen Zenit erreichte, wurde unter *Jaume I.* Amtssprache von Aragonien, verlor aber nach dessen Vereinigung mit Kastilien 1479 diesen Status und wurde kaum noch geschrieben. Als im 19. Jh. das katalanische Nationalgefühl erwachte, kam es zu einer leidenschaftslosen Pflege des Katalanischen, bis dieses 1939 unter *Franco* aus der Öffentlichkeit verbannt wurde. Erst danach kam ein gesteigerter Sprachnationalismus auf, der 1983 die Anerkennung des Katalanischen als regionale Amtssprache erreichte.

In den drei polyethnischen Reichen Osteuropas und des Orients fielen administrative und ethnische Grenzen nur zufällig zusammen. Man siedelte nicht geschlossen, sondern oft verstreut, selbst die Dörfer konnten ethnisch gemischt sein, waren jedoch eher konfessionell einheitlich; die Städte waren polyethnisch und multikonfessionell, die Stadtviertel hingegen oft konfessionell abgegrenzt. Überaus bedeutend war die deutsche, jüdische, ungarische, griechische, armenische und türkische Diaspora in Stadt und Land.

Dem entsprach die sprachliche Situation. Amtlich hing die Sprachverwendung von der *Qualität der Völker* ab; uneingeschränkt gültig waren die Reichssprachen, eingeschränkt die der historischen Völker und auf Volksschule und Kirche reduziert die der geduldeten. Informell sprach man meist ländliche Dialekte oder Stadtmundarten, schrieb Sakralsprachen oder Literaturdialekte oder bemühte sich um überregionale Ausdrucksmittel, die sich sowohl mündlich als auch schriftlich verwenden ließen; manchmal konkurrierten zwei oder mehrere davon auf einem vornationalen Territorium.

Dazu kam, dass die Bevölkerung unabhängig vom Bildungsgrad entsprechend der ethnischen Gemengelage oft zwei- oder mehrsprachig war. Unikonfessioneller Sprachkontakt herrschte innerhalb des Dorfes, des Stadtviertels, beim Gottesdienst, in den Zünften; multikonfessioneller innerhalb der Stadt als ganzer, auf den Handelswegen, auf den Märkten, bei religiösen Festen, die ja von Angehörigen verschiedener Glaubensrichtungen besucht wurden. So kann man wohl annehmen, dass sowohl in den Städten als auch weitgehend auf dem Lande Mehrsprachigkeit eher die Regel als die Ausnahme war.

Im Laufe des 19. Jh. und des 20. Jh. kam es in ganz Europa zur Gleichsetzung von Sprache und Nation, von Muttersprache und Vaterland (Hentschel 1997); bald gab es keine Nation mehr ohne Nationalsprache, ja, die Nationalsprache wurde zum entscheidenden Ausweis für die Existenzberechtigung einer Nation. Dazu musste man die Volkssprachen, die nicht durch amtliche Verwendung standardisiert waren, nach den Kriterien von *Abstand* und *Ausbau* (Kloss 1976: 301), von *Dignität* und *Anciennität* nationalisieren. Den sprachlichen Abstand sah man als Ausweis der nationalen Identität an; um zu zeigen, dass sie keine Bulgaren sind, wählten die Makedonier den westlichen Dialekt zur Grundlage ihrer Nationalsprache.

Dabei schlugen die nationalen Eliten verschiedene Wege ein. Am radikalsten war ein Neuanfang, die Aufwertung einer Volkssprache zur Literatursprache und weiter zur Nationalsprache; solche Schöpfungen der Romantik sind das Serbische, das Ukrainische oder mit zeitlichem Abstand das Tatarische und das Türkische. Das bedeutete oft den Sieg eines Dialekts über die anderen wie des Mittelslovakischen über das Westslovakische resp. die endgültige Entscheidung für einen bestimmten Literaturdialekt wie Štokavisch statt Kajkavisch, manchmal die Festlegung auf ein einheitliches Alphabet wie bei den Albanern bzw. eine bestimmte Orthographie wie bei den Kroaten. Während die Griechen versuchten, die Diglossie zu beenden, knüpften andere historische Völker an ältere Sprachstufen an und kamen so zu einer neuen Diglossie wie die Čechen und Slovenen. Weiter suchte man den Nationalsprachen Alter und Würde zu verleihen, indem man sie mit den klassischen Sprachen in Verbindung brachte wie das Rumänische mit dem Lateinischen oder das Bulgarische mit dem Kirchenslavischen.

War bislang die Konfession das zuverlässigste Zugehörigkeitsmerkmal – man konnte ja nur *einer* Glaubensgemeinschaft angehören – sollte man sich nun mit der

Sprache und über sie identifizieren und sich gleichzeitig von den Sprechern anderer Sprachen abgrenzen: Mehrsprachigkeit wurde suspekt; denn so wie man nur *eine* Mutter hat, kann man auch nur *eine* Muttersprache haben (Burger 1997: 37–38).

9.5 Die Volksdichtung

Vorwiegend *mündlich tradiert* wurden neben den einfachen Formen, den Sprichwörtern, Redensarten und Rätseln, den Legenden, Sagen, Mythen und Märchen vor allem Heldenepen (im Unterschied zu den höfischen Epen), Balladen und Volkslieder. Diese bislang vernachlässigten Texte hielt man nun für uralte Zeugnisse der Vergangenheit, die den Volksgeist verkörpern und die eigentliche Nationalpoesie darstellen. Die Volksdichtung galt als der Kunstdichtung ebenbürtig, sie stellte die 'jungen' Völker in eine Reihe mit den 'alten' und stand für eine bessere Zukunft; denn „wenn das Volk einmal in der Dichtung herrscht, wird es auch bald in der Politik herrschen" schrieb Petőfi (Kont 1909: 188). Die darin enthaltenen vorchristlichen Überreste wurden nicht schamhaft verschwiegen, sondern geradezu herausgestellt, schließlich stammen ja auch die Heldenepen der Griechen aus heidnischer Zeit.

Am Beispiel der Esten lässt sich die Aneignung der Volkslieder gut verfolgen (Scholz 1990: 142–154). Die ersten 150 Lieder erschienen 1813–32 in den 'Beiträgen zur genauern Kenntniß der ehstnischen Sprache' des Pastors *Heinrich Rosenplänter* in Pernau. Anfangs waren sie für den klassizistischen Geschmack 'elend, unausstehlich kindisch, verdorben und kläglich'. Doch schon bald erkannte man ihren ästhetischen Eigenwert und ging daran, sie systematisch zu sammeln, so besonders die 1842 in Reval gegründete *Ehstländische litterärische Gesellschaft.* Sie gab 1850–52 die erste gedruckte Liedersammlung in Buchform heraus, etwa 1.300 in 14 thematische Gruppen unterteilte Lieder und Varianten. Einige, die Frondienst und Leibeigenschaft zum Thema hatten, und manche Rekrutenlieder hatte der russische Zensor gestrichen.

1872–75 konnte Pastor *Jakob Hurt* 42 Mitarbeiter gewinnen, meist Lehrer und Studenten, die ihm sammeln halfen. Man ging über Land, ließ vorsingen und notierte Texte und Melodien. 1875–86 gab Hurt in Dorpat zwei Bände mit geographisch geordneten Liedern unter dem Titel 'Vana kannel' (Alte Harfe) heraus und 1904–07 in Helsinki Liedtexte in drei Bänden von zusammen mehr als 1.800 Seiten. Insgesamt wurden unter Hurts Leitung etwa 250.000 Liedtexte und Varianten gesammelt, die heute im Literaturmuseum der Estnischen Akademie der Wissenschaften archiviert sind.

Von besonderer Bedeutung waren die Estnischen Sängerfeste; das erste fand 1869 zum 50. Jahrestag der Befreiung der estnischen Bauern von der Leibeigenschaft in Dorpat statt, spätere in unregelmäßigen Abständen in Reval. Hier erscheint das Volkslied als Ausdruck der nationalen Identität, der Chorgesang als politische Manifestation.

Wichtiger noch als die Volkslieder waren für das nationale Selbstbewusstsein die Volksepen. Als ihr Ur- und Vorbild sah man die 16.000 Hexameter zählende Ilias an, die man sich aus einer Vielzahl kleiner Lieder entstanden dachte, die *Homer* nach einem bestimmten Konzept zu einem Epos zusammengefügt hätte. Man las sie mit neuen Augen in der Hoffnung, auch das eigene Volk habe ein solches Heldenepos hervorgebracht; „denn beweist wohl irgend etwas unwidersprechlicher die geschichtliche Bedeutung eines Volkes als der Besitz einer Epopöe [...] Geben wir dem Volke ein Epos und eine Geschichte und alles ist gewonnen!“ (nach Scholz 1990: 268).

Wie solche Epen gemacht wurden, lässt sich wiederum gut am estnischen Beispiel zeigen. Unmittelbares Vorbild waren hier die Finnen. *Elias Lönnrot* hatte 1828–34 auf fünf großen Reisen durch Karelien unzählige Volkslieder gesammelt und aus 5.000 Versen in 16 Gesängen das von ihm so genannte ‘Kalevala’ (Land des Kaleva) um die drei zentralen Heldengestalten Väinemöinen, Ilmarinen und Lemminkäinen zu einem „Kompendium des alten, finnischen heidnischen und frühchristlichen Brauchtums, der Mythologie und der legendenhaften Vorgeschichte des finnischen Volkes“ (Scholz 1990: 266) komponiert, das er nach fünf weiteren Reisen schließlich 1849 auf 23.000 Verse in 50 Liedern erweiterte. Lönnrot hat kaum etwas an den Liedern geändert und nur wenige hundert Verse zur Verbindung der einzelnen Teile selbst verfasst, aber die Komposition zu einem Handlungsgefüge und bestimmte dadurch ausgedrückte Tendenzen sind ganz sein eigenes Werk.

1850 ersuchte die *Gelehrte Esthnische Gesellschaft* in Dorpat den Arzt *Friedrich Reinhold Kreutzwald*, Texte zur Sage vom ‘Kalevipoeg’ (Kalevs Sohn) zu sammeln, um ein Volksepos zu rekonstruieren, „anstelle des verfallenen Hauses ein neues [zu] bauen“ (nach Scholz 1990: 271). Seine Endfassung umfasste 19.000 Verse in 20 Gesängen, von denen aber nur 2.413 genuine Volksliedverse waren. Kreutzwalds Epos ist also in weit höherem Maße sein eigenes Werk als sein finnisches Vorbild das Lönnrots, es ist vielmehr ein Kunstepos im Stil des estnischen Volkslieds.

„Ein eigenes mittelalterliches Epos aufweisen zu können, wurde weithin zu einer Prestigefrage. Das ging so weit, dass man vor Fälschungen nicht Halt machte“ (Scholz 1990: 264). Die besonders ambitionierten Čechen wurmte es, dass sie kein dem Hildebrands- oder Nibelungenlied vergleichbares Heldenepos hatten. Da ‘entdeckten’ 1816–18 die Philologen und Dichter *Václav Hanka*, *Josef Linda* und *Václav Alois Svoboda* an verschiedenen Orten drei Manuskripte mit sprachlichen Merkmalen des 13. Jh., das Wyschehrader Lied, die Königinhofer und die Grünberger Handschrift. Um die Echtheit dieser ‘altčechischen Heldensagen’ tobte das ganze 19. Jh. ein erbitterter Kampf, einige Fachleute entlarvten sie zwar bald als Fälschungen, andere aber hielten lange daran fest.

9.6 Nation und Staat

Staaten und Nationen bilden sich getrennt voneinander heraus und sind nicht kongruent. Die Forderung, Staat und Nation sollten sich decken, wurde erst unter dem Eindruck der Französischen Revolution ausdrücklich erhoben (Münkler/Grünberger/Mayer 1998: 16). Für *Herder* bestand zwischen beiden ein großer Unterschied: die Fürsten haben Staaten, die Nationen haben ein Vaterland (Kohn 1962: 418).

Nach *Theodor Schieder* entstehen die europäischen Nationalstaaten in drei Etappen. In der *ersten* konstituieren die Bürger einen bereits bestehenden Staat als Willensgemeinschaft neu durch eine innerstaatliche Revolution, hier ist Nation Staatsbürgerschaft, Freiheit der Nation innere Freiheit. Das trifft vor allem für die alten, von innen her umgewandelten Staaten West- und Nordeuropas zu (Schieder 1978: 122). Die *Staatsnation* schlechthin ist Frankreich und mit der Französischen Revolution, die ja eine soziale war, vollendete sich auch die nationale Einheit. Nach der Entmachtung des Ersten und Zweiten Standes war gemäß der *volonté générale* der Dritte Stand mit der Nation identisch und alle, die auf dem Territorium Frankreichs lebten, waren darin in Einheit, Freiheit und Brüderlichkeit assoziiert, ob sie nun franzischer, provenzalischer, baskischer, bretonischer oder elsässischer Herkunft waren.

In der *zweiten* Etappe vereinen sich staatlich getrennte Teile einer Nation, um durch eine nationale Einheitsbewegung einen neuen Staat zu schaffen. Hier erscheint die Nation als eine vor dem Staat gegebene, historisch, sprachlich oder kulturell begründete Größe, die wertvoller ist als der Staat; die politische Einheit besitzt einen höheren Wert als die Freiheit (Schieder 1978: 123). Solche über mehrere Staaten verteilte *Kulturnationen* waren vor allem Italien und Deutschland.

In der *dritten* Etappe bilden sich Nationalstaaten durch Sezession, durch Abtrennung von Großreichen; ihr Hauptanliegen ist die Unabhängigkeit, da erst die äußere Freiheit die innere ermögliche (Schieder 1978: 123); das gilt vor allem für Osteuropa und den osmanischen Orient.

In den polyethnischen Imperien waren – bis auf die Reichsvölker – alle Völker entweder in fremde Staaten inkorporiert wie die Čechen, Tataren oder Bulgaren oder über mehrere Reiche verteilt wie die Polen, Rumänen, Armenier, Kurden, aber auch die Türken und Araber. Allerdings setzten die ethnische Gemengelage und die Kleinheit der meisten Völker dem Verlangen nach nationaler Selbstbestimmung bis hin zur politischen Selbständigkeit enge Grenzen. Dieses Verlangen war überdies unterschiedlich stark ausgeprägt; am größten war es verständlicherweise bei den historischen Völkern, die in der Vergangenheit schon eigene Staaten besessen hatten wie die Kroaten, Ungarn, Čechen oder Polen, die Griechen, Serben, Bulgaren oder Armenier und natürlich die Araber und die dadurch gleichsam über ein 'Altes Testament' verfügten (Sundhaussen 1997: 84); bei anderen war es anfänglich gar nicht vorhanden und entwickelte sich dann analog im Laufe des 19. Jahrhunderts.

In diesem Sinne boten sich den osteuropäischen und orientalischen nationalen Eliten vier sich teilweise ganz entschieden widersprechende Perspektiven:

1. die Umgestaltung Österreichs, des Osmanischen Reichs resp. Russlands zu einem Verband gleicher Nationen. In Österreich propagierte der *Austroslavismus* die Gleichberechtigung der slavischen Völker mit den Deutschen und Ungarn und die Umwandlung des Reichs in eine Föderation. Er entwickelte sich im 18. Jh. aus einer Art Reichspatriotismus und basierte auf der gemeinsamen Geschichte, der katholischen Konfession und der Treue zum Erzhaus Habsburg. Er verband vor allem die katholischen und unierten Völker Österreichs, die Serben standen ihm distanziert gegenüber und auch die Polen hatten Mühe, in einer der drei Teilungsmächte ihre Zukunft zu sehen. Er scheiterte sowohl am Widerstand der Deutschen und Ungarn, die sich 1867 im sog. Ausgleich auf Kosten der anderen Völker verständigten, als auch an den Widersprüchen zwischen den einzelnen slavischen Nationalismen.

Mit dem *Hattışerif* (Sultanserlass) von Gülhane von 1839, das im Widerspruch zur Scharia die Gleichstellung aller osmanischen Untertanen vor dem Gesetz ohne Ansehen ihrer Religion verkündete, wurde der *Osmanismus* propagiert, der Christen und Juden zu gleichberechtigten Staatsbürgern machen sollte. Er scheiterte am schon entwickelten Nationalismus der christlichen Völker, dem sich um die Jahrhundertwende auch die muslimischen – Albaner und Türken – anschlossen.

Als erfolgreiches föderales Konzept sollte sich einzig das *sowjetische* erweisen, das den verschiedenen Völkern Russlands die Möglichkeit eröffnete, sich im nationalen Sinne zu entwickeln (s. S. 235-237).

2. die Wiederherstellung der historischen Staaten wie Byzanz, Böhmen, Ungarn und Polen oder eines säkular verstandenen arabischen Kalifats. Das gelang den Ungarn 1867 und den Polen 1918; die Restauration des Byzantinischen Reichs als russische Sekundogenitur scheiterte am Widerstand der Westmächte ebenso wie die Erneuerung des Kalifats.

3. die Loslösung eines national definierten Gebiets aus einem der Vielvölkerstaaten. In Südosteuropa konnten sich die christlichen Völker in drei Etappen (1829–30, 1878, 1912–13) mit oder ohne Unterstützung der Großmächte vom Osmanischen Reich lösen, sodass am Vorabend des Ersten Weltkriegs die Balkanstaaten unabhängig waren. Im Ersten Weltkrieg wurden die polyethnischen Imperien zerschlagen und Osteuropa – einschließlich der Türkei – nach westeuropäischem Vorbild in Nationalstaaten organisiert, Ausweis einer Nation war ihre Nationalsprache. Multinational waren nur noch drei Staaten, nämlich die Čechoslovakei, Jugoslavien und die Sowjetunion, die im 20. Jh. zerfielen.

Ganz anders der arabische Orient: hier wurden die Gebiete östlich von Suez im Zuge des *Sykes-Picot*-Abkommens von 1916 unter Großbritannien und Frankreich aufgeteilt; der Maghreb war schon französisch, Ägypten seit 1881 britisch, Libyen seit 1912 italienisch. Die europäischen Kolonialmächte lösten die Osmanen ab und leiteten eine dementsprechende Modernisierung ein.

4. die Zusammenfassung politisch getrennter, ethnisch aber als zusammengehörig empfundener Völker zu neuen Großstaaten. Obwohl diese Pan-Konzepte sämtlich scheiterten, seien sie kurz vorgestellt, da sie sich alle auch sprachlich definieren.

9.7 Pan-Konzepte

9.7.1 Panslavismus

Einen Ausweg aus dem Dilemma der Vielzahl und Kleinheit der slavischen Völker außerhalb Russlands und der damit verbundenen politischen Ohnmacht bot vielen slavischen Intellektuellen die Idee einer *natio slavica*. Auch Herder sprach von den slavischen Völkern, aber von der *einen* slavischen Nation (Herders Werke 4.393). Der Slovake *Ján Herkel'* (1785–1853), Rechtsanwalt in Pest, verwendete erstmals den Ausdruck Panslavismus in seiner Grammatik 'Elementa universalis linguae slavicae [...]' (Ofen 1826), worin er eine Art slavisches Esperanto entwarf (Jakubec 1934: 494). Er fasste den Terminus literarisch als 'Unio in litteratura inter omnes Slavos, sive verus Panslavismus' (LOS 251).

Sein Landsmann *Ján Kollár* (1793–1852) prägte den Begriff *Slavische Wechselseitigkeit*. Er stammte aus lutherischem Hause in der Mittelslovakei, besuchte das Evangelische Lyzeum in Pressburg und studierte 1817–19 in Jena Theologie, wo er sich auf dem Wartburgfest von den nationalen Gefühlen seiner Kommilitonen inspirieren ließ. 1819 wurde er Pfarrer der evangelischen Gemeinde in Pest und verkehrte freundschaftlich mit Herkel', 1849 wurde er Professor der Slavischen Altertümer in Wien, wo er auch starb.

Sein Sonettzyklus 'Slávy dcera' (Die Tochter der Slava), in dem er die slavische Vergangenheit verherrlichte, erschien 1824 in Ofen, erweitert 1832 in Pest. Mit seinem Traktat 'O literarnej vzájemnosti mezi kmeny a nářečími slavskými' in der Literaturzeitschrift *Hronka* (Neusohl/Banská Bystrica 1836), der ein Jahr später in einer erweiterten deutschen Fassung unter dem Titel 'Über die literarische Wechselseitigkeit zwischen den verschiedenen Stämmen und Mundarten der slavischen Nation' in Pest herauskam (Jakubec 1934: 477), begründete er theoretisch die Einheit der slavischen Kultur.

Wie der Titel sagt, besteht die Wechselseitigkeit in kultureller Zusammenarbeit und nicht „in einer politischen Vereinigung aller Slaven, nicht in demagogischen Umtrieben oder revolutionärem Aufruhr gegen die Landesregierungen und Volksbeherrscher" (LOS 312). Für Kollár sind die Slaven eine Nation in vier Stämmen mit den vier Schriftsprachen Russisch, Polnisch, Illyrisch (= Südslavisch) und Čechisch, das er selbst schrieb. Dieses Vierer-Schema lehnte sich an das ehrwürdige äolisch-dorisch-ionisch-attische Modell an (Vrečar 1999: 118). Mit Herder sagt Kollár den Slaven eine ruhmreiche Zukunft voraus; sie „sollen also die Fortsetzung des geistigen Lebens der Menschheit übernehmen, die Vermittler zwischen Ost und West sein, die alternden Kulturelemente verjüngen und zur Humanität potenzieren" (nach LOS 312). Dieses Konzept stieß auf breite Zustimmung.

Ihm ähnlich in Herkunft und Werdegang ist *Josef Pavel Šafařík* (1795–1861), Sohn eines lutherischen Predigers aus der Ostslovakei. Auch er studierte 1815–17 in Jena, arbeitete 1819–33 als Gymnasiallehrer in Neusatz bei den serbischen Brüdern „unter den orthodoxen ungebildeten, reaktionären Mönchen, Pfaffen und Kaufleuten, bei Mangel an Büchern und Quellen" (Jakubec/Novák 1913: 189). Dort schrieb er auf Deutsch die 'Geschichte der slavischen Sprache und Literatur nach allen Mundarten' (Ofen 1826), worin er erstmalig die Literaturgeschichte aller slavischen Völker unter Wahrung ihrer Individualität zusammenfasste.

Ab 1833 schrieb er in Prag auf Čechisch das Werk, das seinen Weltruhm begründete, die 'Starožitnosti slovanské' (Slavische Altertümer, Prag 1837) über Urheimat und Namen der Slaven, die Wanderungen der slavischen Stämme und ihre Geschicke bis zur Christianisierung. Als Abschluss dieser Forschungen kam 1858 seine Schrift 'Über den Ursprung und die Heimat des Glagolitismus' heraus, worin er sich für das höhere Alter der Glagolica aussprach. 1842 wurde er Kustos, 1848 bis zu seinem Tode Leiter der Prager Universitätsbibliothek. Auf dem Prager Slavenkongress „wurde er als der vielseitigste und tiefste Slavist und ein Heros der slavischen Idee von allen Teilnehmern angebetet" (Jakubec/Novák 1913: 193).

Organisatorischer Reflex der parallelen Bemühungen um die slavischen Kulturen war die Gründung nationaler Stiftungsgesellschaften in Österreich und der Lausitz zur Förderung der Sprache, Literatur, Volkskunde und Wissenschaft, die nach serbischem Vorbild *Matica* 'Bienenkönigin', übertr. 'Keimzelle, Quell' hießen. Ihre Mitglieder kamen aus allen Schichten, sie gaben Schulbücher, Zeitschriften, wissenschaftliche Jahrbücher und Reihen heraus, sammelten Volksdichtung, vergaben Stipendien.

Ähnlich wirkten die *Kyrill-und-Method-Gesellschaften*, die um 1850 sowohl bei den orthodoxen als auch den katholischen Slaven entstanden. Die Slavenapostel symbolisieren ja die Einheit der Slaven vor der Kirchenspaltung und unterstützen den Anspruch der tausendjährigen slavischen Kultur gegenüber den Griechen, Deutschen und Ungarn. Diese Selbsthilfeorganisationen kamen zwar religiös daher, dienten aber der nationalen Selbstbehauptung – im Extremfall auch eines slavischen Volkes gegenüber einem anderen wie die ukrainische Geheimgesellschaft dieses Namens gegenüber den Polen.

Ein weiterer Aspekt der Slavischen Wechselseitigkeit ist die Selbstverständlichkeit, mit der man im Zuge des Ausbaus der slavischen Sprachen nicht nur Dialektismen übernahm resp. Neologismen bildete, sondern auch Anleihen bei anderen slavischen Sprachen machte, ohne dass man diese als fremd empfand (Thomas 1989: 5–13). In immer wiederkehrenden puristischen Schüben 'reinigte' man die Nationalsprachen von 'fremden' Elementen, Germanismen, Hungarismen, Gräzismen oder Turzismen, und ersetzte sie durch 'eigene' slavische; dabei spielte keine

Rolle, ob sie aus westlichen 'katholischen' Sprachen wie Kroatisch oder Čechisch stammten oder aus östlichen 'orthodoxen' wie Kirchenslavisch oder Russisch, und die Entlehnungen gelangen so perfekt, dass die Kirchenslavismen im Kroatischen, die Kroatismen im Slovenischen, die Bohemismen im Sorbischen oder die Russizismen im Bulgarischen nur dem Sprachhistoriker als solche auffallen.

Als sich nach 1848 die in Österreich gesetzten nationalen Erwartungen nicht erfüllten, entwarf *L'udovít Štúr* (1815–56), wiederum ein Slovake, ein Programm, wonach sich die übrigen slavischen Völker an Russland anlehnen müssten. Nach dem Misslingen der slovakischen Autonomiebestrebungen 1848–49, an denen er regen Anteil hatte, verfasste er 1853 auf Deutsch die Schrift 'Das Slaventum und die Welt der Zukunft' mit der Aufforderung: „Russland ist der Hebel und Chorführer unserer ganzen Völkerfamilie, schließen wir uns an dasselbe an, treten wir ganz im Geiste unseres Volkes unter die Leitung des uns historisch gegebenen Stammesältesten" (nach LOS 252). Diese Schrift wurde 1867 in russischer Übersetzung herausgegeben, als sich čechische, darunter Palacký, südslavische und andere slavische Delegierte zum II. Slavenkongress in Moskau trafen, ohne die Polen, die sich vier Jahre zuvor erfolglos gegen die russische Fremdherrschaft erhoben hatten.

Dieses Konzept verfing besonders auf dem Balkan, wo man auf Russland als Befreier von der osmanischen Herrschaft setzte. Seine größte Wirksamkeit entfaltete der Panslavismus aber in Russland selbst, da er im Inneren die slavophilen Vorstellungen unterstützte und im Äußeren den imperialen Interessen des Kaiserreichs entgegenkam. Einer seiner Wortführer war der Kulturkritiker *Nikoláj Ja. Danilévskij.* In seiner Schrift Россíя и Еврóпа (1869, deutsch 'Russland und Europa' erst 1920) trat er für einen 'Bund aller Slaven' ein unter Russlands Führung mit Konstantinopel als Hauptstadt.

Wieweit die russischen Panslavisten von Herders Idee der Gleichberechtigung aller Völker entfernt waren, zeigt ein Zitat aus *Konstantin S. Aksákovs* Schrift О востóчном вопрóсѣ (Über die orientalische Frage) während des Krimkriegs 1853 –56: „Vor uns liegt eine große Epoche, eine der größten in der Weltgeschichte: das ist der feste Bund aller Slaven unter der Oberhoheit des Russischen Staates. Die Moldau und die Walachei als Länder, die von einem Volk bewohnt sind, das keine eigenständige Bedeutung hat, müssen einfach an Russland angegliedert werden" (nach LOS 252–253).

Die verschiedenen panslavistischen Konzepte spielten eine wichtige Rolle für die Konsolidierung des slavischen Selbstbewusstseins gegenüber Deutschen, Ungarn und Griechen, scheiterten aber letztlich alle an den sich früher oder später herausbildenden nationalen Gegensätzen zwischen den slavischen Völkern, vor allem dem russisch-polnischen aber auch dem polnisch-ukrainischen oder serbisch-bulgarischen.

9.7.2 Panturkismus

Unter Panturkismus lassen sich zwei Bewegungen subsumieren, der Ǧadidismus der russländischen Turkvölker und der Turanimus der osmanischen Jungtürken. Der Krimtatar *Gasprínskij* (s. S. 218) wollte die verschiedenen türkisch-muslimischen Völker Russlands miteinander verbinden und sie durch Reformen von innen ertüchtigen. Seine Neue Lehrmethode *uṣūl-i ǧadīd*, nach der die Volksschüler die arabische Schrift anhand muttersprachlicher Beispiele erlernten, gab der von ihm initiierten Reformbewegung den Namen *Ǧadidismus*.

Für seine Schulbücher und die von ihm 1883–1915 herausgegebene Zeitung 'Tärǧeman' verwendete Gasprínskij das Törki, eine allen russländischen Türken verständliche Kunstsprache. Ähnlich den slavischen Sprachen sind ja die Turksprachen so eng miteinander verwandt, dass der Ausbau eines Regiolekts zur Standardsprache hier oft besonders willkürlich ist, d.h. nicht linguistisch sondern politisch resp. sozial motiviert. Diese sprachliche Diffusität und Beliebigkeit hat die Herausbildung der slavischen resp. türkischen Ethnien zu Nationen verzögert.

Das ǧadidistische Konzept einer russländischen *natio turcica* repräsentiert eine Zwischenstufe zwischen der muslimischen Konfessionsnationalität und der tatarischen, baškirischen usw. Nation und ist charakterisiert durch 1. die gemeinsame türkische Abstammung, 2. die Berufung auf die Goldene Horde und die Nachfolge-Chanate, 3. die türkische Sprach- und Kulturgemeinschaft, 4. die gemeinsame Religion ohne Ansehen der sunnitischen oder schiitischen Konfession (Noack 2000: 171); es erinnert an die *natio slavica* (s. S. 189) und scheitert spätestens 1905 am Nationalismus der einzelnen Turkvölker.

Unter *Turanimus*, nach dem iranischen Wort für Turkestan, versteht man die Abwendung einiger Jungtürken vom osmanischen Reichspatriotismus und die Hinwendung zu den verwandten Turkvölkern in Mittelasien. Sein namhaftester Vertreter war *Mehmed Ziya Gökalp* (s. S. 228) und der von ihm ins Leben gerufene *Türk Ocağı* (Türkischer Herd), der für die Einheit aller Turkvölker und die Rückbesinnung auf vorislamische Werte eintrat (Moser/Weithmann 2002: 55). 1911 erschien Gökalps gleichnamiges Gedicht, das mit den Versen ausklingt: „Der Türken Vaterland ist nicht Türkei, nicht Turkestan; es ist ein größer Land, ein ewig Land: es heißt Turan!“ (nach Spies 1982: 363).

Politisch-militärisch misslingt die Ausdehnung der Türkei nach Osten im und nach dem Ersten Weltkrieg, symbolisiert durch den Tod *Enver Paşas* 1922 bei einem antisowjetischen Aufstand in Buchara. Atatürk erteilte allen panturkischen Ambitionen eine Absage, beschränkte sich auf Anatolien und Thrakien, das 'Nationale Rechteck' (Moser/Weithmann 2002: 99), und sorgte für gute Beziehungen zur Sowjetunion.

9.7.3 Panarabismus

Nach Schieder (s. S. 187) sind die Araber eine *Kulturnation,* die über mehrere Staaten verteilt lebt; 21 davon sind in der 1945 gegründeten Arabischen Liga organisiert. Anders als den Deutschen und Italienern des 19. Jh. fehlt ihnen aber offensichtlich der Wille zur politischen Einheit: abgesehen von der 1958–61 aus der Union von Ägypten und Syrien hervorgegangenen Vereinigten Arabischen Republik gab es seit der Zerschlagung des Osmanischen Reiches keinen Zusammenschluss mehrerer oder gar aller von Arabern bewohnten Staaten. Dennoch existiert ein historisch, kulturell und vor allem sprachlich begründetes Gemeinschaftsbewusstsein, das auch die arabischen Christen integriert. Da dieses zwischen Panislamismus und dem ägyptischen, syrischen usw. Landespatriotismus verortete politische Bewusstsein, der sog. arabische Nationalismus, eher vornational ist, sollte man es besser Panarabismus nennen.

Den Rahmen für die Entstehung des Panarabismus im 19. Jh. bildet das Osmanische Reich, doch waren die von Arabern bewohnten Gebiete unterschiedlich stark in das Reich eingebunden; am engsten Groß-Syrien und der Iraq, lockerer die Arabische Halbinsel mit den Heiligen Stätten; Ägypten war von 1805 bis zur britischen Besetzung 1882 halbautonom, während das übrige Nordafrika langsam durch Frankreich und Italien kolonisiert wurde. Der arabische Nationalismus entwickelt sich parallel zum türkischen und in Opposition dazu, während der Tanzimat-Reformen (s. S. 225) zunächst kulturell, als Antwort auf die Jungtürken (s. S. 228) auch politisch.

„Eigentümlicherweise kam der Hauptantrieb für eine kulturelle und nationale arabische Renaissance von einer Gruppe presbyterianischer Missionare aus Amerika. Im Jahr 1823 errichtete die in Boston ansässige *American Board of Commissioners for Foreign Missions* eine Mission und eine Schule in Beirut" (Avineri 1978: 233). Da die osmanischen Behörden eine Missionierung unter den Muslimen nicht duldeten, blieb den Presbyterianern nur die Aufgabe, die arabischen Christen, die Melkiten, Maroniten und Monophysiten, zum Protestantismus zu bekehren. Dabei appellierten sie mit ihren zunächst erzieherischen und karitativen Aktivitäten an das säkulare arabische Bewusstsein der Christen als Alternative zu ihrer religiösen Position als Bürger zweiter Klasse im Osmanischen Reich. „Der säkulare arabische Nationalismus wurde für die Missionare auch zur einzig legitimen Grundlage, um zumindest indirekt den religiösen Charakter der islamischen Gesellschaft herauszufordern" (Avineri 1978: 234).

Dass es sich dabei um ein antiosmanisches, im Grunde antiislamisches Vorhaben handelte, symbolisiert die Tatsache, dass das erste arabische Buch, das in Groß-Syrien gedruckt wurde, eine neue arabische Bibelübersetzung war, angefertigt von Reverend *Eli Smith*, der auf Malta arabisch gelernt hatte (Suleiman 2003: 242), und gedruckt 1856 in einer ebenfalls aus Malta stammenden Druckerei.

Eine Schlüsselfigur in der Entwicklung von einem kulturellen zu einem politischen arabischen Nationalbewusstsein war *Butrus al-Bustānī* (1819–83) aus einer maronitischen Familie, der in Beirut Protestant wurde. Er verfasste die erste Geschichte des Libanon, verschiedene arabische Grammatiken, eines der ersten arabischen Wörterbücher und die erste moderne arabische Enzyklopädie. Nachdem er lange an der Missionsschule unterrichtet hatte, gründete er die erste säkulare arabische Schule, die *Madrasa waṭanīya* (Avineri 1978: 234); etwa 'Vaterländische Hochschule': *waṭan* bezeichnet hier Groß-Syrien (Suleiman 2003: 164).

Bustānī übersetzte zahlreiche europäische Bücher ins Arabische, unterhielt eine Druckerei und einen Verlag und gründete mehrere arabische Zeitschriften. 1845 rief er die erste arabische Literaturgesellschaft ins Leben, die *Maǧma' at-tahdhīb* 'Bildungsakademie', von deren 14 Gründungsmitgliedern elf zum Protestantismus konvertierte arabische Christen waren, zwei Amerikaner und ein Melkit, der Dichter *Nāṣif al-Yāziǧī* (s. S. 196). Zwei Jahre später zählte die Akademie 50 Mitglieder, darunter war kein einziger Muslim. 1857 bildete sich dann die 'Syrische Gelehrte Gesellschaft', die auch Muslime und Drusen als Mitglieder hatte (Avineri 1978: 235).

Bustānī veranlasste die Mission, 1866 das *Syrian Protestant College* einzurichten, ab 1920 *American University of Beirut.* Unterrichtssprache war von 1866–82 Arabisch, doch das Interesse an europäischen Sprachen war gewaltig und als die Jesuiten 1881 in Beirut die *Université Saint-Joseph* mit französischer Unterrichtssprache gründeten, stellten die Amerikaner, um keine Studenten zu verlieren, 1882 die Lehre auf Englisch um (Suleiman 2003: 241).

„Die Bemühungen der Gruppe um Bustānī und der Beiruter Mission erhielten einen gewaltigen Auftrieb durch die kommunalen Unruhen in Libanon Ende 1860, in denen Maroniten und Drusen in mehreren gegenseitigen Massakern zusammenstießen. Bustānī veröffentlichte zahlreiche leidenschaftliche Appelle, in denen er die verschiedenen Gemeinden dazu aufrief, sich in einem konfessionslosen Patriotismus zu vereinigen" (Avineri 1978: 235). Diese Appelle wirkten sehr viel stärker auf die christlichen als auf die muslimischen Araber.

„Eine andere Quelle für den arabischen Nationalismus kann man in Ägypten finden, dessen semiautonome Stellung an der Peripherie des Ottomanischen Reiches den einzigen territorialen und konfessionslosen Patriotismus [...] im Nahen Osten des 19. Jh. ermöglichte" (Avineri 1978: 235). *Mehmed Ali* (s. S. 62) und sein Sohn *Ibrahim Paşa* stärkten durch Reformen die Autonomie des Landes und gewährten syrischen und libanesischen Intellektuellen Asyl, die sich für die arabische Renaissance *Nahḍa* einsetzten.

Die sich 1839 verstärkenden osmanischen Modernisierungsbestrebungen empfanden viele Araber als Angriff auf ihre Kultur. An den nun auch in den arabischen Provinzen entstehenden staatlichen Schulen und Hochschulen war Türkisch und nicht Arabisch Unterrichtssprache, selbst arabische Grammatik wurde auf Türkisch unterrichtet, auch war es den Schülern untersagt, während und außerhalb des Unterrichts arabisch zu sprechen. Vor Gericht und im Verkehr mit den Behörden war nur Türkisch zugelassen. Man nahm auch in der Öffentlichkeit kein Blatt vor den Mund, die Araber rassistisch als diebisch, schmutzig oder stupide zu diskrimineren (Suleiman 2003: 85–86).

Seit den 1900-er Jahren kämpften arabische Gesellschaften und Clubs in Konstantinopel, Damaskus und Beirut für die Anerkennung des Arabischen als Amtssprache in den von Arabern bewohnten Landesteilen. Ihre Mitglieder waren gehalten, untereinander die Hochsprache zu gebrauchen und persische und türkische Wörter zu meiden.

Das Dilemma des Panarabismus, nämlich Panislamismus oder arabischer Nationalismus, lässt sich an den Positionen zwei der wichtigsten arabischen Intellektuellen der *Nahḍa* festmachen. Panislamist war *Ǧamāl ad-Dīn al-Afghānī* (1838–97) aus Asadābād bei Hamadān im West-Iran; um seine schiitische Herkunft zu tarnen, legte er sich 1869 den Beinamen 'der Afghane' zu. „Sein Wirken als religiös-politischer Agitator gegen den europäischen, besonders den britischen, Imperialismus führte ihn in einem abenteuerhaften Wanderleben durch Indien, Afghanistan, die Türkei, Ägypten und Europa einschließlich Russlands" (LIW 1.148–149). Er predigte die Erneuerung des Islams im Rahmen des osmanischen Kalifats und verlangte, das Arabische als Amtssprache einzuführen, um so durch das doppelte Band der Religion und der Sprache das Reich zu stärken (Suleiman 2003: 90).

Dagegen trat der syrische Muslim *'Abd ar-Raḥmān al-Kawākibī* (1854–1902) für die Reform und Reinigung des Islams durch die Wiederherstellung seines ursprünglichen, arabischen Charakters ein. Er führt 26 Gründe an, warum die Araber allen anderen Völkern, besonders den Türken, überlegen seien; gleichzeitig fordert er die Trennung von Staat und 'Kirche' (Avineri 1978: 236). Er preist das Arabische, das als Sprache des Korans allen Muslimen gemeinsam sei, außerdem die Muttersprache von hundert Millionen Muslimen, Christen und Juden (Suleiman 2003: 90).

Die Geburtsstunde des politischen arabischen Nationalismus schlug mit der jungtürkischen Revolution 1908–09. Die Araber sahen in der nun folgenden Entwicklung das Bestreben der Türken, die bisherige gemeinsame Grundlage des Islams, die sich im fortexistierenden Kalifat manifestierte, durch den osmanischen Reichspatriotismus zu ersetzen, d.h. in ihren Augen das Osmanische Reich zu türkisieren. Als Reaktion darauf entstand eine Reihe politischer Organisationen, darunter die 1911 in Paris gegründete 'Ǧam'īyat al-'arabīya al-fatāt' (Jungarabische Gesellschaft) mit einem ausgesprochen nationalistischen Programm und die 'Ḥizb al-lāmarkazīya al-idārīya al-'uthmānīya' (Partei für die Dezentralisierung der osmanischen Verwaltung) von 1912, die mehr Autonomie für die arabischen Provinzen forderte (Avineri 1978: 237). 1913 verlangte die 'al-Ǧam'īya ath-thaurīya al-'arabīya' (Arabische Revolutionäre Gesellschaft) die völlige Unabhängigkeit der Araber vom Osmanischen

Reich: die Sprache mache die Araber zu einer eigenen Nation, die sowohl Muslime als auch Christen und Juden umfasse; die Religion gehöre Gott allein (Suleiman 2003: 87–88).

„Einer der faszinierendsten Aspekte dieser Entwicklung ist, dass der moderne arabische Nationalismus – trotz seiner Ambivalenz gegenüber dem Westen – ursprünglich aus politischen Gründen das Eindringen westlicher Mächte in das türkische Reich befürwortete. Die heftigste antiwestliche Opposition kam nicht von nationalistischen Gruppen, sondern von den fundamentalistischen religiösen Ideologien" (Avineri 1978: 238). Als aber mit dem Ende des Osmanischen Reichs die europäischen Kolonialmächte die Türken ablösten, klärten sich die Fronten, nun standen sich Araber und Europäer feindlich gegenüber und die nationalistisch-arabischen Kräfte waren von den fundamentalistisch-islamischen kaum mehr zu unterscheiden. Daran hat sich auch nach der Entkolonisierung und trotz der Westbindung einiger arabischer Regierungen nicht viel geändert.

Wichtigstes Kennzeichen der arabischen Nation ist die arabische Sprache. Sie tritt grob gesagt in drei Formen auf, 1. der Sprache des in Laut und Schrift unveränderlichen Korans *al-qur'ān*, der Sakralsprache aller Muslime, 2. dem klassischen oder Hocharabischen *al-fuṣḥā*, der Literatursprache aller Araber unabhängig von ihrer Religion, und 3. dem Vulgärarabischen *al-'āmmīya*, der jeweiligen Umgangssprache der Araber einer bestimmten Region. Während Koran und Vulgärsprache allgegenwärtig blieben, war unter der osmanischen Fremdherrschaft, der 'Niedergangszeit' *'aṣr al-inḥiṭāṭ*, das Gefühl für den Reichtum des Hocharabischen weitgehend verloren gegangen.

Als einer seiner Wiederentdecker im 19. Jh. gilt *Nāṣif al-Yāziǧī* (1800–71), Sohn eines griechisch-orthodoxen Arztes aus Homs, der in den Libanon eingewandert war. „Sein Wissensdrang ließ ihn schon in früher Jugend den Weg in die Bibliotheken der alten libanesischen Klöster suchen und bei der Lektüre der seit langem vergessenen Autoren der arabischen Blütezeit den Gedanken einer Regeneration der in Verfall geratenen Sprache fassen" (LArW 560). Bald galt er als Meister des Arabischen und verfasste für das *Syrian Protestant College* Lehr- und Lesebücher für den Unterricht in Grammatik, Rhetorik und Literatur. „Die Gepflogenheit arabischer Gelehrter des Mittelalters wieder belebend, sammelte er in seinem Hause eine Schar von Schülern um sich, Muslime und Christen, in denen seine begeisterten Worte das Verständnis für die Schönheit ihrer Muttersprache und die Schätze ihrer Dichtkunst wachzurufen verstanden" (LArW 561).

Er selbst schrieb mehrere Diwane in der Art des berühmten Lobdichters *al-Mutannabī* aus dem 10. Jh. und 'Maǧma' al-baḥrain' (Der Zusammenfluss der beiden Meere, 1855), eine Sammlung von 60 sprach- und kulturdidaktisch angelegten *Maqāmas* (Vorträgen) in Reimprosa in der Manier *al-Ḥarīrīs* (um 1100). „Der Titel entstammt Sure 18.60 und ist sicher als Metapher für die besonders von christlichen Vertretern der *Nahḍa* erhoffte Synthese [...] aus christlicher und muslimischer Kultur gedacht“ (Walther 2004: 246–247). Damit konnte er seine Vertrautheit mit der koranischen Kultur beweisen, in der Christen und Juden selten ausgebildet waren. Er hinterließ zwölf Kinder, sein jüngster Sohn *Chalīl* verfasste die erste moderne arabische Tragödie, seine Tochter *Warda* war eine bekannte Dichterin.

Sein Sohn *Ibrāhīm al-Yāziǧī* (1847–1906) war vor allem Philologe und Journalist. Anders als sein Vater beherrschte er einige semitische und europäische Sprachen. Er gab in Beirut mehrere Zeitungen heraus und übersetzte 1872–81 im Auftrag der Jesuiten die Bibel ins Arabische. 1894 zog er nach Ägypten, wo er die ersten arabischen literarischen und philologischen Zeitschriften gründete, *al-Bayān* (Mitteilung 1895) und *aḍ-Ḍiyā'* (Leuchten 1898–1906). Die von ihm eingeführten Drucktypen sind bis heute in Gebrauch. Sein philologisches Hauptwerk sind die ‘Untersuchungen zu Fragen der arabischen Lexik’ in drei Bänden 1906 (KLE 8.1043).

Er verteidigt den Gebrauch des Hocharabischen gegen alle Forderungen, es durch die Vulgärsprache zu ersetzen. Er will angesichts der Hegemonie des Westens die klassische Sprache modernisieren, indem er ihr Lexikon durch Ausschöpfung ihrer Wortbildungsmittel ausbaut, obsolete Lexeme mit neuem Inhalt füllt und Fremdwörter arabisiert. So kann er wesentlich zur Ausarbeitung einer modernen arabischen Terminologie beitragen. Weiter fordert er einen ‘verschlankten’, kommunikationszentrierten Grammatikunterricht. In einer Reihe von Artikeln in seiner Zeitschrift *aḍ-Ḍiyā'* korrigiert er die Fehler, die er in anderen Presseorganen aufspürt und macht sich so zum Zensor seiner Kollegen (Suleiman 2003: 98–99).

Hervorzuheben ist seine Neuinterpretation der alten Begriffe *‘arab* und *‘aǧam* (s. S. 106), die ursprünglich Muslime arabischer Herkunft und solche nichtarabischer, besonders persischer, bezeichneten. Er nationalisiert sie und verwendet nun *‘arab* für die Sprecher des Arabischen, Muslime, Christen und Juden, und *‘aǧam* für die Sprecher anderer Sprachen wie Türken oder Europäer ungeachtet ihrer Religion (Suleiman 2003: 106).

An vielen Stellen bringt *al-Yāziǧī* seine besondere Wertschätzung des Korans als dem vornehmsten arabischen Text zum Ausdruck, indem er ihn zitiert oder an ihn anknüpft, um so Brücken zu schlagen zwischen sich, dem christlichen Autor, und seiner vorwiegend muslimischen Leserschaft, als wollte er über den Koran-Text die arabischen Muslime und Christen gegen die Türken vereinen (Suleiman 2003: 107).

Ganze andere Positionen hinsichtlich der arabischen Sprache und Nation vertrat *Salāma Mūsā* (1888–1958) aus einer wohlhabenden koptischen Familie in Zaqāzīq im Nildelta. Er hatte vor dem Ersten Weltkrieg in London und Paris studiert und war ein beredter Anwalt einer radikalen Verwestlichung des islamischen Orients. Er schrieb das erste arabische Werk zum Sozialismus ‘al-Ištirākīya’ (Kairo 1912), gründete 1920 die Sozialistische Partei Ägyptens und gab ‘al-Maǧalla al-ǧadīda’ (Die neue Zeitschrift) heraus, ein Forum für radikale Kritik.

Er schrieb mehr als 40 Bücher, von denen drei herausragen, nämlich 'al-Yaum wa-l-ghad' (Heute und morgen, 1928), 'Miṣr aṣl al-ḥaḍāra' (Ägypten, Quelle der Zivilisation, 1935) und 'al-Balāgha al-'aṣrīya wa-l-lugha al-'arabīya' (Die moderne Rhetorik und die arabische Sprache, 1945). Seiner Meinung nach gehört Ägypten zu Europa, er verweist auf die gemeinsame hellenistische und byzantinische Vergangenheit, auch verdanke die europäische Kultur der ägyptischen sehr viel. Die religiöse Bindung passe nicht für zivilisierte Nationen des 20. Jh., Ägypten sollte der kemalistischen Türkei nacheifern. Die Araber, besonders die Beduinen, seien rückständig, ihre Sprache sei lexikalisch defektiv, grammatisch übermäßig kompliziert und könne den Erfordernissen einer modernen Nationalsprache nicht genügen; das sollte die kultivierte, lebendige und authentische ägyptische Umgangssprache leisten. Im Grunde aber respektiert er die Diglossie: obwohl er Hocharabisch zur toten Sprache erklärt, verwendet er es in seinen Schriften, so wie die Verächter der Vulgärsprache diese trotzdem mündlich gebrauchen (Suleiman 2003: 180–182).

Mūsā hält zwar das pharaonische und das in den Klöstern lebendige koptische Vermächtnis für bedeutender als das arabische, verlangt aber für die Zukunft, dass das moderne Ägypten sich an der europäischen Kultur orientiere. Ein Haupthindernis für den Fortschritt sei die hocharabische Sprachkultur und ihre selbstverliebte, süchtig machende Rhetorik. Dabei kann er sich auf einen Ausländer berufen, *Sir William Willcocks* (1852–1932), ein in Indien geborener britischer Wasserbauingenieur, der 1883 nach Ägypten kam, wo er als Erster den Assuan-Staudamm konzipierte. Er lernte sehr gut Arabisch und trat für die Verbreitung des ägyptischen Dialekts ein. 1893 hielt er im Azbakīya-Club in Kairo auf Arabisch einen Vortrag 'Warum haben die Ägypter keine schöpferische Kraft?', worin er dies mit der Diglossie erklärte und zum schriftlichen Gebrauch der Vulgärsprache aufrief. Er übersetzte das Alte und das Neue Testament sowie Shakespeare-Dramen in den Kairoer Regiolekt (Diem 2006: 131–132).

In der anschließenden, lange dauernden Diskussion wagte *Mūsā* als Einziger, für *Willcocks* einzutreten. In der Zeitschrift 'al-Hilāl' 34 (1926) „warf er der Hochsprache mehrere Dinge vor: 1. Sie sei sehr schwierig, 2. sie sei für literarische und wissenschaftliche Zwecke ungeeignet, 3. sie neige zu Wortgeklingel, und 4. sie schädige den ägyptischen und begünstige den arabischen Nationalismus. Er sei an sich Anhänger des Dialekts, glaube aber nicht, dass seine Einführung als Schriftsprache möglich sei, und schlage deshalb einen Ausgleich zwischen dem Dialekt und dem Hocharabischen – etwa Abschaffung des I'rāb und Verwendung von Dialektausdrücken – vor, sodass die Sprache 'ägyptifiziert' werde (tatamaṣṣar)“ (Diem 2006: 135). Ein konservativer Kritiker nannte ihn daraufhin einen „Feind des Islams, der arabischen Sprache und des Patriotismus“ (Diem 2006:136).

„In den 20-er Jahren wurde die Bewegung des ägyptischen Nationalismus durch einen Nationalismus arabischer Prägung abgelöst, bei dem sich Ägypten als führende Kraft begriff. Das hatte eine unmittelbare Folge im Bereich der Sprache: das

Hocharabische wurde und wird nun als gemeinsames Band der arabischen Völker und als eigentlicher Träger des arabischen Nationalismus hervorgehoben, während die Dialekte als regionale Sprachen negativ beurteilt werden [...]

Als Illustration für solchen, durch die veränderte politische Situation bedingten Meinungswandel kann auch *Salāma Mūsā* gelten. In den 20-er Jahren war er als Anhänger des Ägyptertums aufgetreten. Nun änderte er schrittweise seine Meinung. Im Jahre 1945 sprach er sich zwar [...] noch dafür aus, das lateinische Alphabet zu übernehmen, doch von einer Ägyptifizierung der Sprache war keine Rede mehr. 1954 war er bereits der Meinung, die für das Volk bestimmte Literatur solle in einfacher Hochsprache geschrieben werden und 1958 befürwortete er aus Gründen des arabischen Nationalismus die Verwendung des Hocharabischen“ (Diem 2006: 136).

Der arabischen Sprache kommt so viel religiöses, kulturelles, literarisches und historisches Prestige zu, dass offensichtlich kein arabischer Nationalist sie entbehren und kein Regiolekt mit ihr konkurrieren kann. Dafür muss es aber das Hocharabische sein, ohne Abstriche und Beschädigungen und immer mit Bezug auf den Koran. Demnach ist eine Auflösung der Diglossie nicht in Sicht, heute weniger als vor hundert Jahren.

10. Zwischen Morgenland und Abendland

Die Konstruktion einer Nation und einer Nationalsprache vollzieht sich bei den Orthodoxen und den muslimischen Turkvölkern im Osmanischen Reich und in Teilen Russlands nach europäischem Vorbild und ist durchaus als Modernisierung anzusehen. Dieser teilweise sehr komplizierte Prozess sei an fünf 'Fallstudien', dem Rumänischen, Albanischen und den islamischen Turksprachen Tatarisch, Azerbaiǧanisch resp. Azeri und Türkisch (im engeren Sinne) erläutert. Dabei kommt dem Problem des Alphabetwechsels eine besondere Bedeutung zu: die lateinische Schrift ist ein deutliches, emotional besetztes Symbol der Europäisierung, ihre Übernahme signalisiert die Abkehr von alten konfessionellen resp. religiös-kulturellen Bindungen.

10.1 Rumänisch

Die Rumänen lebten in den drei seit 1411–1541 den Osmanen tributpflichtigen Fürstentümern Moldau, Walachei und Siebenbürgen; 1691 kam Siebenbürgen unter habsburgische Herrschaft, 1711 die Moldau und 1715 die Walachei unter das osmanisch-griechische Kondominium der Fanarioten. Ungeachtet ihrer ethnischen Besonderheit waren die Rumänen eingebettet in die slavisch-orthodoxe Kultur; Sprache der Kirche, der Kanzleien, der Fürsten- und Bojarenhöfe war das Kirchenslavische. Die ersten rumänischen Texte stammen aus dem 16. Jh.; das erste sicher datierbare Dokument ist ein Brief des Bojaren *Neácşu* aus Cîmpulúng an den Bürgermeister von Kronstadt aus dem Jahre 1521, worin er mitteilt, dass die Türken die Donau überschritten haben.

In der Mitte des 17. Jh. bildete sich in der Moldau eine rumänische Geschichtsschreibung heraus, die die ältere kirchenslavische fortsetzt. Sie empfing ihre Impulse durch den polnischen Humanismus, denn die Chronisten hielten sich zeitweise im Nachbarland Polen auf. Der bedeutendste von ihnen war der Bojarensohn *Grigóre Uréche* (1590–1647), der am Jesuitenkolleg in Lemberg studiert und dort Latein und Polnisch gelernt hatte. Sein 1642–47 erschienenes 'Letopiseţul Ţării Moldovei' (Chronik der Moldau) umfasst die Ereignisse von der Gründung des Fürstentums 1359 bis 1594 (Schroeder 1967: 85). Er erkennt die lateinische Herkunft des Rumänischen und hebt die Zusammengehörigkeit der drei Fürstentümer hervor; die hier erstmals geäußerte Überzeugung *de la Rîm ne trágem* 'von Rom stammen wir ab' (Bochmann 1992: 103) wird zur kulturpolitischen Losung der Zukunft.

Die Chronik wurde von *Míron Costín* (1633–91) in seinem 'Letopiseţul ţării Moldovei de la Arón Vodă încoace' (Chronik der Moldau von Fürst Arón Vodă an, 1675) bis 1661 weitergeführt. Auch dieser Autor hatte seine Jugend im polnischen Exil verbracht und das Jesuitenkolleg in Bar besucht. Uréche und Costín versuchten, das Rumänische durch Entlehnungen und Neubildungen weiterzuentwickeln, die Hauptquellen waren dabei Polnisch, Türkisch und besonders Latein (Behring 1994: 62–63). Im Laufe des 17. Jh. dringt das Rumänische in alle Zweige der Literatur vor; es löst sich von fremden Vorbildern auch in religiösen Texten. Geschrieben wurde es in kyrillischer Schrift, die in einer relativ einheitlichen und konsequenten Orthographie an die rumänische Sprache angepasst war.

Bei der Standardisierung des Rumänischen kommt der Kirche die größte Bedeutung zu. Die orthodoxe Konfession, uniert oder nichtuniert, war das einigende Band aller Rumänen. Und viel früher als im staatlichen Bereich konnte sich das Rumänische als Kirchensprache durchsetzen, in Siebenbürgen schon im 17. Jh. auf Druck der ungarischen calvinistischen Obrigkeit. 1675 befahl Bischof *Sava*, „ja keine fremde Sprache, die serbische [= kirchenslavische], in der Kirche zu benutzen, sondern nur das Rumänische“ (nach Alexici 1906: 78). In den Donaufürstentümern schwankte man lange zwischen beiden Sprachen im Gottesdienst. So führte *Şerban Cantacuzinó* 1679 in der Walachei die Liturgie in rumänischer Sprache ein (Runciman 1970: 358). Andererseits hieß es in einer Instruktion des Patriarchen *Dosítheos Notarás* von Jerusalem von 1698: Wenn auch die Reformierten den Gottesdienst in rumänischer Sprache feiern, sollte Rumänisch nicht Sprache der orthodoxen Liturgie sein; der Bischof von Siebenbürgen solle den Gottesdienst nur slavisch oder griechisch halten, die Volkssprache sei nur beim Evangelium und der Predigt erlaubt (de Vries 1963: 402). Doch diese Mahnung fruchtete nichts; denn als in der Fanariotenzeit das Kirchenslavische endgültig obsolet wurde, ging man nicht zum Griechischen sondern zum Rumänischen über.

So ist die rumänische Schriftsprache ein spätes Kind des polnischen Humanismus und der ungarischen Reformation. Amtssprache blieb aber in den Donaufürstentümern das Kirchenslavische, bis es in der Fanariotenzeit 1711–1821 vom Griechischen abgelöst wurde, in Siebenbürgen 1571–1711 das Ungarische, unter Habsburg das Lateinische.

Nach der habsburgischen Eroberung ergab sich in Siebenbürgen eine ganz neue Konstellation, als nämlich die orthodoxen Bischöfe von Weißenburg/Alba Iulia *Theophíl* und *Athanasius* 1697–1700 die Union mit Rom vollzogen. Dafür stellte man dem orthodoxen Klerus die Gleichstellung mit dem katholischen in Aussicht, vor allem den orthodoxen Priestern und ihren Familien die Befreiung von der Leibeigenschaft und Steuer- und Abgabenfreiheit.

So konnte sich unter neuen, relativ günstigen Bedingungen eine Generation von Intellektuellen herausbilden, die im Westen mit den Ideen der Aufklärung und der modernen Wissenschaft bekannt wurden. Die Träger dieser kulturellen und literarischen Bewegung, der *Şcoala ardeleană* (Siebenbürgischen Schule), kamen aus dem niederen Klerus, dem Kleinadel und dem Bürgertum aller drei Fürstentümer, die größte Bedeutung hatten aber die siebenbürgischen unierten Kleriker. Um die Gleichberechtigung der Rumänen mit den drei anerkannten *nationes* Siebenbürgens, den Sachsen, Ungarn und Széklern, durchzusetzen, versuchten sie, die Kontinuitätstheorie (s. S. 203) mit historischen und linguistischen Mitteln zu beweisen; daher galt ihr Interesse der rumänischen Geschichte und der rumänischen Sprache.

An ihrer Spitze stand die berühmte Trias Samuíl Mícu-Klein, Gheórghe Şincái und Pétru Máior. *Samuíl Mícu-Klein* (1745–1806), Neffe des unierten Bischofs Inochéntie, studierte in Blasendorf, dem Sitz des unierten Bischofs, und Wien Theologie und schrieb 1778 die 'Brevis historica notitia originis et progressus nationis Daco-Romanae', eine Vorarbeit zu seinem vierbändigen Geschichtswerk 'Istoria, lucrurile şi întîmplările Românilor pre scurt' (Geschichte, Taten und Begebenheiten der Rumänen kurzgefasst, 1800–05); gemeinsam mit Şincái verfasste er die Grammatik 'Elementa linguae daco-romanae sive valachicae' (Wien 1780), deren Titel schon Programm ist. Sie war „der erste Versuch einer wissenschaftlichen Grammatik der rumänischen Sprache und kulturgeschichtlich dadurch merkwürdig, dass sie das Rumänische als ein verdorbenes Latein darstellte und es als die Pflicht des Grammatikers bezeichnete, sie von jedem fremden Einfluss zu reinigen“ (Alexici 1906: 68–69). Dem entsprach die etymologisierende Orthographie.

Gheórghe Şincái (1754–1816) war adeliger Herkunft, studierte 1774–79 am reformierten Kolleg von Neumarkt/Tîrgu Múreş, am Jesuitenkolleg von Klausenburg und am Propaganda-Kolleg in Rom Philosophie und Theologie. 1781 erließ *Joseph II.* das Schulgesetz 'Norma Regia pro Scholis Magni Principatus Transsilvaniae' für Siebenbürgen, mit dem er die Laisierung der Lateinschulen erreichen wollte, und ernannte 1782 Şincái zum Inspektor für den unierten Volksschulunterricht. Dieser gründete zahlreiche Dorfschulen, verfasste eine Normfibel für die Schule in Blasendorf in lateinischer, deutscher und rumänischer Sprache und dann eine rumänische Lesefibel für die übrigen rumänischen Schulen in Siebenbürgen; weiter ein lateinisches Lesebuch, eine Rechenfibel und einen Katechismus (Köpeczi 1990: 431). Um den lateinischen Ursprung des rumänischen Volkes und seiner Sprache zu beweisen, sammelte er in Rom, Wien, Ungarn und Siebenbürgen dreißig Jahre reiches Material in 26 Manuskriptbänden. Daraus erwuchs die 'Hronica românilor şi a mai multor neamuri' (Chronik der Rumänen und vieler anderer Völker), die die Zeit von Kaiser Trajan bis 1739 umfasst (KLE 8.723). 1794 wurde er aus politischen Gründen entlassen.

Auch sein Schüler *Pétru Máior* (1761–1821) kam aus einer Familie unierter Geistlicher. Er studierte fünf Jahre am Propaganda-Kolleg in Rom Theologie und ein Jahr die Rechte in Wien, lehrte 1780–84 in Blasendorf Logik, Metaphysik und Naturrecht und wurde 1785 Erzpriester in Regen/Réghin. Hier kämpfte er für den Fortbestand der rumänischen Schulen und förderte die Erwachsenenbildung.

1791 formulierte die weltliche und uniert-kirchliche Intelligenz der Rumänen, denen sich die orthodoxe anschloss, im 'Supplex Libellus Valachorum' (Demütige Bittschrift der Rumänen) ihre Forderungen an den Kaiser, nämlich „Anerkennung der Rumänen als Nation, Gewährung derselben Rechte für den rumänischen Klerus, den Adelsstand und die Gemeinen, wie sie den jeweiligen Schichten der drei Nationen zugesichert wurden; gemischter und ausschließlich rumänischer Sprachgebrauch in

Munizipien und Gemeinden mit teilweise oder mehrheitlich rumänischer Bevölkerung.“ (Köpeczi 1990: 443).

Die ideologische Grundlage des ‘Supplex libellus’ war die *Kontinuitätstheorie*, wonach die Rumänen von den Dakern und Römern abstammen, seit der Spätantike ohne Unterbrechung in den drei Fürstentümern siedeln und ihnen deshalb die gleichen Rechte wie den anderen Völkern zustehen. „Man wollte den übrigen Völkern Siebenbürgens, den Sachsen, Ungarn und Széklern, welche die Rumänen für späte Eindringlinge hielten, beweisen, dass dies vielmehr für jene selbst zutreffe“ (Alexici 1906: 71). Diese erstmals von *Grigóre Uréche* in seiner ‘Chronik der Moldau’ geäußerte *latinistische* These nahm nun der unierte Bischof *Inochéntie Mícu-Klein* wieder auf, als er 1735 in einer Bittschrift an Karl VI. schrieb: „Wir sind seit Kaiser Trajan die ältesten Bewohner Siebenbürgens“ (Köpeczi 1990: 419).

Parallel zum Latinismus in Siebenbürgen vollzog sich 1646–1736 auch in den Donaufürstentümern eine Abkehr von der slavischen Kultur (s. S. 172). Zuerst tauschte man an den Akademien von Tîrgóvişte (1646) und Jassy (1656) das Kirchenslavische gegen das Griechische aus, die Kiever Lehrer mussten Griechen weichen, die Neugründung in Bukarest (1679) hieß *Griechische Akademie*. Dieser Wechsel bedeutete jedoch nicht, dass nun das Griechische die Stelle des Kirchenslavischen einnahm, sondern das Rumänische profitierte von der slavisch-griechischen Rivalität und eroberte sich langsam seinen Platz: 1679 wurde das erste rumänische Liturgikon gedruckt, 1736 kam in der Walachei letztmals ein liturgisches Buch in kirchenslavischer Sprache heraus (Trunte 1998: 375–376).

1688 erschien in Bukarest auf Veranlassung des Fürsten *Şerban Cantacuzinó* und unter der Leitung des walachischen Metropoliten *Antim* die erste vollständige und maßgebliche rumänische Bibelübersetzung, die ‘Biblia de la Bucureşti’ resp. ‘Biblia lui Şerban’, an der die Brüder *Radu* und *Şerban Greceánu* den Hauptanteil hatten (Behring 1994: 76). Diese Übersetzung unmittelbar aus dem Griechischen bedeutete die endgültige Emanzipation des Rumänischen vom Kirchenslavischen.

Das 18. Jh. war für die rumänische Sprache ein lexikalisches Wechselbad. In Siebenbürgen versuchte man, das Rumänische regelrecht zu latinisieren, in den Donaufürstentümern übernahm man in der Fanariotenzeit, die ja eine verstärkte Anbindung an Konstantinopel bedeutete, osmanische Wörter aus Politik, Militär- und Geschäftswesen. Vor allem wurde die Sprache von Gräzismen überflutet, etwa 1100 Wörter aus dem staatlichen, kirchlichen und gesellschaftlichen Leben. Durch griechische Vermittlung kamen italienische und später französische Entlehnungen ins Land, auch spielte Latein als Bildungssprache vor allem in der Moldau eine Rolle. Doch war noch im 19. Jh. der Anteil an slavischen Wörtern sehr hoch: im ersten etymologischen Wörterbuch des Rumänischen von *Alexandru de Cihac* (Frankfurt 1870–79) sind von den 5765 behandelten Lexemen nur 20% lateinischer Herkunft, 41% slavischer, 18% türkischer, 11% griechischer und 10% ungarischer (Tagliavini 1973: 257).

Nach dem Ende der Fanariotenzeit identifizierte sich eine wachsende Opposition aus aufgeklärten Bojarensöhnen, die trotz allgemeinem Reiseverbot in Italien, Frankreich oder Deutschland studiert hatten, mit dem westlichen Europa, brach mit dem bisherigen kulturellen Selbstverständnis der Rumänen, zu dem auch das slavisch-byzantinische Erbe gehörte, und beeilte sich, alles 'Orientalische' abzustreifen (Behring 1994: 107).

Man orientierte sich aber, anders als die siebenbürgischen Latinisten, nicht mehr am antiken Rom sondern am modernen Paris, wo nach der Julirevolution 1830 bürgerlich-demokratische Verhältnisse herrschten. Eine wahre Gallomanie brach aus, man las nur mehr französisch, nicht nur Molière und Voltaire, Rousseau, Lamartine und Hugo, sondern auch Dante und Shakespeare, Goethe und Byron in französischer Übersetzung. Und man übersetzte aus dem Französischen ins Rumänische und erschloss sich so die Weltliteratur. Mit Hilfe der französischen Klassik stellte man verbindliche Sprach- und Kunstregeln auf und eignete sich die antiken Bildungswerte an (Behring 1994: 126).

Zur Schaffung der notwendigen Neologismen bediente man sich zunächst der vorhandenen Mittel des rumänischen Sprachsystems. Obwohl dies durchaus Ableitungen, Neuprägungen und auch Komposita gestattet, ging man trotzdem zu direkten Entlehnungen aus dem Französischen über. „Ausschlaggebend war dafür die alles erdrückende politische und kulturelle Vormachtstellung Frankreichs, die dazu führte, dass in den Augen der jungen Intellektuellen, der Bojarensöhne, aber auch der aristokratisch-mondänen Welt, alles als progressiv und chic empfunden wurde, was französisch war, das Hergebrachte aber – darunter das türkische, griechische, kirchenslavische Lehnwort, aber auch neugebildete Lehnübersetzungen aus traditionellem Sprachgut – als alt, reaktionär oder unmodern“ (Bochmann 1979: 47). So kam es dann zu einem weitgehenden Austausch der rumänischen Lexik.

Geschrieben wurde das Rumänische grundsätzlich in kyrillischer Schrift; dieser Usus wurde durch die klassische und epochemachende Bibel von Bukarest von 1688 bekräftigt. Andererseits gab es auch schon frühe Versuche, die Lateinschrift zu verwenden; der erste war ein von *Corési* gedruckter Psalter von 1570 (Schroeder 1967: 82). Aus dem 17. Jh. sind aus Siebenbürgen calvinistische Texte in ungarischer Rechtschreibung erhalten (Tagliavini 1938: 439–440), die siebenbürgischen unierten Latinisten schrieben aber kyrillisch. Als Ausnahme und Versuchsballon (Bochmann 1992: 103) ist das 'Carte de rogacioni pentru evlavia homului chrestin' (Gebetbuch zur Erbauung des Christenmenschen) anzusehen, das *Samuíl Mícu-Klein* 1779 in Wien veröffentlichte und das Aufsehen erregte, „weil es statt der üblichen kyrillischen Schrift in lateinischen Buchstaben abgefasst war. Damit wollte Samuíl Mícu-Klein seiner Überzeugung Ausdruck geben, dass so die notwendige Konsequenz aus der lateinischen Herkunft des Rumänischen auszusehen habe. Zum Zweck einer Beweisführung hatte er dem Buch eine Darstellung des etymologisch-orthographischen

Systems seiner Muttersprache eingegliedert“ (Behring 1994: 93). Die Rechtschreibung war hier nicht ungarisch, sondern italienisch.

Nach der Vereinigung der Moldau und der Walachei 1859 resp. 1862 überschlugen sich die Reformen, 1860 wurde die Universität Jassy gegründet, 1864 die Universität Bukarest, 1867 die Akademie der Wissenschaften, 1860 in der Walachei das lateinische Alphabet eingeführt, 1863 in der Moldau, 1869 wurde die etymologisierende Orthographie verbindlich, die 1904 durch die phonologische ersetzt wurde (Tagliavini 1938: 443), 1863 die Verwendung des Rumänischen als Kirchensprache obligatorisch, 1864 die allgemeine Schulpflicht verkündet.

Die moderne rumänische Orthographie macht Anleihen bei der italienischen (ca, che, chi, co, cu; cea, ce, ci, cio, ciu) und französischen (freie Verwendung der *cédille* in ş, ţ) und unterstreicht so ihre Zugehörigkeit zur Romania. Ihre Annahme markiert den Sieg des ethnischen Prinzips über das konfessionelle und den Bruch mit der Vergangenheit; sie hat große ideologische Symbolkraft. Der rumänische Alphabetwechsel war der erste in Europa, seine Vorbildfunktion lässt sich daran ablesen, dass die Türken den Buchstaben ş übernommen haben.

10.2 Albanisch

Die Albaner zerfallen in zwei Hauptgruppen, *Gegen* und *Tosken*. Dem entsprechen zwei Dialekte, deren Sprecher einander schwer verstehen, das Gegische im Norden und das Toskische im Süden; als Grenze gilt der Fluss Shkumbi. Die ehemals jugoslavischen Albaner sind Gegen, sie siedeln im Kosovo, Nordwest-Makedonien und Süd-Montenegro. Tosken sind dagegen die albanischen Auswanderer in Griechenland, die *Arvaniten*, von denen ein Teil – die *Arbëreshen* – nach Süditalien weiterzog. Obwohl statistisch gesehen auf einen Tosken zwei Gegen kommen, ist die Grundlage der heutigen albanischen Literatursprache das Toskische.

Die Albaner wurden sowohl von Byzanz als auch von Rom christianisiert, etwa so dass die Tosken orthodox und die Gegen katholisch wurden. Nach der Schlacht auf dem Amselfeld 1389 begann die osmanische Eroberung. Obwohl die Albaner unter ihrem späteren Nationalhelden *Skanderbeg* (1405–68) erbitterten Widerstand leisteten, konnten sie die Angreifer nicht aufhalten: 1501 fiel als letztes Durazzo/Durrës. Viele Albaner flohen nach Griechenland resp. Süditalien. Die osmanische Herrschaft dauerte bis 1912 und führte zu einer weitgehenden Islamisierung des Landes. Um 1700 waren bereits die Hälfte der Albaner Muslime, heute etwa 70%, 20% sind orthodox, 10% katholisch; die Arvaniten sind orthodox, die Arbëreshen uniert (Janin 1955: 272–275).

Die Albaner lebten vor und nach der osmanischen Eroberung in Stammesgesellschaften. Gemeinsam war ihnen das Gewohnheitsrecht mit der Blutrache, die Sprache und eine mündlich tradierte reiche Literatur mit Heldenepen, historischen Liedern, Märchen u.a. Darüber hinaus entwickelten sie kein Zusammengehörigkeitsbewusstsein, auch fehlte ihnen ein städtischer Mittelpunkt. Je nach Konfession hatten sie Anteil an fremden Kulturen, die Muslime an der osmanischen, die Orthodoxen an der griechischen und die Katholiken und Unierten an der italienischen. Die albanischen Muslime konnten problemlos in die osmanische Herrenschicht aufsteigen.

Auf albanischem Gebiet wurden verschiedene Hochsprachen verwendet, in den Moscheen und Kirchen Arabisch, Griechisch, Kirchenslavisch und Latein, in den Kanzleien Osmanisch, Griechisch oder Italienisch. Unter türkischer Herrschaft hat sich eine albanischsprachige Kultur nicht entwickelt, die wenigen gedruckten albanischen Bücher erschienen bis Ende des 19. Jh. außerhalb des osmanischen Machtbereichs, in Albanien selbst wurde erst 1870 die Druckerei von Skutari eingerichtet. Es gab auch keine Kanzleien, die albanisch urkundeten, sodass sich eine albanische Kanzleisprache hätte herausbilden können (Haebler 1987: 79).

Die schriftliche Überlieferung des Albanischen setzt im 15. Jh. ein, sie ist charakterisiert durch das Nebeneinander von fünf konfessionell definierten Literaturdialekten, Ausdruck einer beispiellosen kulturellen Zersplitterung.

1. Der *nordgegische katholische* Literaturdialekt von Skutari in Nordalbanien, wo die Franziskaner tätig waren, die enge Beziehungen zu Bosnien und natürlich zu Rom unterhielten. Darin ist das erste albanische Buch verfasst, das 1555 in Italien gedruckte 'Meshari' (Missale) von *Gjon Buzuku*, eine Sammlung von Gottesdiensten mit Marienandachten, Bußpsalmen, Litaneien u.a. und einem Katechismus. Die Schrift ist die italienische Bastarda, erweitert um einige kyrillische Buchstaben (Haebler 1987: 80).

In diesem Dialekt ist auch das erste originale albanische Prosawerk geschrieben, der 1685 in Padua gedruckte 'Cuneus prophetarum' (Die Heerschar der Propheten) von *Pjetër Bogdani* (1630–89), ein Erbauungs- und Unterweisungsbuch im Predigerstil zur Propagierung des christlichen Glaubens und der Höhepunkt der altgegischen Literatur. Das katholische Schrifttum war in erster Linie gegen die Islamisierung gerichtet und trug so zur Herausbildung eines albanischen Landespatriotismus bei. Im Zuge der langen Tradition seit 1555 kam es zu einer Vereinheitlichung der Texte, sodass hier die Anfänge einer literatursprachlichen Entwicklung des Albanischen zu sehen sind (LOS 176).

2. Der *alttoskische* Literaturdialekt der *Arbëreshen* von Süditalien. In ihm ist die 1592 in Rom gedruckte 'E mbuasame e krështere' (Christenlehre) von *Lekë Matrënga* (†1619) abgefasst, darin enthalten ist ein geistliches Lied, das älteste bezeugte albanische Gedicht (Bartl 1995: 85). Die zahlreichen griechischen Lehnwörter erklären sich durch das ursprünglich orthodoxe, inzwischen unierte Bekenntnis (Haebler 1987: 82). Dieser Dialekt tritt nur in isolierten Lokalmundarten auf. Von literarischer Bedeutung ist 'Gjella e Shën Mërijs virgjër' (Das Leben der Heiligen Jungfrau Maria, Rom 1762) von *Jul Variboba* (1724–88). Das sind zwei Liederfolgen, teilweise nach dem Vorbild kalabresischer Volkslieder, und eine Reihe von Heiligenviten. Das Gedicht 'An die heilige Mutter vom Guten Rate' bewahrt historische

Erinnerungen an die um die Mitte des 15. Jh. erfolgte Auswanderung der Albaner nach Süditalien (KNLL 16.1067).

Die italoalbanische Literatur verwendet das lateinische Alphabet mit Zusatzzeichen, macht aber auch Anleihen bei der griechischen Schrift.

3. Der *toskische* Literaturdialekt der *Muslime* um Berat. Eine ganz andere Richtung repräsentierten die *Bejtexhinj* ('Dichter', türk. Beyit-ci). Sie schrieben zunächst osmanisch und übersetzten ihre Verse dann ins toskische Albanisch, wie es in Berat und den südlich und südöstlich anschließenden Landschaften gesprochen wurde. Die in arabischer Schrift geschriebenen Dichtungen sind zwar nur handschriftlich überliefert, wurden aber mündlich weitergegeben und trugen zur Herausbildung einer Art toskischer Koiné bei (Haebler 1987: 83).

Ein bedeutender Vertreter dieser Aljamiado-Literatur war der in den Medresen von Berat ausgebildete *Nezim Frakulla* (1685–1760). Er schrieb nach persischem Vorbild einen 'Albanischen Diwan' (1731–35), von dessen 110 Gedichten aber nur wenige erhalten geblieben sind (LOS 58). *Muhamet Kyçyku* (1784–1844) verfasste die Verserzählungen 'Erveheja' und 'Jusuf e Zelihaja', *Dalip Frashëri* das bektaşitische Versepos 'Hadikaja' (Der Garten, 1842), das in 65.000 Versen die Schlacht von Kerbela behandelt.

4. Der *toskische orthodoxe* Literaturdialekt; sein Zentrum war in der Mitte des 18. Jh. das bei Korça gelegene Voskopoja, griech. Μοσχόπολις, wo 1744 die Griechen eine Akademie errichteten. Obwohl die Unterrichtssprache Griechisch war, kam der Unterricht mittelbar auch dem Albanischen zugute.

Hier wirkte der albanische Aufklärer *Theodhor Kavaljoti* (1718–89). Er schrieb die Πρωτοπειρία (Erstversuch, Venedig 1770), eine Einführung in den Griechischunterricht mit einem dreisprachigen griechisch-aromunisch-albanischen Wörterverzeichnis von 1.170 Lexemen (Peyfuss 1996: 53, 154). Sein Schüler *Dhanil Haxhiu* oder Μοσχοπολίτης (1754–1825) veröffentlichte 1794 und 1802 in Venedig die Εισαγωγή διδασκαλία, ein viersprachiges griechisch-aromunisch-bulgarisch-albanisches Lexikon (Haebler 1987: 83). In Voskopoja wurde in griechischer Schrift gedruckt.

5. Schließlich der *südgegische* Literaturdialekt der *Orthodoxen* von Elbasan, der im Johannes-Vladímir-Kloster gepflegt wurde. Dort wirkte ein anderer Schüler von Theodhor Kavaljoti, *Theodhor Haxhifilipi*, genannt *Dhaskal Todhri* (1730–1806). Um den Albanern einen muttersprachlichen Gottesdienst zu ermöglichen, übertrug er Teile der Evangelien und andere kirchliche Schriften aus dem Griechischen ins Albanische. Dazu schuf er ein eigentümliches Alphabet aus glagolitischen, griechischen und lateinischen Buchstaben, das auch die Elbasaner Kaufleute jahrzehntelang für ihre geschäftlichen Aufzeichnungen benutzten (Haebler 1987: 84).

Eine romantische Literatur entstand nur bei den Arbëreshen in Kalabrien. Ihr Hauptvertreter war *Girolamo de Rada* (1814–1903), Sohn eines unierten Priesters; er studierte Jura und Literatur in Neapel. 1840 veröffentlichte er im Neapler 'Lucifero' den Artikel 'Divinazioni pelasghe' (Pelasgische Intuitionen), worin er als Erster behauptet, das Albanische stamme vom Pelasgischen ab und sei dem Lateinischen und Griechischen ebenbürtig. Seine im Revolutionsjahr 1848 gegründete Zeitung 'L'Albanese d'Italia' gilt als das erste albanische Presseerzeugnis. 1849 gelang es ihm, in San Demétrio Corone Albanisch als Unterrichtsfach einzuführen, er wurde selbst der erste Lehrer dieses Fachs, doch 1852 aus politischen Gründen suspendiert. 1883 gründete er die Monatsschrift 'Fiàmuri Arbërit. La Bandiera dell'Albania', die bis 1887 in 31 Ausgaben erschien und auch im Osmanischen Reich und Ägypten gelesen wurde. Er präsidierte dem ersten Kongress für albanische Sprache in Corigliano 1895 und nahm am zweiten in Lungro 1897 teil (Faensen 1980: 92–94).

1866 publizierte er in Neapel seine umfangreiche Folkloresammlung 'Rapsodie d'un poema albanese' und 1872–77 das epische Gedicht 'Scanderbeccu i pa-faan' (Der glücklose Skanderbeg). Durch den romantischen Rückgriff auf historische Stoffe suchte er, eine nationale Vergangenheit der Albaner zu konstruieren. Seine Lieder sind zwar nicht altüberliefert, doch von der Volksdichtung beeinflusst, sie sind in der alttoskischen Mundart seiner Heimat abgefasst und meist mit einer italienischen Übersetzung versehen. *De Rada* war unbestritten der Vorkämpfer der albanischen Nationalbewegung in einer Zeit, als die muslimischen Albaner noch osmanisch fühlten.

Deren orientalische Epoche ging 1878 mit dem Vorfrieden von San Stefano und dem Berliner Kongress zu Ende, als sich die osmanische Regierung verpflichten musste, von Albanern bewohntes Land an die christlichen Balkanstaaten abzutreten. Daraufhin gründeten hohe Staatsbeamte und Intellektuelle, Muslime und Christen, in Konstantinopel das geheime *Komiteti qendror për mbrojtjen e të drejtave të kombësisë shqiptare* (Zentralkomitee zur Verteidigung der Rechte der albanischen Nation), das im Mai 1878 erklärte: „Man soll das albanische Land den Albanern lassen" (nach Bartl 1995: 94). Es berief im Juni eine Versammlung nach Prizren ein: 43 Albaner – 38 Muslime und 5 Christen – tagten in der Bajrak-Moschee und beschlossen die Bildung der *Lidhja shqiptare* (Albanische Liga). Sie stellte eigene Streitkräfte auf und konnte zwei Jahre lang gegen montenegrinische Truppen die Abtretung albanischer Gebiete verhindern. Im November 1880 kam es in Ulcinj zum Kampf zwischen Albanern und Türken und die Liga musste vor den Regierungstruppen kapitulieren; das war das Ende der muslimischen Konfessionsnationalität im Osmanischen Reich.

Das Jahr 1878 gilt als Beginn der 'Nationalen Wiedergeburt' *Rilindja Kombëtare*, die mit der Souveränität Albaniens 1912 abgeschlossen ist. Wahrscheinlich hätten die meisten Albaner die Autonomie vorgezogen aus Anhänglichkeit an die Osmanen, denen sie ihre privilegierte Stellung verdankten, und aus Angst vor ihren aggressiven christlichen Nachbarn. Doch als diese 1912–13 Makedonien untereinander aufteilten, riss die Landbrücke zur Türkei und Albanien wurde zwangsläufig unabhängig.

Eine zentrale Aufgabe der Nationalbewegung war die kulturelle Emanzipation der Albaner. Bislang hatten sie weder eine Standardsprache noch ein allgemein akzeptiertes Alphabet, was bei einer fast durchgehend analphabetischen Bevölkerung auch nicht erstaunlich war. Und wer lesen und schreiben konnte, bediente sich des Osmanischen, Griechischen oder Italienischen. 1879 wurde endlich in Konstantinopel die *Shoqëria e të shtypurit shkronja shqip* (Gesellschaft für den Druck albanischer Schriften) gegründet, die meist *Shoqëria e Stambollit* (Gesellschaft von Stambul) hieß.

Ihr erster Vorsitzender war eine Zentralfigur der osmanischen Kultur des ausgehenden 19. Jh., *Sami Frashëri* (1850–1904), Sohn eines armen Kleinadeligen und Bruder von Naim (s. S. 210) aus Frashër im Südosten des Landes. Er besuchte die Koranschule seines Heimatdorfs, wo es ein Bektaşitenkloster gab, und das berühmte Zosimäa-Gymnasium Ζωσιμαία Σχολή in Jannina, lernte sowohl Osmanisch, Persisch und Arabisch als auch Griechisch, Latein und Französisch. 1872 fand er eine Anstellung in der staatlichen Pressedirektion in Konstantinopel.

Unter dem Namen *Şemseddîn Sâmî* brachte er in osmanischer Übersetzung 'Tarih-i mücmel-i Fransa' (Abriss der Geschichte Frankreichs) heraus, schrieb den ersten Roman der osmanischen Literatur 'Taaşşuk-ı Tal'at ve Fitnat' (Die Liebe von Talat und Fitnat, 1872) und das Drama 'Besa yahud Ahde vefâ' (Besa oder der Treueschwur), das 1874 im Osmanlı Tiyatrosu uraufgeführt wurde. 1878 gab er in der Hauptstadt die Zeitung 'Tercümān-i şark' (Sprachrohr des Orients) heraus, in der er das später von der *Liga* übernommene Autonomieprojekt publizierte. 1881–83 erschien sein großes französisch-osmanisch/osmanisch-französisches Wörterbuch, in dessen Vorwort er die Lateinschrift für das Türkische befürwortete. Sein umfangreichstes lexikographisches Werk war die 1888–96 erschienene sechsbändige historisch-geographische Enzyklopädie 'Qāmūs al-a'lām' (Faensen 1980: 105–112).

Wegweisend war seine Schrift zur albanischen Nation 'Shqipëria ç'ka qënë, ç'është e ç'do të bëhetë? Mendime për shpëtimt të mëmëdheut nga reziket që e kanë rethuarë' (Albanien, was war es, was ist es und was wird es sein? Gedanken zur Rettung des Vaterlandes aus den Gefahren, die es bedrohen. Bukarest 1899). Sie besteht dem Titel entsprechend aus drei Teilen. Im ersten – die Vergangenheit – nimmt der Verfasser *De Radas* Ideen wieder auf und behauptet, die Albaner seien das älteste Volk Europas und ihre Vorfahren mit den Pelasgern identisch, die in die Stämme der Illyrer, Epiroten, Makedonen und Phrygier zerfielen. Pyrrhus, Alexander d. Gr. und Aristoteles seien Albaner gewesen. Im zweiten Teil – die Gegenwart – klagt er, die Albaner würden von den Türken wie Sklaven behandelt, die Hälfte des osmanischen Heers bestehe aus Albanern, die aber kaum mehr als ein Prozent der Offiziere stellten. Durch ihren Widerstand gegen albanische Schulen und Schriften arbeiteten sie für ihre Feinde, die Griechen und Slaven. Im dritten Teil – die Zukunft – propagiert er die Trennung der Albaner von den Türken, die auf europäischem Boden keine Zukunft mehr hätten: „Einen toten Menschen muss man beerdigen, so sehr man ihn auch geliebt haben mag“ (nach Bartl 1995: 104). Sami Frashëris Urheberschaft blieb nicht geheim und die Regierung stellte ihn bis zu seinem Tode unter Hausarrest.

Der größte muslimische Schriftsteller der albanischen ‘Wiedergeburt’ war sein Bruder *Naim Frashëri* (1846–1900). Wie dieser besuchte er die Koranschule in Frashër und das Zosimäa-Gymnasium in Jannina und lernte die klassischen orientalischen und europäischen Sprachen; er war Beamter in verschiedenen Städten Albaniens und von 1881 bis zu seinem Tode Zensor im osmanischen Unterrichtsministerium. Er war ebenso kosmopolitisch und polyglott wie sein Bruder, von seinen 22 Büchern verfasste er 15 in albanischer, vier in osmanischer, zwei in griechischer und eines in persischer Sprache (Bartl 1995: 144).

Seine albanischen Werke schrieb er in toskischer Mundart. Am populärsten war ‘Bagëti e bujqësi’ (Viehzucht und Landbau, Bukarest 1886), ein Epos aus 454 achtgliedrigen Versen über die Tätigkeit der Hirten und Bauern und die Schönheiten der heimatlichen Natur unterbrochen von didaktischen Einschüben; ein Hymnus auf das Vaterland, das der von Heimweh geplagte Dichter in ein verklärendes Licht taucht (KNLL 5.787).

Zum albanischen Nationalepos wurde ‘Istori e Skënderbeut’ (Geschichte Skanderbegs, Bukarest 1898) aus 22 Gesängen mit insgesamt 11.500 Achtsilbern, dem Versmaß der Volksepik, über den albanischen Freiheitskampf gegen die Türken im 15. Jh. „Das ganze Werk ist von glühendem Patriotismus und tiefer Liebe zur Heimat, die der Dichter hatte verlassen müssen, durchdrungen. In der Gestalt des Nationalhelden, des christlichen Kämpfers gegen die Herrschaft der muslimischen Türken, erblickte der Autor – obwohl er selbst Anhänger des Islam war – die Verkörperung des Albanertums“ (KNLL 5.788).

1886 brachte er den ersten Gesang der ‘Ilias’ in osmanischer Übersetzung heraus, der 1896 eine albanische folgte. Er verfasste eine Reihe albanischer Schulbücher und eine Geschichte Albaniens ‘Istori e Shqipërisë’ (Sofia 1899); darin nannte er „Albanisch die erste aller Sprachen Europas und die schönste, wenn auch eine unbearbeitete, Türkisch hingegen ein aus drei Sprachen vereinigtes Gemenge, die griechische Umgangssprache verdorben und entstellt, die griechische Schriftsprache unverständlich und auch für Griechen kaum erlernbar“ (Faensen 1980: 105).

Als der Widerstand gegen das verhasste autokratische Regime des Sultans *Abdülhamid II.* wuchs, wurde im November 1905 in Monastir das erste Geheimkomitee *Për lirinë e Shqipërisë* (Für die Freiheit Albaniens) zur Vorbereitung eines bewaffneten Aufstands gegründet; in Südalbanien operierten Partisanengruppen. Sie nahmen Kontakt zu den jungtürkischen Revolutionären auf, die das Osmanische Reich in einen Verfassungsstaat umwandeln wollten. Der erfolgreiche Militärputsch vom

Juli 1908 wurde auch von Albanern getragen und gab ihren Autonomiebestrebungen neuen Auftrieb.

In Konstantinopel und den meisten Städten mit albanischer Bevölkerung entstanden in den ersten zehn Monaten nach dem Putsch 66 albanische Kulturvereine und Klubs, vier nationale Kongresse wurden abgehalten, 24 Abend- und 34 Volksschulen eröffnet, Druckereien eingerichtet und albanische Bücher – besonders Schulbücher – gedruckt, griechische Priester genötigt, Albanisch zu lernen. Albanische Zeitungen konnten erscheinen, doch leider gab es noch kein einheitliches Alphabet resp. eine verbindliche Orthographie (Bartl 1995: 114–115).

Abgesehen von der traditionellen Verwendung des arabischen Alphabets durch die Muslime und des griechischen durch die Orthodoxen waren inzwischen drei auf dem lateinischen basierende Alphabete in Gebrauch, die in der Wiedergabe der dem Lateinischen fremden albanischen Laute differierten: 1. das von Sami Frashëri entworfene sog. *Stambuler Alphabet* nahm griechische und kyrillische Buchstaben zu Hilfe, 2. das von der literarischen Gesellschaft *Bashkimi* (Union) in Skutari verwendete Digraphe wie dh, gj, xh usw. und 3. das von der literarischen Gesellschaft *Agimi* (Morgenröte, ebenda) benutzte diakritische Zeichen wie ž.

Im November 1908 organisierte der Albanerklub von Monastir einen Alphabet-Kongress unter der Leitung von *Midhat Frashëri* (1880–1949), Neffe von Sami und Naim. Man einigte sich auf zwei Alphabete, das Stambuler, in dem mittlerweile alle in Konstantinopel, Bukarest und Sofia erschienenen Schriften gedruckt waren und das die meisten Delegierten unterstützten, und das rein lateinische der Bashkimi, das bis auf ç und ë ohne Zusatzzeichen auskam, für den Druck im Ausland und für Telegramme geeignet war und sich letzten Endes auch gegenüber dem Stambuler durchgesetzt hat.

Es ist auffällig, mit welcher Selbstverständlichkeit man sich für das lateinische Alphabet entschied, obwohl nur ein Zehntel der Albaner katholisch war; die arabische und die griechische Graphie kamen offenbar gar nicht in Betracht.

Die letzten Jahre der Zugehörigkeit Albaniens zum Osmanischen Reich sind gekennzeichnet von lokalen Aufständen, vom albanisch-türkischen Gegensatz und von der Bedrohung durch die christlichen Balkanstaaten. Im Mai 1912 kam es zu einem größeren Aufstand gegen die jungtürkische Regierung, in dessen Verlauf die Albaner die offizielle Anerkennung als eigene Millet mit voller Autonomie forderten; dem stimmte die Regierung im August zu. Doch schon im Oktober erklärten die Balkanstaaten dem Osmanischen Reich den Krieg und besetzten Albanien bis auf Skutari in kaum zwei Monaten. Im November 1912 erklärte sich Albanien unabhängig, im *Frieden von London* im Mai 1913 legte man seine künftigen Grenzen fest; während Österreich-Ungarn kein von Albanern bewohntes Gebiet abtreten wollte, setzte sich Russland für die slavischen Nachbarstaaten ein, sodass über ein Drittel des albanischen Landes an das spätere Jugoslavien fiel.

Mit der Unabhängigkeit wurde das Albanische Amtssprache. Doch erst 1950 legte man sich in Albanien endgültig auf das Toskische fest, während die jugoslavischen Albaner 1964 eine eigene Orthographie auf der Basis der südgegischen Schriftsprache von Elbasan entwarfen. Wenig später ergriffen sie unter der Devise ‘eine Sprache – eine Nation’ die Initiative, eine vereinheitlichte Schriftsprache auszuarbeiten. 1972 fand schließlich in Tirana ein Orthographie-Kongress statt, an dem Vertreter aus Albanien, Jugoslavien und der Diaspora die neuen Rechtschreibregeln kodifizierten. Diese Norm war in Phonologie und Grammatik nordtoskisch, in der Lexik machte man Konzessionen an das Gegische (Demiraj 2002: 3–4).

10.3 Tatarisch

Nach Jahrhunderten der Unterdrückung und Diskriminierung brachte die Annexion des Krimchanats 1783, eines rein muslimischen Landes, eine Wende in der russischen Islampolitik. Nun wurde allen Muslimen Russlands erlaubt, zerstörte Moscheen wiederaufzubauen, auch sollten sie eigene Geistliche wählen und nicht Fremde aus Mittelasien kommen lassen. 1782 ernannte Katharina II. in Orenbúrg einen *Mufti* als geistliches Oberhaupt der russländischen Muslime. Ihm stand seit 1789 ein Gremium von Richtern zur Seite, der *Muslimische Synod* Магометáнское Духóвное Собрáніе. Diese Behörde, die auf keinerlei autochthonen Traditionen aufbaute (Noack 2000: 63), sollte die Geistlichen und die Schulen kontrollieren und in religiösen und zivilrechtlichen Fragen entscheiden. Die tatarisch-islamische Kultur blühte auf, ihre Träger waren die Kaufleute und die Geistlichkeit, ihre anfangs religiös motivierte Ideologie fügte sich Ende des 19. Jh. problemlos in die allgemeinen europäischen Nationalbewegungen ein (Kappeler 1982: 375–376).

In der Absicht, die Nichtrussen zu christianisieren, hatte man Anfang des 18. Jh. begonnen, tatarische Kinder im Kirchenslavischen zu unterrichten und Bücher ins Tatarische zu übersetzen. 1758 wurde in Kasan das erste russische Gymnasium eröffnet, das als Vorläufer einer Universität gedacht war. 1768 begann man, an dieser Schule Tatarisch zu unterrichten mit der Absicht, Dolmetscher auszubilden. Die tatarischen Kaufleute nahmen Beziehungen zu den Russen auf, sie fingen an, Russisch zu lernen und sich auch europäische Bildung anzueignen. „Von der Mitte des 18. bis in das zweite Viertel des 19. Jh. trat die [...] Familie *Chal’fin* als Sprachlehrer, als Verfasser von Wörter- und Lehrbüchern, als Zensoren tatarischer Bücher und Editoren historischer Werke besonders hervor“ (Kappeler 1982: 477).

Wie alle muslimischen Türken gebrauchten auch die Tataren für die theologische und wissenschaftliche Literatur das Arabische, während sie die Belletristik auf Persisch genossen. Ihre eigene Hochsprache war das Čaghataische Mittelasiens (s. S. 148). Daneben schrieben sie aber auch, was sie *Türkī til* nannten, nämlich ein informelles Qypčaqisch mit je nach Textsorte wechselnd starken čaghataischen Anleihen (Battal-Taymas 1965: 762). Aus der letzten Hälfte des 18. Jh. sind Lehrbücher und Grammatiken in russischer Sprache über das Čaghataisch-Kasantatarische bekannt, so wurde 1778 ein Lehrbuch von *Sagit Chal'fin* in Moskau gedruckt (Thomsen 1959: 408).

Der erste tatarische Aufklärer war *Abunnasyr Kursavi* (1776–1812). Er studierte in Buchara Theologie, provozierte aber die dortige mittelalterliche Scholastik, indem er unter Berufung auf den Frühislam das Recht auf eigenständige Koranexegese *iǧtihād* (s. S. 37) verteidigte. Für diese Ketzerei verurteilte ihn der Emir zum Tode, er konnte aber nach Kasan entkommen (Sarkisyanz 1961: 295).

Die *Krimtataren* siedelten zusammen mit anderen Türken auf der Halbinsel Krim. Ursprünglich ein Teil der Goldenen Horde errichteten sie schon 1428 ein eigenes Chanat mit der Hauptstadt Bachčisaraj. Die einzige Dynastie waren die Giray, die 1428–1783 herrschten, sich aber schon 1475 dem osmanischen Sultan unterwarfen. 1783 wurde das Chanat von Russland annektiert, anders als die Kasantataren wurden die Krimtataren nur militärisch unterworfen: die Zeit der Zwangstaufen war Ende des 18. Jh. vorbei.

Das Krimtatarische wurde auf Grund der neuen Kontakte sehr stark vom Osmanischen beeinflusst, sodass sich hier verschiedene turksprachige Komponenten vermischten (Doerfer 1959: 370); dazu traten die für alle muslimischen Türken unverzichtbaren arabischen und persischen Elemente. Zentrum der Textproduktion war der Hof, die wichtigsten Autoren die Chane selbst. Die amtlichen Schriftstücke wurden in einem türkischen Regiolekt verfasst, die Poesie stand anfangs unter čaghataischem, später unter osmanischem Einfluss. Der größte Dichter-Chan war *Ghāzī-Giray II.* (1588–1608), genannt *Bora*, der in einer Mischung aus Čaghataisch und Osmanisch lyrische, heroische, satirische, erzählende und didaktische Poeme verfasste; spätere Chane schrieben reines Osmanisch.

Nach der Eroberung der Krim durch Russland flohen viele Tataren in die Türkei und Russen wanderten ein. Das kulturelle Leben erstarb für etwa ein Jahrhundert, eine eigenständige krimtatarische Schrift- und Literatursprache sollte sich erst im 19. Jh. entwickeln (Battal-Taymas 1965: 785–786).

Bis ins 19. Jh. sind *muslimisch* und *tatarisch* Synonyme, als Selbstbezeichnung bevorzugte man Muslim oder Tatar mit attributiven Ergänzungen wie Kasan- oder Krimtatar (Noack 2000: 13). In dem Maße wie Russland mehr und mehr muslimische Völker eroberte und sich gleichzeitig die säkularen Elemente der tatarischen Nationalbewegung verstärkten, wurde der Terminus *muslimisch* obsolet und verschwand bei der Gründung verschiedener Sowjetrepubliken durch die einzelnen muslimischen Ethnien.

Der Begriff *tatarisch* hatte im 19. Jh. drei Bedeutungen. Er bezeichnete zum einen alle muslimischen Völker Russlands und unterlag so während der kolonialen Expansion einer ständigen Erweiterung, denn zur Wolga-Ural-Region traten 1813 das nördliche Azerbaiğan, 1846 Kasachstan und 1867 Turkestan. Im engeren Sinne verstand man unter Tataren sowohl die sesshaften Muslime an der Wolga und auf der Krim als auch die nomadisierenden Baškiren, Nogaier und Kasachen; schließlich reduzierte sich der Begriff auf die Wolga- und Krimtataren, die auch die Vordenker und Vorreiter der muslimisch-tatarischen Nationalbewegung waren.

Zwischen 1780 und 1880 lebten Tataren und Russen nebeneinander her, die Kontakte bestanden in willkürlichen Übergriffen und Schikanen der Behörden und immer wiederkehrenden kirchlichen und staatlichen Versuchen, die Tataren zu integrieren, d.h. sie zu taufen oder zu russifizieren. Ansonsten blieb die tatarische Welt hermetisch abgeschlossen; sie definierte sich über den Islam, gemeinsame Abstammungsmythen und einen historischen Heimatbegriff (Noack 2000: 18) und verwaltete sich bis zu einem gewissen Grade selbst.

Der Muslimische Synod setzte in den amtlich registrierten islamischen Gemeinden Vorsteher *Mullas* ein, die Stammbücher zu führen hatten und in Familien- und Erbrechtsfragen nach der Scharia Recht sprechen durften. Der höhere Klerus umfasste den *Mufti* und drei bis sechs Richter, denen ein kleiner Verwaltungs- und Übersetzerstab zur Seite stand. Die tatarischen Vorstädte von Kasan und Orenbúrg verfügten über ein autonomes Selbstverwaltungsorgan, das sog. *Tatarische Rathaus* Тата́рская ра́туша.

Der *Mulla* war gegenüber der Gemeinde verpflichtet, die Kinder in Religion und Arabisch zu unterrichten, die Elementarschulen *Mekteb* waren meist in seinem Hause untergebracht. Dort lernten die Jungen zwei bis höchstens vier Jahre lesen, schreiben, rechnen und Teile des Korans auswendig, die Mädchen bei der Frau des Mullas, der *Abystaj* (Noack 2000: 68). Es gab wenige Hochschulen *Medresen*, besonders in Buchara, deren Glanz inzwischen aber, verglichen mit Konstantinopel oder Kairo, verblasst war. Dort unterrichtete man zur Ausbildung des geistlichen Nachwuchses Arabisch, Persisch und das Čaghataische von Buchara, Handelslehre und die traditionellen islamischen Wissenschaften, nicht aber Russisch. Die Russischkenntnisse der Tataren waren noch Ende des 19. Jh. außerordentlich gering, mit Europa verband sie nichts, europäische Ideen und Bewegungen wie Aufklärung oder Romantik erreichten sie nicht, denn ihr Verhältnis zu Russland war von Hass und Misstrauen geprägt.

So lehnten sie auch die russischen Bildungseinrichtungen ab, die nach und nach in Kasan entstanden, 1797–1818 die *Geistliche Akademie*, an der man auch Tatarisch unterrichtete und übersetzte, 1804 die *Universität*, die zweite nach Moskau und bald das wichtigste Zentrum der russischen Orientalistik, an der noch 1854–55 nur ganze drei Muslime studierten (Sarkisyanz 1961: 294). Schon 1801 hatte die Regierung die Gründung einer privaten tatarischen Druckerei in Kasan erlaubt, die den Koran und andere religiöse Schriften herausgeben sollte, was in den islamischen Ländern verboten war. 1829 legte man sie mit der 1809 eingerichteten arabischen Universitätsdruckerei zusammen (Kappeler 1982: 385). Bis zu diesem Zeitpunkt wurden hier 93 Bücher in einer Auflage von etwa 300.000 Exemplaren gedruckt, um 1860 jährlich etwa 40 Titel mit einer Gesamtauflage bis zu 2 Mio Exemplaren.

Das tatarische geschichts- und regionalbezogene Selbstbewusstsein äußerte sich in der populären 'Tavarich-i bulgarija' (Bulgarische Geschichte), die ein unbekannter Autor wohl Anfang des 19. Jh. verfasst hatte und die in mindestens vier Auflagen erschien. Darin „verbanden sich traditionelle literarische Genres wie Genealogien und Heldenepen mit klassischen islamischen Gattungen wie Prophetenlegende, Pilgerführern zu Gräbern von Heiligen und schließlich religiöser Geschichtsschreibung zu einer eigenwilligen Komposition. Die Konstruktion einer besonderen Identität der Muslime der Region in der 'Tavarich-i bulgarija' stützt sich auf drei Säulen: erstens die Legende von der Islamisierung der Wolgabulgaren auf unmittelbare Veranlassung des Propheten; zweitens eine anschließende Genealogie von den Heiligen, in die sich der Verfasser und seine Kommentatoren einreihen; schließlich, drittens, die Lokalisierung ihrer Gräber in der Wolga-Ural-Region“ (Noack 2000: 83–84).

In dem Maße wie Mitte des 19. Jh. die imperiale Herrschaftspraxis nationalem und kolonialem Denken Platz machte, verschlechterten sich die Beziehungen zwischen Tataren und Russen (Noack 2000: 110). Als während des Krimkriegs die Tataren massenhaft den Militärdienst verweigerten, da sie nicht gegen ihre Glaubensbrüder kämpfen wollten, wurde 1854 mit dem *Tatarischen Rathaus* der letzte Rest tatarischer Selbstverwaltung beseitigt, der Tatarischunterricht am Kasaner Gymnasium eingestellt und das Orientinstitut nach Petersburg verlegt.

Beunruhigend waren die Apostasiewellen getaufter Tataren 1827, 1846–49 und 1865– 66, die den Charakter einer nationalen Sammlungsbewegung annahmen. Dass sie auch die im 16. und 17. Jh. *Altgetauften* Старокрещены, tat. *Kräšennär* ergriff, veranlasste Staat und Kirche, ihre Einstellung gegenüber den getauften Nichtrussen zu überdenken. Durch muttersprachliche Katechese wollte man sie nun stärker an die Orthodoxie binden; dafür eröffnete man 1842 in Kasan die *Geistliche Akademie* wieder und verpflichtete 1854 als Lektor für Orientalische Sprachen *Nikoláj I. Il'mínskij* (1822–91), Sohn eines Erzpriesters aus Pénza, der in Kasan Theologie und in Damaskus, Konstantinopel und Kairo Arabisch, Persisch und Osmanisch studiert hatte; 1861 wurde er Professor für Orientalische Sprachen an der Universität Kasan.

Um den christlichen Tataren die russische Kultur und Religion nahezubringen, erstellte Il'mínskij 1862 in Zusammenarbeit mit einem Muttersprachler ein Lesebuch mit Gebeten und erbaulichen Geschichten, abgefasst in der lebendigen Kasaner Volkssprache und geschrieben in einem adaptierten russischen Alphabet mit vier zusätzlichen Vokalbuchstaben (Baldauf 1993: 7–8). Damit war – getreu dem Grundsatz 'man schreibt, wie man betet' (s. S. 73) – die Sprache der getauften Tataren verschriftet, denen die traditionelle islamische Bildung und die čaghataische Buchsprache nicht zugänglich waren. Das war der erste Versuch, eine russländische türkische Volkssprache überhaupt zu verschriften. Diese Schriftsprache blieb bis Ende der 20-er Jahre in Gebrauch, noch nach dem amtlichen Übergang zur Lateinschrift erschien 1928 die Zeitung 'Kingäš' (Der Rat) in Kyrillica (Baldauf 1993: 41).

Il'mínskij ließ Fibeln, liturgische und erbauliche Bücher übersetzen, organisierte einen Leseunterricht in beiden Sprachen und richtete 1863 in Kasan eine *Musterschule* für getaufte tatarische Kinder ein. Um gleichzeitig den Islam durch tatarische Missionare zu bekämpfen, gründete er 1867 die *Bruderschaft des hl. Gúrij*, genannt nach dem ersten Erzbischof von Kasan (1555).

Im Zuge der *Großen Reformen* unter Alexander II. ordnete das Bildungsministerium 1870 erstmals das nichtrussische Elementarschulwesen und ernannte 1871 den Orientalisten *Friedrich Wilhelm Radloff* Васúлий В. Рáдлов (1837–1918) zum Inspektor der baškirischen, kasachischen und tatarischen Schulen. In Berlin als Sohn eines Offiziers geboren hatte er in Halle, Berlin und Jena Sprachwissenschaft studiert, ging 1858 an das Asiatische Museum in Petersburg und 1859 als Lehrer nach Barnaúl. Von dort bereiste er Sibirien, Turkestan und die Mongolei, studierte die Sprachen der dortigen Turkvölker und zeichnete ihre Volksdichtung auf. 1871–84 befasste er sich mit den Wolgavölkern, 1884 ernannte man ihn zum Direktor des Asiatischen Museums in Petersburg, wo er auch starb. Durch seine auf Deutsch verfassten Arbeiten wurde er einer der Begründer der modernen Turkologie.

Radloff sollte das Schulwesen der *Fremdvölker* Инорóдцы aufbauen und für sie zweisprachige Lehrmaterialien entwickeln wie *Felbiger* (s. S. 167) hundert Jahre vor ihm. 1872 verfasste er eine tatarische Fibel 'Belek' (Das Wissen) in der traditionellen arabischen Graphie, über Jahre hinaus das wichtigste und meistverwendete tatarische Lesebuch (Baldauf 1993: 21). Doch die russisch-tatarischen Klassen und Schulen scheiterten sowohl am muslimischen Widerstand als auch an orthodoxen Vorbehalten; schon Anfang der 1880-er Jahre ging man wieder dazu über, die muslimischen Schulen sich selbst zu überlassen.

Erfolgreicher waren die gleichzeitig für Muslime eingerichteten russischen *Lehrerseminare* Учúтельские шкóлы; das erste wurde 1872 in Ufá gegründet, aber schon 1877 nach Orenbúrg verlegt, es bestand bis 1890 und bildete etwa 100 Lehrer aus; ein zweites entstand 1876 in Kasan, existierte bis 1917 und bildete etwa 400 Lehrer aus. „Unterrichtet wurden islamische Glaubenslehre, Russisch, Arithmetik, Geometrie, Naturgeschichte, Physik, Geographie, Geschichte, Grundlagen der Pädagogik und Methodik, technisches und künstlerisches Zeichnen sowie Reinschrift. Turksprachen gehörten nicht zum Angebot" (Noack 2000: 121). Die Dozenten waren Tataren und Russen, meist Absolventen der Kasaner Universität. Die muslimische Öffentlichkeit reagierte zurückhaltend, doch weniger ablehnend als auf die russisch-tatarischen Elementarschulen. Anfang des 20. Jh. stieg die Zahl der Aufnahmewilligen und nach 1905 erwies sich das Kasaner Lehrerseminar als Kaderschmiede des linken Flügels der muslimischen Nationalbewegung (Noack 2000: 122).

Mittlerweile begannen einige muslimische Gebildete, Elemente europäischen aufgeklärten Denkens mit islamischen Traditionen zu verbinden. Ihr prominentester Vertreter bei den Wolgatataren war *Šigabutdin Marğani* (1818–89), Sohn eines Mullas aus Jabynči im Kreis Kasan. Er besuchte die Medrese seines Vaters und reiste 1838 mit einer Handelskaravane nach Buchara, wo er zehn Jahre vor allem Theologie und Geschichte studierte; von 1849 bis zu seinem Tode amtierte er als *Imam* der Ersten Moschee Kasans.

Er kritisierte wie schon vor ihm *Abunnasyr Kursavi* (s. S. 213) die scholastische Theologie, verfocht das Recht auf eigenständige Koranexegese *iǧtihād* und wurde mehrfach als Ketzer denunziert. Vor allem aber revidierte er das vorherrschende wolgabulgarische Geschichtsverständnis durch seine in arabischer Sprache verfasste kritische Historiographie, nämlich das zweibändige 'Mustafād al-achbār fī aḥwāl Qazan wa Bulghar' (Exzerpt der Nachrichten über die Zustände von Kasan und Bulgar, 1880 und 1885) und die auf sieben Bände angelegte biographische Studie über gelehrte und historische Persönlichkeiten der islamischen Geschichte 'Wafīyat al-aslāf fī tahni'at al-achlāf' (Todesfälle der Ahnen und Segenswünsche der Nachfahren, Auszüge 1883). Er verwarf die 'Tavarich-i bulgarija' (Bulgarische Geschichte) als Fälschung, bezog sich auf den letzten souveränen muslimischen Staat der Region, das tatarische Chanat von Kasan, übertrug das Ethnonym *Tataren* auf die Muslime der Region und lieferte ihnen damit ein neues, von nationalgeschichtlichen Konzeptionen beeinflusstes Geschichtsmodell (Noack 2000: 139).

Marǧani, der selbst kein Russisch konnte, war aufgeschlossen gegenüber Kontakten zur russischen Öffentlichkeit, solange sie die muslimische Identität nicht in Frage stellten; von gegenseitigem Respekt gekennzeichnet war besonders sein Verhältnis zu *Radloff*, der sein auf dem IV. Archäologenkongress 1877 gehaltenes Referat 'Abriss der Geschichte der Königreiche von Bulgar und Kasan' ins Russische übersetzte und publizierte.

Ein ausgesprochener 'Westler' war dagegen *Kajum Nasyri* (1824–1904), Sohn eines Mullas aus dem Kreis Svijážsk, Gouv. Kasan. 1841–55 besuchte er in Kasan neben einer Medrese auch als Gasthörer die Universität, gleichzeitig unterrichtete er Tatarisch an Il'mínskijs Geistlicher Akademie. 1872 konnte er mit Radloffs Unterstützung eine muslimische Schule mit nach westlichem Muster säkularem Erziehungsziel eröffnen. Angefeindet wegen seiner Zusammenarbeit mit den Russen führte er ein in moralischer und materieller Hinsicht schweres Leben.

Er verfasste fünfzig Jahre lang unermüdlich linguistische, folkloristische, pädagogische, theologische und belletristische Werke. Er ist der Schöpfer der modernen Schriftsprache auf der Grundlage des Dialekts von Kasan, der 'schönsten und reinsten Turksprache' (Noack 2000: 202), die er ohne Umschweife 'tatarisch' nannte; um ihren Reichtum zu beweisen, veröffentlichte er Proben der Volksdichtung. Er reformierte das arabische Alphabet, in der Einleitung zu seiner Sprachlehre 'Änmuzäǧ' (Muster, 1895) schlug er als Erster die Verwendung von Vokalbuchstaben vor (Baldauf 1993: 136), schrieb ein zweibändiges Wörterbuch und übersetzte bekannte arabische und osmanische Erzählungen und Sprüche; weiter verfasste er Lehrbücher für alle Schulfächer, wofür er genuin tatarische Neologismen bildete. Da die Regierung ihm die Herausgabe einer Zeitung oder Zeitschrift verweigerte, begnügte er sich mit dem Almanach 'Kazankalendary', der 1870–97 alle drei Jahre mit literarischen, historischen und folkloristischen Texten im Kasaner Regiolekt herauskam. Er verlangte, dass die Tataren Russisch lernten und schrieb ein russisch-tatarisches Wörterbuch, eine russische Grammatik für Tataren und eine Geschichte Russlands (Battal-Taymas 1982: 428–429).

Doch er kam zu früh; 1896 musste er frustriert einräumen: „Dreißig Jahre habe ich verbracht in dem Bestreben, unserer tatarischen Sprache zu dienen, aber es ist nicht viel dabei herausgekommen. So sehr ich mich Tag und Nacht bemühte, so übel wurde es mir gelohnt. Wenn ich das Volk unserer Nation 'Tataren' nannte, passte es ihnen nicht, wenn ich 'tatarische Sprache' sagte, passte es ihnen nicht" (nach Baldauf 1993: 127–128).

Mehr Anklang bei den russländischen Muslimen fand der Krimtatar *Gaspir Ali* resp. *Ismail Bej Gasprínskij* (1851–1914), Sohn eines persönlichen Adeligen aus Gaspara bei Bachčisaraj. Nach siebenjährigem Besuch eines Mektebs wurde er Kadett in Voróněž, später in Moskau, 1866 kehrte er auf die Krim zurück und arbeitete als Russischlehrer an einer Medrese, 1872 ging er nach Paris, wo er zeitweise Turgénevs Sekretär war, 1874–75 versuchte er in Konstantinopel, in der osmanischen Armee Karriere zu machen, 1878 wurde er zum Bürgermeister von Bachčisaraj gewählt, legte aber das Amt 1884 nieder, enttäuscht über die Reformunwilligkeit der lokalen Bürokratie (Noack 2000: 144–145).

Um der offensichtlich überlegenen europäischen Zivilisation erfolgreich zu begegnen, wollte Gasprínskij die zerstreut siedelnden Muslime Russlands miteinander verbinden, sie besser informieren und ihre Kinder vernünftig ausbilden. Sein pädagogisches, publizistisches und sprachplanerisches Wirken sollte der muslimischen Gemeinschaft durch *Reformen von innen* zur Gleichberechtigung in Russland verhelfen. 1881 erschien sein programmatisches Buch Ру́сское мусульма́нство (Der russische Islam).

1884 eröffnete er in Bachčisaraj eine Reformschule, doch keine der berüchtigten russisch-tatarischen Volksschulen, sondern einen echten Mekteb, an dem er aber nach seinen Vorstellungen unterrichtete. Hier lernten die Kinder nicht mehr ganze arabische Wörter auswendig, sondern übten anhand muttersprachlicher Beispiele, den einzelnen Buchstaben Laute zuzuordnen. Nach nur vierzig Tagen konnten sie Krimtatarisch lesen und schreiben, was sie in den Koranschulen in vier Jahren nicht schafften. Andere Fächer waren Rechnen, Kalligraphie und Koranstudium.

Gasprínskij führte Schultage, Schuljahre und regelmäßige Prüfungen ein, 1894 folgte eine Mädchenschule unter Leitung seiner Schwester. Nach dieser 'Neuen Lehrmethode' *uṣūl-i ǧadīd* erhielt die muslimische Reformbewegung ihren Namen *Ǧadidismus*; er fand zuerst bei den Krim- und Wolgatataren und den Baškiren, nach 1905 auch in Mittelasien Anhänger und wurde zum Sammelbegriff für die 'Wiedergeburt' der russländischen Muslime.

Aus unerfindlichen Gründen erhielt Gasprínskij als erster Muslim Russlands von der staatlichen Zensurbehörde die Lizenz für eine Zeitung. 1883 erschien die erste Nummer des zweisprachigen 'Tärğeman – Перевóдчик', zuerst wöchentlich, ab 1904 zweimal, ab 1906 dreimal in der Woche, 1912–15 täglich. Diese bis 1905 einzige muslimische Zeitung Russlands fand große Verbreitung, man las sie von Kasan bis Indien, von Ägypten bis Kašghar (Sarkisyanz 1961: 251).

Für seine Schulbücher und seine Zeitung konzipierte Gasprínskij eine allen Turkvölkern des Reiches verständliche Hochsprache auf der Grundlage des Krimtatarischen, das damals sehr stark vom Osmanischen beeinflusst war. Dabei bevorzugte er einen besonderen Stil, der sich von der Sprache der osmanischen Literaten durch seine Einfachheit, Kürze und Deutlichkeit unterschied. Gasprínskijs *Törki* – und nicht Nasyris Kasantatarisch – ersetzte vorerst das Čaghataische von Buchara in der Wolga-Ural-Region, seine Verwendung in Gebeten und religiösen Zeremonien und Übersetzungen des Koran verhinderte aber der Muslimische Synod (Noack 2000: 201–202, 417).

Gestärkt durch die Reformen im eigenen Lager konnten nun die russländischen Muslime ihre traditionelle Einstellung gegenüber den Russen – eine Mischung aus Arroganz und Ignoranz – überwinden und von ihnen auch westliche Modelle übernehmen; der vielgenannte osmanische Einfluss dagegen wurde erst um 1905 wirksam und blieb immer zweitrangig (Noack 2000: 155).

Während der Ğadidismus weitgehend unpolitisch war, beginnt mit der Revolution von 1905 der eigentlich politische Teil der tatarischen Nationalbewegung. In dem Maße wie die *Intelligencija* die reformbereiten Theologen als Träger des Nationalgedankens ersetzte, forderte sie eine Präzisierung und Erweiterung des Nationsbegriffs in ethnische und kulturelle Richtung. Der tatarische Literaturkritiker *Ğamaletdin Validov* lehnte in seiner Broschüre 'Millät vä millijät' (Nation und Nationalismus, 1914) eine muslimische Nation ab: „Mit dem wachsenden wirtschaftlichen Interesse, mit dem wachsenden nationalen Bewusstsein scheiden sich die Mohammedaner voneinander, und jede einzelne mohammedanische Nation wird sich einzeln fortentwickeln [...] Wenn sie bisher eine gewisse Einheit gehabt haben, so nicht, weil sie auf dem Wege des Fortschritts waren, sondern weil sie sich auf einer niedrigen Stufe der Entwicklung befunden haben [...] Was den Islam zusammenhielt und die Kraft, die den Islam verband, war die Sterilität der Gedanken" (nach Noack 2000: 462–463).

Bei der Wahl der Selbstbezeichnung schwankte man eine Weile zwischen Türken und Tataren. Nach der osmanischen Niederlage in den Balkankriegen 1912–13, die man auf die Reformunfähigkeit der Türkei zurückführte, distanzierte man sich erstmals von den 'Südtürken': nun müssten die kulturell erheblich höher entwickelten 'Nordtürken' ihr Schicksal in die eigenen Hände nehmen (Noack 2000: 447). Die Begriffe 'Nordtürken' *Šimal töreklere* und 'Tataren' wurden bis 1917 synonym verwendet.

Auch in der Sprachenfrage markiert das Jahr 1905 einen Einschnitt, da nach der Aufhebung der Vorzensur 1905–07 in Russland über 50 Zeitungen und Zeitschriften in arabischer Schrift erschienen – davon 34 tatarische – und Gasprínskijs Pressemonopol brachen. Nun versuchte man einen Kompromiss: Unterrichtssprache an den Mektebs sollten die Regiolekte sein, an den weiterbildenden muslimischen Schulen weiterhin Gasprínskijs *Törki*. Doch Publizistik, volksaufklärerische Broschüren, Lehrmittel und Belletristik verschoben 1905–17 allmählich das Gewicht zugunsten der Regiolekte. Dabei war der Übergang von *Törki* zu Tatarisch fließend, man ersetzte 'dunkle' krimtatarische, osmanische, persische und arabische Bestandteile durch verständliche kasantatarische, andererseits war man bei der Schaffung der unentbehrlichen Neologismen immer noch auf arabische und persische Fremdwörter angewiesen.

Großen Anteil am Sieg des Tatarischen hatte Tukajs dichterisches Schaffen. *Gabdulla Tukaj* (1886–1913), Sohn eines Mullas aus Kušlauč, Gouv. Kasan, besuchte nach dem frühen Tod seiner Eltern eine Medrese in Urál'sk, arbeitete ab 1905 als Setzer in einer Druckerei und als Journalist bei russischen und tatarischen Zeitungen, zog 1907 nach Kasan, führte ein unordentliches Leben und starb 27-jährig an der Tuberkulose.

Er begann 1902 Gedichte zu schreiben, zuerst in einer dem Osmanischen angenäherten Sprache, ab 1907 in kasantatarischer Volkssprache, die er u.a. durch Übersetzungen vervollkommnete. „Er beklagte die Niedrigkeit und Sinnlosigkeit dieser Welt und sehnte sich nach 'Sphären, wo die Wahrheit begraben liegt', besang aber auch die nationale Befreiung und die soziale Erneuerung“ (Sarkisyanz 1961: 297). 1911 stellte er ein 'Mäktäptä milli ädäbijat därsläri' (Lehrbuch der heimatlichen Literatur für die Volksschule) zusammen. Er starb jung und avancierte sogleich zum unbestrittenen Nationaldichter. Der Leichenzug mobilisierte 5.000–10.000 Menschen, Schulen und Geschäfte blieben geschlossen; ein Zeitgenosse schrieb: „Es scheint, als ob der ganze Rummel, der durch den Tod Tukajs hervorgerufen wurde, allein der Demonstration des tatarischen Nationalgefühls, der 'tatarischen Zivilisiertheit' gegolten habe“ (nach Noack 2000: 477).

Nach der Oktoberrevolution trat in Ufá eine muslimische Nationalversammlung *Millät mäğlese* zusammen, die sich für die Kulturautonomie der verstreut lebenden Ethnien und einen autonomen Gliedstaat der kompakt siedelnden Völker im Wolga-Ural-Gebiet aussprach, einen polyethnischen 'Idel-Ural-Staat', der Teil einer Russländischen Föderation sein sollte (Noack 2000: 535–536). Auch die Sowjets traten anfänglich für eine Tatarisch-Baškirische Sowjetrepublik in den Grenzen Idel-Urals ein, legten sich aber bald auf die Schaffung ethnisch definierter autonomer Territorien fest: im März 1919 wurde die Baškirische, im Mai 1920 die Tatarische Autonome Sowjetrepublik eingerichtet (Noack 2000: 537).

Ein zentrales Problem blieb auch bis in die Sowjetzeit die Reform des arabischen Alphabets, das zur Schreibung der neun tatarischen Vokalphoneme nur drei Grapheme bot. Nach langen Diskussionen hatte man sich auf einer Tagung von Philologen und Lehrern in Ufá 1915 auf sechs Vokalbuchstaben geeinigt und damit die tatarische Rechtschreibung zur modernsten aller muslimischen Turksprachen gemacht. Sie wurde noch vervollkommnet und ab 1924 von den Nachbarvölkern übernommen, bis der 1. Allunions-Turkologiekongress in Baku 1926 beschloss, nach azerbaiǧanischem Vorbild zur Lateinschrift *Jangalif* (Neues Alphabet) überzugehen (Baldauf 1993: 710). 1939 übernahmen die Tataren im Zuge der stalinistischen Gleichschaltung die kyrillische Schrift.

10.4 Azeri

Unter Azeris oder Azerbaiǧanern versteht man traditionell die Türken Irans, ihre Ethnogenese hängt mit der Durchsetzung der Schia im Iran im 16. Jh. zusammen, die sie von den übrigen Türken trennte. Die *Safawiden* machten das Azeri zur offiziellen Sprache des Reichs, in die man nun arabische und persische Texte übersetzte, während das religiöse Schrifttum, besonders das schiitische, unmittelbar auf Azeri verfasst wurde.

Zentrum der schiitischen turksprachigen Kultur des Irans war der Hof von Tabrīz und ihr prominentester Vertreter *Šāh Ismāʿīl* (1485–1524) selbst, der Begründer der azerbaiǧanischen Lyrik. „Sein literarisches Programm galt der Idealisierung des Schicksals Alis und der Verherrlichung seiner Dynastie. Darum stellt er ohne Bedenken die Begriffe Gott, Mohammed und Ali unterschiedlos auf die gleiche Stufe [...] Auf der einen Seite ging es ihm in seinen didaktischen Gedichten um die klare Darstellung und Verbreitung seines schiitischen Programms, auf der anderen Seite sorgte er für die Aufrechterhaltung der Kampfstimmung im Volke für die Sache Alis. Darum gab er sich auch unverhüllt als Abkömmling der Dynastie Alis aus. Darüber hinaus schrieb er Liebeslieder“ (Caferoğlu 1965: 643–644).

Die überragende Dichterpersönlichkeit jener Zeit war *Fuḍūlī* (1498–1556), vielleicht aus Naǧaf, der sein Leben meist in Bagdad verbrachte. Er war aller drei islamischen Schriftsprachen in Wort und Schrift mächtig und dichtete, wenn türkisch, dann azerbaiǧanisch, das sowohl die Osmanen als auch die Čaghataier in Zentralasien und in Hindustan verstanden. Seine Werke hatten eine weitreichende Resonanz, von Konstantinopel bis zum Hof der indischen Großmoghule in Agra. In seinem ganz dem Diesseits zugewandten Diwan sind Mystik, platonische Liebe und Weltschmerz nur noch Stilmanier (KNLL 5.931). In seinem Hauptwerk, dem Versroman ‘Lailā u Maǧnūn’ (1535) in 4.000 Verspaaren schildert er nach dem Vorbild *Niẓāmīs* (s. S. 111) die unglückliche Liebe zweier Beduinenkinder, die ganz sufisch in vergeistigter Entsagung endet (Taeschner 1982: 300–301).

Das Ende des Safawidenreichs 1722 führte zur Gründung lokaler Chanate im Norden Azerbaiǧans und zu einer politischen und kulturellen Emanzipation von Persien. Dem folgte die Hinwendung zur gesprochenen Sprache und zu neuen, den Volksliedern nahen Formen. Der Begründer dieser modernen Azeri-Literatur ist *Molla Pe-*

nāh Vāqif (1717–97) aus Karabach. Seine Sprache „ist einfach, sie ist auch nicht frei von mundartlichen Entlehnungen. Nur durch diese konnte er aber die Dichtersprache von der großen Last arabischer und persischer Ausdrücke befreien“ (Caferoğlu 1965: 651).

Mit einer neuen Dynastie türkischer Herkunft, den *Qağaren* (1794–1925), wurde das Azeri Hofsprache in der nunmehrigen Hauptstadt Teheran. Doch den neuen Herrschern gelang es nicht, sich gegen Russland zu behaupten, das nach zwei Kriegen mit den Verträgen von Gulistan 1813 und Turkmančay 1828 den nördlichen Teil Azerbaiğans an sich brachte; der Süden verblieb beim Iran, die Grenze bildete der Fluss Arax. Dadurch wurde das azerbaiğanische Volk geteilt, etwa ein Drittel wurden russische Untertanen.

Der Nordteil des Landes, aus dem die heutige Republik Azerbaiğan hervorging, entwickelte sich in der Folge rasant und ließ den Südteil weit hinter sich. 1864–71 erfolgte die Abschaffung der Leibeigenschaft, ab 1872 strömte mit dem Erwerb von Erdölkonzessionen russisches und ausländisches Kapital in die Region, die 1898 bereits die Hälfte der Welterdölproduktion erbrachte. Die Einwohnerzahl Bakus vervielfachte sich in einer Generation von 14.000 (1863) auf 112.000 (1897), zu je einem Drittel Türken, Russen und Armenier; die Stadt entwickelte sich neben Kasan zur zweiten muslimischen Metropole des Russischen Reiches.

Dank dem Erdöl war Azerbaiğan das reichste unter allen von Türken bewohnten Ländern. „Die Zahl der Analphabeten ging beträchtlich zurück. So erklärt es sich auch, dass Azerbaiğan bald dasjenige Gebiet Russlands war, das die prozentual größte Zahl von Zeitungen und Zeitschriften in einer nicht großrussischen Sprache besaß“ (KNLL 20.620). Bislang unbekannte Gattungen, Prosaerzählung und Drama, kommen auf und man wendet sich der lebendigen Umwelt zu.

Der bedeutendste Vertreter des azerbaiğanischen Realismus und die Zentralfigur der azerbaiğanischen Kultur des 19. Jh. war *Mīrzā Fatḥ-ʿAlī Achundzāde* Мирза Фатали Ахýндов (1812–78) aus Nucha. Er erhielt eine traditionelle Ausbildung an der Medrese von Ganğa, entschied sich aber gegen die geistliche Laufbahn und wurde 1834 Dolmetscher für orientalische Sprachen beim Generalgouverneur von Kaukasien in Tiflis. Dort lernte er russische und kaukasische Beamte und Intellektuelle kennen und machte sich mit den modernen europäischen Strömungen vertraut. Mit den Mitteln des Humors und der Satire kritisierte er die heimischen Zustände. Durch seine 1850–57 verfassten sechs Komödien wurde er der ‘Molière des Nahen Ostens’ und Begründer eines eigenständigen türkischen Theaters, für das sich in Baku ein interessiertes Publikum fand. Darin wandte er sich gegen die orientalische Rückständigkeit, den religiösen Fanatismus, den Mangel an Bildung, die Unterdrückung durch die Großgrundbesitzer und die Benachteiligung der Frau (Caferoğlu 1965: 672). In einigen Stücken erscheint bei allen Vorbehalten die zarische Kolonialverwaltung geradezu als Vertreterin moderner, aufgeklärter Ansichten (KNLL 1.74).

Achundzāde setzte sich auch für die Volksbildung ein und warb als Erster im gesamten Orient für die Reform des arabischen Alphabets. „In unzähligen Briefen an Amts- und Privatpersonen legte er seine wechselnden Vorstellungen von einem funktionsfähigen Schriftsystem dar; durch wiederholte Eingaben an höchste osmanische und iranische Behörden versuchte er, den Sachwaltern der Volksbildung seine Projekte und die Projekte von kongenialen Zeitgenossen nahezubringen“ (Baldauf 1993: 55).

Sein erstes, 1850–57 ausgearbeitetes Projekt für die drei Sprachen Arabisch, Persisch und Türkisch sah vor, dass jeder Laut, auch die Vokale, durch mindestens einen arabischen Buchstaben repräsentiert sein sollte, dass die graphische Gestaltung der Buchstaben verbessert werden müsste und dass alle Buchstaben nach beiden Seiten hin verbunden werden könnten. 1863 wurde er eingeladen, sein Projekt der Osmanischen Wissenschaftlichen Gesellschaft *Cemiyeti İlmiyei Osmaniye* vorzustellen, die es ablehnte. Sie selbst erwog die Verwendung von isolierten Buchstaben auf lateinschriftlicher Basis, womit sich die grundsätzliche Frage erhob: Schriftreform oder Schriftwechsel?, die die osmanische und russländische türkische Intelligenz bis Ende der 1920-er Jahre beschäftigen wird (Baldauf 1993: 62–63).

In den 1870-er Jahren erarbeitete Achundzāde das erste turksprachige Lateinalphabet. 1873 schickte er sein Lateinprojekt über den osmanischen Konsul in Tiflis an die osmanische Regierung und an die Redaktion der Konstantinopler Zeitung *Hakayik*. Es war in Wirklichkeit ein buchstabenisolierendes, links-rechts-laufendes ‘europäisches’ Alphabet, das je zur Hälfte aus kyrillischen und lateinischen Buchstaben bestand; von ihm blieb nur eine vage Erinnerung (Baldauf 1993: 351–352).

Wie Achundzādes Reformprojekte scheiterten auch alle späteren daran, dass die Azeris sich nicht aus der Tradition der osmanischen Literatursprache und ihrer Schriftlichkeit lösen konnten. Die Entscheidung brachte die Sowjetmacht: ab 1921 neigte sich das Interesse der Kommunisten der Latinisierung zu (Baldauf 1993: 120).

Der eifrigste Verfechter des Schriftwechsels von der arabischen zur lateinischen Graphie bei den Russlandtürken war *Sämädagha Aghamalyoghlu* Самед Ага Агамали́ Оглы́ (1867–1930), Landmesser aus einer Bauernfamilie, Kommunist, Volkskommissar für Landwirtschaft, 1922–29 Vorsitzender des Zentralen Exekutivkomitees der Azerbaiğanischen SSR. Dabei konnte er sich auf *Lenin* berufen, dem er 1920 in Moskau begegnet war und dem gegenüber er die Latinisierungsthematik anschnitt. „Auf Lenins Frage, wie die azerbaiğanische Arbeiterschaft zur Frage der Latinisierung stünde, antwortete Aghamalyoghlu, der sich völlig mit der Arbeiterschaft und die Arbeiterschaft völlig mit sich selbst identifizierte, diese sei dem Schriftwechsel gegenüber positiv eingestellt. Daraufhin soll Lenin geantwortet haben: ‘Латиниза́ция – э́то револю́ция на Восто́ке’ (Die Latinisierung – das ist die Revolution im Osten)“ (Baldauf 1993: 366).

1922 unterbreitete die Latein-Kommission der Regierung ein auf die Bedürfnisse des Azeri zugeschnittenes Lateinschriftprojekt mit dazugehörigem Schulbuch. Jedem Phonem entsprach ein Graphem, die Schreibung ging teilweise auf das Französische zurück, so *q* für /k/ und *u* für /ü/. Im gleichen Jahr wurde die Fibel 'Jeni Türk älifbasy' (Das neue türkische Alphabet) gedruckt, mit Paralleltexten in beiden Schriften. Sie diente später den anderen turksprachigen Sowjetrepubliken zum Vorbild. Eine Alphabetisierungskampagne setzte ein, die sog. *likbez* 'ликвидáция безгрáмотности' (Beseitigung des Analphabetentums).

Als Krönung der Latinisierungsbestrebungen fand vom 26.2.–6.3.1926 in Baku der 1. Allunions-Turkologiekongress statt. Obwohl die meisten betroffenen Turkvölker inzwischen ihr Schriftwesen nach tatarischem Vorbild auf der Grundlage des reformierten arabischen Alphabets organisiert hatten (s. S. 221), entschied die politische Macht für eine Gleichrichtung nach azerbaiǧanischem Muster, nämlich die Umstellung auf die Basis des lateinischen Alphabets (Baldauf 1993: xxiv). 1940 wurden die Azeris gezwungen, das kyrillische Alphabet zu übernehmen.

10.5 Türkisch

Der von den christlichen Balkanvölkern und Russland erzwungene und von den westlichen Großmächten begleitete Rückzug der Osmanen aus Südosteuropa ging mit großen inneren Erschütterungen einher. Um das Reich zu retten, waren eine Reihe einschneidender Reformen notwendig, die sich über das ganze 19. Jh. bis zum Weltkrieg hinzogen und sich in der Republik fortsetzten. Beeindruckt von der militärischen Überlegenheit der Europäer schufen die Reform-Sultane *Selim III.* (1789–1807) und *Mahmud II.* (1808–39) neben den älteren Einheiten, den Janitscharen, neue Streitkräfte, die sie von europäischen Offizieren ausbilden ließen, vorerst aber im Verborgenen hielten. Parallel dazu gründeten sie Schulen, um Offiziere und Beamte in europäischen Techniken und Sprachen zu unterweisen. Dafür wurden Lehrer ins Land geholt, Bücher übersetzt und Druckereien eingerichtet. Da die Medresen nichts Vernünftiges vermittelten, mussten die neuen Schulen selbst zu Grundschulen werden; sie blieben aber isoliert und hatten nur wenige Absolventen.

Das Misstrauen der herrschenden Klasse gegenüber diesen Maßnahmen war tief und die Opposition dagegen erbittert und zäh. Schließlich gelang es *Mahmud II.*, wenigstens ihren militärischen Widerstand zu brechen: er provozierte die Janitscharen und als diese 1826 putschten, wurden sie von den neuen Truppen vernichtet; dieses Massaker heißt *Vakai Hayriye* (Wohltätiges Ereignis). Von nun an wird sich das Militär in der türkischen Gesellschaft immer als progressive Kraft verstehen.

Auch für das zivile Leben galt ein neues Reglement: 1828 wurden Kleidervorschriften erlassen, Turbane, Pluderhosen und lange Bärte waren unerwünscht und für Beamte verboten. Als Kopfbedeckung auch für Militärs kam der rote *Fes* auf, der 1925 wieder abgeschafft wurde (Moser/Weithmann 2002: 46).

Mahmuds II. besondere Fürsorge galt dem säkularen Hochschulwesen, „das ihm für die Durchführung seiner Reformpläne, besonders der militärischen, als das wichtigste erscheinen mochte“ (Spuler 1936: 4). Neben der Medizin- und Chirurgieschule organisierte er zwei Militärschulen, die Marineschule, die Gardeschule, die polytechnische Schule, eine Pionierschule, eine Zeichenschule, eine Ackerbauschule, Musterfarmen usw., alle in der Hauptstadt oder in ihrer unmittelbaren Nähe (ebenda). Für die seit 1831 erscheinende erste osmanische Zeitung ‘Takvimi Vakayi’ (Kalender der Ereignisse) schrieb der Sultan selbst die Leitartikel.

Das eigentliche türkische Reformjahrhundert ist die Zeit zwischen dem Amtsantritt Sultan Abdülmecids 1839 und dem Tode Kemal Paşas, genannt Atatürk 1938; sie gliedert sich in die drei Zeitabschnitte der Tanzimat 1839–1889, der Jungtürken 1889–1918 und Kemal Paşas 1918–38.

Die von ihren Vorgängern angestrebten und begonnenen Reformen verankerten die Sultane *Abdülmecid* (1839–61) und *Abdülaziz* (1861–76) in einem umfangreichen Gesetzgebungswerk unter dem Namen *Tanzimatı Hayriye* (Wohlwollende Anordnungen), kurz *Tanzimat*. Ihre grundlegenden Prinzipien wurden durch das *Hattı şerif* (Großherrliches Handschreiben) von Gülhane 1839 verkündet und durch das *Hattı hümayun* 1856 bestätigt und erweitert. Es erklärte die Gleichheit aller Untertanen vor dem Gesetz ohne Ansehen ihrer Religion, stand damit im Widerspruch zur Scharia und bedeutete nicht mehr und nicht weniger als das Ende des islamischen Staates, dessen Oberhaupt immerhin Kalif war.

Im Bereich des *Erziehungswesens* errichtete man parallel zu den traditionellen Mekteben und Medresen, die bis 1924 weiterexistierten, ein säkulares Schulsystem. Den Anlass zur Reform des mittleren und unteren Unterrichtswesens gaben die Klagen des Militärs, dass die Kenntnisse der in die Kriegs-, Marine-, Ingenieur- und Medizinschule aufgenommenen Schüler zu gering seien. Dafür richtete man nun sog. Präparandien *mekâtib-i idadîye* ein, an denen neben der Koranlektüre auch Arabisch, Persisch und europäische Fremdsprachen, Modellzeichnen, Geometrie und Rechnen gelehrt werden sollten und zwar überall dort, wo eine Heeresabteilung lag; sie unterstanden der Aufsicht des dort stationierten Generals (Spuler 1936: 5–6).

1846 trennte man den säkularen vom klerikalen Unterricht und unterstellte den ersteren staatlicher Aufsicht. Hier unterschied man nun Knabenschulen *mekâtib-i sıbyan*, die den Koranschulen entsprachen, für die man aber neue Schulbücher schuf, und Gymnasien *mekâtib-i rüştiye*, das Bindeglied zwischen Elementarschule und Präparandie. Hier unterrichtete man arabische und persische Grammatik und Syntax, osmanische Rechtschreibung, Aufsatz- und Stillehre, ‘heilige’ und osmanische Geschichte, Erdkunde, Arithmetik und Geometrie (Spuler 1936: 7). Der Unterricht wurde vorläufig noch von Ulema erteilt, bis 1856 eine Lehrerbildungsanstalt *dar ül-muallimin* eingerichtet wurde.

1853 wurde die Akademie der Wissenschaften ins Leben gerufen, 1868 das Elitegymnasium *Galatasaray Lisesi* mit französischer Unterrichtssprache, 1869 nach dem Vorbild der Sorbonne eine Universität in Konstantinopel, die allerdings auf

Betreiben konservativer Kreise nach zwei Jahren vorerst wieder geschlossen wurde. 1870 entstanden die Rechtsschule, die Zivile Medizinhochschule und wenig später die Hochschule für Staatswissenschaften; überall war Französisch Unterrichtsfach (Spies 1982: 342). Die Einführung des Osmanischen als Unterrichtssprache an den Hochschulen scheiterte vorerst, die Ausländer konnten nicht genügend Osmanisch und an qualifizierten einheimischen Dozenten mangelte es zunächst.

Das bis 1924 andauernde Nebeneinander des traditionellen Unterrichtssystems und des säkularen, für die Ausbildung vor allem des Militärs aber auch von Ingenieuren und Beamten bestimmten, führte zur Entfremdung zwischen ihren Absolventen. Es entstanden „zwei unterschiedlich erzogene gebildete Schichten, die gegeneinander Abneigung empfanden und denen jedes Verständnis füreinander fehlte" (Grunebaum 1971: 130).

Die sultanischen *Tanzimat*-Anordnungen sind für das orthodox-islamische Osteuropa typische Reformen von oben nach unten. Sie sollten die traditionelle osmanische Gesellschaft europäisieren und in eine bürgerliche Zivilgesellschaft umwandeln. Allerdings fehlte gerade das Bürgertum als diejenige Klasse, die in Westeuropa in einem Jahrhunderte langen Prozess all diese gesellschaftlichen Umwälzungen hervorgebracht hatte, in der muslimischen Millet weitgehend, während sich bei den wohlhabenden griechischen, armenischen und sefardischen Händlern und Kaufleuten eine Handelsbourgeoisie herausgebildet hatte, die in der *Tanzimat*-Periode enorm profitierte (Moser/Weithmann 2002: 47).

Sie unterstützte auch den sich um diese Zeit formierenden osmanischen Reichspatriotismus. Das *Hattı şerif* hatte alle Untertanen, Muslime wie Nichtmuslime, als Osmanen bezeichnet und erstmals die Idee einer osmanischen Staatsnation und des *Osmanlılık* (Osmanismus) propagiert (LGS 499). Dazu bekannten sich auch aus den neuen Schulen hervorgegangene Oppositionelle, die verlangten, dass die Modernisierung des Staates mit einer Liberalisierung der Gesellschaft einhergehen müsse. Sie fanden sich 1865–70 unter dem Namen *Genç Osmanlıcılar* (Jung-Osmanen) unter Führung von Namık Kemal (s. S. 227) zusammen.

Wie fast überall in Osteuropa hatte die Modernisierung auch einen sprachlichen Aspekt. Der größte osmanische Historiograph des 19. Jh., *Ahmed Cevdet* (1822–95), normierte das *orta türkçe* oder mittlere Türkisch (s. S. 156) in der ersten nach europäischen Grundsätzen verfassten Grammatik ‘Kavaidi Osmaniye’ (Regeln des Osmanischen, 1851). *Ahmed Vefik Paşa* (1820–90) nahm den Wortbestand dieser Sprache in sein ‘Lehçei Osmani’ (Lexikon des Osmanischen, 1876) auf, das auf lexikalischem Gebiet eine ähnlich grundlegende Stellung einnahm wie Cevdets ‘Regeln’ auf grammatischem. Das so beschriebene *orta türkçe* war eine Sprache von vollendeter Eleganz und Harmonie und galt bis zur jungtürkischen Revolution 1908 (Taeschner 1982: 334).

Der Albaner *Sami Frashëri* (s. S. 209) veröffentlichte unter seinem osmanischen Namen *Şemseddîn Sâmî* 1880 in der Zeitschrift ‘Hafta’ den Artikel ‘Lisân-i Türkî

(Osmanî)' (Die türkische [osmanische] Sprache), in dem er als Erster vorschlug, als Ersatz für die arabisch-persischen Bestandteile des Osmanischen neue Wörter in den russländischen und zentralasiatischen Turksprachen zu suchen (Laut 2000: 18).

In den 1860-er Jahren begann bei den Osmanen die Diskussion um einen etwaigen Schriftwechsel. *Münif Paşa*, 1878–80 Bildungsminister, sprach sich ausdrücklich für die Einführung der Lateinschrift aus und setzte in dieser Sache sogar eine Kommission ein. Als sich jedoch nach der Niederlage im Russisch-Osmanischen Krieg 1878 die Albaner von der muslimischen Millet lossagten und anfingen, ihre Schriften in lateinbasierten Alphabeten zu drucken, nahmen die türkisch-nationalistischen Kreise davon Abstand (Baldauf 1993: 353–354).

Der Beginn der modernen türkischen Literatur, die Abwendung vom persischen *Diwan* und die Hinwendung zur französischen *poésie*, wird auf 1859 festgesetzt, dem Erscheinungsjahr von *Şinasis* 'Müntahabat' (Ausgewählte Dichtungen), die neben eigenen Gedichten nach französischem Muster Übersetzungen von Racine, Lamartine, Lafontaine, Fénelon und Gilbert enthielten. Seine Sprache war noch hart und nüchtern, er versuchte, orientalischen Ballast abzuwerfen und bewies, dass sich moderne europäische Gedanken in türkischem Gewande gut ausmachten (Spies 1982: 344). *Ibrahim Şinasi* (1826–71) wurde als Sohn eines Offiziers in Konstantinopel geboren und studierte 1849–55 auf Staatskosten in Paris Finanzwissenschaften. Er gründete die Zeitschriften 'Tercüman-i ahval' (Dolmetscher der Ereignisse, 1859) und 'Tasvir-i efkar' (Darstellung der Gedanken, 1862), in denen er eine europäisch-progressive Orientierung vertrat. 1865 entging er der Festnahme durch die Flucht nach Paris, 1869 kehrte er nach Konstantinopel zurück, wo er auch starb.

Der Erwecker des osmanischen Reichspatriotismus war *Mehmed Namık Kemal* (1840–88). Er stammte aus einer aristokratischen Beamtenfamilie in Tekirdağ, wurde von Privatlehrern erzogen und 1857 selbst Beamter. 1865 übernahm er Şinasis 'Tasvir-i efkar', musste aber 1867 ebenfalls nach Paris fliehen. 1868 gaben beide in London die 'Hürriyet' (Freiheit) heraus. 1870 amnestiert kehrte er nach Konstantinopel zurück. Dort kam es Anfang 1873 bei der Aufführung seines patriotischen Dramas 'Vatan yahut Silistre' (Das Vaterland oder Silistria) über die heldenhafte Verteidigung der kleinen Festung Silistria im Kampf gegen die Russen 1854 zu nationalistischen Demonstrationen der begeisterten Zuschauer; das Stück wurde verboten, der Autor drangsaliert. Namık Kemal gilt auch als Schöpfer der modernen türkischen Prosa, 'Intıbah' (Erwachen, 1876) über den Streit zweier Frauen um einen reichen Müßiggänger als erster (resp. zweiter s. S. 209) moderner türkischer Roman, seine zahlreichen Dramen sind vaterländisch-sentimental (Spies 1982: 345).

Vollender der *Tanzimat* war Sultan *Abdülhamid II.* (reg. 1876–1909), er vermochte aber weder die Spaltung zwischen westlich und traditionell gebildeten Schichten zu überwinden noch den Kontakt zwischen Eliten und Untertanen herzustellen. Er regierte mit Spitzeln und Zensur und warf oppositionelle Intellektuelle ins Gefängnis, in seinen letzten Lebensjahren nahm sein Misstrauen paranoide Züge an. Gegenüber den Nichtmuslimen des Reiches propagierte er den *Osmanismus*, gegenüber den von den Kolonialmächten beherrschten Muslimen den *Panislamismus*, nämlich die Einheit aller Muslime unter seiner Führung als Kalif.

Im Widerstand gegen den autokratischen Sultan erwachte schließlich der türkische Nationalismus. Als Erste organisierten sich Studenten der militärischen Medizin-Akademie in Konstantinopel und gründeten 1889 die konspirative Gesellschaft *İttihat ve Terakki* (Einheit und Fortschritt), der überall im Reich Beamte, Offiziere und Intellektuelle beitraten. Nach einem missglückten Attentat auf den Sultan 1892 flohen viele ins Ausland und bildeten Exilgruppen, die im Februar 1902 in Paris einen Kongress abhielten. Dort waren zwei Fraktionen vertreten, zum einen die liberalen Anhänger einer konstitutionellen, föderal gegliederten Monarchie mit dem Islam als Staatsreligion, doch weitgehender Autonomie für die Nichtmuslime, die sog. Osmanisten; zum anderen die radikalen Anhänger einer säkularen, zentralistisch organisierten Republik im Sinne des türkischen Nationalismus oder auch des Panturkismus.

In Europa nannte man die Gegner des Sultans nach der ab 1885 in Paris erscheinenden Exilzeitschrift 'La Jeune Turquie' *Jungtürken,* türk. *Jön Türkler*. 1892–1906 entfalteten vor allem Offiziere mit dem Zentrum Saloniki eine intensive Untergrundtätigkeit. Als im Juli 1908 die makedonische Armee revoltierte, gab der Sultan nach und setzte die Verfassung wieder in Kraft. Bei den anschließenden Wahlen gewannen die Jungtürken die meisten Sitze. Ihr wichtigster Ideologe war *Mehmed Ziya Gökalp* (1875–1924), Beamtensohn aus Konstantinopel. Er besuchte die dortige Verwaltungs- und Veterinärschule, wurde 1900 wegen freiheitlicher Tätigkeit zu Gefängnis verurteilt und aus der Hauptstadt verwiesen, 1908 Mitglied des jungtürkischen Komitees für *Einheit und Fortschritt* und 1915 Dozent für Soziologie an der Universität Konstantinopel. Er gründete 1911 mit Studenten und Intellektuellen den *Türk Ocağı* (Türkischer Herd), der sich dem Panturkismus und der Rückbesinnung auf vorislamische Werte verschrieb (Moser/Weithmann 2002: 55).

1914 veröffentlichte er 'Kızılelma' (Der Reichsapfel), eine Sammlung gereimter Erzählungen, worin er als nationales und soziales Ziel des Türkentums eine von Nachahmungen befreite unverfälschte Kultur propagierte. In 'Türkleşmek, İslamlaşmak, Muasırlaşmak' (Türkisierung, Islamisierung, Modernisierung, 1918) forderte er, türkische, islamische und europäische Kulturelemente zu vereinen, wobei das religiöse Element in den Hintergrund trat. In der Schrift 'Türkçülüğün Esasları' (Die Grundlagen des Türkentums, 1923) gründete er den Nationalismus auf die gemeinsame Sprache, Literatur, Geschichte, Kunst, Lebensweise und Lebensphilosophie. Er maß der Volkskultur große Bedeutung bei, trat für die Gleichberechtigung der Frau ein und verlangte, das Volk solle den Koran auf Türkisch lesen. „Ziya Gökalp ist der Vater jener Grundgedanken und Institutionen, denen die moderne Türkei ihre Existenz verdankt" (KNLL 17. 1049).

Es war die Periode der *Millî Edebiyat* (Nationale Literatur) mit der Devise *halka doğru* (hin zum Volke) um die Zeitschrift 'Genç Kalemler' (Junge Federn, Saloniki 1911), die den Begriff *Türke* erstmals positiv besetzte und ein reines Türkisch propagierte. Ihre Hauptforderungen waren, die persische *iḍāfa*-Konstruktion abzuschaffen, die arabische Pluralbildung durch die türkische zu ersetzen und alle entbehrlichen Fremdwörter zu vermeiden (Laut 2000: 22). Ihr populärster Dichter *Mehmed Emin Yurdakul* (1869–1944), geboren als Sohn eines Fischers in Konstantinopel, war Autodidakt und konnte keine Fremdsprachen. Er wurde Beamter und 1909–12 Gouverneur verschiedener Regierungsbezirke. In seinen Liedern gebrauchte er ein einfaches Türkisch und dichtete im volkstümlichen nationalen Zählvers. Seine Poesie ist ethisch-moralisch und von glühender Vaterlandsliebe getragen; sein erstes Lied 'Cenge giderken' (Auf dem Weg in den Krieg, 1897), das mit den Worten „Ich bin ein Türke" anhebt, wurde eine Art Nationallied; sein erster Sammelband 'Türkçe Şiirler' (Gedichte auf Türkisch, 1898) war sofort ausverkauft.

Die Nationaltürken gingen daran, ihre Sprache von 'fremden' Elementen zu 'reinigen'. Über die Sprache entstand eine Beziehung zu den Turkvölkern Mittelasiens, die manche für die 'echten' Türken hielten. Das darauf beruhende politische Konzept hieß *Turancılık* (Turanimus) nach dem persischen Wort für Turkestan *Tūrān*, wo man auch die türkische Urheimat vermutete (s. S. 192). Einigen erschien nun auch der Islam als untürkisch, als den Osmanen von den Arabern aufgezwungen. Der *Fes* wird „als muslimische Kopfbedeckung verpönt. Als nationales Erkennungsmerkmal von Soldaten und Staatsbediensteten dient nun der *Kalpak*, eine sich nach oben leicht verbreiternde Fellhaube. Sie war den tatarischen Steppenkriegern abgeschaut worden und galt als echt türkisch" (Moser/Weithmann 2002: 70).

In der kurzen verbleibenden Zeit bis zu den Balkankriegen, als deren Folge die europäische Türkei liquidiert wurde, herrschte das *Komitee für Einheit und Fortschritt* und verfolgte auf der Basis des türkischen Nationalismus und des Säkularismus ein politisches Programm, das in mancher Hinsicht zur Grundlage der späteren Republik werden sollte (Grunebaum 1971: 143). Auf die Balkankriege 1912–13 folgten der Erste Weltkrieg 1914–18, das Diktat von Sèvres 1920 und die alliierte Intervention, bis endlich im Vertrag von Lausanne 1923 die Westmächte die Grenzen der Türkei anerkannten.

Ihr Präsident, der in Saloniki geborene *Mustafa Kemal* (1881–1938), hatte 1899–1907 die Militärakademie in der Hauptstadt besucht, 1908 an der jungtürkischen Revolution teilgenommen und 1915 bei den Dardanellen erfolgreich einen britisch-französischen Angriff abgewehrt, wodurch er seinen Ruhm begründete. 1919 landete er in der Schwarzmeerstadt Samsun und befreite Anatolien von den alliierten Truppen, beseitigte 1922 das Sultanat, rief 1923 die Republik aus und verlegte die Hauptstadt nach Ankara.

1924 schaffte er das Kalifat ab: „Der Kalif und alles, was noch vom Hause Osman verblieben ist, muss verschwinden. Die geistlichen Gerichte und die religiösen Gesetze müssen von modernen Gerichten ersetzt werden. Die Priesterschulen müssen den staatlichen Bildungsanstalten weichen. Die Republik muss national einheitlich und in Fragen der Religion neutral sein" (nach Moser/Weithmann 2002: 101). Die Scharia-Gerichte wurden aufgelöst, das Amt des *şeyhülislâm* abgeschafft: das Türkentum dürfe nicht der Religion dienen, sondern die Religion dem Türkentum (Kreiser 2008: 177).

„Und endlich, nach 100-jährigen halbherzigen Reformversuchen, unterstellte das Parlament das gesamte Schul- und Erziehungswesen einzig und allein dem staatlichen Unterrichtsministerium. Die Koranschulen hatten ausgedient; innerhalb von vier Wochen wurden alle Medresen per Dekret geschlossen. Kemal machte damit der herkömmlichen europäisch-orientalischen 'Zweigleisigkeit' im Staats-, Rechts- und Bildungswesen ein Ende" (Moser/Weithmann 2002: 102). 1928 wurde der Islam als Staatsreligion aus der Verfassung gestrichen.

1923 stellte Ömer Tahsin ein lateinbasiertes Alphabet für das Türkische vor; es orientierte sich stark am Französischen wie *eu* für /ö/ und *ou* für /u/. Auf dem 1926 in Baku tagenden 1. Allunions-Turkologiekongress (s. S. 224), auf dem die Latinisten siegten, war als türkischer Beobachter *Fuad Köprülü* zugegen. Er „erklärte sich in der Alphabetfrage für 'neutral' und meinte, eine Entscheidung könnte erst nach reiflicher Überlegung gefällt werden; bis es soweit sei, solle das arabische Alphabet in Verwendung bleiben" (Baldauf 1993: 394).

Dennoch wurde im Mai 1928 auf Atatürks Anordnung eine 'Sprachkommission' *dil encümeni* eingesetzt, die im Juni daran ging, eine türkische Lateinschrift *türk alfabesi* zu entwickeln. Das geschah innerhalb von nur zwei Monaten und am 3. 11. 1928 trat das 'Gesetz über Annahme und Durchführung des türkischen Alphabets' in Kraft (Lau 2000: 25). Die Umstellung sollte ein Jahr dauern, während dessen Zeitungen und amtliche Bekanntmachungen in beiden Alphabeten erschienen.

„Der Präsident selbst durchzog mit der Schiefertafel und großem Gefolge die Lande und lehrte vor aller Augen die neue Schrift. Natürlich nannte er die Lettern nicht 'lateinisch', sondern türkisch, weil ein paar Buchstaben von den klassischen lateinischen Lettern abweichen" (Moser/Weithmann 2002: 111). Ab 1929 mussten alle Schul- und Lehrbücher in lateinischer Schrift erscheinen und es begann eine landesweite Alphabetisierung: zu der Zeit kannten nach einer amtlichen Zählung nur 8.1% der Gesamtbevölkerung die arabischen Schriftzeichen (Spuler 1936: 2). Im gleichen Jahre wurde der Arabisch- und Persischunterricht an den höheren Schulen abgeschafft (Steuerwald 1963: 40). Dass der Gebrauch der arabischen Schrift im privaten Bereich mit der amtlichen Umstellung nicht aufhörte, zeigt das Beispiel des 1995 verstorbenen Autors *Aziz Nesin*: er verwendete sein Lebtag für seine Aufzeichnungen die osmanische Schrift, die er als Junge gelernt hatte; das bot auch eine gewisse Sicherheit gegen die Schnüffelei der türkischen Zensurbehörden (Lerch 2008: 188).

Die Anpassung des lateinischen Alphabets an die türkische Sprache gelang perfekt, ein Graphem entspricht einem Phonem. Anders als die Albaner, zu denen man seit 1878 auf Distanz ging (s. S. 227)), verwenden die Türken weder Digraphe wie sh noch q und x, sondern vier diakritische Zeichen: die *cédille* für ç (wie im Albanischen) und ş (wie im Rumänischen), das Trema für ö und ü (wie im Deutschen und Ungarischen), den Bogen für ğ und den Zirkumflex für â, î und û in Wörtern arabischen und persischen Ursprungs. Genial ist die Einführung des ı, das sich zu i verhält wie o zu ö und u zu ü. Seit die Türkei-Kurden Anfang der 30-er Jahre zur Lateinschrift übergingen und die Buchstaben q, w und x gebrauchen, gelten diese als besonders untürkisch.

Auf die Schriftreform folgte in den 30-er Jahren eine Sprachreform, arabische und persische Termini durften amtlich nicht mehr verwendet und mussten durch echt türkische *öz türkçe* aus der Volkssprache, den Dialekten resp. anderen Turksprachen oder durch Entlehnungen aus dem Französischen bzw. Italienischen ersetzt werden. „Die neuen Begriffe wurden regelmäßig in der Presse und im Rundfunk vorgestellt und galten von da ab verbindlich für alle. Briefe oder Eingaben, die in arabischen Zeichen geschrieben waren oder noch eine osmanische Vokabel enthielten, ließ man auf den Ämtern unbearbeitet liegen“ (Moser/Weithmann 2002: 120). Die Türkisierung der Amtssprache dauert an, nicht nur osmanische Texte, sondern auch solche aus den 30-er und 40-er Jahren sind den heutigen Türken kaum mehr verständlich.

Auf die Absage an den Turanismus, der die Herkunft der Türken aus Zentralasien und ihre offensichtliche Verwandtschaft mit den dortigen Turkvölkern betont, folgte nun das Dogma von der Autochthonität in Anatolien. Als man 1931 begann, Hattuša, die Hauptstadt der Hethiter, bei dem Dorfe Boğazköy, 200 km östlich von Ankara, auszugraben, deklarierten die Türken die Hethiter zu ihren Vorfahren, obwohl schon seit 1915 bekannt war, dass deren Sprache indoeuropäisch ist. Dieses Geschichtsbild wird heute noch in den türkischen Schulen vermittelt (Moser/Weithmann 2002: 121).

Die größte ethnische Minderheit der neuen Republik waren die Kurden. Sie waren tribal organisiert und religiös aufgesplittert, neben Sunniten auch Aleviten und andere Schiiten, weiter Yeziden, Anhänger einer islamisch-parsischen Mischreligion, und standen allen Europäisierungsbestrebungen feindlich gegenüber. Die osmanischen und türkischen Reformen haben sie nie erreicht, sie folgten ihren Scheichs, meist sowohl Oberhäupter eines Stammes als auch eines Derwischordens. Obwohl die Kurden heute ein Viertel der Bevölkerung ausmachen, sind sie im Kampf gegen den türkischen Nationalstaat auf Grund ihrer Uneinigkeit wenig erfolgreich.

Kemals Reformdiktatur ist vergleichbar mit der Peters I. von Russland (s. S. 169) zweihundert Jahre vor ihm. Beide pfropften ihren vormodernen Gesellschaften unter Überspringung ganzer Epochen rücksichtslos das westeuropäische Modell auf, beide gründeten als Zeichen für den Neuanfang eine neue Hauptstadt; die Parallele erstreckt sich auch auf groteske Details der Europäisierungssucht: so wie Zar Peter die Barttracht verbot und dem Adel befahl, die verhasste Perücke zu tragen, setzte Kemal Paşa den Hut durch und ließ 70 Todesurteile für das Weitertragen des Fes vollstrecken (Moser/Weithmann 2002: 109).

Ein Bewunderer Atatürks war Schah *Reza*, der 1925 die Dynastie der Pahlevi im Iran begründete. Doch seine Reformen stießen in der schiitischen Gesellschaft auf größeren Widerstand als im Nachbarland und unter seinem Sohn *Mohammed Reza* ging 1979 die begonnene Europäisierung in *Ayatollah Chomeinis* radikalislamischer Revolution unter (Moser/Weithmann 2002: 132).

11. Der Sozialismus

11.1 Arbeiterbewegung und nationale Frage

Ende des 18. Jh. setzt die industrielle Revolution in England ein, Mitte des 19. Jh. ergreift sie auch Osteuropa, das aber außer in begrenzten Regionen seinen vorwiegend agrarischen Charakter nicht verlieren wird. Sie beginnt mit der Einführung der Maschinen in der Textilindustrie, dehnt sich auf den Bergbau aus, der wiederum die Eisenbearbeitung ermöglicht, und wird begleitet von der Revolutionierung des Verkehrswesens.

Da Land- und Stadtarbeiter im Unterschied zu Bauern und Bürgern nichts besaßen als ihre Arbeitskraft, wurden sie als 'Vierter Stand' oder als 'Proletarier' bezeichnet: die *proletarii* gehörten nach der altrömischen Volkseinteilung zur untersten Klasse, weil sie dem Staat nur mit ihrer Nachkommenschaft *proles*, nicht mit ihrem Vermögen dienten. *Karl Marx* (1818–83) und *Friedrich Engels* (1820–95) werteten diesen Begriff auf, für sie waren die Proletarier das Subjekt des geschichtlichen Emanzipationsprozesses. Entsprechend dem Schlusssatz des am Vorabend der Revolution von 1848 verfassten Kommunistischen Manifests, 'Proletarier aller Länder, vereinigt euch!' war dieser Prozess *international* und nach dem Vorbild der bürgerlichen Revolutionen von 1789 und 1830 sollte er *revolutionär* sein.

Um ihre sozialen und politischen Interessen zu vertreten, schlossen die Arbeiter sich zu Gewerkschaften und Parteien, Genossenschaften und Vereinen zusammen. Nach dem Scheitern der Revolution von 1848 entwickelte sich die sozialistische Arbeiterbewegung zur treibenden Kraft, die auf der Grundlage eines umfassenden, ideologisch fundierten Gesellschaftskonzepts und der Lehre vom Klassenkampf unter der Führung einer Partei den Staat erobern und die Gesellschaft umgestalten wollte. In Mittel- und Osteuropa übernahm sie weithin die Funktion der demokratischen Bewegung.

1863 gründete *Ferdinand Lassalle* (1825–64) in Leipzig den 'Allgemeinen Deutschen Arbeiterverein', aus dem in mehreren Etappen 1890 die Sozialdemokratische Partei Deutschlands hervorging. Nach ihrem Vorbild entstanden 1874 die österreichische und 1890 die ungarische Schwesterpartei.

Erst spät wurde 1898 in Minsk die Россíйская Соціáл-Демократíческая Рабóчая Пáртія RSDRP (Sozialdemokratische Arbeiterpartei Russlands) gegründet, der *Vladímir I. Lenin* 1899 beitrat. Er setzte schon auf dem II. Parteitag 1903 in London seine Auffassung über die Parteiorganisation durch: anders als die Massenparteien SPD und SPÖ sollte sie eine Kaderpartei sein. Die Anhänger dieser Auffassung hießen hinfort Большевикí (Mehrheitler), ihre Gegner Меньшевикí (Minderheitler).

Unter dem Einfluss von Marx und Engels kam es 1864 in London zur Gründung der 'Internationalen Arbeiter-Assoziation' (Erste Internationale), die sozialistische und anarchistische Gruppen umfasste und an diesem von *Karl Marx* und *Michaïl A. Bakúnin* verkörperten Gegensatz zerbrach: sie spaltete sich 1872 und löste sich 1876 auf.

Die 1889 in Paris gegründete 'Zweite Internationale' bekannte sich zum Marxismus. Im Sinne des Erfurter Programms der SPD verpflichtete sie ihre Mitglieder, erst auf parlamentarischem Wege die Macht zu erobern und dann den Kapitalismus abzuschaffen. Sie forderte den Achtstundentag und erklärte den 1. Mai zum Kampftag der Arbeit, sie verlangte das allgemeine, gleiche und direkte Wahlrecht für Männer und Frauen. Um 1900 erstarkten die revisionistischen gegenüber den revolutionären Kräften, verkörpert von *Eduard Bernstein* (1850–1932) einerseits und *V. I. Lenin* (1870–1924) andererseits. Die SPD verfolgte unter dem Einfluss der Gewerkschaften bald eine gemäßigt reformistische Linie, mit der sie 1912 bei den Reichstagswahlen 34.8% der Stimmen gewann und stärkste Fraktion wurde.

Zum Prüfstein für die Sozialistische Internationale wurde der *Nationalismus*. Marx und Engels hielten ihn für ein Übergangsphänomen, im 'Kommunistischen Manifest' schrieben sie, die Arbeiter hätten kein Vaterland, und lehnten das Prinzip des nationalen Selbstbestimmungsrechts kategorisch ab (Mommsen 1978: 87–88).

Als aber in Österreich die nationale Frage immer drängender wurde, gab sich 1897 die SPÖ eine föderative, den Nationalitäten entsprechende Struktur und verabschiedete auf dem Brünner Parteitag von 1899 ein Programm zur Umgestaltung Österreich-Ungarns in einen demokratischen 'Nationalitäten-Bundesstaat' mit national definierten autonomen Gebieten an Stelle der Kronländer. Das bedeutete u.a. die Absage an das historisch-staatsrechtliche Programm einer Wiederherstellung der Selbständigkeit der böhmischen Länder und führte zur Bildung der antideutschen und antisemitischen 'National-Sozialen Partei in Böhmen und Mähren'.

Einen Ausweg aus dem Dilemma suchten die seit 1903 im Verein 'Zukunft' zusammengeschlossenen Austromarxisten durch das von *Otto Bauer* (1881–1938) und *Karl Renner* (1870–1950) entwickelte Prinzip der Personalautonomie, das im Mährischen Ausgleich 1905 verwirklicht wurde: künftig sollten Čechen Čechen und Deutsche Deutsche wählen. Doch am Streit um die Errichtung separater čechischer Gewerkschaften auf dem Brünner Parteitag von 1911 zerbrach die SPÖ und es kam zur Abspaltung der 'Čechischen Sozialdemokratischen Arbeiterpartei' außerhalb der Zweiten Internationale.

Es war *Otto Bauer*, der in seinem bedeutenden Werk 'Die Nationalitätenfrage und die Sozialdemokratie' (Wien 1907) ein dem bürgerlichen Chauvinismus entgegengesetztes nationales Programm aus marxistischer Sicht formulierte. Er „war überzeugt, dass die nationalen Besonderheiten auch nach dem Übergang zum Sozialismus erhalten bleiben würden, ja dort erst voll zur Geltung kommen würden, da den bisher ausgeschlossenen unteren Schichten der volle Zugang zu den Institutionen der nationalen Kultur eröffnet werde“ (Mommsen 1978: 95). Für ihn war nationale Individualität 'erstarrte' oder 'geronnene' Geschichte (ebenda), die Verschiedenheit der nationalen Kulturen lasse sich nicht aufheben, weil man die Geschichte der Nationen nicht ungeschehen machen könne.

Lenin verwarf für Russland die Personalautonomie und befürwortete eine auf der Territorialautonomie basierende Föderation. In Polen bzw. in der Emigration war die Arbeiterbewegung von Anfang an gespalten. Die in der 1892 in Paris gegründeten 'Polnischen Sozialistischen Partei' organisierte Mehrheit, zu der auch *Józef Piłsudski* (1867–1935) gehörte, wollte eine unabhängige demokratische Republik als Vorbedingung der sozialen Umgestaltung, die in der 1894 entstandenen 'Sozialdemokratie des Königreichs Polen' organisierte Minderheit unter der Führung von *Julian Marchlewski* (1866–1925) und *Rosa Luxemburg* (1870–1919) lehnte den Nationalstaat als störendes Element auf dem Wege zum Sozialismus ab (Rhode 1980: 407).

1914 vertraten fast alle Mitgliedsparteien der Zweiten Internationale die Position des 'Burgfriedens' mit ihren jeweiligen Regierungen. Die große SPD, Vorbild vieler Arbeiterparteien, stimmte nach Ausbruch des Ersten Weltkriegs im Reichstag für die Gewährung von Kriegskrediten, einzig Lenins Partei widerstand der nationalistischen Versuchung und wurde so zum Hoffnungsträger und Kristallisationspunkt einer neuen, der Dritten Internationale.

11.2 Die sowjetische Nationalitätenpolitik

Nach der Oktoberrevolution 1917 setzten die russländischen Sozialdemokraten resp. sowjetischen Kommunisten bei den Beratungen zur Verfassung Anfang 1918 den föderativen Gedanken auf der Basis des Territorialprinzips endgültig durch (Martiny 1978: 102). Dementsprechend entstanden in Osteuropa drei souveräne Staaten resp. *Sowjetrepubliken*, die Russische Föderation, die Ukraine und Weißrussland, die sich 1922 mit der Transkaukasischen Föderation zur Sowjetunion zusammenschlossen. Einen hohen Grad von Autonomie genossen die *Autonomen Republiken*, innerhalb der Russischen Föderation die drei muslimischen, nämlich die Baškirische, Tatarische und Krimtatarische, innerhalb der Ukraine die Moldavische, einen minderen Grad die *Autonomen Gebiete* der kleinen Wolga-Ural-Völker.

Trotz mannigfachen Umgestaltungen blieb dieser Aufbau im Kern erhalten, nur der Kreis der beteiligten Völker vergrößerte sich. 1990 bestand die Sowjetunion aus 15 Unionsrepubliken, 20 Autonomen Republiken, von denen 16 in der Russischen Föderation lagen, acht Autonomen Gebieten und zehn Autonomen Kreisen. Durch die staatliche resp. administrative Neugliederung erfuhren die 52 Titularnationen, die vorher in Russland nur geduldet waren, eine enorme Aufwertung, das gleiche gilt für die traditionell geduldeten oder sogar verbotenen Sprachen.

In einem Land, das mehr als die Hälfte der Fläche Europas und mehr als ein Viertel seiner Bevölkerung umfasste, fand eine gewaltige Kulturrevolution statt. Der Analphabetismus, der im Zarenreich 1897 noch 73% betragen hatte, verschwand allmählich. Kinder und Erwachsene besuchten neuerrichtete Schulen, Lehrer wurden an neugegründeten Pädadogischen Hochschulen ausgebildet. Etwa 50 Sprachen der

SU wurden auf kyrillischer Grundlage verschriftet und zumindest an den Elementarschulen unterrichtet. Die Titularnationen der Unionsrepubliken verfügten über alle kulturellen Einrichtungen vom Kindergarten bis zur Akademie der Wissenschaften in ihrer Sprache. Wenn auch mit abnehmender Autonomie die Zahl der Einrichtungen sank, so spielte sich doch in mehr als 65 Sprachen ein reges kulturelles Leben ab, eine bislang in der Welt nicht gekannte Menge von Fibeln, Grammatiken, Wörterbüchern, Enzyklopädien wurde verfasst. Dass mit dem Zerfall der Sowjetunion die Republiksprachen problemlos zu Staatsprachen werden konnten, ist ein Verdienst der sowjetischen Kulturpolitik und Philologie.

Abgesehen von der berechtigten Kritik an der Stalinschen Nationalitätenpolitik, die die nationalen Eliten als bürgerlich diffamierte und mit grausamer Härte verfolgte – 1937 wurden alle Mitglieder des čeremissischen Schriftstellerverbands erschossen –, wird die Sprachpolitik meiner Ansicht nach in drei Bereichen zu Unrecht kritisiert, der Russifizierung, der Kyrillisierung und der Spaltung der Turkvölker.

Die Russifizierung geschah ja sozusagen auf natürliche Weise: durch die Kollektivierung der Landwirtschaft, die Industrialisierung und Großprojekte wie Bahnlinien oder Staudämme, durch Migration und Mischehen kamen Angehörige der verschiedenen Sowjetvölker in Kontakt und einigten sich meist auf das Russische als 'internationale' Sprache. Dadurch wurde die Geltung der nationalen Republiksprachen nicht unbedingt eingeschränkt.

Das kyrillische Alphabet ist als Buchstabenschrift ebenso gut wie das lateinische und griechische und allemal besser als das arabische. Da es schon für drei Viertel der Bevölkerung galt, lag es nahe, die schriftlosen Sprachen auf kyrillischer Grundlage zu verschriften. Die Abkehr vom arabischen Alphabet entsprach einem alten Wunsch von Teilen der türkischen Intelligenz seit Achundzāde (s. S. 222), der 1868 schrieb: „Es ist augenfällig, dass die Alphabete der Europäer gewisse Mängel haben, die Mängel unseres Alphabets aber sind total" (nach Baldauf 1993: 335). Der Umweg über das lateinische Alphabet in den 1920-er Jahren war eigentlich überflüssig, seine Wiedereinführung heute ist ein antistalinistischer Reflex.

Bei der Entwicklung der Turksprachen hätte man sich in der Tat auf die wichtigen Sprachen mit schriftlicher Tradition konzentrieren sollen, also – neben dem Čuvašischen – etwa auf das Azeri für die oghusische Gruppe, das Uzbekische für die uigurische, das Jakutische für die sibirische und das Tatarische für die qypčaqische, denen gegenüber sich die kleineren und jüngeren Sprachen wie Dialekte verhalten hätten. Statt dessen hat man 20 Turksprachen verschriftet und das in unnötig variierenden Alphabeten.

Dabei übersieht man jedoch das Eigeninteresse der kleinen Völker; warum sollten sie in einer Zeit, in der alles möglich schien, auf eine eigene Schriftsprache verzichten? So schufen sich z.B. die Baškiren, die bis zur Revolution das Tatarische verwendet hatten, 1920 eine Schriftsprache in arabischer Graphie auf der Grundlage des östlichen oder Kuvakan-Dialekts mit maximalem Abstand zum Tatarischen;

1926 erschien das erste Buch, 1929 wurde das lateinische, 1939 das kyrillische Alphabet eingeführt. Auch danach stand das Baškirische immer im Schatten des Tatarischen und Russischen, erst seit der Wende dringt es allmählich in die Sphären des öffentlichen Lebens (Čaušević 2002: 780).

11.3 Die Sprache des Stalinismus

Mit fortschreitender Stalinisierung erstarrte die sowjetische Gesellschaft, die Öffentlichkeit wurde gleichsam klerikalisiert, man trug Großporträts wie Ikonen, Fahnen wie Kirchenbanner, ging auf Demonstrationen wie auf Prozessionen, saß auf Parteitagen wie auf Synoden und der geliebte Führer im Kreml war entrückt wie der Hohepriester im Allerheiligsten.

Dementsprechend verlor die russische Sprache die Leichtigkeit, die sie seit Karamzín besessen hatte und fiel in die Zeit Lomonósovs zurück. Im öffentlichen Leben, in den Parolen und Reden, in den Zeitungen und Radiomeldungen, auf den Ämtern gewann der höhere Stil Oberhand und damit kirchenslavische Komposita wie здравоохранение 'Gesundheitswesen', Partizipien wie павшие герои 'gefallene Helden' oder неразрушимый союз 'unverbrüchlicher Bund', dazu traten Abkürzungen wie КПСС oder Univerbierungen wie политрук.

Diese bürokratische Sprache der Kader, der Apparatčiki und Ideologen schwankte zwischen Erhabenheit und Gestelztheit, vor allem aber war sie gekennzeichnet durch die Abwesenheit von Elementen des niederen Stils. Alles Vulgäre, Schlechte und Wilde wurde aus der Öffentlichkeit verbannt. Als man daran ging, Vasmers 'Russisches etymologisches Wörterbuch' (1953-58) ins Russische zu übersetzen, ließ man – zur Gaudi der Fachwelt – alle 'unanständigen' Wörter weg.

Entsprechende Publikationen konnten nur im Ausland erscheinen, z.B. 'Za predelami russkich slovarej' von A. Flegon 1973 in London, 'Slovar' blatnogo žargona v SSSR' von A. Skačinskij 1982 in New York oder 'Argo russkoj gomoseksual'noj subkul'tury' von V. Kozlovskij 1986 in Benson, Vermont. Tabu war auch die Welt der Lager, Jacques Rossis erschütterndes Handbuch des Gulag erschien als 'Spravočnik po GULagu' 1987 in London.

Stalins Sprache hielt sich über seinen Tod hinaus in der Periode der Stagnation, bis *M. S. Gorbačev* 1985 Generalsekretär des ZK wurde und die Dinge wieder beim Namen nannte.

12. Schluss

12.1 Drei Geschichtsmodelle

Offensichtlich ist die einst in Byzanz, dem Kalifat und dem Frankenreich begonnene Geschichte in ihren Nachfolgestaaten und -gesellschaften ganz unterschiedlich verlaufen. Auch auf die Gefahr hin, diese differenzierten und widersprüchlichen Abläufe grob zu vereinfachen, möchte ich doch versuchen, sie auf eine Formel zu bringen.

12.1.1 Das lineare Modell

Für die Byzantiner verläuft die Geschichte *linear*, von der Erschaffung der Welt bis zum Jüngsten Tage; Weltgeschichte ist Heilsgeschichte, mit der Christianisierung des Römischen Reichs ist die Zeit der Verheißung angebrochen, der Staat Konstantins ist eine irdische Nachbildung μίμησις des Reiches Gottes, der Kaiser ist Stellvertreter Gottes auf Erden. Nach *Justinian I.* stammen *imperium* und *sacerdotium* gleichermaßen von Gott, ihr Gleichklang *consonantia* συμφωνία ist Voraussetzung für das Wohlergehen der Menschheit. Die Einheit von Kirche und Staat, das *corpus politicum mysticum*, ist aber in Wirklichkeit die sich in der kaiserlichen Autokratie manifestierende Oberhoheit des Staates über die Kirche (Onasch 1962: 172). Ihre Bestätigung fand diese Ideologie in der Beständigkeit der entsprechenden Institutionen Kaiser, Reich und Patriarchat, zumal sich nach 731 Reich und Reichskirche, Griechentum und Orthodoxie nahezu deckten (s. S. 31). Das politische Interesse der späteren Generationen bestand in der Bewahrung dieses Zustandes, die Harmonie garantierte die Stabilität.

Die Moskauer Großfürsten und späteren russischen Kaiser knüpften an diese Tradition an. Sie übernahmen den Titel 'Selbstherrscher' Αὐτοκράτωρ mit allen Rechten als Самодéржец und ließen sich ihre Ansprüche von der Staatskirche bestätigen. Ausdruck dessen war die Lehre vom *Dritten Rom*, die der Mönch *Filoféj* aus Pleskau etwa 1510 so formulierte: „Unser Herrscher [...] ist auf der ganzen Erde der einzige Zar über die Christen, der Lenker der heiligen, göttlichen Throne der Heiligen, Ökumenischen, Apostolischen Kirche, die anstelle der Römischen und der Konstantinopeler Kirche in der von Gott geretteten Stadt Moskau [...] ist. Sie allein leuchtet auf dem ganzen Erdkreis heller als die Sonne. Denn wisse [...]: Alle christlichen Reiche sind vergangen und sind zusammen übergegangen in das Eine Reich unseres Herrschers, gemäß den prophetischen Büchern: Das ist das Russische Reich. Denn zwei Rome sind gefallen, aber das dritte steht und ein viertes wird es nicht geben“ (nach Stökl 1973: 227). Noch im 19. Jh. waren die staatstragenden Kreise der Überzeugung, das russische Imperium ruhe auf den drei Säulen *Orthodoxie* правослáвіе, *Autokratie* самодержáвіе und *Patriotismus* нарóдность (Stökl 1973: 483).

Für die Osmanen beginnt die Goldene Zeit *medineyet-i fazile* mit der Eroberung Konstantinopels und erreicht ihren Höhepunkt unter *Süleyman I. Kanunî* 'dem Gesetzgeber' (s. S. 151). Er ist Sultan und Kalif, herrscht fast über die ganze islamische Welt, die er durch das Nebeneinander von sultanischem *Kanun* und koranischer Scharia stabilisiert. Schon bald nach seinem Tode registrierte der osmanische Historiker *'Ālī Muṣṭafa b. Aḥmed* (s. S. 158) Verfall und Niedergang des Reiches. Seither sah man eine Rettung nur in der Rückkehr zu den Verhältnissen unter Süleyman I., in der Wiederherstellung der alten Harmonie und Stabilität: „Nicht etwa in der Einführung neuer Einrichtungen, sondern in der Restitution der alten wurde der Schlüssel zur Genesung des Gemeinwesens gesucht" (Diner 2005: 180).

Während Byzanz zwischen Franken und Türken zerrieben wurde, gingen seine autokratischen Erben, Russland und das Osmanische Reich, an ihrem Hauptwiderspruch zugrunde, der Zweiteilung der Gesellschaft in Grundherren und Leibeigene bzw. *berâya* und *râya* (s. S. 153). Anders als das ständische Westeuropa war das orthodox-islamische Osteuropa unfähig zu organischen Neuerungen von innen, die Reformen kamen unter westeuropäischem Einfluss von außen resp. vom Zaren oder Sultan von oben, immer zu spät, halbherzig und ohne Rückhalt in der herrschenden Klasse, bis in der leninistischen bzw. kemalistischen Revolution Staat und Gesellschaft zertrümmert wurden.

Dem Streben nach Harmonie und Stabilität entspricht sprachlich das jahrhundertelange Festhalten an der einmal für vorbildlich angenommenen Hochsprache. Dabei war der Ausgangspunkt unterschiedlich, das Altgriechische stand für die klassische Bildung und das Christentum, das Kirchenslavische war vor allem Sakralsprache, das Osmanische Sprache der höheren Gesittung. Anstatt allmählich zur Volkssprache überzugehen und die Diglossie zu beseitigen, suchte man so lange wie möglich, die Hochsprachen zu modernisieren.

Polikárpov (s. S. 170) hatte noch gehofft, mit Gottes Hilfe die slavische Sprache allmählich auszubauen und zu reinigen (Uspenskij 1987: 327) und tatsächlich erschien 1751 eine Bibelübersetzung in modernisiertem Kirchenslavisch, die 'Elisabethanische' Елизаве́тинская би́блія; doch schon 1791–92 kamen die Пи́сьма ру́сскаго путеше́ственника (Briefe eines russischen Reisenden) heraus, mit denen *Karamzín* die russische Literatursprache begründete.

Auch das Osmanische wurde im 19. Jh. durch *Ahmed Cevdets* Grammatik 'Kavaidi Osmaniye' (Regeln des Osmanischen, 1851) und *Ahmed Vefik Paşas* 'Lehçei Osmani' (Lexikon des Osmanischen, 1876) modernisiert. Dieses 'mittlere Türkisch' *orta türkçe* galt nun als mustergültig, bis es nach 1908 und besonders 1928 durch die türkische Volkssprache ersetzt wurde.

Am längsten behauptete sich das klassische bzw. als Kompromiss das archaisierende Griechisch καθαρεύουσα. Noch in den 1860-er Jahren nahm im Königreich Griechenland der Altgriechischunterricht an den Mittelschulen und Gymnasien über 40% der Unterrichtszeit in Anspruch (Hering 1987: 152), 1913 führte man erstmals das Fach Neugriechisch an den Volksschulen ein, doch erst 1976 erhoben Parlament und Regierung die Volkssprache δημοτική zur Nationalsprache; ihre antikisierende Orthographie wurde schließlich 1982 so vereinfacht, dass sie sich Schulkindern vermitteln ließ.

12.1.2 Das zyklische Modell

Die Geschichte der Araber verläuft *zyklisch*. Dazu schreibt Engels 1894 in seinem Artikel 'Zur Geschichte des Urchristentums': „Der Islam ist eine auf Orientalen, speziell Araber zugeschnittene Religion, also einerseits auf handel- und gewerbetreibende Städter, andrerseits auf nomadisierende Beduinen. Darin liegt aber der Keim einer periodisch wiederkehrenden Kollision. Die Städter werden reich, üppig, lax in Beobachtung des 'Gesetzes'. Die Beduinen, arm und aus Armut sittenstreng, schauen mit Neid und Gier auf diese Reichtümer und Genüsse. Dann tun sie sich zusammen unter einem Propheten, einem Mahdi, die Abgefallenen zu züchtigen, die Achtung vor dem Zeremonialgesetz und dem wahren Glauben wiederherzustellen und zum Lohn die Schätze der Abtrünnigen einzuheimsen. Nach hundert Jahren stehen sie natürlich genau da, wo jene Abtrünnigen standen; eine neue Glaubensreinigung ist nötig, ein neuer Mahdi steht auf, das Spiel geht von vorne an“ (MEW 22. 450 Anm.).

Die zyklische Geschichtstheorie vertrat schon 500 Jahre vor Engels der nordafrikanische Historiker *ʻAbdarraḥmān Ibn Chaldūn*. Er wurde 1332 in Tunis in einer Familie arabischer Herkunft geboren, die 1235 zur Zeit der Almohaden von Sevilla nach Nordafrika übersiedelt war, wirkte als Berater mehrerer Sultane an verschiedenen Höfen des Maghreb, ging 1362 nach Granada, von dort als Gesandter an den Hof Peters I. von Kastilien, der, um ihn für sich zu gewinnen, ihm die einstigen Besitzungen der Familie in Sevilla anbot (Simon 1959: 23). 1382 ließ er sich in Kairo nieder, wo er mehrfach als Oberrichter fungierte, hauptsächlich aber lehrte und 1406 starb.

Ibn Chaldūn kannte aus eigener Anschauung die politischen Zustände Nordafrikas, die durch den dauernden Kleinkrieg der herrschenden Dynastien hervorgerufenen unstabilen Verhältnisse, verschlimmert durch die nomadisierenden Araberstämme; seine Einsichten verdankt er auch seiner Stellung an den Höfen (Simon 1959: 27).

Sein Hauptwerk 'Kitāb al-ʻibar' (Das Buch der Beispiele) in sieben Druckbänden, an dem er sein ganzes Leben schrieb, ist eine Art Weltgeschichte von den Babyloniern bis zu den Berbern. Das erste Buch, die umfangreiche 'Muqaddima' (Vorrede 1375–79), besteht wiederum aus sechs Teilen: 1. Über die menschliche Kultur im Allgemeinen; 2. Über die ländliche Kultur und die erste Stufe der menschlichen Kultur, das Nomadenleben; 3. Über den Staat, das Kalifat, das Königtum, ihre Institutionen, ihre Entstehung und ihr Verfall; 4. Über die städtische Kultur, das zivilisierte und gleichzeitig den Verfall in sich tragende Stadium der gesellschaftlichen Entwicklung; 5. Über die Wirtschaft, das Erwerbsleben, das Handwerk und die Künste; 6. Über die Wissenschaften, den menschlichen Intellekt und die Methoden des Unterrichts (Simon 1959: 32–33).

Im Mittelpunkt seines Interesses steht die Frage nach den Ursachen, die zum Untergang von Zivilisationen führen. Dabei kommt dem Begriff der *'aṣabīya* (s. S. 22) eine zentrale Bedeutung zu, der sowohl 'Blutsverwandtschaft', 'Stammesbewusstsein' als auch 'Lebenskraft eines Stammes' bedeutet (Simon 1959: 50); um der Vergleichbarkeit mit anderen Kulturen willen lässt sich der Terminus auch mit 'Tribalismus' wiedergeben. Am stärksten ist die *'aṣabīya* bei den Beduinen ausgebildet, sie überwindet die schwächere der sesshaften Bevölkerung, geht aber mit der eigenen Sesshaftigkeit verloren. Die Beziehungen zwischen den Stadtbewohnern sind nicht durch *'aṣabīya* geregelt, hier verhindern Herrscher und Regierung, dass sich die Untertanen gegeneinander wenden und schützen sie vor äußeren Feinden (Simon 1959: 53).

Durch das Wirken der *'aṣabīya* erklärt Ibn Chaldūn die dauernde Umwälzung, das ewige Einerlei, den fruchtlosen Wechsel des immer Gleichen in der arabischen Welt; auch hat die Geschichte für ihn kein Ziel. Für die Araber ganz allgemein liegt der ideale Zustand, das Goldene Zeitalter in der Vergangenheit, in der Zeit des Propheten und der vier rechtgeleiteten Kalifen, der Zeit vor dem Aufkommen der Schia, der Mutter aller Sekten. Denn seine zerstörerische Kraft entfaltet der Tribalismus erst durch die Kombination mit dem Sektenwesen: um sich besser bekämpfen zu können, erklären die Stämme sich gegenseitig durch *takfīr* zu Ungläubigen (s. S. 23).

Ibn Chaldūn wurde im 17. Jh. von osmanischen Gelehrten entdeckt, besonders von dem Reisenden und Geographen *Kâtib Çelebi* (Diner 2005: 179–181), im 19. Jh. gewann er als bedeutendster arabischer Historiker des muslimischen Westens (LMA 5.316) wirklichen Ruhm bei der europäischen Arabistik; die erste französische Übersetzung der 'Vorrede' erschien 1858 in Paris. Die Araber nehmen ihn erst im 20. Jh. zur Kenntnis; sein moderner Biograph, der Ägypter *M. A. Enan* kann die kritische Sachlichkeit, die Ibn Chaldūn den Arabern gegenüber übt, nicht anders verkraften, als dass er ihn zu einem Berber macht, der die arabischen Eroberer hasst (Simon 1959: 21).

Dem Verlauf der arabischen Geschichte entsprechen die Geschicke der arabischen Sprache, dem Festhalten am beduinischen Ideal entspricht die Fixierung auf den Koran. Jede – naturgemäß von der Stadt ausgehende – Veränderung ist ein Sakrileg; als der Kopte *Salāma Mūsā* für den Gebrauch des städtischen Ägyptisch eintritt, wird er als Feind des Islams diffamiert (s. S. 198). Alle Versuche, das Hocharabische zu modernisieren, enden zyklisch in der Wüste und bei dem in Sprache und Schrift unveränderlichen sakralen Text.

12.1.3 Das dialektische Modell

Westeuropa kannte von Anfang an weder Stabilität noch Harmonie. Nach der Zertrümmerung des Weströmischen Reichs und dem Zerfall der germanischen Königreiche (s. S. 17) kam es zum Zweckbündnis zwischen dem König der Franken und dem Papst, das trotz ideologischer Überhöhung bald in einen tödlichen Antagonismus mündete. Geschwächt und diskreditiert mussten Papstkirche und Reich den frühmodernen Territorialstaaten weichen, die fortan ein neues Gleichgewicht garantierten. Dieses Europa der Vaterländer scheiterte aber am Nationalismus, der in zwei Weltkriegen den Kontinent in Schutt und Asche legte; im Ergebnis schloss sich Westeuropa zur Europäischen Union zusammen.

Jede Konstellation trug den Keim der Auflösung in sich, keine historische Situation wurde von den Zeitgenossen oder von den Nachfahren als Goldenes Zeitalter empfunden. Ausgangspunkt dieses *dialektischen* Modells ist vielleicht das – nur der Westkirche eigene – Dogma von der Erbsünde, das für die Unvollkommenheit der Zustände von Anfang an steht. Die Herstellung von Stabilität und Harmonie wurde als zukünftige Aufgabe empfunden, als *Utopie*. Der Name stammt von dem 1516 in London erschienenen Buch 'Utopia' von *Thomas More*; hundert Jahre später folgten 'La Città del Sole' (Der Sonnenstaat, Paris 1602) von *Tommaso Campanella* und 'Nova Atlantis' (London 1624, 1638) von *Francis Bacon*: alle drei Romane zeichnen das Idealbild eines auf die Vernunft gegründeten sozialen Staates (Heinisch 1960: 216–217).

Anders als das jüdische Reich des Messias und das christliche resp. islamische Paradies ist die Utopie Sache der Menschen. Dazu schrieb noch 1891 unbeirrt Oscar Wilde in 'The soul of man under socialism': „Eine Weltkarte, in der das Land Utopia nicht verzeichnet ist, verdient keinen Blick, denn sie lässt die eine Küste aus, wo die Menschheit ewig landen wird. Und wenn die Menschheit da gelandet ist, hält sie Ausschau nach einem besseren Land und richtet ihre Segel dorthin. Forschritt ist die Verwirklichung von Utopien".

Die sprachlichen Verhältnisse spiegeln die einzelnen Entwicklungsstadien der westeuropäischen Kultur getreu wider.

1. Im ersten Stadium des *Mittelalters* 750–1350 findet die Konkurrenz von geistlicher und weltlicher Gewalt, von klerikaler und höfischer Kultur ihren Ausdruck in dem Nebeneinander von mittellateinischer Kirchen- und Bildungssprache und den auf den Volkssprachen fußenden Literaturdialekten.

2. Im zweiten Stadium des *Humanismus* und der *Reformation* 1350–1600 ersetzt man die scholastische Sakralsprache durch das klassische Latein, entdeckt darüber hinaus das Griechische und Hebräische und formt daraus das klassische Bildungsgut; gleichzeitig werden die Volkssprachen zu Amts- und Kirchensprachen ausgebaut.

3. Im dritten Stadium der *Aufklärung* 1600–1800 wird man sich der Bedeutung der Muttersprache bewusst und beginnt, sie überall zu verwenden, angefangen von der Volksschule bis hin zur Wissenschaft.

4. Im vierten Stadium des *Nationalismus* 1800–1950 erfindet man die Nationalsprache als Ausdruck aller irrealen Geschichtsdeutungen und aller realen politischen Ansprüche.

5. Unbestreitbar hat sich Westeuropa nach dem Zweiten Weltkrieg – als einzige Weltregion – vom Nationalismus abgekehrt und somit ein fünftes Entwicklungsstadium, das der *Globalisierung* erreicht. Es hat sich abgewandt von der Ideologie, der Geschichte und der Philologie hin zu den Naturwissenschaften wie Biochemie, Kosmologie und Ökologie und zu gesellschaftlichen Themen wie Informatik, Migration und soziale Gerechtigkeit. Dem entspricht die Vernachlässigung der Nationalsprachen und die Bereitschaft, mehr oder weniger klaglos das Englische als globales Verständigungsmittel zu akzeptieren.

12.2 Die Europäisierung

Seit dem Ende des Mittelalters ist die Welt einem ständigen Prozess der Europäisierung ausgesetzt, genauer gesagt den Einflüssen Westeuropas, deshalb auch Okzidentalisierung.

Ausgangspunkt dieser Entwicklung ist *Kerneuropa*, das ursprünglich nur das Frankenreich umfasste, im 11. Jh. kamen England, Skandinavien und Unteritalien dazu, im 12. und 13. Jh. fast ganz Hispanien. Kerneuropa war zwar durch die römische Kirche und die lateinische Sprache mit der römischen Antike verbunden, auch wurden einige heidnische Autoren gelesen, es kommt aber – anders als Byzanz – nicht aus der Antike: mit dem römischen Recht wurde es erst nach 1100 bekannt (s. S. 27) und das griechische Altertum kannte es vor 1050 (s. S. 88) nur vom Hörensagen. Kerneuropa bedeutet vielmehr einen auf den Trümmern des Weströmischen Reichs errichteten Neuanfang.

Charakteristisch ist die Konkurrenz von klerikaler und höfischer Kultur; doch während vom Klerus verfasste mittellateinische Texte im ganzen katholischen Europa entstanden, sind die eigentlich höfischen volkssprachlichen Texte, nämlich die Minnelyrik und der höfische Roman und hier wieder die Artusepik, auf Kerneuropa beschränkt; in den benachbarten Regionen Böhmen und Kroatien entsteht zwar auch eine laikale volkssprachliche Literatur, doch ohne diese beiden charakteristischen Textsorten.

Nach 1350 tritt das mittelalterliche Kerneuropa über seine Ostgrenze an der Elbe, inkorporiert Ostmitteleuropa und erweitert sich so zu *Lateineuropa*. Von Italien ausgehend kann der Humanismus an den Höfen von Prag, Ofen/Buda und Krakau Fuß fassen, bald danach wirken die Jünger Wyclifs, Luthers und Calvins in dem weiten Raum zwischen Dalmatien und Estland.

Ganz Lateineuropa eignet sich einerseits das klassische Bildungsgut an und bringt andererseits mit der Reformation eine kirchliche Literatur in den Volkssprachen hervor, an erster Stelle zahllose Übersetzungen der Bibel oder zumindest des Neuen Testaments. Bis auf das Großfürstentum Litauen, wo der Humanist *Francísk Skorína* (1486–1541) Teile der Bibel ins Westrussische übersetzt, machen diese kulturellen und sprachlichen Neuerungen an der Konfessionsgrenze Halt.

Nach 1600 dehnt sich Lateineuropa in fast alle Richtungen aus; zum einen überschreitet es im Osten die Konfessionsgrenze und gewinnt das orthodoxe Europa, soweit es nicht im unmittelbaren osmanischen Machtbereich liegt, nämlich Russland, Rumänien und Serbien, sodass erstmals ein zumindest oberflächlich einheitliches *Europa der Aufklärung* entsteht. Zum anderen drückt es der sich formierenden Kolonialwelt rund um den Atlantischen und den Indischen Ozean seinen Stempel auf; Kennzeichen dieser ersten globalen Hochkultur ist das Barock.

Als Ersatz für das von den Osmanen eroberte Konstantinopel wird Kiev das neue Zentrum der orthodoxen Slaven. Dort setzt *Petr Mogíla* (s. S. 137) an seiner 1632 eingerichteten Geistlichen Akademie, der ersten russischen Hochschule, einen neuen Fächerkanon durch: neben Griechisch tritt Latein, neben Kirchenslavisch Polnisch. In der Folge wird in Russland das Griechische vom Lateinischen verdrängt; gleichzeitig lernen die Russen durch polnische Vermittlung die heidnische Antike kennen. Die Beendigung der Diglossie nach westrussischem Muster ermöglicht die Übernahme der von Halle über Wien ausstrahlenden aufklärerischen Bemühungen um Muttersprache und Volksbildung (s. S. 171).

Nach 1800 beginnt dann der Siegeszug des Nationalismus, der sowohl nach Übersee als auch nach Osten ausgreift, einerseits Nord- und Südamerikaner usw., andererseits Bulgaren und Albaner, Armenier und Georgier, Tataren und Türken erfasst und auf diese Weise spätestens in der ersten Hälfte des 20. Jh. europäisiert. Ihnen allen gemeinsam ist die aus der deutschen Spätaufklärung und Romantik stammende Ehrfurcht vor der Geschichte verbunden mit dem Diskurs über Herkunft und Abstammung.

Sprachlich bedeutet der Nationalismus das Interesse an der Philologie, besonders an Sprachgeschichte und Sprachverwandtschaft, an Volksdichtung und Dialektologie, und der Kult der Nationalsprache; als Krönung der Europäisierung ist die Annahme des lateinischen Alphabets in Verbindung mit einer möglichst eigenständigen Orthographie anzusehen.

Die nach 1945 einsetzende Abkehr von diesen Werten scheint vorerst auf Westeuropa beschränkt, bei den Völkern, die die Nation erst relativ spät entdeckt haben, ist der Nationalismus ja besonders stark. Dass es aber gerade im Orient noch vornationale Staaten bzw. Gesellschaften gibt, habe ich versucht, im Kapitel 'Panarabismus' zu zeigen (s. S. 193). Ähnliches gilt für den Iran, dessen Bevölkerung zur Hälfte aus Persern, zu einem Viertel aus Türken und ansonsten aus Kurden, Arabern u.a. besteht, die durch das Bekenntnis zur Schia zusammengehalten werden; die modernen Iraner sind am besten als Konfessionsnationalität zu begreifen.

Alle genannten Neuerungen gingen von Westeuropa aus, wo auch die Europäische Union mit der Hauptstadt Brüssel entstand, das sog. Sechser-Europa. Mit der jeweiligen Übernahme des jüngsten Entwicklungsschubs war aber keine Übernahme der Entwicklung verbunden, die ihn ausgelöst hatte. So übernimmt Ostmitteleuropa Humanismus und Reformation ohne Anteil an den mittelalterlichen Erfahrungen Kerneuropas, Russland schließt sich der Aufklärung an, ohne ihre Voraussetzungen durchlebt zu haben, noch größer sind die Erfahrungsdefizite im Falle der Türkei.

Es bleibt zu hoffen, dass die dabei entstehenden Verwerfungen im Zuge der Globalisierung geglättet werden und dass an die Stelle des westeuropäischen Bürgertums ein aufgeklärtes und sich seiner Verantwortung bewusstes Weltbürgertum tritt.

LITERATUR

AGI= Klettermann, Günter: Atlas zur Geschichte des Islam. Darmstadt 2001.

Aini, Sadriddin: Buchara. Erinnerungen. Leipzig 1953.

AKG= Atlas zur Kirchengeschichte. Hg. Jochen Martin. Freiburg i. Br. 2004.

Alexici, Georg: Geschichte der rumänischen Litteratur. Leipzig 1906.

Alfonsi, Petrus: Die Kunst, vernünftig zu leben (Disciplina clericalis). Zürich 1970.

Ammann, Albert M.: Abriss der ostslawischen Kirchengeschichte. Wien 1950.

Angenendt, Arnold: Toleranz und Gewalt. Münster 2007.

Auty, Robert: Language and Nationality in East-Central Europe 1750–1950. In: Oxford Slavonic Papers, New Series, 12 (1979). S. 52–83.

Avineri, Shlomo: Politische und soziale Aspekte des israelischen und arabischen Nationalismus. In: Nationalismus. Hg. Heinrich A. Winkler. Königstein/Taunus 1978. S. 232–251.

Balbir, Nicole: La modernisation du hindi. In: Sprachreform. Hg. von I. Fodor und C. Hagège. Bd 1. Hamburg 1983. S. 101–126.

Baldauf, Ingeborg: Schriftreform und Schriftwechsel bei den muslimischen Russland- und Sowjettürken (1850–1937). Budapest 1993.

Bartl, Peter: Albanien: vom Mittelalter bis zur Gegenwart. Regensburg 1995.

Battal-Taymas, Abdullah: La littérature des Tatars de Kazan. In: Philologiae Turcicae Fundamenta II. Wiesbaden 1965. S. 762–778.

Battal-Taymas, Abdullah: La littérature des Tatars de Crimée. In: Philologiae Turcicae Fundamenta II. Wiesbaden 1965. S. 785–792.

Battal-Taymas, Abdullah: Die moderne kazantürkische und baschkirische Literatur. In: Handbuch der Orientalistik. Erste Abteilung: Der Nahe und der Mittlere Osten. V. Bd: Altaistik. 1. Abschnitt: Turkologie. Leiden – Köln 1982. S. 427–441.

Baum, Wilhelm/Winkler, Dietmar W.: Die Apostolische Kirche des Ostens. Klagenfurt 2000.

BE= Brokgauz, F.A./Efron, I.A.: Ėnciklopedičeskij Slovar'. Bd 1–41. Sankt-Peterburg 1890–1906.

Beck, Hans-Georg: Kirche und theologische Literatur im byzantinischen Reich. München 1959.

Beck, Hans-Georg: Geschichte der byzantinischen Volksliteratur. München 1971.

Behring, Eva: Rumänische Literaturgeschichte von den Anfängen bis zur Gegenwart. Konstanz 1994.

Behschnitt, Wolf Dietrich: Nationalismus bei Serben und Kroaten 1830–1914. Analyse und Typologie der nationalen Ideologie. München 1980.

Ben-Sasson, Haim Hillel (Hg.): Geschichte des jüdischen Volkes. München 1992.

Benz, Ernst: Wittenberg und Byzanz. Forum Slavicum 6. München 1971.

Benzing, Johannes: Das Hunnische, Donaubolgarische und Wolgabolgarische. In: Philologiae Turcicae Fundamenta I. Wiesbaden 1959. S. 685–695.

Bernecker, Walther L./Pietschmann, Horst: Geschichte Spaniens. Stuttgart 2000.

Best, Otto F.: Mameloschen. Jiddisch – eine Sprache und ihre Literatur. Frankfurt/M 1988.

Björkman, Walther: Die klassisch-osmanische Literatur. In: Philologiae Turcicae Fundamenta II. Wiesbaden 1965. S. 427–465.

Bochmann, Klaus: Der politisch-soziale Wortschatz des Rumänischen von 1821 bis 1850. Berlin 1979.

Bochmann, Klaus: La formation du roumain standard: Conditions sociolinguistiques. In: Sociolinguistica 6. Tübingen 1992. S. 100–107.

Bockholt, Volker: Sprachmaterialkonzeptionen und ihre Realisierung in der kroatischen und serbischen Lexikographie. Essen 1990.

Bogyay, Thomas von: Grundzüge der Geschichte Ungarns. Darmstadt 1990.

Bräuer, Rolf: Dichtung des europäischen Mittelalters. München 1990.

Brandenstein, Wilhelm: Griechische Sprachwissenschaft I. Berlin 1954.

Bürgel, Johann Christoph: Das persische Gasel. In: Neues Handbuch der Literaturwissenschaft. Bd 5. Orientalisches Mittelalter. Hg. von Wolfhart Heinrichs. Wiesbaden 1990. S. 265–277.

Bürgel, Johann Christoph: Die persische Epik. In: Neues Handbuch der Literaturwissenschaft. Bd 5. Orientalisches Mittelalter. Hg. von Wolfhart Heinrichs. Wiesbaden 1990. S. 301–318.

Bumke, Joachim: Höfische Kultur. München 1986.

Burger, Hanna: Die Vertreibung der Mehrsprachigkeit am Beispiel Österreichs. In: Hentschel, Gerd (Hg.): Über Muttersprachen und Vaterländer. Frankfurt/M 1997. S. 35–49.

Busse, Heribert: Arabische Historiographie und Geographie. In: Grundriss der arabischen Philologie. Hg. Helmut Gätje und Wolfdietrich Fischer. Wiesbaden. Bd 2. Literaturwissenschaft 1987. S. 264–297.

Bußmann, Hadumod: Lexikon der Sprachwissenschaft. Stuttgart 1990.

Caferoğlu, Ahmet: Die aserbeidschanische Literatur. In: Philologiae Turcicae Fundamenta II. Wiesbaden 1965. S. 635–699.

Cahen, Claude: Der Islam I. Fischer Weltgeschichte. Bd 14. Frankfurt/M 1968.

Čaušević, Ekrem: Baschkirisch. In: Wieser Enzyklopädie des europäischen Ostens. Bd 10. Lexikon der Sprachen des europäischen Ostens. Hg. von Miloš Okuka. Klagenfurt 2002. S. 777-780.

Cazacu, Matei: L'Eglise orthodoxe entre le renouveau et la tradition: Phanariotes et Anti-Phanariotes. In: Sprachen und Nationen im Balkanraum. Hg. Christian Hannick. Köln – Wien 1987. S. 43–64.

Debrunner, Albert: Geschichte der griechischen Sprache II. Berlin 1954.

Décsy, Gyula: Einführung in die finnisch-ugrische Sprachwissenschaft. Wiesbaden 1965.

Décsy, Gyula: Die linguistische Struktur Europas. Wiesbaden 1973.

Demiraj, Bardhyl: Albanisch. In: Sprachkulturen in Europa. Hg. Nina Janich und Albrecht Greule. Tübingen 2002. S. 1–6.

Deny, Jean: L' Osmanli moderne et le Türk de Turquie. In: Philologiae Turcicae Fundamenta I. Wiesbaden 1959. S. 182–239.

Diem, Werner: Hochsprache und Dialekt im Arabischen. Wiesbaden 2006.

Diner, Dan: Versiegelte Zeit. Über den Stillstand in der islamischen Welt. Berlin 2005.

Doerfer, Gerhard: Das Krimtatarische. In: Philologiae Turcicae Fundamenta I. Wiesbaden 1959. S. 369–390.

Eckmann, János: Die kiptschakische Literatur. I. Die Literatur von Chwarezm und der Goldenen Horde. In: Philologiae Turcicae Fundamenta II. Wiesbaden 1965. S. 275–296.

Eckmann, János: Die tschaghataische Literatur. In: Philologiae Turcicae Fundamenta II. Wiesbaden 1965. S. 304–402.

Eco, Umberto: Der Name der Rose. München 2004.

Eggers, Hans: Deutsche Sprachgeschichte. II. Das Mittelhochdeutsche. Reinbek bei Hamburg 1965.

Elwert, Wilhelm Th.: Die romanischen Sprachen und Literaturen. München 1979.

Endress, Gerhard: Die arabische Schrift. In: Grundriss der arabischen Philologie. Hg. Helmut Gätje und Wolfdietrich Fischer. Wiesbaden. Bd 1. Sprachwissenschaft 1982. S. 165–197.

Endress, Gerhard: Handschriftenkunde. In: Grundriss der arabischen Philologie. Hg. Helmut Gätje und Wolfdietrich Fischer. Wiesbaden. Bd 1. Sprachwissenschaft 1982. S. 271–315.

Faensen, Johannes: Die albanische Nationalbewegung. Berlin 1980.

Ferguson, Charles: Diglossia. In: Word 15 (1959), S. 325–340.

Fischer, Wolfdietrich: Das Altarabische in islamischer Überlieferung: Das klassische Arabisch. In: Grundriss der arabischen Philologie. Hg. Helmut Gätje und Wolfdietrich Fischer. Wiesbaden. Bd 1. Sprachwissenschaft 1982. S. 37–50.

Fragner, Bert G.: Die 'Persophonie': Regionalität, Identität und Sprachkontakt in der Geschichte Asiens. Halle/Berlin 1999.

Friedenthal, Richard: Jan Hus. München 1984.

Frisk, Hjalmar: Griechisches etymologisches Wörterbuch. Heidelberg. Bd 1: 1973, Bd 2: 1991, Bd 3: 1979.

Fuhrer, Therese: Augustinus. Darmstadt 2004.

Garin, Eugenio: Geschichte und Dokumente der abendländischen Pädagogik. Reinbek. Bd 1: 1964, Bd 2: 1966, Bd 3. 1967.

GArPh= Grundriss der arabischen Philologie. Hg. Helmut Gätje und Wolfdietrich Fischer. Wiesbaden. Bd 1. Sprachwissenschaft 1982, Bd 2. Literaturwissenschaft 1987, Bd 3. Supplement 1992.

Greive, Hermann: Die Juden. Grundzüge ihrer Geschichte im mittelalterlichen und neuzeitlichen Europa. Darmstadt 1982.

Gronke, Monika: Geschichte Irans. München 2006.

Grunebaum, Gustave E. von (Hg.): Der Islam II. Fischer Weltgeschichte. Bd 15. Frankfurt/M 1971.

Haarmann, Harald: Universalgeschichte der Schrift. Frankfurt/M 1991.

Haarmann, Harald: Die Sprachenwelt Europas. Frankfurt/M 1993.

Haebler, Claus: Der Weg des Albanischen zur Nationalsprache. In: Sprachen und Nationen im Balkanraum. Hg. Christian Hannick. Köln – Wien 1987. S. 77–100.

Halm, Heinz: Die Schiiten. München 2005.

Halm, Heinz: Die Araber. München 2006.

Hambly, Gavin: Zentralasien. Fischer Weltgeschichte. Bd 16. Frankfurt/M 1966.

Hardt, Manfred: Geschichte der italienischen Literatur: von den Anfängen bis zur Gegenwart. Düsseldorf – Zürich 1996.

Heinisch, Klaus J.: Der utopische Staat. Reinbek 1960.

Hentschel, Gerd (Hg.): Über Muttersprachen und Vaterländer. Frankfurt/M 1997.

Herders Werke in fünf Bänden. Berlin – Weimar 1982.

Hering, Gunnar: Die Auseinandersetzungen über die neugriechische Schriftsprache. In: Sprachen und Nationen im Balkanraum. Hg. Christian Hannick. Köln – Wien 1987. S. 125–194.

Hösch, Edgar: Geschichte der Balkanländer. München 1993.

Hoffmann, Otto/Debrunner, Albert: Geschichte der griechischen Sprache I. Berlin 1953.

Hunger, Herbert: Die hochsprachliche profane Literatur der Byzantiner. Bd 1–2. München 1978.

Hunke, Sigrid: Allahs Sonne über dem Abendland. Frankfurt/M 2005.

Hutterer, Claus Jürgen: Die germanischen Sprachen. Budapest 1975.

Ising, Erika: Die Herausbildung der Grammatik der Volkssprachen in Mittel- und Osteuropa. Berlin 1970.

Issatschenko, Alexander: Geschichte der russischen Sprache. Heidelberg. Bd 1: 1980, Bd 2: 1983.

Jakubec, Jan/Novák, Arne: Geschichte der čechischen Litteratur. Leipzig 1913.

Jakubec, Jan: Dějiny literatury české. Praha. Bd 1: 1929, Bd 2: 1934.

Janin, Raymond: Les églises orientales et les rites orientaux. Paris 1955.

Jedin, Hubert: Kleine Konziliengeschichte. Freiburg i. Br. 1960.

Jehlitschka, Henry: Türkische Konversations-Grammatik. Heidelberg 1895.

Jensen, Hans: Die Schrift. Berlin 1969.

Kappeler, Andreas: Russlands erste Nationalitäten. Köln – Wien 1982.

Karskij, Evfimij F.: Geschichte der weißrussischen Volksdichtung und Literatur. Berlin – Leipzig 1926.

Kawerau, Peter: Das Christentum des Ostens. Die Religionen der Menschheit. Bd 30. Stuttgart 1972.

Kiparsky, Valentin: Tschernochvostoffs Theorie über den Ursprung des glagolitischen Alphabets. In: Cyrillo-Methodiana. Zur Frühgeschichte des Christentums bei den Slaven. Slavistische Forschungen. Bd 6. Köln – Graz 1964. S. 393–400.

KLE= Kratkaja Literaturnaja Ėnciklopedija. Bd 1–9. Moskau 1962–78.

Kloss, Heinz: Abstandsprachen und Ausbausprachen. In: J. Göschel u.a. (Hg.): Zur Theorie des Dialekts. Zeitschrift für Dialektologie und Linguistik. Beihefte. Neue Folge. Nr. 16. Wiesbaden 1976. S. 301–322.

KNLL= Kindlers Neues Literatur Lexikon. Bd 1–21. München 1988.

Köpeczi, Béla (Hg.): Kurze Geschichte Siebenbürgens. Budapest 1990.

Kohn, Hans: Die Idee des Nationalismus. Frankfurt/M 1962.

Kont, Ignác: Geschichte der ungarischen Litteratur. Leipzig 1909.

Kowalská, Eva: Historische Tradition, Sprache und Ausbildung: Zu einigen Faktoren des Werdegangs der Slowaken zur Nation. In: Heiner Timmermann (Hg.): Die Entstehung der Nationalbewegung in Europa 1750–1849. Berlin 1993. S. 241–249.

Krämer, Gudrun: Geschichte des Islam. München 2005.

Kreiser, Klaus: Atatürk. Eine Biographie. München 2008.

LArW= Lexikon der Arabischen Welt. Zürich 1972.

Laut, Jens P.: Das Türkische als Ursprache? Wiesbaden 2000.

LAW= Lexikon der Alten Welt. Hg. Andresen u.a. Bd 1–3. Zürich 1990.

Lerch, Wolfgang G.: Zwischen Steppe und Garten. Türkische Literatur aus tausend Jahren. München 2008.

LGS= Lexikon zur Geschichte Südosteuropas. Hg. von Edgar Hösch, Karl Nehring, Holm Sundhaussen. Wien – Köln – Weimar 2004.

Libera, Alain de: Denken im Mittelalter. München 2003.

LIW= Lexikon der islamischen Welt. Stuttgart 1974.

LMA= Lexikon des Mittelalters. Bd 1–9. Stuttgart 1999.

LOS= Literaturen Ost- und Südosteuropas. Hg. Ludwig Richter und Heinrich Olschowsky. Leipzig 1990 (BI-Lexikon).

LThK= Lexikon für Theologie und Kirche. Bd 1–11. Freiburg i. Br. 1993–2001.

LWL= Lexikon der Weltliteratur. 1. Autoren. 2. Werke. Hg. Gero von Wilpert. München 1997.

Maier, Bernhard: Koran-Lexikon. Stuttgart 2001.

Maier, Franz Georg: Die Verwandlung der Mittelmeerwelt. Fischer Weltgeschichte. Bd 9. Frankfurt/M 1968.

Maier, Franz Georg (Hg.): Byzanz. Fischer Weltgeschichte. Bd 13. Frankfurt/M 1973.

Matuz, Josef: Das Osmanische Reich. Darmstadt 1985.

Meillet, Antoine: Geschichte des Griechischen. Heidelberg 1920.

MEW= Karl Marx, Friedrich Engels: Werke. Bd 1–42. Berlin 1958–83.

Mitterauer, Michael: Warum Europa? Mittelalterliche Grundlagen eines Sonderwegs. München 2004.

Moltke, Helmuth von: Unter dem Halbmond. Stuttgart – Wien 1984.

Montaigne, Michel de: Essais. Frankfurt/M 1998.

Moore, Robert I.: Die erste europäische Revolution. München 2001.

Moser, Brigitte/Weithmann, Michael W.: Die Türkei. Regensburg 2002.

Münkler, Herfried/Grünberger, Hans/Mayer, Kathrin: Nationenbildung. Berlin 1998.

Münkler, Herfried und Marina: Lexikon der Renaissance. München 2000.

Neumann, Florian: Francesco Petrarca. Reinbek 1998.

Noack, Christian: Muslimischer Nationalismus im Russischen Reich. Nationsbildung und Nationalbewegung bei Tataren und Baschkiren 1861–1917. Stuttgart 2000.

Nöldeke, Theodor: Das iranische Nationalepos. Berlin und Leipzig 1920.

Onasch, Konrad: Einführung in die Konfessionskunde der orthodoxen Kirchen. Göschen 1197/1197a. Berlin 1962.

Ostrogorsky, Georg: Geschichte des Byzantinischen Staates. München 1963.

Paret, Rudi: Der Koran. Stuttgart 2004.

Paret, Rudi: Mohammed und der Koran. Stuttgart 2005.

Peyfuss, Max Demeter: Die Druckerei von Moschopolis, 1731–1769. Wien 1996.

Pirenne, Henri: Mahomet und Karl der Große. Frankfurt/M 1963.

Politis, Linos: Geschichte der Neugriechischen Literatur. Köln 1984.

Reinert, Benedikt: Die persische Qaṣīde. In: Neues Handbuch der Literaturwissenschaft. Bd 5. Orientalisches Mittelalter. Hg. von Wolfhart Heinrichs. Wiesbaden 1990. S. 242–257.

Reinert, Benedikt: Der Vierzeiler. In: Neues Handbuch der Literaturwissenschaft. Bd 5. Orientalisches Mittelalter. Hg. von Wolfhart Heinrichs. Wiesbaden 1990. S. 284–300.

Rill, Bernd: Kemal Atatürk. Reinbek 2008.

Rubinčik, Ju. A.: Persidsko-russkij slovar'. Moskau 1970.

Runciman, Steven: Das Patriarchat von Konstantinopel vom Vorabend der türkischen Eroberung bis zum griechischen Unabhängigkeitskrieg. München 1970.

Rypka, Jan: Iranische Literaturgeschichte. Leipzig 1959.

Said, Edward W.: Orientalism. London 2003.

Saladin, Jean-Christophe: La bataille du grec à la renaissance. Paris 2004.

Sarkisyanz, Emanuel: Geschichte der orientalischen Völker Rußlands bis 1917. München 1961.

Savramis, Demosthenes: Theologie und Gesellschaft. München 1971.

Schamschula, Walter: Geschichte der tschechischen Literatur. Köln. Bd 1: 1990, Bd 2: 1996.

Schauer, Eva Johanna: Jüdische Kabbala und christlicher Glaube. In: Freiburger Rundbrief 2006, Heft 4, S. 242–255.

Schieder, Theodor: Typologie und Erscheinungsformen des Nationalstaates in Europa. In: Nationalismus. Hg. Heinrich A. Winkler. Königstein/Taunus 1978. S. 119 –137.

Schneiders, Werner (Hg.): Lexikon der Aufklärung. München 1995.

Schoeler, Gregor: Muwaššah und Zağal. In: Neues Handbuch der Literaturwissenschaft. Bd 5. Orientalisches Mittelalter. Hg. von Wolfhart Heinrichs. Wiesbaden 1990. S. 440–464.

Scholz, Friedrich: Die Literaturen des Baltikums. Opladen 1990.

Schramm, Gottfried: Der polnische Adel und die Reformation 1548–1607. Wiesbaden 1965.

Schroeder, Klaus-Henning: Einführung in das Studium des Rumänischen. Berlin 1967.

Schubert, Hans von: Geschichte der christlichen Kirche im Frühmittelalter. Hildesheim 1976.

Segert, Stanislav: Altaramäische Grammatik. Leipzig 1986.

Simon, Heinrich: Ibn Khaldūns Wissenschaft von der menschlichen Kultur. Leipzig 1959.

Spies, Otto: Die moderne türkische Literatur. In: Handbuch der Orientalistik. Erste Abteilung: Der Nahe und der Mittlere Osten. V. Bd: Altaistik. 1. Abschnitt: Turkologie. Leiden – Köln 1982. S. 336–382.

Spuler, Bertold: Die Minderheitenschulen der europäischen Türkei von der Reformzeit bis zum Weltkrieg. Breslau 1936.

Steinke, Klaus: Sprachen. In: Südosteuropa. Gesellschaft, Politik, Wirtschaft, Kultur. Ein Handbuch. Hg. von Magarditsch Hatschikjan und Stefan Troebst. München 1999. S. 395–416.

Stemberger, Günter: Geschichte der jüdischen Literatur. München 1977.

Stender-Petersen, Adolf: Geschichte der russischen Literatur. Bd 1–2. München 1957.

Steuerwald, Karl: Untersuchungen zur türkischen Sprache der Gegenwart. Berlin 1963.

Stierle, Karlheinz: Francesco Petrarca. München 2003.

Stökl, Günther: Russische Geschichte. Stuttgart 1973.

Stolz, Friedrich/Debrunner, Albert/Schmid, Wolfgang P.: Geschichte der lateinischen Sprache. Berlin 1966.

Suleiman, Yasir: The Arabic Language and National Identity. Washington 2003.

Sundhaussen, Holm: Nation und Nationalstaat auf dem Balkan. In: Der Balkan. Eine europäische Krisenregion in Geschichte und Gegenwart. Hg. Jürgen Elvert. Stuttgart 1997. S. 79–90.

Szücs, Jenö: Die drei historischen Regionen Europas. Frankfurt/M 1990.

Taeschner, Franz: Die osmanische Literatur. In: Handbuch der Orientalistik. Erste Abteilung: Der Nahe und der Mittlere Osten. V. Bd: Altaistik. 1. Abschnitt: Turkologie. Leiden – Köln 1982. S. 250–335.

Tagliavini, Carlo: Einführung in die romanische Philologie. München 1973.

Tagliavini, Karl: Rumänische Konversations-Grammatik. Heidelberg 1938.

Thomas, George: The relationship between slavic nationalism and linguistic purism. In: Canadian Review of Studies in Nationalism, XVI, 1–2 (1989). S. 5–13.

Thomsen, Kaare: Das Kasantatarische und die westsibirischen Dialekte. In: Philologiae Turcicae Fundamenta I. Wiesbaden 1959. S. 407–421.

Thorn-Wickert, Lydia: Manuel Chrysoloras. Frankfurt/M 2006.

TL= Buchwald, Wolfgang/Hohlweg, Armin/Prinz, Otto: Tusculum-Lexikon griechischer und lateinischer Autoren des Altertums und des Mittelalters. München 1982.

Todorova, Maria: Die Erfindung des Balkans. Europas bequemes Vorurteil. Darmstadt 1999.

Torke, Hans-Joachim (Hg.): Lexikon der Geschichte Russlands. München 1985.

Tornow, Siegfried: Der serbische und der kroatische Standard am Beispiel der neuesten Evangelienübersetzungen. In: Wiener Slawistischer Almanach 45 (2000), 247–258.

Tornow, Siegfried: Erbteil und Erblast. Zur Modernisierung der Balkansprachen am Beispiel des Rumänischen. In: Zeitschrift für Balkanologie 37/1 (2001), S. 84–95.

Tornow, Siegfried: Was ist Osteuropa? Handbuch zur osteuropäischen Text- und Sozialgeschichte von der Spätantike bis zum Nationalstaat. Wiesbaden 2005.

Trautmann, Reinhold: Die slavischen Völker und Sprachen. Leipzig 1948.

Trunte, Nikolaos H.: Ein praktisches Lehrbuch des Kirchenslavischen in 35 Lektionen. Bd 1: Altkirchenslavisch. München 1997. Bd 2: Mittel- und Neukirchenslavisch. München 1998.

Turczynski, Emanuel: Konfession und Nation. Düsseldorf 1976.

Turczynski, Emanuel: Von der Aufklärung zum Frühliberalismus. München 1985.

Uspenskij, Boris A.: Istorija russkogo literaturnogo jazyka (xi–xvii vv.). München 1987.

Vasmer, Max: Russisches etymologisches Wörterbuch. Heidelberg. Bd 1: 1953, Bd 2: 1955, Bd 3: 1958.

Vernet, Juan: Die spanisch-arabische Kultur in Orient und Okzident. Zürich – München 1984.

Vitti, Mario: Einführung in die Geschichte der neugriechischen Literatur. München 1972.

Vrečar, Marija: Winden – Krainer – Slowenen? Klagenfurt 1999.

Vries, Wilhelm de: Rom und die Patriarchate des Ostens. Freiburg i. Br. 1963.

Walde, A./Hofmann, J. B.: Lateinisches etymologisches Wörterbuch. Heidelberg. Bd 1: 1965, Bd 2: 1972, Bd 3: 1965.

Walther, Wiebke: Kleine Geschichte der arabischen Literatur. München 2004.

Wendt, Heinz F.: Sprachen. Das Fischer Lexikon. Frankfurt/M 1961.

Wild, Stefan: Die arabische Schriftsprache der Gegenwart. In: Grundriss der arabischen Philologie. Hg. Helmut Gätje und Wolfdietrich Fischer. Wiesbaden. Bd 1. Sprachwissenschaft 1982. S. 51–57.

Wilde, Oscar: The soul of man under socialism. London 1891.

Wilpert, Gero von: Sachwörterbuch der Literatur. Stuttgart 1961.

Winkler, Heinrich A.: Einleitung: Der Nationalismus und seine Funktionen. In: Nationalismus. Hg. Heinrich A. Winkler. Königstein/Taunus 1978. S. 5–46.

Winkler, Heinrich A.: Der lange Weg nach Westen. München 2002.

Winter, Eduard: Die Pflege der west- und südslavischen Sprachen in Halle im 18. Jahrhundert. Berlin 1954.

Zaremba, Michael: Johann Gottfried Herder. Prediger der Humanität. Köln 2002.

Personenregister

Abkürzungen: B.= Bischof, Eb.= Erzbischof, Ft.= Fürst, Gft.= Großfürst, Hz.= Herzog, Kg.= König, K'pel.= Konstantinopel, Ks.= Kaiser, Ksn.= Kaiserin, Metr.= Metropolit, Patr.= Patriarch

Ortsregister

SPRACHEN- UND SCHRIFTENREGISTER